人才研究

第七辑

齐秀生 主编

山东大学出版社
SHANDONG UNIVERSITY PRESS
·济南·

图书在版编目（CIP）数据

人才研究．第七辑/齐秀生主编．—济南：山东大学出版社，2020.12

ISBN 978-7-5607-6911-0

Ⅰ.①人… Ⅱ.①齐… Ⅲ.①人才—发展战略—研究—中国 Ⅳ.①C964.2

中国版本图书馆 CIP 数据核字（2021）第 104847 号

责任编辑 肖淑辉
封面设计 杜 婕

出版发行 山东大学出版社
社　　址 山东省济南市山大南路 20 号
邮政编码 250100
发行热线 （0531）88363008
经　　销 新华书店
印　　刷 济南巨丰印刷有限公司
规　　格 787 毫米×1092 毫米 1/16
　　　　 20.5 印张 450 千字
版　　次 2020 年 12 月第 1 版
印　　次 2020 年 12 月第 1 次印刷
定　　价 69.00 元

《人才研究》(第七辑)
编辑委员会

出版说明

2020年是极不平凡的一年。突如其来的新冠肺炎疫情给国家的经济社会发展和人民的生命安全带来了前所未有的影响。党中央把人民生命安全和身体健康放在第一位，统筹新冠肺炎疫情防控和经济社会发展的各项工作，收到了积极成效。

山东省高等教育人才研究会全体会员积极投身抗击新冠肺炎疫情的各项工作之中，同时认真开展人才研究工作。虽然研究会集中开会研讨的次数少了，但会员们关注人才理论和现实问题并进行研究的热情不减，都紧紧围绕人才工作大局，结合本职工作业务，通过多种形式开展研讨交流，踊跃向研究会报送有价值的论文，国内知名人才研究专家也都提交了很有分量的研究成果，并给予大力支持。中国石油大学（华东）党委原书记和中国人才研究会原副会长、人才学专业委员会原理事长郑其绪教授撰写了《我国人才评价基本标准的确立》，中国海洋大学山东省高校干部与人才研究基地主任、中国人才研究会人才学专业委员会副理事长薛永武教授撰写了《校园欺凌对中小学生成长成才的影响及对策》，中国石油大学（华东）人才发展研究中心主任、中国人才研究会人才学专业委员会副理事长司江伟教授撰写了《完善山东省科技人才培养和引进的政策体系研究》等。研究会其他成员也都结合自身研究专长和工作实际撰写提交了共50多篇论文，研究会科研工作也一如既往积极开展，多项课题结项或取得阶段性成果。

党的十九届五中全会召开后，山东省高等教育人才研究会及时下发了《关于召开“学习党的十九届五中全会精神，促进新时代人才发展”会员交流会的通知》，要求广大会员认真学习党的十九届五中全会文件，领会其精神实质，特别是围绕人才发展方面的要求，撰写学习体会和研究心得，上报研究会进行交流，许多会员都上报了政治性、理论性、实践性强的体会文章。

《人才研究》编辑部根据各位专家会员上报的论文、结项课题和体会文章，从中选择了近40篇结集出版，作为抗击新冠肺炎疫情特殊时期向社会提交的一份答卷。本辑《人才研究》的出版，得到了中国人才研究会领导、山东省有关部门单位和山东大学出版社的大力支持，在此表示衷心感谢！

编　者

2020年11月

目　录

特　稿

人才发展战略研究

人才学科建设

教育人才

人才培养

人才管理

实践探索

古今人物研究

特　稿

我国人才评价基本标准的确立

郑其绪*

摘　要　40多年来，我国人才评价事业走过了一条曲折、坎坷的发展之路。多年来，社会对人才评价工作的意义及作用认识不一，缺乏理论指导且方法技术不成熟，在一些地方、领域出了问题。尤其是在人才评价标准这个带有根本性、规范性的问题上，存在着随意性、盲目性。随着我国社会主义市场经济的深化与完善，人才评价工作已经成为市场经济体制下人才开发的内在冲动和本能要求，成为人才选拔、使用及管理不可或缺的手段，成为人才开发的指挥棒。人才评价在思想认识、标准统一、技术方法、研究应用等各个方面越来越成熟。人才评价正以浩荡之势扩展着，以润物细无声之功深入着。

关键词　人才　标准　人才评价

我国对人才评价的研究，起于20世纪80年代，40多年来走过了一条不平坦的道路。一方面，我国人才评价工作不断进步，在我国人才强国战略中发挥了重要作用；另一方面，人才评价在思想认识、理论指导以及方法技术上又是乱象丛生，而且长时间得不到扭转。不解决这些问题，我国的人才评价工作就难以继续发展前进。其中，人才评价的标准不统一是一个首先要面临的问题。

习近平同志在两院院士大会上指出："人才评价制度不合理……要创新人才评价机制，建立健全以创新能力、质量、贡献为导向的科技人才评价体系，形成并实施有利于科技人才潜心研究和创新的评价制度。"①

2018年2月26日，中共中央办公厅、国务院办公厅联合发布了《关于分类推进人才评价机制改革的指导意见》（以下简称《意见》），成为我国人才评价领域一件划时代的大事。《意见》指出：人才评价应当确立"涵盖品德、知识、能力、业绩和贡献等要素，科学合理、各有侧重的人才评价标准"。这个标准即"德、智、能、绩"模式。这

---

* **作者简介**：郑其绪（1946～　），山东单县人，中国石油大学（华东）教授，山东省高等教育人才研究会首席专家，中国石油大学（华东）党委原书记，中国人才研究会原副会长、人才学专业委员会原理事长，研究方向为人力资源开发。

① 《习近平谈治国理政》第3卷，外文出版社2020年版，第253页。

是我国迄今为止人才评价中一个里程碑意义的变化，是一个最基本、最宏观、最普世的人才评价标准。有了这个标准，其他各级各类人才的评价标准的确立就有了依托，人才评价的后续工作就不会偏离大方向。

一、人才评价基本标准确立的依据

人才评价的标准是人才评价的行动起点，是人才评价的灯塔、方向和依据。标准出了问题，对人才评价工作将是致命的。《意见》总结了我国人才评价工作40多年来的理论探索与实践经验，将人才评价的基本标准定格为："涵盖品德、知识、能力、业绩和贡献等要素，科学合理、各有侧重的人才评价标准。"这个"德、智、能、绩"模式是建立在坚实的理论和实践基础之上的，是经得起历史与实践检验的。

从历史上看，原始社会讲德能并重；春秋战国时期讲功德并重；两汉时期则偏重于德、知、绩的考试、考察；而隋唐至清则以才取人，科举制度得以发展。综合我国几千年的人才评价史，形成了以德、知、能、绩为基本标准的人才评价指标。

从理论上看，人才的才能有三种表现形态：持有态——智；发挥态——能；转化态——绩。人才价值的三态分别对应人才的智、能、绩。

从干部"四化"方针上看，除年轻化外，革命化、知识化、专业化分别对应的是德、智、能。

综合以上三个参照系，就自然而然地形成了人才评价基本标准——德、智、能、绩（见表1）。

表1　人才评价标准综合表

依　据	指　标			
历史借鉴	德	知	能	绩
理论指导		智	能	绩
"四化"方针	德	智	能	
综合结论	德	智	能	绩

这个标准不仅在理论上是科学的，而且在实践上也是成功的；不仅在我国适用，而且放之四海而皆准，因此我们又称其为人才评价的"基模"。

二、"德、智、能、绩"标准的科学性

"德、勤、能、绩"标准不管在理论上还是实践上都是科学的、成功的。我们倡导的德才兼备，实际上是德、智、能兼备，与"绩"是一种因果关系。"德""才"是"绩"的必要条件，"绩"又是"德""才"的集中体现。"德""智""能""绩"的逻辑

关系可以用图 1 表示。

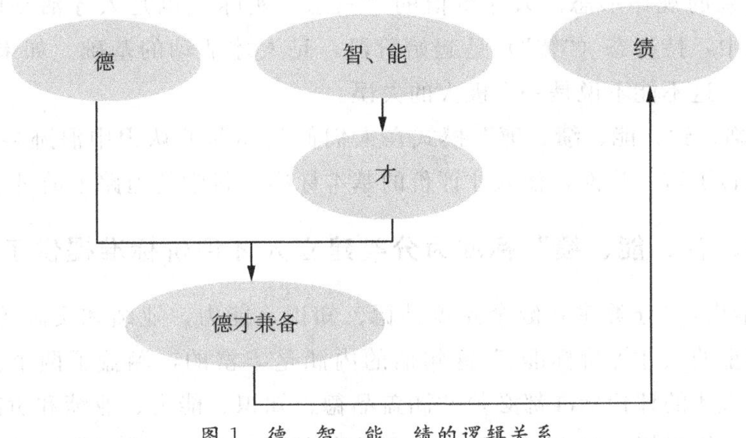

图 1　德、智、能、绩的逻辑关系

《意见》强调："坚持德才兼备，把品德作为人才评价的首要内容，加强对人才科学精神、职业道德、从业操守等评价考核，倡导诚实守信，强化社会责任，抵制心浮气躁、急功近利等不良风气，从严治理弄虚作假和学术不端行为。完善人才评价诚信体系，建立诚信守诺、失信行为记录和惩戒制度。探索建立基于道德操守和诚信情况的评价退出机制。"《意见》态度鲜明、措辞严厉，不仅强调了品德评价的重要性，明确了品德评价的基本方向，而且还进一步提出了建立惩戒制度和评价退出机制，其严肃性、紧迫性都是空前的。在实际操作中必须充分重视、认真分析，在对品德的评价中，以《意见》明确的内容为基础，以群众公认原则进行准确判断。

在实践中，品德的表现常常具有潜在性、伪装性、模糊性和周期长的特征，这就为品德的评价增加了困难。对"德"的评价是一个极其重要，同时也是一个极其困难的问题。因此，这成为一个世界性的难题，至今没有一个举世公认的最优方法。

三、当前我国人才评价标准存在的问题

我国的人才评价标准长期沿用"德、勤、能、绩、廉"模式。这是一个概念含混、违背规律的模式，是我国人才评价缺乏理论指导的随意性的典型表现之一。这个标准的问题是不能长期容忍的。第一，它违背了评价指标的不相关原则。在这个模式中，"德"与"勤"、"德"与"廉"不仅高度相关，而且"勤""廉"都是"德"的子量。将"勤""廉"与"德"并列必然出现"辈分"错乱，而且导致重复评价，出现"一好带多好、一差致多差"的高相关效应，导致人才评价思维与操作的混乱，影响人才评价结果的真实性。第二，它违背了"四化"方针，缺少知识化（"智"）。人才的知识化（"智"）是人才素质的重要方面，是人才潜在价值的主要存在之处，所以，它是人才评价不可或缺的重要标准之一。第三，它违背了人才价值的"三态"规律，缺少持有态

（“智”）。人才价值的三态——持有态、发挥态、转化态是一个递进的、具有明显逻辑顺序和因果关系的规律形态。人才价值的“三态”实际上也是人才活动的三个阶段，在这三个阶段中，持有态（“智”）是起始阶段，是人才活动的基础。如果把如此重要方面忽略掉了，这不能不说是一个极大的失误。

总之，“德、勤、能、绩、廉”模式在人们似是而非的认识中混迹多年，《意见》的出台终于扭转了这一局面，使人才评价的基本标准在科学的道路上前进了一大步。

四、“德、智、能、绩”标准为分类建立人才评价标准提供了规范

《意见》指出：“分类建立健全涵盖品德、知识、能力、业绩和贡献等要素，科学合理、各有侧重的人才评价标准。”这句话的内涵是丰富的，涵盖了两个方面的内容：第一，对所有人才的评价标准都必须“涵盖品德、知识、能力、业绩和贡献”。这是人才评价标准的一级指标，是宏观上的把握，是大方向。否则，就可能导致脱离大方向，出现随意性。第二，在“品德、知识、能力、业绩和贡献”这个基本框架下，对各类人才建立具有区分性、针对性的个性评价标准，这就是分类评价的思想。这样避免出现不同类型人才评价的标准千人一面、千篇一律的单一现象，这就具有“科学合理、各有侧重”的意义。

这个分类建立人才评价标准的思想使人才评价从宏观把握过渡到实施细则，从理论过渡到实践。这是因为人才评价的基本标准确定以后，一般情况下还不能直接应用，否则会导致人才评价标准的泛化，使评价标准千人一面。正如《意见》中所说：“我国人才评价机制仍存在分类评价不足、评价标准单一、评价手段趋同、评价社会化程度不高、用人主体自主权落实不够等突出问题。”由于人才的职业、岗位、层次不同，德、智、能、绩所隐含的具体内容也不同，甚至有很大的不同。因此，要客观、深刻、准确地反映不同岗位被评价对象的状况，还必须根据岗位实际，对基本标准——品德、知识、能力、业绩和贡献（德、智、能、绩）进行细化，形成不同行业、不同岗位的具体人才评价标准。如果说基模是“面”，涵盖了对所有的评价对象质的要求，那么不同行业、不同层次和岗位就是“条”与“点”，它是对不同类别评价对象的具体要求。这就是“条模”与“点模”的由来，对不同的行业、岗位更具有针对性、区分性与可操作性。

总之，人才评价标准的确立正值我国新时代到来之际，社会实践背景是深刻的，其意义是深远的，时间上是适时的。它对人才评价工作的规范是带有突破性的，使我国人才评价工作在新时代再上新台阶，再开新征程。它在人才发展机制建设的战略布局中，在我国人才队伍建设中，在人才发展过程的若干矛盾的破解中，都具有战略性和划时代意义。我们有理由相信：我国人才评价工作必将出现一个更加规范有序、欣欣向荣的新局面。

校园欺凌对中小学生成长成才的影响及对策

薛永武　卢新亮*

摘　要　作者长期关注学校素质教育与青少年成才，为了研究中小学校园欺凌问题，多次到中小学调研和走访部分中小学教师，访谈农民工对子女的教育情况，分析影响中小学校园欺凌的主客观原因。本文阐明家庭、学校、社会和中小学生四个方面在产生校园欺凌过程中的责任，倡导对中小学校园欺凌进行综合治理，探索校园欺凌对中小学生成长成才的影响及具体对策。

关键词　校园暴力　主客观原因　情理法　成长成才

近些年来，我国中小学校园欺凌事件屡有发生，不仅影响了正常的教学秩序，也影响了中小学生的身心健康和成长成才，需要引起学校、家长和社会的高度重视。本文拟探析校园欺凌对中小学生成长成才的影响及解决相应问题的具体对策。

一、我国中小学校园欺凌的现状

所谓中小学校园欺凌，是指发生在中小学学生之间，蓄意或恶意通过语言、肢体和网络等手段实施欺负、侮辱并造成伤害的行为。欺凌者和受欺凌者大多是中小学生，欺凌者对受欺凌者进行殴打和辱骂，客观上造成受欺凌者身体和精神健康的损害，有些甚至危及受欺凌者的生命安全，影响了中小学生的健康成长和成才。

校园欺凌在我国中小学校具有一定程度的普遍性，但主要发生在一些教育水平较低的中小学校，特别是一部分农村中小学校。“2015 年，中国青少年研究中心针对 10 个省市的 5864 名中小学生的调查显示：有 32.5％的受访者表示自己在校时会‘偶尔被欺负’。”① 2015 年 7 月，中国青年报社会调查中心通过民意中国网和问卷网对 1002 人进行的一项调查显示：73.3％的受访者身边曾经发生过校园暴力事件，54.2％的受访者

---

* **作者简介**：薛永武（1957～　），中国海洋大学教授、博士生导师，山东省高校干部与人才研究基地主任，中国人才学专业委员会副理事长，研究方向为人才开发、文艺学和人才美学。卢新亮（1982～　），青岛科技大学法学院讲师，管理学博士，山东省文化和旅游人才专业委员会理事，研究方向为文化产业管理、社会工作管理和媒介经济管理等。

① 《调查显示：近三成中小学生表示偶尔遭受校园欺凌》，《人民日报》2016 年 5 月 29 日。

感觉当下校园暴力事件多发，62.5%的受访者表示自己中小学时代的学校存在“校园老大”式人物。[①]

上述数据表明，我国中小学校欺凌事件发生数量多，影响范围广，涉及人群的范围大，已经到了非治理不可的地步。近些年甚至一些女生竟然也成为欺凌者，令人触目惊心。根据我们对部分中小学校校长、教师和曾经当过中小学教师的教育硕士的访谈可知，受访者普遍感到我国中小学校园欺凌比较严重，应该引起学校、家庭和社会的高度关注。

根据我们的调研分析，在校园欺凌事件中，欺凌者和受欺凌者都不同程度地扮演了校园欺凌这一悲剧的不同角色，都参与或见证了欺凌过程。校园欺凌是一个非常复杂的动态过程，欺凌行为直接影响了受欺凌者的身体健康和精神健康，也反过来表现了欺凌者不健康的心理和不健全的人格，而欺凌行为本身又加剧或强化了欺凌者人格的扭曲。从校园欺凌所产生的客观影响来看，欺凌行为不仅损害了受欺凌者的身心健康，侮辱了人格，而且欺凌行为本身对欺凌者也会产生极大的负面影响。可以说，在校园欺凌的过程中，无论是欺凌者还是受欺凌者，都是输家，没有赢者。校园欺凌一方面影响了被欺凌者的身心健康；另一方面，欺凌者也在人生之路上留下了不道德甚至是违法的记录，客观上必然影响双方的健康成长与成才。

从欺凌内容上看，校园欺凌主要包括以下几个方面：

一是语言侮辱。欺凌者个体或群体通过污言秽语攻击弱势的中小学生个人或群体，有时也可能是相互攻击，导致矛盾的产生或激化。

二是身体暴力。欺凌者个体或群体凭借身体优势或人数优势，暴力虐待处于弱势地位的中小学同学。

三是心理暴力。欺凌者个体或群体采用一些非正常手段，影响处于弱势地位的中小学同学的学习和生活，造成对方精神或心理状况发生不良改变。

在校园欺凌中，欺凌者对受欺凌者轻则语言辱骂和一般的拳打脚踢或揪头发等，重则使用棍棒和刀具，客观上很容易发展为校园暴力犯罪。

从欺凌形式来看，校园欺凌主要体现以下几个方面：

一是欺凌者在心理、体力或人数方面比较占据优势，主要欺凌者的家庭可能存在不利于孩子健康成长的特殊背景。

二是欺凌地点一般是选择在比较隐蔽或者相对不易被他人发现的空间，如寝室、厕所、小胡同等比较闭塞或偏僻的地点，有时也会发生在校园门口或者操场等地方。

三是欺凌者缺乏法律和道德观念，以报复、征服对方为目的，充分表现出情绪化的特征。即情绪宣泄了，就会终止欺凌；情绪没有宣泄完，就会继续欺凌。

① 参见王品芝：《73.3%受访者确认身边发生过校园暴力》，《中国青年报》2015年7月6日。

目前，我国中小校园欺凌行为得到有关部门的高度重视。2016年4月28日，国务院教育督导委员会办公室向各地印发了《关于开展校园欺凌专项治理的通知》，要求各地各中小学校针对发生在学生之间，蓄意或恶意通过肢体、语言及网络等手段，实施欺负、侮辱造成伤害的校园欺凌进行专项治理。2016年6月13日，国务院总理李克强也对校园暴力频发现象作了重要批示："校园应是最阳光、最安全的地方。校园暴力频发，不仅伤害未成年人身心健康，也冲击社会道德底线。教育部要会同相关方面多措并举，特别是要完善法律法规、加强对学生的法制教育，坚决遏制漠视人的尊严与生命的行为。"① 2018年4月19日，国务院教育督导委员会办公室发布了《关于开展中小学生欺凌防治落实年行动的通知》。2018年，校园欺凌治理被教育督导委员会称为"落实年"。2018年10月，最高人民检察院针对校园安全管理规定执行不严格、教职员工队伍管理不到位以及儿童和学生法治教育、预防性侵害教育缺位等问题，首次以最高检名义向教育部发送高检（建〔2018〕1号）检察建议书，敦促加强校园安全管理。②我们应该以李克强总理的批示和有关上级部门的精神为指导，加强对校园欺凌的研究，找出解决问题的对策。

二、我国中小学校产生校园欺凌的原因

从逻辑的观点来看，中小学校产生校园欺凌现象可谓是多因一果，而校园欺凌这一结果本身又会衍生出多种严重的后果，导致一系列不良反应。在影响校园欺凌的多种原因中，既有家庭、学校和社会的责任，也有中小学生自身的问题，我们应该多管齐下，对校园欺凌进行全方位的认识，通过正本清源，引导中小学生健康成长与科学成才。

（一）我国中小学校园欺凌产生的客观原因

校园欺凌是世界范围内普遍存在的现象。从世界范围看，美国、日本、英国等发达资本主义国家的校园欺凌现象亦未得到很好的解决。各国中小学校园欺凌产生的原因各异，但又有许多相似之处，都有产生校园欺凌的客观原因。根据我们的调研与分析，我国中小学校园欺凌产生的客观原因主要有如下几点：

1. 家庭教育的缺失

在中小学教育阶段，中小学生尚未成年，对许多事物尚缺乏理解能力和判断能力，也缺乏对情绪的控制能力。从欺凌者的家庭教育来看，欺凌者的家庭普遍缺乏与孩子的有效沟通和教育，缺乏人才培养的能力。家长主要分为四种情况：一是家长具有一定的权势，社会地位比较高，但是因为工作忙，没时间与孩子交流，疏于沟通与管教，对孩子过于溺爱，不知不觉地养成了孩子任性、霸道的性格；二是家长处于社会底层，

①李克强：《校园应是最阳光、最安全的地方》，中国政府网，2016年12月12日，http://www.gov.cn/xinwen/2016-12/12/content_5146858.htm。

② 参见薛应军：《根除校园暴力，要扎紧学校这个"袋子口"》，《民主与法制时报》2020年9月29日。

文化程度不高，经济条件较差，比如许多农民工因为经济和没有时间等原因，不能经常回家探望孩子，也不知道怎样与孩子沟通；三是单亲家庭，缺乏父爱或母爱的孩子客观上也容易导致性格孤僻，影响心理健康；四是某些家长本身就缺德少才，甚至经常对孩子实施家庭暴力，自己就没有学会做人，反而为孩子树立了负面的人生标杆，在这种家庭中成长起来的孩子很容易养成暴力倾向。在孩子成长过程中，上述四种家庭并没有教会孩子怎样与同学交往，甚至没有教会孩子们掌握正确的价值标准和是非标准，不懂得如何做人处事，更没有培养孩子换位思考的能力。这些家庭的孩子在日常的学习和生活中，一旦遇到一些鸡毛蒜皮的事，就很容易与同学产生过节而不易化解，这是造成校园欺凌乃至青少年犯罪的重要原因。

在家庭教育中，父母是孩子的第一任老师，也是孩子人生的顾问和引路人，对孩子的健康成长负有不可推卸的责任。在中小学生成长过程中，父母或者其他监护人对孩子性格的形成，对孩子世界观、人生观和价值观的形成都会产生重大影响，有时甚至是决定性的影响。一般来说，如果家庭教育系统优化完善，运行良好，孩子发生问题的概率很小；如果父母对孩子缺乏言传身教的正面示范作用，孩子就很容易迷失人生的方向，在“校园丛林”中成为用暴力解决问题的拥趸。

农村寄宿制学校是校园欺凌的重灾区。2015 年 10 月，教育公益组织北京歌路营联合驻京高校的一些研究机构对华北和西部地区农村的 137 所小学中的 1.7 万多名寄宿制学生发展情况进行了调查。报告指出：在心理方面，65.7%的被调查学生抑郁情况比较严重，是全国城市平均水平的近两倍。在校园欺凌方面，31.7%的被调查学生表示被“一般欺负”（每月被欺负 2～3 次），而 16.5%的学生甚至表示自己被“严重欺负”（每周至少被欺负 1 次）。此外，高达 48.2%的被调查学生表示看到过同学被别人“一般欺负”。①

伴随着我国的城市化进程的加快，大量农民工进城务工，把孩子留给爷爷奶奶、姥爷姥姥看管。孩子成为“留守儿童”，一方面容易导致隔代溺爱；另一方面，由于父母监护的缺位和情感缺失，这些孩子因得不到应有的亲情关注而感觉孤单，行为孤僻，缺乏爱心和交流的主动性，成为校园暴力的主要实施者或受害者。在笔者的访谈中，有的农民工说自己常年在外打工，有时不能回家过春节，甚至半年多见不到孩子，有的时候或许更长时间才能与孩子见上一面。他们平时与孩子沟通的方式主要是用电话进行简单交流，但由于长期没有生活在一起，父母与子女之间在电话里竟然出现无话可说的尴尬。事实证明，家庭教育的缺失不但影响孩子们的心理健康和人格的养成，而且也影响孩子的学习成绩，使这些本来很正常的孩子成为“问题儿童”或“问题少年”。

2. 学校教育不到位

学校教育不到位，这是造成中小学欺凌事件频发的另一个重要原因。长期以来，

① 参见王亦君、吴洋：《寄宿制学校校园霸凌现象严重》，《中国青年报》2016 年 5 月 10 日。

不少中小学校对素质教育的内涵及其重要性认识不够，把素质教育与提高学习成绩对立起来。为了应试教育，许多中小学校出现素质教育“雷声大雨点小”的现象，过于重视智育教育，忽视情绪疏导和安全教育，缺乏对中小学生法制观念、责任心、关爱心和同情心的养成，这是导致中小学校园欺凌愈演愈烈的另一个重要原因。

教育必须明确要培养什么人才的问题。按照《教育法》的规定，我国现阶段的教育目的是“培养学生的创新精神和实践能力”，造就“有理想、有道德、有文化、有纪律”的德、智、体等方面全面发展的社会主义事业的建设者和接班人。很显然，我国的教育目标体现了德与才两个方面，即使在我国人才战略中，也通常注重从德才兼备的双重角度培养人才、使用人才和评价人才。在德与才的关系中，德是第一位的；在学校教育德、智、体等方面，德育也是第一位的。德育可以培养学生的社会责任感，对弱势群体的同情，对他人的隐私和权利的尊重，对不同生活方式和不同宗教信仰的包容等。然而，由于许多中小学校的教育理念存在问题，部分班主任和任课教师缺乏教书育人的知识和能力，不懂得如何理解孩子，不懂得如何尊重孩子的个性，不懂得如何激励孩子把负面情绪转化为正能量，不知不觉地忽视德育教育和个性教育，片面追求升学率，将一部分学业不太好的所谓的“熊孩子”排斥在视线外，采取放任自流的“放羊”模式，往往就会使这部分学生出现心理问题，性格扭曲，容易导致这部分学生产生校园欺凌的倾向。

3. 影视与网络文化的影响

影视文化对中小学生的成长与成才具有潜移默化的影响。通过观看影视艺术作品，中小学生根据作品主题确认自己的人生认同，包括民族认同、集体认同、家庭认同、社会认同等，培养自己的成才目标。观看一部优秀的影视剧，就是接受一次人生教育的过程；观看一部立意不正而又充满暴力的影视作品，可能会对中小学生的人生观、世界观、价值观和人才观产生错误导向，误导他们走向暴力、色情、金钱崇拜的人生歧途。

早在20世纪80年代中期，电视连续剧《上海滩》风靡一时，对我国广大青少年产生了比较复杂的影响。这部电视剧的剧情充满了暴力与仇杀的血腥味，客观上也对中小学生产生了一些不良影响。其中，东北某个初中就曾经出现过一个少年犯罪团伙，其成员就标榜效仿《上海滩》中的主人公许文强。由于我国一些影视剧剧情包含大量的反映黑社会组织或者“黑吃黑”的故事，客观上影响青少年认同“谁的拳头硬，谁就是老大”的价值标准，这就为校园欺凌和校园暴力埋下了心理上的伏笔。在现代流行的影视剧中，许多矛盾不是依靠法理来解决，而是用暴力解决问题，这就在不经意间对青少年产生了不良的影响：人可以不学无术，只要拳头硬，就可以摆平许多问题。

随着移动终端、社交媒体的兴起，许多影视作品不断进入互联网，一些宣扬色情、暴力、恐怖的影视作品和动漫游戏出现在网络媒体中，这些信息通过互联网大肆传播，影响了青少年的日常生活和精神世界，成为诱发校园欺凌的重要因素。北京市高级人民法院关于校园暴力犯罪案件的调研结果显示：约有70%的被告人自述受到影视作品、网络游戏、视频中暴力手段的不良暗示或影响，使他们更愿意把暴力当作解决冲突以及达到个人目的的有效方法。这表明：部分宣传暴力的影视与网络文化作品对诱发暴力行为具有不可推卸的责任。

据报道，2015年邵东县杀师案的主要原因竟然是班主任不让学生上课睡觉和看小说，而主要诱因则是杀害老师的孩子长期在网吧沉迷于一些网络暴力游戏。案发当天，该学生因为没有钱，在杀人并抢走被害人手机和现金之后，又返回网吧接着玩游戏。事实证明，未成年人判断力比较弱，自我控制能力不足，缺乏社会经验，在现实生活中出现冲突时，很容易模仿虚拟游戏中的攻击行为，尝试用暴力解决问题，造成恶劣影响。

4. 社会因素的负面影响

中小学校园虽然相对比较封闭，但不可能是绝对封闭的，社会大环境中的一些不良风气通过多种途径影响和渗透到学校，影响中小学生的世界观、人生观、价值观和人才观，也影响到他们的人格和个性养成。

受官本位和金钱至上观念的长期影响，伴随着大学生自主择业和就业难的问题，新的“读书无用论”沉渣泛起，成为一部分厌学的孩子不喜欢学习的重要诱因。社会上出现的“大老虎”以及形形色色的“苍蝇”对中小学生的身心健康产生极大的负面影响，各种腐败所产生的权钱色交易不知不觉地通过家长和各种媒体渗透到中小学生的心灵深处。在物欲的驱使下，行贿受贿、权钱交易、贪污腐败等现象以及种种不劳而获的社会现实案例，让中小学生认识不到学习知识的重要性，相反会使他们产生走捷径、破坏规则和铤而走险的想法。社会上各种享乐主义、拜金主义、机会主义等不良思想传入校园，容易导致中小学生人际关系紧张、人情淡漠、心理失衡，缺乏同情心，甚至通过校园欺凌或暴力达到个人目的。

另外，当前社会比较缺乏科学的信仰，这在客观上也必然影响中小学生信仰的缺失。许多中小学生不再崇拜传统的英雄人物，也不再崇拜科学家，而是对各种演艺明星产生偶像崇拜心理。即使自己崇拜的演艺明星吸毒违法，许多中小学生仍然对其表示理解、崇拜而津津乐道。此外，一些不健康的文艺作品与各种文化垃圾，都不同程度地毒害着青少年的心灵，在潜移默化中抑制学生的学习和成才的积极性，使中小学生失去学习兴趣，不知不觉地走向邪路、歪路，进而影响了他们的健康成长。

（二）我国中小学校园欺凌产生的主观原因

1. 缺乏理想和科学的成才目标

中小学时期是学生树立远大理想的最佳时期，有了远大理想，人生才有方向，成才才有目标。然而，不少中小学生缺乏情商中的自我激励能力，缺乏科学的成才目标。

在应试教育的导向下，很多中小学校并未将理想教育和科学的人才观纳入学校的课程体系当中。缺乏理想信念必然会影响到中小学生的学业，这些有问题的孩子不是把主要的时间、精力和兴趣用于学习，而是热衷于课堂之外的非学业活动，如拉小帮派，搞小团体。一些中小学生的学习态度不端正，缺乏吃苦精神，幻想不劳而获，梦想有一天能过上明星般的生活；有些学生眼高手低，坐在教室里畅想闯荡江湖，像影视剧中的主角那样，幻想轻轻松松地创造一番事业。缺乏科学的人才观，就会在成才的道路上事倍功半甚至南辕北辙。这些错误的观念和行为方式如不及时纠正，中小学生就容易在不知不觉中滑向堕落的深渊，误入人生歧途。还有一些中小学生对教师和家长的教育产生逆反心理甚至是对立情绪，知错不改，胡作非为，自甘堕落，成为校园欺凌的实施者。

2. 缺乏正确的价值观

从价值观的角度来看，每个人都需要社会、组织和他人对自己进行价值定位。受应试教育的影响，很多老师过于重视学习成绩，一些所谓的“差生”在老师那里很难得到应有的价值认同。根据调研，凡是校园欺凌者，大多都是学习成绩比较差的孩子，这些孩子由于得不到老师的价值认同，就必然以其他方式确认自己的价值，而校园欺凌就成为这些孩子的选择之一。这些欺凌者试图通过欺凌向其他同学宣告“你看谁的拳头硬?”“我爸是某某某”，以此体现个人的价值和尊严，彰显个人的存在感。很显然，这些施暴的孩子不是以“好好学习，天天向上”作为自己应有的价值标准，也不是通过做一个好学生来彰显个人的存在感，而是通过损人不利己的校园欺凌来确认自己的价值，其结果只能是害人害己。

3. 缺乏自我调控能力

有些中小学生情商较低，缺乏基本的自控能力，不能把主要的时间和精力用于学业上。有些中小学生缺乏人际沟通的能力，与同学打交道时很容易冲动，稍有不满，便拳脚相向。这些都是缺乏自我调控能力的表现。

自我调控能力对于中小学生的成长和成才至关重要。自我调控能力强的孩子，面对挫折和困难时能够调节和控制情绪，调整认知方式和行为方式，积极妥善地面对问题；相反，自我调控能力弱的孩子，在面对不公平或者是不符合自己心理预期的情境时，就容易在情感和行为上产生冲动，这种冲动如果不能加以克制，就有可能会转化为校园欺凌。在中小学校园里，有些学生被称为“三差”生，即入学成绩差、行为习惯差、学习能力差。“三差”的原因可以归结为“一差”，即自我调控能力差。

缺乏自我调控能力，与中小学生缺乏人生责任感和自我反思精神是分不开的。对家庭和学校的严格管理缺乏正确理解，就容易产生“逆反”，容易产生情感和行为的冲动。另外，中小学生缺乏对“自由”的正确理解，把“自由”片面地理解为无拘无束，甚至认为可以为所欲为，这也是造成校园暴力的重要的主观原因。

三、解决中小学校园欺凌的对策

要真正解决中小学校园欺凌问题，家庭、学校、社会和中小学生四个方面都需要正确认识产生校园欺凌的原因，即对产生校园欺凌进行正确归因，每一个方面都要承担自己应该承担的责任，而不是互相推诿和互相埋怨。一般而言，从中小学生自身来看，随着年龄的增长和年级的升高，中小学生应该承担的人生责任亦随之增强，对于实施校园欺凌要承担更多的主体责任；对于学校和家庭而言，无论是对小学生还是中学生，学校、家庭和社会的责任不能随着孩子年龄的增长和年级的升高而减弱，只不过是随着孩子年龄的增长和年级的升高，可以与时俱进、及时地转换教育理念和教育方式而已。

（一）家庭教育引导孩子健康成长和科学成才

良好的家庭教育对中小学生的健康成长和成才具有非常重要的作用。家庭教育尤其是父母对于中小学生的成长是相当重要的。预防中小学校园欺凌，家庭教育到位是最基本的环节。“德国许多州的政府机构都为家长免费提供反校园欺凌指南，引导家长正确地帮助自己的孩子。”[①] 家长还应该学会了解校园欺凌以及预防的方法，做到预防为主，有备无患。

无论孩子住校与否，家长都应该多关心孩子，努力做到情感和心理到位但不越位。家长要尊重孩子的身心发展规律，真正做到以人为本。首先，要把孩子当人来看，即孩子拥有正常的人格尊严和正当需求；其次，家长要学会理解孩子，尊重孩子，关心孩子的身心健康；最后，坚持以身作则，率先垂范，用春风化雨般的言行影响孩子，引导孩子的健康发展。

家长还应该善于化解孩子所谓的“逆反心理”。所谓“逆反心理”，实质上是儿童在成长过程中必然会出现的心理现象，符合孩子的身心发展规律。《元史》中有记载：“治河一也，有疏、有浚、有塞，三者异焉。酾河之流，因而导之，谓之疏。去河之淤，因而深之，谓之浚。抑河之暴，因而扼之，谓之塞。”[②] 对青少年所谓的“逆反心理”，家长也要学会疏导，因势利导，而不是一味地堵塞。

家长对孩子的学习成绩应该有科学的评价尺度，不能把考试成绩视为评价孩子的唯一标准，要预防孩子产生厌学心理。近几年，学生因学业压力或者与父母的沟通问题而选择离家出走、加入校园帮会的事件亦屡有报道。因此，家长要善于发现“熊孩子”的闪光点，因势利导，引导孩子看到未来的希望，预防和化解孩子“破罐子破摔”的心理。

为了预防校园欺凌，家长还应该自觉克服“护犊心理”。“护犊心理”体现了家长

---

① 刘云华：《德国校园欺凌治理经验与启示》，《世界教育信息》2019 年第 23 期。

② （明）宋濂等：《元史》卷六六《河渠志》，中华书局 1976 年版，第 1647 页。

对孩子的过分溺爱，对孩子的校园欺凌不以为意，视而不见，把程度较轻的校园欺凌当作是玩闹甚至是恶作剧。对待实施校园欺凌的孩子，家长绝对不能熟视无睹，而应该高度重视，积极与学校和老师配合，认真分析孩子的欺凌心理，依据法律和道德及时纠正孩子的欺凌行为，引导孩子认识错误，纠正错误行为。

从家庭角度来看预防校园欺凌，政府和社会还应该对家长进行相应的培训，设置真正意义上的家长培训学校，通过对家长的培训，全面提高家长的整体育人素质和能力。

(二) 学校教育引导学生健康成长和科学成才

学校教育应该从整体上把素质教育与提高学生学习成绩和科学成才结合起来，健全学生人格，提升学生整体素质，开发学生的多种潜能，促进身心协调发展，杜绝唯成绩论。为预防校园欺凌，学校应该注重“美、情、理、法”四字疗法，对中小学生感之以美，动之以情，晓之以理，明之以法。

“感之以美”包括两个含义：一是指教师以美的语言、美的心灵、美的方式和美的行为做到以美感人，为中小学生提供审美对象，通过与学生的交流，让学生感受到教师言传身教之美和授课之美；二是教师要引导学生欣赏自然美、社会和艺术美，以美感人，以美化人。“动之以情”是指教师以健康、高尚的真情实感来感染和熏陶学生。“晓之以理”是指教师以理服人，注重为学生提供心理干预，让学生顾大局，识大体，明事理，辨是非。“明之以法”是指教师通过基本的法律知识，让学生充分了解校园欺凌的非道德性、违法性及其可能造成的严重后果。

教育管理干部和中小学教师应该通晓人才培养的基本规律和特殊规律，摆正素质教育与应试教育的辩证关系，自觉把素质教育与提高学习成绩和科学成才和谐统一起来，为中小学生制定科学的评价标准，坚信每个学生都能够成才。通过因材施教，发现每个中小学生的闪光点，不断激励每个学生学会自我调控、自我激励和自我完善。只有提高情商，中小学生才能把时间、精力和兴趣集中在学业上，才能从根本上预防校园欺凌，更好地走上成才之路。

教育机构还应将尊师重教、立德树人贯穿教育教学的始终。要建立纠错机制，把学生的做人与成才有机结合起来。对有问题的学生，不能简单地处罚了之，而是应该从做人的角度了解原因，讲清利害，做到防微杜渐，防患于未然，让学生充分认识到学会做人的重要性。为此，在尊师重教的前提下，社会和学校应该增强教师对欺凌者的科学的惩戒权。学校还可以借鉴德国的做法，成立“学生反对欺凌”组织。德国的“学生反对欺凌”组织是有关反欺凌的第一个青少年互帮互助的组织平台，数千人通过该平台得到了有效的建议和帮助。

预防中小学校园欺凌，学校可以设置预防欺凌的专家机制。“美国新泽西州的欺凌法规定，学校校长必须从现有的雇员中选出一名反欺凌专家，并在学校的网站上公布反欺凌专家的名字和联系方式。反欺凌专家应优先选择学生的辅导人员、心理老师和其他具有类似训练经验的人员。”[①] 学校要充分发挥专家学者进校园的作用，请文化专家为中小学生讲授中国传统文化修身养性、仁义礼智信等传统文化，让中小学生理解为什么“小不忍则乱大谋”，为什么“己所不欲，勿施于人”，懂得克己修身的重要性；请美学家从人才美学的角度运用审美疗法，为中小学生讲授审美促进人才开发的基本规律；请心理学家为中小学生举办心理健康讲座，学会保持健康的心态，学会自我认知、自我调控、自我激励、移情与人际交往的能力；请公安、法院和法律专家为中小学生讲授校园欺凌的严重危害性与青少年犯罪的预防等，针对不同年龄段学生的特点，结合生动的案例讲解法律法规常识以及“同学之间发生矛盾怎么处理”“遇到暴力袭击如何应对和防范”等实用方法。

以校园文化为核心的校园人文环境能够对中小学生产生全方位的重要影响。为了预防校园欺凌，中小学校还应该建设和谐校园与文明校园，把学校建设成一个完整、立体的审美教育园区，在中小学校大力推行审美教育。审美教育是完善人性，强化人格，提高受教育者综合素质的重要方式。通过审美教育，把德、智、体与美育有机地统一起来，健全中小学生的人格，塑造中小学生的灵魂，让中小学生在心理和生理上都健康起来，这样才能预防校园欺凌。

此外，对于有暴力倾向的学生，老师们还应关注学生心理成长，组织一些有意义的活动，如文艺表演、体育比赛、外出参观、读书活动等，丰富和充实中小学生的课余生活，让他们远离暴力游戏和影像。

（三）影视与网络文化引导学生健康成长和科学成才

为了预防校园欺凌，促进中小学生的健康成长和科学成才，影视艺术与网络文化要传播正能量，为中小学生的健康成长保驾护航。为此，政府管理部门应该对影视与网络文化采取“堵、宣、导”的管理策略。

“堵”，就是通过对影视艺术和网络文化立法建立影视艺术的分级制度，对一些充满暴力的影视作品和动漫游戏等网络产品进行行政干预。在互联网管理方面，自1994年国务院制定《计算机信息系统安全保护条例》以来，我国虽然制定和实施涉及未成年人网络保护的全国性法律、法规、部门规章与司法解释共53部，却始终未制定专门规范保护未成年人上网权益的法律法规。在这方面，许多发达国家已结合国情分别采取了相应的网络监管措施，如美国就相继出台了《儿童在线保护法案》《儿童在线隐私保护法案》《儿童互联网保护法案》三部专门法案保障未成年人的权益。由此可见，我们亟待推行未成年人上网实名制、对网络游戏实行分级制、防沉迷系统等一系列规范措施，为影视文化和互联网文化传播正能量提供制度保障。

---

① 姜贯华：《从法管理学的视角下论述如何防治和解决未成年人校园暴力问题》，《法制博览》2020年第36期。

“宣”，就是宣泄情感，舒缓中小学生的学习压力。根据中小学生的心理和情绪特点，影视艺术和动漫创作一批适合中小学生身心健康的娱乐作品，以满足中小学生这一年龄段的心理和情感需求，让孩子们在笑声中宣泄情感，缓解学业压力，促进身心健康。

“导”，就是对中小学生的倡导和引领。影视艺术和动漫创造一批既具有健康丰富的思想内容，又具有中小学生喜闻乐见的艺术形式的优秀作品，学校和家庭要积极倡导和引领中小学生在业余时间观看这类优秀作品，以获得寓教于乐的积极效果。

（四）社会要营造人才开发的大环境

社会存在决定社会意识，也必然影响着中小学生的世界观、人生观、价值观和人才观。我们要预防校园欺凌，不是简单地扬汤止沸，而是应该釜底抽薪。社会要营造人才开发的大环境，从根本上克服产生校园欺凌的社会原因。

预防中小学校园欺凌，最根本和最关键的是全社会要弘扬正气，风正气清，要有理想和信仰，把尊重知识和尊重人才的价值观念全面渗透到中小学教育的各个环节，为孩子们营造一种“融美于心灵”和“融爱于心灵”的人文环境，而不是让中小学生有“权力至上”和“金钱至上”的极端思想。因此，为避免中小学生受到暴力文化的浸染，社会各界一方面要鼓励孩子们远离宣扬暴力的影视作品、网络游戏等，引导他们远离各种犯罪行为；另一方面，还要运用法律和政策手段的干预，从制度上保证中小学生远离暴力文化的诱惑，克服暴力倾向。

可以设想：中小学生走出校园，如果耳闻目睹的大多是真善美的事物，就会在潜移默化中得到真善美的熏陶和教育，实现“润物细无声”的效果；相反，孩子们看到的如果多是不良现象，我们怎么让他们能够有一颗美好的心灵呢？

此外，要从根本上解决农村中小学校园欺凌比较严重的问题，最主要的是在城乡一体化的历史进程中，尽快缩小城乡经济、文化、教育和收入差距，提高农村中小学师资力量，让更多的农民在家乡安居乐业，能够有时间和条件与孩子多交流。只有这样，才能从根本上解决留守儿童可能发生的一系列社会问题，根除农村中小学校园欺凌问题。

（五）增强个体的主体性，促进人才自我开发

随着中小学生年龄的增长和年级的提升，要不断培育人的主体性。人的主体性能够使人正确认识事物的现象和本质，追求真善美的统一，具有科学的成才目标和成才动力。中小学生应该学会为青春做主，敢于承担人生应有的责任。作为有主体性的人，不能为自己的青春乱做主，不能一切都跟着感觉走，更不能放纵自己的校园欺凌行为。

中小学生要真正实现主体性，就必须培育远大的理想和崇高的志向，确立科学的人生目标，树立正确的世界观、人生观、价值观和人才观，把时间精力、兴趣集中凝聚到学习与成才的奋斗过程中。清代金缨《格言联璧·学问篇》言：“志之所趋，无远

勿届，穷山复海不能限也。志之所向，无坚不入，锐兵固甲，不能御也。”这说明理想与志向对于人生的激励作用。从人才开发的角度来看，理想是一盏明灯，能够照亮人生成才的历程；有了远大的理想，树立了正确的世界观、人生观、价值观和人才观，才能激发拼搏奋斗的强大动力。

中小学生的主体性还要求有正确的价值标准，能够为自己进行恰当定位。随着中小学生年龄的增长，应该培养他们自我反思的能力，学会自省与自我认知，对自己的品行和学习状况进行恰当的认知和定位，对自己作出理性判断。比如，什么样的中小学生才是好学生？好学生的标准是什么？我是好学生吗？我怎样才能做一个好学生？以上这些问题，中小学生应该时常提醒自己，审视自己，反思自己。中小学生通过对好学生的价值定位与自我认知，不断培育正确的价值定位，进而学会自我检验和自我矫正，有利于预防校园欺凌心理。

中小学生的主体性还要求具有较强的自我调控能力。中小学生要正确认识自律和他律的辩证关系，通过加强自律，理性化解自己的负面情绪，自觉控制有可能引发的欺凌行为。为了提高调控能力，学校和家长要引导中小学生正确认识自由和人生的责任感。人生无不渴望自由，但自由并非是为所欲为，而是“随心所欲，不逾矩”，是在符合法律和道德前提下对人生积极的能动选择。中小学生的年龄一般在 7～18 岁，应该逐渐认识到自己应有的责任。当孩子们认识到自己的责任时，就会增强自我管理和人才自我开发的能力，就不可能随意欺凌他人。

综上可见，要从根本上预防中小学校园欺凌问题，必须从家庭、学校、社会和中小学生四个角度全方位进行综合治理，要从主观与客观辩证的相互关系中去探讨产生中小学校园欺凌的多种原因。这里的关键是要正确认识中小学生之间存在冲突的客观性以及解决冲突的必要性。“冲突是生活中不可避免的一部分，拥有建设性解决冲突的能力至关重要。”① 家庭、学校与社会要形成人才培养的合力和聚焦效应；而中小学生要树立远大的理想与科学的人生目标和成才目标，敢于承担人生责任，学会自我调控，善于把时间、精力和兴趣集中到人才发展的轨道上来。

① 程力、沈晓敏：《预防校园暴力：美国冲突解决教育的理论基础与实施路径》，《外国教育研究》2020 年第 8 期。

完善山东省科技人才培养和引进的政策体系研究[*]

司江伟　王　晓　林子豪[**]

摘　要　完善科技人才政策体系进而提升科技人才效能，是促进经济社会高质量发展的保障。本文通过人才数量、人才质量、人才结构以及人才效能等四个角度对鲁、苏、浙、粤四省的科技人才状况进行对比分析，并以山东省2010～2018年颁布实施的92项人才政策为样本，从文本数量和政策主题两个方面进行人才政策分析。结合山东省科技人才政策体系存在的突出问题，提出相关建议和对策，以期对山东省科技人才的发展起到推动作用。

关键词　人才政策　文本分析　省域视角

人才是第一生产要素，能够对科技进步和经济社会发展做出重要贡献。[①] 人才效能的发挥，关键在于人才政策的制定。[②] 目前，国内外学者从不同角度对人才政策展开多维度分析，如曹钰华、袁勇志基于政策工具，从系统失灵的角度对深圳、苏州和沈阳等城市的人才政策进行分析，探索能够促进人才效能发挥的相关政策规律。[③] 宁甜甜、张再生利用政策工具对我国人才政策展开分析，深入剖析人才政策中存在的缺失与冲突等。[④] 刘佐菁等人以77项人才政策作为研究样本，从政策年度、主体以及类型等维度对广东省人才政策进行分析。[⑤] 黄怡淳通过对比北京、上海、广州和深圳四个城市的

---

* **基金项目：**山东省2018年软科学研究重点项目“完善山东省科技人才培养和引进的政策体系研究”（2018RZE28003）。

** **作者简介：**司江伟（1969～　），甘肃静宁人，中国石油大学（华东）教授、人才发展研究中心主任，研究方向为区域人才发展治理、组织人才发展治理；王晓（1978～　）浙江武义人，中国石油大学（华东）讲师，研究方向为人力资源管理；林子豪（1996～　），山东费县人，中国石油大学（华东）马克思主义学院硕士研究生。

① 参见卢新海、沈纬辰、杨喜、刘瑞红：《中国区域实体经济、科技创新、现代金融与人力资源协同发展评价》，《统计与决策》2019年第15期。

② 参见林泽炎：《激励与保障是引爆人才效能的两把“金钥匙”》，《中国发展观察》2012年第10期。

③ 参见曹钰华、袁勇志：《我国区域创新人才政策对比研究——基于政策工具和“系统失灵”视角的内容分析》，《科技管理研究》2019年第10期。

④ 参见宁甜甜、张再生：《基于政策工具视角的我国人才政策分析》，《中国行政管理》2014年第4期。

⑤ 参见刘佐菁、江湧、陈敏：《广东近10年人才政策研究——基于政策文本视角》，《科技管理研究》2017年第5期。

人才政策，探索广州市人才政策存在的问题，并提出相关建议措施。[①] 苏立宁、廖求宁通过近十年的政策文本分析“长三角”经济区人才政策的差异与共性，并总结其存在的问题。[②] 通过以上分析可以发现，关于人才政策的分析具有丰富的研究成果。近年来，山东省大力实施“人才强省”战略，着眼于政策体系的创新与完善，相继颁布一系列政策文件，大力培养和引进科技人才，取得了明显的成效。但是，《2017 中国区域国际人才竞争力报告》显示，作为经济大省的山东，其人才竞争力在国内排名第六，与前 5 个省市存在明显差距。[③] 据此，有必要对山东省科技人才政策体系进行研究，深入探讨其成效及存在的问题和不足，并提出相应的对策，以期进一步优化山东省科技人才发展环境，进而提高其科技创新能力和区域核心竞争力。

一、研究对象与分析框架

（一）研究对象与方法

本研究通过搜索 2010 年 1 月 1 日至 2018 年 12 月 1 日山东省人民政府官方网站和省人力资源和社会保障厅、省科技厅、省财政厅、省教育厅等 20 余个省级部门网站，查阅各政策文件，搜集整理山东省科技人才政策相关文本共计 92 条，作为研究样本。同时，通过访问江苏、浙江、广东等 3 个省政府及部门的网站，全面搜集了 3 个省科技人才政策的相关文件，并对相关政策进行了分类比较，为分析山东省科技人才政策状况及外省科技人才政策借鉴提供了文本依据。

研究采取随机抽样的方法，面向全省科技人才进行了问卷调查。本次调查共发放问卷 700 份，收回 690 份，问卷回收率为 98.6%，其中，有效问卷 684 份。运用统计软件对问卷调查结果进行了处理，为分析科技人才对山东省科技人才政策的认知水平、满意度提供了依据。

（二）山东省科技人才政策文本分析

1. 文本数量分析

总体而言，2010～2018 年山东省科技人才政策的颁布数量总体呈上升态势。其中，2016 年山东省科技人才政策颁布的数量突破了两位数（见图 1）。2016 年 3 月，中共中央印发了《关于深化人才发展体制机制改革的意见》，对人才发展体制机制改革提出了指导性意见。中共山东省委、省政府为深化科技人才发展体制机制改革，颁布了一系列科技人才政策，这正与中央的部署和党的十八届三中全会“全面深化改革”的要求相吻合。

---

① 参见黄怡淳：《北上广深四市人才政策对比分析及广州市人才政策建议》，《科技管理研究》2017 年第 20 期。

② 参见苏立宁、廖求宁：《“长三角”经济区地方政府人才政策：差异与共性——基于 2006～2017 年的政策文本》，《华东经济管理》2019 年第 7 期。

③ 参见黄少安：《新旧动能转换与山东经济发展》，《山东社会科学》2017 年第 9 期。

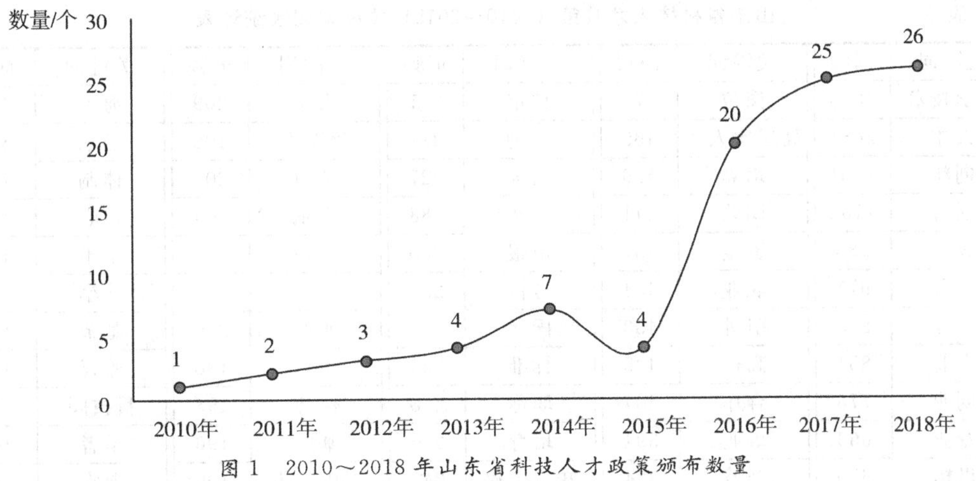

图 1　2010～2018 年山东省科技人才政策颁布数量

从政策分类上看，在山东省颁布的 92 条科技人才政策中，人才培养政策有 13 条，人才引进政策有 9 条，人才激励政策有 16 条，人才评价政策有 4 条，人才管理政策有 27 条，综合型人才政策有 23 条（见图 2）。其中，专门涉及科技人才培养、引进、评价的政策相对较少，而人才激励类政策、人才管理政策和综合型人才政策则相对较多。

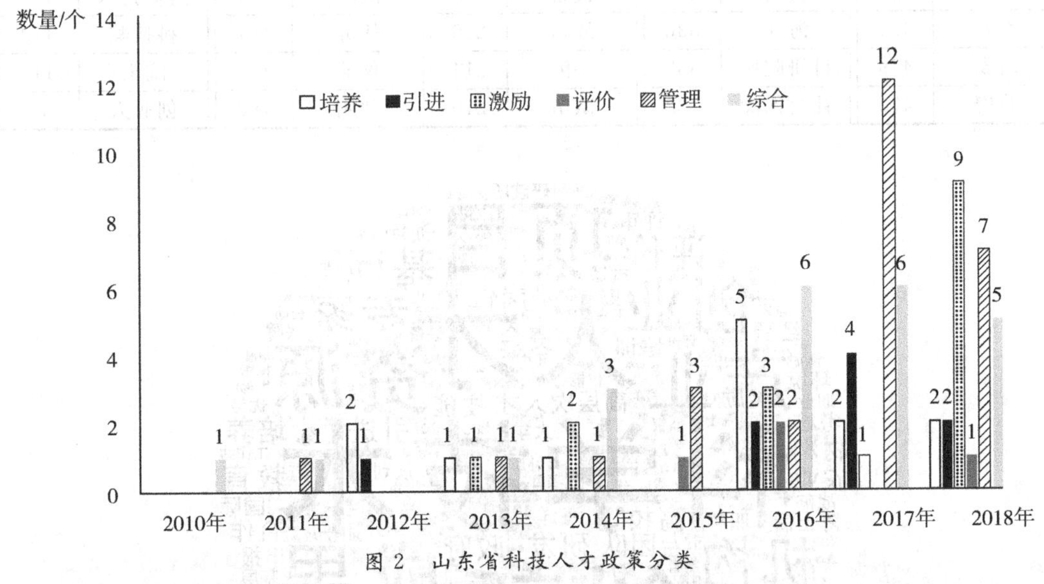

图 2　山东省科技人才政策分类

2. 文本主题分析

本研究运用 R 软件对 92 条山东省科技人才政策文本进行关键词提取，在研读政策文本内容和咨询专家后剔除无效词语，并进一步将同义词和近义词进行合并，经过反复筛选核对，提取词频排名前 100 的高频关键词，并绘制词云图，以在此基础上清晰地凸显山东省科技人才政策的重点和热点。具体情况可见表 1 和图 3。

表 1　　山东省科技人才政策（2010～2018）关键词词频统计表

关键词	词频	关键词	词频	关键词	词频	关键词	词频	关键词	词频
科学技术	5643	岗位	472	评审	331	大学	209	海外	182
人才	2681	高层次人才	469	奖励	327	领军人	208	需求	180
创新	2481	培养	466	培训	327	绩效	205	体制	179
项目	1162	团队	441	经费	288	贡献	204	核心	178
成果	986	资金	437	申报	260	装备	202	学术	176
科研	971	农业	434	考核	257	学科	200	共享	176
资源	895	引进	433	国际	252	职业	200	基金	175
产业	851	高校	405	标准	252	生物	198	监督	173
创业	776	合作	404	职称	248	优势	198	科技园	170
专业	666	事业	394	培育	246	基层	196	学者	169
机构	650	领域	394	知识产权	245	泰山学者	196	探索	167
专家	621	改革	387	规划	235	支撑	196	青年	165
组织	594	博士后	370	工作站	234	财政	195	资助	160
开发	539	制度	361	留学人员	229	引导	194	补助	155
基地	512	技能	358	领导	224	行业	194	工资	148
评价	504	实验室	343	环境	219	高等学校	192	特派员	145
工程	484	材料	337	设备	217	激励	191	高新技术	137
教育	483	海洋	336	战略	216	任务	191	科技奖	112
研发	479	科研院所	335	保障	214	仪器	187	院士	112
政府	475	社会保障	332	队伍	210	聘用	186	创业人	74

图 3　山东省科技人才政策关键词词云图

（1）人才培养政策

根据词频显示，山东省科技人才政策对科技人才培养问题的关注度很高，“开发”“教育”“培养”“培训”“培育”等关键词分别排名第14位、第18位、第23位、第43位、第50位。“基地”“工程”“实验室”“科研院所”等培养载体建设的关键词分别排名第15位、第17位、第36位、第39位。通过政策文本阅读，2010～2018年山东省科技人才培养政策的涉及对象主要是专业技术人才、高技能人才、博士后等，且越来越加强对科技人才培养的扶持与资助。

（2）人才引进政策

山东省科技人才政策对科技人才引进问题同样十分关注，“引进”这一关键词排名第27位。2010～2018年，山东省科技人才引进政策涉及的对象主要是高层次人才，“高层次人才”关键词排名第22位。如《关于鼓励省管企业引进高层次人才的若干意见》指出，要深入实施“人才强企”战略，加快建设一支与省管企业科学发展相适应的高层次人才队伍，促进省管企业自主创新能力和核心竞争力的提升。

（3）人才激励政策

根据词频统计结果发现，“奖励”关键词排名第42位，“激励”“资助”“补助”“工资”“科技奖”等关键词的频率也都较高。山东省科技人才政策对科技人才的激励越来越关注包括工资、福利、奖励等多方面内容，并贯穿于科技人才培养和引进的全过程。

（4）人才评价政策

“评价”“评审”“考核”“职称”“绩效”等词频分别排名第16位、第41位、第46位、第49位、第63位。虽然专门涉及科技人才评价问题的政策较少，但综合性人才政策和其他政策却多数都涉及科技人才的评价问题。

（5）人才管理政策

科技人才的管理贯穿于培养、引进、激励、评价等各个环节。虽然在词频统计表中与“管理”相关的关键词很少，但每一条科技人才政策文本几乎都涉及科技人才的管理和服务。

（三）山东省科技人才政策满意度分析

1. 问卷调查结果处理

本研究在阅读相关文献资料和专业书籍，并咨询相关专家的基础上制定了《完善山东省科技人才培养和引进的政策体系研究调查问卷》，对山东省科技人才培养和引进政策的满意度进行了测评。通过对不同问题的重要程度和满意程度的选项进行赋值，对“不了解或不清楚”赋0，对“很不重要/很不满意”赋1，对“不太重要/不太满意”赋2，对“一般”赋3，对“比较重要/比较满意”赋4，对“很重要/很满意”赋5，最终计算统计结果如表2所示。结果显示，当前数据中并没有异常值出现，最大值和最小值均符合赋值结果，且数据值均在平均值的 3 个标准差范围内波动。因而，可以直接针对平均值进行描述分析。

表 2　　　　科技人才培养政策量表数据统计结果

		最大值	最小值	平均值	标准差	中位数
(1) 党和政府重视科技人才的培养	重要程度	5	0	3.587719298	1.658085845	4
	满意程度	5	0	3.169590643	1.463227887	3
(2) 科技人才培养政策的颁布数量	重要程度	5	0	3.194444444	1.698823505	4
	满意程度	5	0	2.954678363	1.537998466	3
(3) 制定人才培养规划	重要程度	5	0	3.40497076	1.650601337	4
	满意程度	5	0	3.039473684	1.492751746	3
(4) 加强资金支持力度	重要程度	5	0	3.495614035	1.637315073	4
	满意程度	5	0	2.956140351	1.490174855	3
(5) 强调重点领域人才培养	重要程度	5	0	3.540935673	1.597881926	4
	满意程度	5	0	3.089181287	1.504293485	3
(6) 重视青年人才培养	重要程度	5	0	3.592105263	1.597581155	4
	满意程度	5	0	3.109649123	1.460447953	3
(7) 加快项目载体建设	重要程度	5	0	3.410818713	1.647376877	4
	满意程度	5	0	3.030701754	1.497853644	3
(8) 创新人才培养方式	重要程度	5	0	3.470760234	1.607274461	4
	满意程度	5	0	2.969298246	1.482131376	3
(9) 满足设备信息需求	重要程度	5	0	3.356725146	1.585512311	4
	满意程度	5	0	2.954678363	1.498459448	3
(10) 完善人才评价机制	重要程度	5	0	3.460526316	1.647543186	4
	满意程度	5	0	2.887426901	1.506613955	3
(11) 设立合理奖励机制	重要程度	5	0	3.480994152	1.614698646	4
	满意程度	5	0	2.954678363	1.463861912	3
(12) 完善生活保障机制	重要程度	5	0	3.49122807	1.593796249	4
	满意程度	5	0	2.916666667	1.487994907	3
(13) 科技人才培养政策的宣传力度	重要程度	5	0	3.410818713	1.549363418	4
	满意程度	5	0	3.036549708	1.469099114	3
(14) 科技人才培养政策的执行落实	重要程度	5	0	3.44005848	1.629945969	4
	满意程度	5	0	2.944444444	1.489784094	3

续表

		最大值	最小值	平均值	标准差	中位数
（1）党和政府重视科技人才的引进	重要程度	5	0	3.576023392	1.574432796	4
	满意程度	5	0	3.122807018	1.469895172	3
（2）科技人才引进政策的颁布数量	重要程度	5	0	3.307017544	1.644693457	4
	满意程度	5	0	2.967836257	1.5119303	3
（3）制定人才引进规划	重要程度	5	0	3.400584795	1.62260738	4
	满意程度	5	0	2.992690058	1.492275597	3
（4）加强资金支持力度	重要程度	5	0	3.461988304	1.606179363	4
	满意程度	5	0	2.92251462	1.48042042	3
（5）强调重点领域人才引进	重要程度	5	0	3.554093567	1.555700112	4
	满意程度	5	0	3.054093567	1.464563626	3
（6）加强项目载体建设	重要程度	5	0	3.451754386	1.569011726	4
	满意程度	5	0	2.995614035	1.466555831	3
（7）创新人才引进方式	重要程度	5	0	3.434210526	1.598882971	4
	满意程度	5	0	2.956140351	1.475363424	3
（8）坚持“以用为本”	重要程度	5	0	3.469298246	1.571318358	4
	满意程度	5	0	3.01754386	1.453923592	3
（9）提供良好工资待遇	重要程度	5	0	3.51754386	1.606533819	4
	满意程度	5	0	2.89619883	1.472853485	3
（10）提供良好工作环境	重要程度	5	0	3.526315789	1.59084419	4
	满意程度	5	0	2.976608187	1.439673041	3
（11）提供良好生活条件	重要程度	5	0	3.507309942	1.590124838	4
	满意程度	5	0	2.957602339	1.4549207	3
（12）提供良好制度保障	重要程度	5	0	3.538011696	1.595203139	4
	满意程度	5	0	2.960526316	1.449962998	3
（13）科技人才引进政策的宣传力度	重要程度	5	0	3.456140351	1.543742012	4
	满意程度	5	0	3.013157895	1.444371911	3
（14）科技人才引进政策的执行落实	重要程度	5	0	3.495614035	1.581827085	4
	满意程度	5	0	2.995614035	1.470543789	3

2. 科技人才培养政策满意度分析

从总体上看，在山东省科技人才培养政策调查部分，每一个问题对应的重要程度平均值均大于3，且重要程度的平均值均大于满意程度的平均值，这表明被调查者认为每一个影响因素的重要程度都较高。然而，科技人才培养政策的制定和落实与预期相比还存在差距，导致被调查者对相关问题的满意度相对较低。从具体来看，在科技人才培养政策调查部分，重要程度平均值均大于3.5，其影响因素分别是“党和政府重视科技人才的培养”“强调重点领域人才培养”和“重视青年人才培养”。相比于其他影响因素，被调查者认为这三项更为重要。然而，这三项影响因素的满意程度则相对较低，平均值均在3.0～3.2；满意程度平均值最低的三个影响因素分别是“完善人才评价机制”“完善生活保障机制”和“科技人才培养政策的执行落实”，然而这三项影响因素重要程度的平均值较高，平均值均大于3.4。这表明，该三项影响因素的执行落实并不尽如人意，还存在一些问题。

3. 科技人才引进政策满意度分析

从总体上看，在山东省科技人才引进政策的调查部分，每一个问题对应的重要程度平均值均大于3，且重要程度的平均值均大于满意程度的平均值。这表明，被调查者认为每一个影响因素的重要程度都较高。然而，科技人才培养、引进的制定和落实与预期相比还存在差距，导致被调查者对相关问题的满意度相对较低。从具体来看，在科技人才引进政策的调查部分，重要程度平均值均大于3.5，其影响因素分别是“党和政府重视科技人才的引进”“强调重点领域人才引进”“提供良好工资待遇”“提供良好工作环境”“提供良好生活条件”和“提供良好制度保障”。相比于其他影响因素，被调查者认为这六项更为重要。然而，这六项影响因素的满意程度相对较低，平均值为2.8～3.2；满意程度平均值最低的三个影响因素分别是“加强资金支持力度”“创新人才引进方式”和“提供良好工资待遇”，然而这三项影响因素重要程度的平均值较高，平均值均大于3.4。这表明，该三项影响因素的执行落实并不尽如人意，还存在一些问题。值得一提的是，“提供良好工资待遇”一项的重要程度平均值大于3.5，且满意程度最低，说明工资是亟须重点关注和解决的问题。

二、山东省科技人才政策体系存在的主要问题

（一）在政策的主体上：政府主导多，企业和市场运作少

山东省科技人才政策多关注优惠政策的提出和人才计划、人才工程的组织实施，无论政策制定还是政策实施，主体都是省级及以下各级政府，用人单位发挥的作用不够，科技人才工作政府热、用人单位冷的现象依然存在。例如，山东省出台的《关于做好人才支撑新旧动能转换工作的意见》20条举措中，基本都是以政府为主体，只有第5条涉及用人单位。相比之下，其他省份的经验就非常值得借鉴。如江苏省出台的《关于进一步支持企事业单位聚才用才强化高质量发展人才引领的意见》涵盖10个方面，其中，第三、四、五部分都是以用人单位为政策主体。浙江省出台的《扩大海外工程师引进计划暂行办法》中规定：“对企业引进年薪50万元（以上）的海外工程师，

给予所聘企业20万元资助，省级财政和市县财政各负担50%，而省属企业引进由企业自负。”

（二）在政策的导向上：对外部引进重视多，对自主培养重视少

一方面，相对于培养问题，山东省科技人才政策对引进问题更为重视。如各单位对引进的高层次科技人才普遍实施“一事一议”待遇，而对自主培养的则不然。再如，在人才工作目标责任制考核中，有专门针对引才引智的考核办法，关于“人才引进”指标权重的设置，远高于人才培养的相关指标。另一方面，山东省“泰山学者计划”等人才工程对青年人才的培养支持力度，远低于其他省份。“泰山学者计划”从2015年到2020年共支持500名左右的高层次人才。其中，“攀登计划”“特聘专家计划”“青年专家计划”分别为60名、300名、200名。江苏省“333高层次人才培养工程”从2016年起，分两批选拔60名第一层次中青年首席科学家、600名第二层次中青年领军人才和6000名第三层次中青年学术技术带头人。另外，与浙江“万人计划”“151人才工程”及“广东特支计划”等人才工程相比，山东省“泰山学者计划”支持总数明显偏少。其中，“攀登计划”的支持人数与苏、浙、粤相近，但是，青年专家计划支持人数远落后于苏、浙、粤3省。

（三）在政策的内容上：关注常规性的多，突出创新性的少

92个政策文本的词频统计显示：“奖励”“激励”“资助”“补助”“工资”“科技奖”等关键词的词频较高。譬如，山东省设立山东人才最高奖——齐鲁杰出人才奖，每人奖励300万元，新设立总额为6000亿元的省新旧动能转换基金，建设三大引才工作品牌，实施“齐鲁英才汇聚计划”等。从总体上看，山东省科技人才政策缺乏系统性和创新性，内容偏重于外在的物质激励，方式比较单一，创新性政策、促进人才长远发展的政策相对稀缺。广东省聚焦政策创新，如创建博士工作站，设立博士和博士后创新创业基金，建立博士和博士后事业编制保障制度，建立全球博士和博士后人才招募机制等；江苏省着眼于为高端人才干事创业搭建良好的平台，在科技成果转化、招院引所、科研项目管理改革等方面进行了大胆改革创新，都值得学习借鉴。

（四）在政策的推进上：关注制定多，关注宣传和落实少

问卷调查结果显示：在对山东省科技人才政策认知方面，每一项都有10%左右的被调查者表示“不了解”或“不清楚”。“科技人才政策执行落实”选项的满意程度排在倒数第三位。山东省现有的科技人才政策多采用通知、规划、意见等形式，而以办法、方案、标准形式颁布的只占41%。为促进科技人才政策宣贯落地，广东省注重开展多层次、全覆盖的政策宣讲推送，如2019年“促进就业九条”政策累计宣贯培训近1000场。广东省还引入第三方对政策落实情况进行评估，如2017年广东省“实体经济十条”颁布后，有关部门委托《南方日报》调研12个省级责任单位、21个地市100个市级责任部门、五大制造业新兴支柱产业企业、世界500强广东企业等，问卷调研600家

省特定监控制造业企业，调研政策的落实进展情况、企业反响和对策建议，形成进一步推动落实“实体经济十条”的具体政策工作方案。

三、完善山东省科技人才政策体系的对策与建议

（一）完善科技人才培养政策

1. 修订“泰山学者计划”，扩规模、调结构

比较4省高层次人才培养工程，从培养支持人数上看，山东省“泰山学者计划”支持总数在4个省中最少，青年专家支持总数在4个省中最少。相比而言，苏、浙、粤3省实行第一、二、三层次“梯次式”的人才培养政策，培养人数多，且第三层次人才培养数量大。建议参照江苏省“333高层次人才培养工程”的做法与经验，加大“泰山学者计划”的支持数量，特别加大对青年科技人才支持的力度和规模，构建人才“金字塔”结构，夯实“金字塔”的基础部分，为“金字塔”的塔尖部分提供丰厚的青年人才储备。

2. 制定并出台山东省教育强省战略行动计划

建议借鉴浙江省的政策，出台山东省教育强省战略行动计划。建议从制度上保障对高等教育投入。同时，要进一步完善高校治理结构，尊重教育规律，保障大学的学术权力。改革大学领导遴选制度，可面向全球遴选校长及二级学院院长，谨慎从地方党政干部向高校选派领导，坚持高校领导从高层次学校向低层次学校的交流任职，提升山东高校整体治理水平与本省科技人才的产出能力。

3. 创新人才教育培养模式

建立学术休假制度，高校教学科研人员工作每满6年，可享受一定期限的带薪学术休假，开展专业进修或研发创新活动。推行领军型科技企业家到高校担任产业副校长，从需求侧参与高校人才培养。实施大学生企业工程师培育计划。实施弹性学制管理，支持大学生、研究生保留学籍休学创业。

4. 用高水平平台培养高层次科技人才

借鉴苏、浙等省的政策经验，鼓励知名科学家、海外高层次人才创新创业团队、外资研发机构等在山东省发起设立新型研发机构。

（二）完善科技人才引进政策

1. 修订“泰山产业领军人才工程”与“西部人才计划”

注重团队引进资助。一方面，山东省“泰山产业领军人才工程”最高资助金额是600万元，苏、浙两省对入选团队最高资助金额分别是800万元、2000万元，广东省给予团队资助不低于1000万元，山东省的政策力度偏弱；另一方面，相比之下，苏、浙、粤3省都设有团队资助项目，更偏重于“整团队成建制”团队引进。单个人才引进后，往往会遇到环境融合、人员磨合、合作基础等问题。建议山东省在政策制定上，

加大团队引才支持力度。

2. 完善引进顶尖人才“一事一议”制度

苏、浙、粤3省对顶尖人才的资助金额，从最高1亿元到不设上限或特事特办。另外，江苏省的顶尖人才可自主组建团队、自主支配经费、自主使用设备、自主决定技术路线。建议山东省借鉴其经验，加大资助金额，给予顶尖人才更多自主权。

3. 鼓励“以才引才”及企业引才

山东省对引才贡献者的最高奖励20万元，江苏省最高奖励100万元，广东省按人计算，建议加大山东省引才奖励政策力度。同时，建议借鉴浙江海外工程师政策，特别借鉴“省属企业引进由企业自负，其他企业政府资助”的政策，支持民营企业引进科技人才。

4. 加大海外引才载体资助

借鉴广东省“海外人才工作站建站补贴50万元”以及“就地吸纳人才给予10万元生活补贴”，“企业在国（境）外设立研发中心、分支机构、孵化载体，就地吸引使用人才，给予相关单位500万元、400万元、300万元补贴资助”等政策。

（三）完善科技人才激励政策

1. 完善人才资助体系

建议适当合并对科技人才奖励、资助项目的类型，提高激励的聚焦度、普惠性，避免高层次奖励和资助向少数科技人才的重复性设置，引导和鼓励科技人才潜心研究。支持高校、科研院所等事业单位和各类企业，提取（或列支）人才发展专项资金。对帮助企业引进科技创新成果的技术转移机构、技术经纪人、基金管理人，或者帮助企业引进先进技术成果转移转化的人给予奖励和补贴。

2. 完善人才选拔机制

建议采取“强化标准、核实认定、不限名额”的科技人才选拔机制。强化高层次人才工程、项目评选成果的硬性标准，弱化数额限制，减少竞争性选拔，达到硬性标准即可入选。避免因水涨船高或者投票选拔造成结果的不可控性、不公正性。

3. 加大人才金融支持

借鉴江苏省签约金融机构对设区市以上人才计划入选者提供最高1500万元的信用贷款政策。同时，可考虑将山东省政策规定的“省级以上人才奖励，免予征收个人所得税”修改为“对省级以上人才奖励以外的政府及部门发放的补助资助，按规定缴纳的个人所得税，由同级财政部门予以扶持”。

4. 赋予科研人员更多自主权

江苏省关于间接费用比例设定的政策值得借鉴。建议山东省提高人力资源成本费比重，体现智力价值，避免制度设计缺陷导致的学术腐败。广东省将承担项目人员的人力资源成本费调至40%，软科学研究项目、社会科学研究项目和软件开发类项目等的上限从50%提高到60%，这些政策值得借鉴。建议山东省简化预算编制、放宽预算调剂、提高间接费用核定比例，将“不超过直接费用10%不需提供预算测算依据”修订为“只需测算总额”；“直接费用部分预算调剂权下放”建议修订为“直接费用全部科目自主调整”。

（四）完善科技人才评价政策

1. 改革职称评审制度

推行单位自主评价，可借鉴浙江省的政策，强化评价与使用相结合，提高单位考核结果在评审中的权重。借鉴广东省政策，探索自行制定职称评价标准。当前，山东省的政策是入选省级以上重点人才工程的可直接申报正高级职称；建议参照广东省的政策，将“直接申报”修改为“实行高层次人才直接认定”。同时，借鉴江苏省“评聘分开”的管理方式，优化岗位管理评价模式。

2. 强化行业评审和国际化评价

借鉴浙江省的政策，细化评价标准，由行业龙头企业或协会结合行业自身特点，制订行业科研人员评价标准。同时，改革专业技术职称和职业资格制度，完善职业标准和认证体系，引进和推广国际广泛认可的重点领域人才资质认证办法，克服人才评价中唯学历、唯论文倾向，增强专业技术职务资格认定的权威性和公信力。

（五）完善科技人才管理政策

1. 完善人才联络与服务

山东省已有的高层次人才服务专员制度与联络制度有政策优势。但高层次人才不仅关注生活，而且还关注才能是否发挥。建议跟进关注科技人才引进后的使用情况。建立高层次人才流失追责制度，对主要因单位管理不善而造成高层次人才流失的，要追究相关单位与主要领导的责任。

2. 完善新型科研院所运行机制

借鉴江苏省产业技术研究院改革政策，推进科研院所治理方式与运行方式创新。允许转制科研院所、高新技术企业、科技服务型企业的管理层和核心骨干持股，并提高持股比例。建立人才、科技项目申报查重及处理机制，推进评审结果互认、信息共享，减少不必要的重复申报，逐步实现人才、产业、科技等项目集中评审、集成支持。

3. 完善对高层次人才的保障

浙江省对高层次人才购买自住普通商品住房申请公积金贷款的，贷款额度上浮50%；广东省对顶尖高层次人才给予150万～350万元的购房补贴。建议山东省参考浙、粤两省的政策。同时，建议借鉴苏、浙、粤3省对高层次人才子女中考和高考的优惠政策，实行优录甚至降分录取。

（六）完善青年科技人才政策

1. 加大对青年人才的支持力度

山东的资助政策大多以生理年龄为界限，科研项目等向40岁以下青年科研人员倾

斜较多。建议借鉴广东省的政策，向“未获得省部级以上科研项目资助”的科研人员倾斜，注重引入真正的“学术新人”，避免学术熟人圈或者“近亲繁殖”。针对青年人才发现难的问题，建议建立各行业杰出人才和领军企业高管举荐青年英才的制度，被推荐人选直接纳入重点人才工程的候选人。

2. 实施院士结对培养青年英才

与浙江省延请两院院士通过带徒授艺方式的“院士结对计划”政策相比，山东省也有“为每名泰山学者至少配备 4 名专职青年学术助手”的政策。相比而言，浙江省的“院士结对计划”职责更加明确，培养目标清晰且考核到位、激励到位。建议借鉴浙江省的政策，实施“院士结对计划”。

3. 加大在站博士后科研人员的资助

与苏、浙、粤 3 省的政策相比，山东省对进站博士后的要求条件最高（国内重点，世界前 200 高校），资助金额最少（3 年 15 万元）。同时，博士后出站后留鲁工作补贴、对新设立的博士后科研流动站、科研工作站补贴等政策均无优势。建议加大支持力度，提高博士和博士后出站及工作站补贴

（七）强化科技人才政策实施的保障

1. 进一步强化部门之间的联动机制

凡涉及包括科技人才在内的各类人才工作的政策文件，原则上先由主管部门提出意见，报省人才工作协调小组会议审批后再发布。建议将多部门联办的综合性政策文件，由省委、省政府办公厅行文发布，尽可能地减少发文的数量和频次。

2. 进一步加大科技人才政策的宣贯

省内各新闻媒体加大对有突出贡献的科技领军人才和团队的宣传力度，定期发布全省在科技创新方面取得的成就。建立科技人才发展统计制度。另外，建议把对上级重大人才政策的宣传贯彻情况列入年度人才工作考评的范围，科学评价人才政策的执行落实成效。设计类似“齐鲁大地，聚天下英才而用之”“贤者思齐，创业山东”“有才自远方来，山东乐之”“创业山东，登泰山而‘晓’天下”等极具山东特色的引才表述。

大学领导者与战略愿景的形成

周巧玲*

摘　要　本文主要关注在大学战略形成与发展阶段，大学领导者即高校领导人才、管理人才开展战略思考的职责要求。在对愿景形成的理论视野和实践做法进行考察以及对几所英美院校案例分析的基础上提出战略思考是大学领导者的重要职责，战略思考能力是大学领导者应具备的重要素质，本文就大学领导者开展战略性思考的策略和步骤提出建议。

关键词　规划　战略性思考　战略愿景　大学领导者

大学领导者，即高校领导人才、管理人才，包括大学党政负责人（党委书记、校长等）、面向某一领域的业务职能部门负责人、院系负责人等，他们在高校的战略愿景规划形成中起着先导和关键的作用，是高校发展、人才培养的重要组织者、领导者。

一、引言

大学战略管理中，确立大学的使命（mission）和愿景（vision）是战略规划的第一步。西方大学使用"使命宣言"（mission statements）这一概念，与高等教育中市场机制的增强相关，主要是为了设定教育的重要原则及其与公众需求之间的关系，表明大学的行动准则和价值取向。对我国的大学而言，战略规划第一步更多的是形成和提出大学的战略愿景。愿景可以描述为"一个长远的抱负，一个致力于实现的梦想"。好的愿景让我们看到大学未来的发展方向、奋斗目标，是大学改革与发展的航标。

但是，大学战略愿景从何而来？关于愿景的形成主要有两种观点，有的认为愿景是通过规划集中员工智慧获得的成果，有的认为愿景是源自领导者的战略思考。不同的观点给战略规划实践带来了一个现实的问题：规划第一步究竟该怎样做？究竟从哪里着手开始正式的规划程序？在战略规划中，大学的高层领导者、规划部门人员的作用分别是什么？近年来，我们在实践中观察我国大学战略规划的制定过程，与从事规

* **作者简介**：周巧玲（1973～　），山东潍坊人，淄博师范高等专科学校教授、副校长，山东理工大学硕士研究生导师，研究方向为战略管理研究、高等教育研究。

划工作的同事们交流，发现这也是许多大学规划部门工作中普遍遇到的一个难点：许多大学领导者和规划人员很难确认自己在规划之初的责任和角色。然而，这是规划实践中不能绕过去的问题。

国内有学者就大学领导者的作用展开过探讨，认识到大学领导者是确立战略、引领大学走上成功之路的关键角色，如刘献君、武亚军、谢安邦等人曾经撰文研讨在大学战略的制定、执行和实现的过程中，大学领导面临的角色挑战以及如何发挥领导作用以实现大学战略目标；提出大学领导者在大学发展的不同时期承担起大学战略谋划家、战略决策者、战略促进者、组织文化先导者的角色。以上研究提出了“发挥领导的能力和位置优势，为发展大学的愿景而进行战略性思考”这一观点，但是就如何进行战略思考并没有深入展开论述。

西方文献中使用“Strategizing”这一词汇来表示从战略观点的初步形成、进一步深化到最终确立战略的过程。而我国高等教育管理领域的文献较少关注战略或者愿景最初是如何形成的以及如何发展成为一项战略愿景。国内大学使用“制定战略规划”一词，往往使得战略最初形成的阶段被忽略。

国内大学在前两轮的五年规划实践中，借鉴了来自西方大学战略管理的工具和方法。从国内多数的大学规划程序上来看，一般是由规划发展处先提出规划纲要框架，然后由校领导讨论审定规划的纲要，规划部门形成初稿，再进行上下几轮反复讨论、文本修订、形成终稿。有的学校要求首先由基层提报重点项目，基于这些项目进行论证，抽取出其中最有前景的信息，纳入整体规划框架中，形成文本初稿，通过上下反复沟通讨论，达成共识；有的学校引入外部战略咨询专家来作战略规划。从规划程序设计上，战略思考这一环节并没有被清楚地提出。

本文将主要关注在大学愿景的形成与发展阶段为什么首先由领导者进行战略思考以及如何开展战略思考这两个问题，以期为国内高校战略规划实践提供参考。本文通过参考相关文献资料、实践观察、网上调研、学术会议研讨、实地考察，与大学领导和管理人员进行访谈相结合的方式，了解国内高校实践中的状况。

二、确立领导者开展战略思考的职责意识

我们的第一个问题是，愿景应该首先由规划部门提出吗？

在管理信息系统[①]中，战略级信息（总目标）是第一层。处于不同层级的领导和管理者有不同职责，处理的决策类型不同，需要的信息也不同。愿景作为顶层设计，最能够体现校长的教育理念和治校方略。大学的活动渗透到教学与科研、学科建设、社会服务、市场、国际化和新信息技术等多个领域，是一个复杂系统。对全局的筹划和

① 参见黄梯云：《管理信息系统》，高等教育出版社2002年版。

谋略是复杂任务。相比较而言，复杂的任务往往更需要非结构化决策，更依赖于洞察与判断、直觉、经验、智慧，综合各方因素进行推理、作出判断和前瞻性预测。规划人员所掌握的数据和信息能够为领导者提供推理、分析和判断的依据。但是，仅仅依靠理性的数据分析，难以作出全面、系统、准确、及时的决定。显然，规划程序不能够代替领导者的战略思考。

那么，大学的愿景能不能从基层学术单位产生呢？答案基本上也是否定的。

战略管理的目的是实现大学的整体绩效，因而必须面向全局，协同增效，在合作的基础上创建战略。[①] 战略愿景是站在学校的全局上作出的，学校的整体目标不应该是基层学术单位的目标之和。我们所说的“有所为有所不为”和确立“重点发展领域”的决策，势必减弱一些领域的利益，任何一项决策都可能引起局部的矛盾和争议。不同业务领域、不同院系的意见出于自身发展需求，往往会过分强调学科专业自身的差异性而不易达成一致。议而不决则会错过最佳决策时机。因而，大学的整体目标和愿景不能够从基层产生。

那么，在战略愿景的形成中，大学领导者应该建立怎样的角色意识呢？

近年来，非正统方法在西方战略理论中受到关注，人们开始认识到，在很多时候，战略是以判断和直觉为基础的，而不能仅仅依靠运用专门的分析预测技术或者通过例行程序来形成战略。战略规划不能代替领导者的战略思维和创新思考，战略不应该被专业规划人员公式化。

在英国，大学战略管理模式影响下的高校内部权力逐步从传统上被置于最底层（学术人员）转为权力向学校上层（领导与管理）集中。贾勒特报告[②]建议，校长是大学管理实践改革的首席执行官，由校长及其高级管理团队为大学进行整体规划。《英国高等学校战略规划指南（2000）》[③] 中，将“提出目标任务和发展思路”作为大学领导者在战略规划过程中的首要职责。

诺伊曼（Y. Neumann）等人在领导与院校效益的考证研究中提出了“愿景型领导”（Visionary Leadership）的概念，近年来受到较多的关注。他们对 279 所高等教育机构的领导者的研究中识别了 8 种基本的领导类型。将院校效益从最有效到最低效按降序排列，依次是：综合协调者；社交家型；创造和强调集中的愿景型领导；强调绩效的实干家；优先权衡者；空想家；执行者；维持者。数据显示出院校效能依次降低的趋

---

① Michael Shattock，*Managing Successful Universities*，Open University Press，2003，pp. 24-42.

② ［英］J. 布伦南、T. 夏赫：《英国的高等教育政策》，［荷兰］弗兰斯·F. 范富格特主编：《国际高等教育政策比较研究》，王承绪等译，浙江教育出版社 2001 年版，第 375～376 页。

③ 刘念才编译：《英国高等学校战略规划指南》，教育部直属高校工作办公室编：《谋划发展，规划未来：教育部直属高校规划工作探索与实践》，厦门大学出版社 2003 年版，第 225 页。

势。[①] 其中，愿景型领导显示出较强的院校效益。

比之西方理性分析主义的思维模式，我国传统文化的认识论和方法论比较擅长个体经验的体认和直接把握。对于制定战略而言，这种思维的优势在于系统性、全局性地思考问题以及从整体上对事态综合把握和依靠直觉作出判断的能力。对于我国高校的发展来说，有时依靠领导者的战略洞察力，往往能够迅速地找到事业发展的瓶颈，形成较为直接的思路。

在我国高校党委领导下的校长负责制这一领导体制下，大学领导者具有为发展大学愿景而进行战略性思考的位置优势。领导者拥有基层员工所无法拥有的更宽广的视野，能够更深入地理解和把握大学的任务、教育管理的规律、历史传统、优势与特色。同时具有更多的机会获得更广泛全面的信息，比如通过参加各层次会议、报告、考察交流等，领导者往往能直接形成综合判断，其效率和准确性是漫天撒网式的寻求信息所不能比拟的。大学党委应该为大学树立方向感，创造共享的价值观和整体目标；校长作为学校的法人代表，是大学战略决策的直接责任人，负有为创造大学的长远抱负和未来蓝图而进行战略性思考的职责。

我国大学的文化传统和领导体制下，领导是决策的核心，人们对领导者的思路有着现实的强烈期许。人们需要有远见卓识、志向远大，有创业激情、脚踏实地的领导者，带领大学的发展。在对多所大学的管理和教职员工的访谈中，多数人认为，战略愿景是大学的最顶层设计，体现办学的整体思路，大学校长负有明确办学思路的职责。

综上所述，战略思考是大学领导者的重要职责，战略思考能力是成功的大学校长应该具备的重要素质。美国通用公司韦尔奇说："我每天做不完的工作就是规划未来。"大学领导者更需要以强烈的责任感面对职业角色，树立为大学的未来进行战略思考的责任意识，确立领导者角色认知，建立战略思考的意愿，将确立大学的愿景作为领导过程的核心环节。大学领导者要经常专门抽出时间进行思考，不断寻找、发现和解决战略性问题，养成战略思维、战略性思考的习惯和能力。

三、大学战略愿景的形成

那么，如何通过战略思考提出愿景呢？

愿景的形成，是着眼长远的"谋划"，是在对形势的清醒认识、准确判断的基础上，对大学进行系统全面的分析研究、推理、判断、构想、假设、评估和再思考等一系列思维活动，因而从本质上是一个创造性的过程。

按照沃拉斯提出的创造过程[②]的四个阶段：准备期、酝酿期、明朗期、验证期，美

---

① Y. Neumann & E. Neumann, "The President and the College Bottom Line: The Role of Strategic Leadership Styles", *Library Consortium Management: An International Journal*, 2000 (3-4), pp. 97-108.

② 参见陈龙安：《创造性思维与教学》，中国轻工业出版社 1999 年版，第 20 页。

国学者帕尼斯提出创造性问题解决的过程包括五个阶段：发现事实、发现问题、发现构想、发现解决方案、接受所发现的解决方案。在对多所案例大学观察的基础上，结合创新思维和战略管理的理论以及实践中对大学领导者的行动观察，本文提出大学领导者开展战略思考的步骤和策略。

（一）界定关键问题

领导者深入进行战略思考的关键时机主要有以下情形：领导上任伊始；学校制定中长期发展规划时；对规划进行修订时；面临重大政策改变时；面临困境或发展瓶颈时；学校面临发展机遇期等。在不同时期，学校面临不同的形势和不同的重点任务，那么，学校发展面临的关键问题就是大学领导者要把握的重点。

英国华威大学（The University Warwick）在伯顿·克拉克任校长期间，招收的本科生和研究生数量都有极大增长，奠定了学校在英国研究型大学稳立上游的地位。1992年，布莱恩·福利特（Brian Follett）竞选成为大学校长，在任期间使大学稳步前进。在1996年和2001年的两轮研究评估活动中连续获得出色的成绩。学校设立医学院的设想最初在20世纪60年代提出，到20世纪70年代早期首次提出新建医疗培训中心的申请，当时政府否决了这一申请。1999年，布莱恩·福利特审时度势，把握时机，宣布建立莱斯特—华威医学院，这一新基建项目超过1亿英镑。

美国卡耐基·梅隆大学①的校长理查德·赛尔特（Richard Cyert，1972～1990年在任）认识到，大学可能在新兴的计算机科学领域取得领先地位，便率先在梅隆大学成立了计算机科学和机器人系，带领学校选择了重点发展新兴学科专业的特色发展道路，使学校在计算机和信息技术等领域居于领先地位。他整合相关院系甚至联合校外单位共同申请美国军方、联邦政府、基金会和企业资助的大型科研攻关项目，成立联合研究中心，并说服国防部将其软件研究所设立在梅隆大学校园附近，在内则积极推进计算机在校园教学和管理以及远程教育上的应用。

如上述两所学校案例中所看到的，大学领导者要不断思考学校发展面临的关键问题。比如，在新的任期内，要将学校带领向什么方向？达到什么位置？如何实现目标？当前教育政策环境发生了哪些改变？出现了哪些发展中的问题和矛盾？学校怎样才能摆脱困境？当组织面对重大机遇或风险需要进行战略转型时，需要考虑哪些重大问题亟待解决；如果学校处于稳态发展的阶段，则需要考虑如何保持大学长远的优势，如何引领教育教学改革取得更大成就，如何提高大学的地位与声望。

在战略思考的出发点上，领导者需要对教育目的和办学规律、大学的历史、实力和特色有深刻的把握；领导者丰富的教育管理理论和实践经验、接受新知识的愿望和能力，有助于建立真正的问题意识，界定关键的问题。

① 参见武亚军：《面向一流大学的跨越式发展：战略领导的作用》，《北京大学教育评论》2005年第4期。

（二）审视环境，分析形势

总体上来讲，西方大学大多采用SWOT分析法（也称“态势分析法”）这一典型的战略分析工具，规划人员需要提前做功课，寻找和综合各方信息，在翔实的数据基础上进行评估，识别外部环境中的机遇和风险；深入分析内部实力，确认自身的比较优势和劣势；进行一系列专门的分析、预测，通过程序化的过程规划出一项战略。在程序化的战略规划中，领导者的作用在于梳理并形成来自规划者以及基层的潜在的战略观点。英美大学与政府、社会的数据共享程度高，有完备的数据交换体系，数据获取的途径充分，为程序化战略分析提供了可靠保障，这一战略制定的正统方法在大学里得到广泛应用。

在国内外高校的战略管理实践中，已经开发了一些程序化的方法来对学校的内外部环境和自身实力进行评估，作为战略形成的基础。规划部门会尽可能地为领导者提供翔实的相关数据资料。对学校外部而言，实时关注国家教育官方网站、高等教育政策法规、国民经济发展的情况、专业布局、社会对人才和专业需求的信息及预测、其他同类院校专业设置等信息；对学校内部而言，将生源、师资状况、课程方案、研究成果、财务状况、毕业生就业状况等信息建立共享数据，确保信息的全面性、真实性、准确性、时效性。

国内高校规划过程中存在的问题在于，在对环境的分析把握过程中，过于笼统和大而化之，不在切实深入地具体分析的基础上进行学校的定位，而总是去参考或模仿其他高校的做法，带来的结果是无法作出合理的取舍。当前，学校趋同化发展严重，各学校也是缺少深入分析准确定位的表现。

这一阶段即酝酿期，通过对外部环境和自身实力进行审视和分析，形成较为清晰的判断和把握。以领导者个人的思维，可能会面对困境，遇到百思不解之时，可暂时搁置，但潜意识一直保持对问题的思考。领导者需要随时与规划人员密切合作，了解自己需要掌握的资讯，并思考研究如何使用这些资讯。

（三）进行假设和构想

一个新的战略愿景的提出是前所未有的，需要面向未来，富于挑战性，是面对问题寻找解决之道，想出别人想不出或没想到的观点，创造性地描绘大学的未来蓝图，提出大学改革与发展的思路。从这个意义上讲，创造性是战略思考的本质所在。

英国普利茅斯大学[①]校长罗兰·莱温斯基（Roland Levinsky）教授对制度有一种大胆的并且是强有力的想象力。他提出了“学科协调发展”的主张，承诺和鼓励“教学与研究的协同”，倡导教学与研究双优异的双重使命。为了将计划投入实施以实现这些战略，校长雄心勃勃地启动了一项极其引人注目的“校园重建”计划。一方面，通过关闭设在

① 本段论述整理自笔者与普利茅斯大学教师发展中心安迪汉南教授的访谈。

外地的校园来加强和巩固主校区，同时扩建主校区。在他上任时，普利茅斯大学有一个大的校园和三个小的校园。截至2008年，学校把所有学科集中到普利茅斯，创造了一个多学科校园，使普利茅斯大学发生了重大转变。他还通过聘任世界一流的研究者和创立高质量研究中心等措施，优先发展学术研究，同时支持发展了四个“卓越教学中心”。从普利茅斯大学的案例中我们体会到，“校园重建”的思路、“学科协调发展”以及“教学与科研协同”的主张，都体现着领导者的创造性思路。

美国哈佛大学[①]历史上任期最长的校长艾略特在上任伊始，设计提出了一个清晰的战略愿景，以此来改造哈佛大学，这一愿景由三个关键部分组成：一是改革本科生课程体系，让学生自由选课；二是开展研究生教育，为获得学士学位的学生提供探索高深知识领域的机会；三是在哈佛大学建立更高标准的专门学院，包括法学院、神学院、医学院等，专门招收研究生。梅隆大学的校长理查德·赛尔泰提出的愿景是梅隆大学可以使社会变得更好，大学要成为这个国家一个重要的地方，他认为只有通过学术的卓越才能实现服务学生和社会的目的。这些远见卓识深刻影响着大学乃至高等教育的发展。

领导者在界定关键问题、分析环境和形势这两个阶段的基础上，整合信息，运用战略思维，初步形成思路，作出几种假设或构想方案。

在这一环节，领导者的知识、经验和态度都很重要。审时度势需要战略眼光；辨识外部环境变化、风险和机遇，需要敏锐的察觉力；设计形成思路需要发挥想象力和创造力。有时还需要依靠直觉激发想象力，寻求可能的方案。构想需要发散性思维。直觉思维是跳跃的，具有非逻辑性特点，有时可能遇到顿悟的情形，便可发现解决问题的关键所在。

（四）求证

经过战略性思考形成了相对成熟的思路后，需要再进行广泛的沟通与协商，检查自己的认识。这也是对自己形成的观点的批判性回顾。[②]

领导者的观点难免受个人知识经验和视野的限制，难免顾此失彼，忽略某些可能存在的机遇或风险。领导者需要清醒地认识到这一点，要以开放的心态不断追问：是否有自己所未想到的？这些想法是否切合实际？是否符合发展规律？目标能否得以执行和实现？

在这个阶段，需要收敛思维和评鉴思维，也是领导者理性决策的体现。领导者要把个人利益、个人观点和偏好等放到一边，开放心胸从而容纳各种可能的解决方法。规划部门要大量寻找信息，对各种意见进行筛选、分析和整理，汇总提供给领导，作为参考。

英国卡迪夫大学[③]的规划部门开发了“项目管理框架”，以此作为重大项目论证的工具，对每一项提出的重大行动和拟上项目进行深入的调研论证，详细计算成本和效

---

① 参见卢小兵等：《外国著名大学校长纵论大学发展战略　耶鲁大学校长理查德·C. 莱温：没有雄心壮志就没有一流大学》，第二届中外大学校长论坛，2004年。

② Peter McCaffery, *The Higher Education Managers Handbook*, Abingdon: Routledge Falmer, 2004.

③ 本部分相关内容整理自笔者与卡迪夫大学规划部门主任苏伊的访谈。

益，评估财力、物力以及人力资源，论证可行性，分析利弊，检验想法的可靠性，给出可供选择的方案。1988年，卡迪夫大学遇到了财政上的困难，1993年威尔士科技学院大学与卡迪夫大学学院合并，学校合并的论证就是采用了这一框架。在合并后，威尔士科技学院大学的校长布朗·史密斯（Brain Smith）成为新卡迪夫大学的校长。他是一位有远大抱负、注重学校战略规划以及有实践能力实施战略、实现目标的领导。卡迪夫大学在短短的十几年间走出财政困境，取得了研究上的卓越成绩，并成功地迈入成为英国排名前十位的大学，这与优秀的管理团队和科学的战略管理是分不开的。

领导要集中多方智慧，避免个人的主观判断和臆测偏离实际，避免因信息不充分而带来的判断失误，有时还需要咨询外部规划专家提供来自外部的更为公正的视野。对领导者而言，规划过程的这一环节对构想的方案进行深入讨论，修正、发展和精炼观点，是使得这些战略思想逐步清晰、战略逐步浮现出来的过程。

（五）通过沟通共享愿景

在确立战略之后的实施过程中，领导又要充当战略执行中的激励者角色，通过选择和任用优秀的关键学术管理人才，实施科学有效的管理，通过广泛的校内外宣传、文化氛围的营造等，激励和感召员工投身大学事业，推动大学战略的实现。①

普利茅斯大学校长关于学科、教学、研究“协同”的思路和相应的“校园重建”等举措在最初遇到很多争议。支持者认为这些战略能够带领大学实现跨越；但是也有不少人持强烈的反对态度，认为这一战略有很大风险，不可能实现。在争议面前若不果断决策，就会陷入无休止的会议讨论中。该校校长一方面任命能够分享自己关于教学与研究“协同”这一洞见的研究人员为系主任和院长；一方面通过深入沟通，在校内教师员工中逐步达成共识。同时，普利茅斯大学和城市在相互帮助的关系中成长，这进一步使他赢得大学董事会成员的支持。

正如案例中所体现的那样，只有大学领导层作为统筹各方面利益关系的核心，系统、综合地研究大学，站在全局观察、理性分析和思考大学的未来，从整体上协调，才能使大学整体的、长远的利益合法化。领导层、管理群体和学术群体之间，还需要通过上下反复的沟通过程，增进人们对于战略思路、目标和举措的理解，使其逐步取得全员共识，促进形成共同的价值观和共享的愿景，并以此感召人们付诸行动，为实现目标而努力，促使大学朝着共同的方向前进。

以上主要从领导者战略思考的职责及其实现这一角度展开论述，强调了在战略规划中领导者主动肩负起战略思考的职责以及如何开展战略性思考的策略。领导者的战略思考，不管是规划过程中还是决策后，都离不开规划部门的全程参与和支持，同时还需要来自各层管理人员的参与。

① 参见谢安邦、周巧玲：《大学战略管理中的领导：角色、挑战及对策》，《高等教育研究》2006年第9期。

人才发展战略研究

人才强国战略背景下的组织变革能力研究*

冯彩玲　梁萧阳**

摘　要　在人才强国战略背景下，面对组织变革的复杂性和不确定性，组织领导者已经看到组织变革能力的重要性。组织变革能力是组织变革以及未来发展的战略驱动力，是组织长久发展的必备能力。本研究主要通过梳理国内外相关研究，对组织变革能力的内涵、维度、测量方法以及怎样建构组织变革能力进行述评，给现代为提高组织变革能力的企业以理论指导。

关键词　人才强国战略　组织变革能力　内涵　维度　构建

在过去的几十年间，特别是随着人才强国战略的实施和市场环境的变化，国内外企业纷纷尝试组织变革以适应激烈的市场变化，越来越多的公司从组织变革中达到了适应环境变化的预期目的。但是，与此同时，变革可能会破坏组织的稳定性，并且变革需要消耗一定的组织成本，会带来很大的风险。据统计，65%～75%的组织变革归于失败。根据学界研究的已有成果，很多研究者认为员工的支持对组织变革影响很大，但目前最主要的原因之一是缺乏组织变革能力（Organizational Change Capacity, OCC)。因而，国内外学者把对组织变革研究的热点聚焦到组织变革能力，贾奇（W. Judge）和道格拉斯（T. Douglas）曾这样说："组织变革能力是21世纪新的持续增加的战略驱动力。"① 这种战略驱动力可以促进组织持续随着时代的变化而变革，并将促进每一次变革的成功。在这个瞬息万变的时代，组织变革能力是每一个企业成功存活所必需的能力。

目前国内外研究对组织变革能力的概念并没有达成共识，其维度、测量方式、评

* **基金项目：**国家自然科学基金青年项目（71402067）、教育部人文社科青年项目（19YJCZH029）、山东省自然科学基金面上项目（ZR2019MG002）和山东省社科规划项目（18CGLJ14）资助。

** **作者简介：**冯彩玲（1981～　），山东青岛人，管理学博士，鲁东大学商学院教授，研究方向为人力资源管理与组织行为；梁萧阳（1991～　），鲁东大学硕士研究生。

① W. Judge, & T. Douglas, "Organizational Change Capacity: The Systematic Development of a Scale", *Journal of Organizational Change Management*, 2009 (6), pp. 635-649.

估以及怎样建设组织变革能力都处在研究的初期阶段。① 本文通过查找大量国内外文献资料，并对其梳理规整，将对组织变革能力的内涵、维度、测量工具以及建构进行综述，希望通过对组织变革能力发展状况的研究能够为本领域学者提供借鉴和启示。

一、组织变革能力的内涵

（一）组织变革能力相关概念界定

国外学者对组织变革能力的研究相比国内更加成熟，但也是处在仁者见仁的阶段，对组织变革能力概念的界定如表 1 所示：

表 1　　国外学者对组织变革能力的界定

作　者	定　义
佩迪格鲁 （Pettigrew，1985）	组织对环境变化（外部情境）或组织变化（内部情境）提供解决方法（内容）并成功实施变革（过程）的能力②
巴尼 （Barney，1991）	是一种动态的组织能力，可以动员各种组织资源（结构、文化、参与者等）并通过变革过程（沟通、培训等）将它们联系起来，将组织的资源和技能重新组合，使组织充满活力③
帕利亚雷拉 （Pagliarella，2000）	组织能够在持续变革的基础上发起并成功实现变革的能力④
格拉文霍斯特等 （Gravenhorst et al.，2003）	反映组织本身各个方面以及变革过程各个方面对变革的贡献或阻碍程度⑤
朱迪、埃连科夫 （Judge，Elenkov，2005）	是一种动态组织能力，企业可以将原有能力适应新的威胁和机遇，并创造出新的能力⑥
迈耶，斯坦萨克 （Meyer，Stensake，2006）	组织能够在不影响日常运营和后续变革流程的情况下实施大规模变革的能力，这种大规模的变革不是孤立事件，而是一系列相互联系的变革⑦

① N. Heckmann，T. Steger & M. Dowling，“Organizational Capacity for Change，Change Experience，and Change Project Performance”，*Journal of Business Research*，2015（2），pp. 777-784.

② A. Pettigrew，“The Awakening Giant：Continuity and Change in Imperial Chemical Industries”，*Contemporary Sociology*，1985（4），pp. 476-478.

③ J. Barney，“Firm Resources and Sustained Competitive Advantage”，*Journal of Management*，1991（1），pp. 99-120.

④ A. E. Pagliarella，“Developing and Unleashing a Capacity to Change”，in W. Gattermeyer & A. Al-Ani（eds.），*Change Management und Unternehmenserfolg*，Wiesbaden，Germany：Gabler，2000，pp. 41-56.

⑤ K. M. B. Gravenhorst，R. A. Werkman，J. J. Boonstra，“The Change Capacity of Organisations：General Assessment and Five Configurations”，*Applied Psychology：An International Review*，2003（1），pp. 83-105.

⑥ W. Q. Judge & D. Elenkov，“Organizational Capacity for Change and Environmental Performance：An Empirical Assessment of Bulgarian Firms”，*Journal of Business Research*，2005（7），pp. 893-901.

⑦ Christine B. Meyer & Inger G. Stensaker，“Developing Capacity for Change”，*Journal of Change Management*，2006（2），pp. 217-231.

续表

作　者	定　义
克莱恩等 (Klarne，et al.，2008)	组织提出和执行适当变革使得自身一直适应环境的能力
贾奇、道格拉斯 (Judge，Douglas，2009)	管理和组织能力的组合，使企业能够比竞争对手更快更有效地适应不断变化的内外部环境
安德森、艾克曼 (Anderson，Ackerman，2010)	从动态的角度来定义组织变革能力，指组织和利益相关者能够在对员工和运营产生最小负面影响的情况下，有效地规划、设计和实施所有类型的变革，实现所需要的商业和文化成果，并再将其成果无缝衔接到运营中，最终获得最大的投资回报率
索帕诺 (Soparnot，2011)	组织应对内外部环境变化提出解决方案，并成功实施这些变革过程的能力
赫克曼等 (Heckmann，et al.，2015)	一种广泛动态的多维能力，促使一个组织在可持续的基础上，实施并成功达到不同类型、规范和形式的变革①

尽管对组织变革能力的定义存在分歧，但是，从以上学者的定义中也可以看出组织变革能力的一些特征。首先，组织变革能力是在组织持续变革的基础上成功实施变革的能力，成功实施变革的能力包括成功实施阶段性的变革和聚焦多维度变革。② 第二，组织变革能力是一种全面的“元能力”，这种“元能力”通过有效的领导、适应性的文化、有能力的员工以及有利于组织变革的基础设施，使企业能够获得或者保持与其他企业的竞争力。第三，组织变革能力是一种组织动态能力，这种动态能力可以让组织利用现有资源和技能进行重新组合和配置，创造出新的能力，应对不断产生的变化和威胁。第四，组织变革能力是一种适应的、创新的、灵活的组织能力。第五，组织变革能力应该能够平衡变革的波动和日常运营之间的冲突。

因此，从国外研究者的研究可以看出，组织变革能力应该是贯穿于变革整个过程的“元能力”，这种“元能力”是组织资源、动态能力和变革技能能动结合而成。这既要具有灵活创新性，又要保证日常运营的进行；既要重新组合各种资源，又要保障组织员工个人利益不受损害③；既是组织方面的能力，又是管理方面的能力④。

国内学者对组织变革能力理论的研究相对比较少，其研究基本上是基于国外学者

① N. Heckmann，T. Steger & M. Dowling，“Organizational Capacity for Change，Change Experience，and Change Project Performance”，*Journal of Business Research*，2015 (2)，pp. 777-784

② E. R. Auster，K. K. Wylie & M. S. Valente，*Strategic or Ganizational Change：Building Change Capabilities in Your Organization*，Palgrave Macmillan，2007.

③ D. Anderson & L. Ackermananderson，*Beyond Change Management：How to Achieve Breakthrough Results Through Conscious Change Leadership*，Pfeiffer，2010.

④ W. Judge & T. Douglas，“Organizational Change Capacity：the Systematic Development of a Scale”，*Journal of Organizational Change Management*，2009 (6)，pp. 635-649.

的研究进行适应性的拓展。国内相关研究中具有代表性的有：贺小刚认为组织变革能力主要体现于组织内部员工的变革意愿、创新精神以及创意等方面。[①] 彭明明等人认为，组织变革能力是复杂环境下的组织作为复杂适应系统能够适时进行变革以适应环境的非线性、不可预测性、动态性变化的一种综合性能力。[②] 刘广平等人认为，组织变革能力是组织为了应对内外部环境变化，产生与环境相匹配的结果，而被动地作出反应或主动地创造变革并提出解决方案、实施方案和取得良好结果的动态能力。[③] 该定义与佩迪格鲁（A. Pettigrew）提出的定义有着异曲同工之处。柏帅蛟等人认为，变革能力为员工对组织成功实现本次变革目标的综合能力（包括技术能力、市场能力和管理能力等方面）。[④] 国内对组织变革能力的研究并不集中在理论研究上，而是利用国外学者的研究工具来对中国企业组织变革能力进行评估，进而提出提高组织变革能力的解决方案的实证研究。

（二）组织变革能力的理论基础

从国内外的研究可以看出，组织变革能力最主要的三个特征为：持续性、资源整合性和动态性。这三个特征也体现出组织变革能力的三个基本理论基础：生命周期理论、资源基础观和动态能力理论。

1. 生命周期理论

20 世纪 90 年代以来国际上流行着一种管理理论——企业生命周期理论，与人的生命周期一样，企业也是按照诞生、成长、壮大、衰退到死亡的过程发展。按照企业生命周期理论的观点，组织变革在企业中是循环往复地发展着，因此组织变革能力也应具有持续性以应对企业的不断变革。但是，企业每个生命周期的特点不同，所以企业在每个阶段的变革方向也是不一样的，需要用适合的变革策略进行有效的过渡，提高变革能力，以促进企业的经营业绩，延长企业的寿命。

2. 资源基础观

沃纳菲尔特（B. Wernerfelt）1995 年首次明确提出了资源基础观，强调企业内部资源对于企业获利并维持竞争优势的重要意义。基于资源的观点，资源被分类为有形资产、无形资产和人员资源。[⑤] 有形资源包括财政储备和物业、工厂和设备等物质资源，无形资源包括声誉、技术和信誉。基于人员的资源包括领导力、文化和员工士气

---

① 参见贺小刚：《企业家能力、组织能力与企业绩效》，上海财经大学出版社 2006 年版。

② 参见彭明明、刘汉民、康丽群：《复杂环境下的组织变革能力及其提升》，智能信息技术应用学会会议论文集（Proceedings of 2013 International Conference on Management Innovation and Business Innovation，ICMIBI），2013 年。

③ 参见刘广平、陈立文、孙晨：《组织变革能力研究述评》，《工业技术经济》2013 年第 12 期。

④ 参见柏帅蛟、井润田、陈璐、李贵卿：《变革氛围感知和变革承诺：一个调节模型》，《管理评论》2017 年第 7 期。

⑤ R. Grant，"The Resource-based Theory and Competitive Advantage：Implications for Strategy Formulation"，*California Management Review*，1991 (3)，pp. 114-135.

等。资源基础观强调，内部企业资源可以重新组合，形成一种或者多种新的组织能力，以产生卓越的绩效。此外，资源基础观认为，组织领导者的核心任务是获取资源并将其集中在生产能力中，以使公司在市场中具有可持续的竞争优势。① 卡普兰（Kaplan，2000）认为，组织变革能力是由组织生活的构成元素所决定，并认为可以通过改变有形资源来提高组织的运作效率，但是改善组织中的无形资源和人力资源在一定程度上可以提高组织变革能力。②

3. 动态能力理论

20世纪90年代后期，美国经济学家蒂斯（Teece）、比萨（Pisan）和肖恩（Shuen）等学者提出“动态能力”理论，并将动态能力定义为企业整合、建立和再配置组织内部与外部能力以适应快速变化环境的能力。很多学者一致认为，组织变革能力是一种组织动态能力，这种组织动态能力是对组织目前的管理到未来战略规划的掌控应对能力，是灵活的、能动的。与静态组织能力不同，动态能力使组织成员能够适应威胁并把握组织环境带来的机会。另外，动态能力理论和资源基础观也不同。资源基础观主要是强调企业在现有资源的基础上怎样取得竞争优势，但是环境不断在变化，而资源基础观却不能解释固有的资源怎样应对变化的环境；动态能力理论却能弥补这一理论空白，解释了组织怎样利用现有的资源来应对不断变化的环境，并使组织保持竞争力。

但是，不管是生命周期理论、资源基础理论或者是动态能力理论，都不能完全解释组织变革能力的基本内涵。生命周期理论只是从时间上来说明组织变革能力是组织发展或变革过程中应该一直拥有的能力；资源基础理论仅从组织固有的构成要素上印证组织变革过程中组织资源构成要素对组织变革的成功有重要的影响，但是关于如何有效地发挥组织构成要素的作用并没有进行合理说明。而动态能力理论虽然对资源基础理论进行补充与拓展说明，但是组织变革能力除了对组织资源重组，创造新机会，同时还尽力去解释革新的实施过程的能力。这是动态能力不能解释的。因此，本文把组织变革能力定义为一种全面的“元能力”，企业通过利用组织固有的资源对其重新组合，创造出新的机会和能力，并在组织变革过程中成功吸收和利用，促使企业能够持续变革，保持企业竞争力。

（三）相关概念区分

1. 变革准备

在许多文献中有关于“变革准备”的讨论。变革准备与变革能力是相似的概念，

---

① J. B. Barney，*Gaining and Sustaining Competitive Advantage*，Upper Saddle River，NJ：Prentice-Hall，1997，pp. 361-369.

② A. Kaplan，“Capacity Building：Shifting the Paradigms of Practice”，*Development in Practice*，2000（3-4），pp. 517-526.

因为二者都涉及组织对变革的接受度和组织弹性。然而，组织对变革准备只专注于员工对变化的态度。也就是说，变革准备是一种基本状态，通常关注组织成员的信念、态度和意图在特定时间点反映和认识到特定变化需求的程度。而组织变革能力则考察员工的态度、领导能力和组织架构，以实现变革。[①] 另外，变革准备是针对一次变革进行的，而变革能力是针对多个、并列或者连续的变革进行的，使组织能够在模糊和不确定的环境下不断发展。因此，组织变革能力是一个更加广泛的概念。

2. 组织适应能力

文献通常将成功的变革实施归因于组织的适应性。[②] 人们常常认为，只有具备适应内部或外部变化能力的组织才能长期取得成功。[③] 组织适应能力是指组织拥有适应组织内部和外部变化的能力。在组织行为文献中，组织变革能力也与组织适应能力相似，相同点是都肯定了组织应该拥有应对内外部环境变化的能力。但是，组织适应能力是被动接受环境变化，而组织变革能力是主动应对，并尝试进行新的创新，组织变革能力更具有能动性。

3. 吸收能力

科恩（W. M. Cohen）和列文塔（D. A. Leventhal）提出"吸收能力"给战略管理研究一个新的视角，备受重视，并把吸收能力定义为组织的先期研发投入可以提高组织从环境中识别、消化和利用知识的能力，也就是我们所说的企业"吸收能力"。[④] 吸收能力描述了组织识别新的外部知识的价值，吸收并将其应用于商业目的的能力。在组织理论文献中，组织变革能力与吸收能力最相似，因为这两种结构都被概括为动态能力，来表示组织如何适应和变革。但是，吸收能力完全集中在组织惯例和过程上，而组织变革能力专注于组织惯例和流程以及领导才能和员工态度上。此外，吸收能力测量的种类繁多，最常见的是销售的研发支出，其结构有效性值得怀疑。[⑤]

组织变革能力是组织开发和实施适当的组织变革以不断适应其环境的能力，这意味着随着时间的推移，变革能力一直存在，而不是针对一件事情孤立地存在。从本质上讲，组织变革能力可以代表一种全面的"元能力"，通过有效的领导、适应性文化、

---

① William Q. Judge, Irina Naoumova & Thomas Douglas, "Organizational Capacity for Change and Firm Performance in a Transition Economy", *International Journal of Human Resource Management*, 2009 (8), pp. 1737-1752.

② J. S. Evans, "Strategic Flexibility for High Technology Manoeuvres: A Conceptual Framework", *Journal of Management Studies*, 1991 (1), pp. 69-89.

③ R. Greenwood, C. R. Hinings, "Understanding Radical Organizational Change: Bringing Together the Old and the New Institutionalism", *Academy of Management Review*, 1996 (4), pp. 1022-1054.

④ W. M. Cohen, D. A. Levinthal, "Absorptive Capacity: A New Perspective on Learning and Innovation", *Administrative Science Quarterly*, 1990 (1), pp. 128-152.

⑤ S. A. Zahra & G. George, "Absorptive Capacity: A Review, Reconceptualization, and Extension", *Academy of Management Review*, 2002 (2), pp. 185-203.

有弹性的员工和有利于变革的组织基础设施，企业能够重新获得或保持与其他企业的竞争力。因此，组织变革能力是一个“更大”、更具包容性的概念，而不是吸收能力或组织的变革准备。

二、组织变革能力的维度以及测量工具

组织变革最困难的方面是领导者诊断和发展组织变革能力，缺乏对组织变革能力维度的分析以及评估和跟踪组织变革能力。[①]

（一）国外研究

第一，格拉文霍斯特（K. M. B. Gravenhorst）等人认为组织变革能力的影响因素与组织自身和变革过程有很大的关系。[②] 组织的状态可以促进和阻碍变革能力，例如，在一个创新型组织中，员工了解变革，知道变革会促进组织不断发展，所以他们会积极地促进变革的发生与发展，而在官僚组织中，该组织更侧重于稳定。因此，这样的组织对变革是抵触的。格拉文霍斯特等人从组织变革能力的评估应从组织方面和变革过程方面进行评估。其中，组织方面包括六个维度：组织目标和战略、组织结构、组织文化、技术、工作性质和权力关系。变革过程的设计和管理对组织变革能力产生至关重要的影响。[③] 基里曼（H. Kilmann）等人将变革过程的各个方面纳入对组织变革能力的维度分析，其包括 10 个方面：变革的目标和战略、变革技术方面、组织内部和组织之间的紧张关系、变革过程的时机、信息的提供、员工对变革支持、变革管理者的角色、直接经理的角色、预期结果以及变革支持，构成 16 量表问卷，受到很多企业的肯定。[④] 格拉文霍斯特等人也提出，若组织类型不同，其变革能力的影响因素也不一样。根据以上提出的组织变革能力的影响因素，他们通过问卷调查，利用聚类分析的技术得到组织变革的五种结构：创新型组织的变革能力、渴望型组织的变革能力、技术老化组织的变革能力、具有笨拙变革方法的组织的变革能力、愤世嫉俗组织的变革能力。

第二，贾奇和道格拉斯将组织变革能力定义为管理和组织能力的组合，组织变革能力使企业能够比竞争对手更快地有效适应不断变化的环境。[⑤] 组织变革能力即规模的系统发展。根据这个定义，他们搜索了 1960～1999 年的有关组织变革的文献，从 9300 篇

---

① V. Pellettiere，“Organization Self-assessment to Determine the Readiness and Risk for a Planned Change”，*Organization Development Journal*，2006（4），p. 24.

② K. M. B. Gravenhorst，R. A. Werkman，J. J. Boonstra，“The Change Capacity of Organisations：General Assessment and Five Configurations”，*Applied Psychology*，2003（1），pp. 83-105.

③ M. Beer，R. A. Eisenstat & B. Spector，*The Critical Path to Corporate Renewal*，Boston：Harvard Business School Press，1990.

④ H. Ralph Kilmann，*Managing beyond the Quick Fix*，San Francisco：Jossey-Bass，1989.

⑤ W. Judge & T. Douglas，“Organizational Change Capacity：The Systematic Development of a Scale”，*Journal of Organizational Change Management*，2009（6），pp. 635-649.

期刊中找到合适期刊100篇，从807本书籍中找到合适书籍30本，分析出组织变革能力的八个不同但相互关联的维度，最终确定组织变革能力的八个维度：(1) 值得信赖的领导。高级管理人员赢得组织其他成员的信任，并向组织成员展示实现其集体目标的方法的能力。(2) 信任跟随者。非执行董事能够建设性地反对或自愿遵循其高级管理人员倡导的新方法的能力。(3) 有能力的员工。组织吸引、保留和授权变革领导者产生和发展的能力。(4) 关于中层管理。中层管理人员能够有效地将高级管理人员与组织的其他成员联系起来。(5) 创新文化。组织建立创新规范和鼓励创新活动的能力。(6) 负责任的文化。组织能够谨慎管理资源并成功满足预定的最后期限。(7) 有效沟通。组织能够垂直、水平和客户沟通的能力。(8) 系统思考。组织关注根本原因并识别组织边界内外的相互依赖性的能力。接着贾奇和道格拉斯又将每个维度生成4个项目，经过多年的试点测试和改进，最终形成了一个32项的组织变革能力测量量表。

第三，索帕诺（R. Soparnot）提出变革能力概念框架①，该框架揭示了组织变革能力的三个维度：变革能力环境维度、变革能力过程维度、变革能力学习维度。变革能力的环境维度包括：变革的价值、组织的灵活性、组织文化的凝聚力、内部成员的信任、基于共识的变革实践、参与者的学习能力、管理层的政治意识、制度环境的不确定性。索帕诺认为，组织变革能力的环境维度是成功的重要调节维度，在总维度中占比35%。变革能力的过程维度包括：变革型领导、变革的合法性（结果合法性和程序合法性）、递增式部署、增加执行透明度、共建变革过程，变革管理方法是一个决定性因素，占总维度的44%。变革能力的学习维度是组织提高内省能力的重要途径，其包括：组织成员经验的改进、实验更新、全面共享新知识。组织变革能力的三个维度是由各种变革资源组成，相互关联、相互影响，形成了变革能力资源的“链条”。通过对雷诺SA公司的案例研究，初步证实了变革能力者三个维度的有效性。克莱恩、普罗布斯特和索帕诺对世卫组织组织变革能力案例的研究也利用该模型分析其变化能力概况，补充了以往学者主要关注私营部门的现有研究。

以上三种变革能力的维度以及所形成的测量量表是目前国内外比较认可的。其中贾奇和道格拉斯的八维度量表是使用次数最多的。比如，李秀菊在研究变革能力与组织绩效关系中，把环境不确定性作为调节效应，在八维度量表基础上设计新量表，结果证明环境不确定性对组织变革能力与组织绩效之间的关系起调节作用。同时，运用八维度量表对创新产业进行实证分析时，可以发现组织变革能力与组织绩效有强烈的正相关。吴旻在对ZJ房地产公司的组织变革能力研究中，利用八维度量表在2000～2005年通过对161个企业中的3575位被调查者的研究，评估了ZJ房地产公司的

---

① R. Soparnot, “The Concept of Organizational Change Capacity”, *Journal of Organizational Change Management*, 2011 (5), pp. 640-661.

组织变革能力，找出问题根源，提出相应的解决措施。[①] 周静思把组织变革能力作为组织学习与组织惯例更新的中介变量，用八维度量表测量组织变革能力，组织学习对组织惯例更新的作用过程中，组织变革能力发挥部分中介效应。[②]

以上作者开发的组织变革能力的维度和测量量表是以国外文化环境为背景，以当地企业的组织结构为标准，是适合国外企业的测量工具。但是，中国文化、企业行情总归与国外有所不同，所以中国学者在利用国外变革能力的衡量维度和测量工具时，应该考虑到本土化问题。

（二）国内研究

国内研究者在评估组织变革能力时多按照国外学者开发的维度，采用国外测量量表，不过也有少数学者根据中国国情提出自己的观点。王雪慧在其研究中将组织变革能力划分为变革的态度、变革的创新度、变革的层次、变革的速度、变革的支持度、变革的领导力度以及变革的获利度七个维度。[③] 陈又星提出了变革能力及其指标体系的构建，他认为，企业的变革能力要从变革的维度、变革的态度、变革的创新度、变革的速度、变革的灵活性以及变革的组织与领导能力来衡量。[④] 但是，他们只是提出组织变革能力的衡量维度，并没有把这些维度进一步验证形成适合中国企业的测量量表。[⑤]

三、组织变革能力的构建

（一）布诺和克贝尔的建构系统方法

布诺（A. F. Buono）和克贝尔（K. W. Kerber）认为，构建变革能力需要一种系统的方法来开发组织，通过支持变革并使之成为组织生活的基本组成部分来利用人们的自然变革能力。[⑥] 因此他们提出可以从三大方面来建立组织变革能力：

1. 微观层面

微观层面主要是对员工施加影响，让员工理解和接受不同的组织变革方法，增强员工的变革意愿和能力，因为员工在变革的过程中起着重要作用，可以促进变革，也可以阻碍变革，要提高组织变革能力必须要获得员工的支持力。组织可采用的主要措施有：给员工以主人翁地位，让员工去思考和讨论变革；学习不同的变革方法，认清变革时机；培养有关组织变革的专业知识；提供变革辅导和咨询服务；建立变革网络系统，分享变革的最佳方法、经验和见解；经常组织团体交流变革措施，从经验中相互学习；根据变革过程的表现情况，建立激励措施，激励表现优秀的员工；组建多元化团队，鼓励创新

① 参见吴旻：《ZJ 房地产公司组织变革能力研究》，上海交通大学硕士学位论文，2014 年。

② 参见周静思：《组织学习与组织惯例更新的关系研究》，东北财经大学硕士学位论文，2016 年。

③ 参见王雪慧：《基于企业生命周期的企业组织变革能力研究》，山东建筑大学硕士学位论文，2011 年。

④ 参见陈又星：《浅析企业变革能力及其指标体系的构建》，《经济与管理》2005 年第 6 期。

⑤ 参见丁十周：《员工变革认知与组织变革能力的关系研究》，东北财经大学硕士学位论文，2012 年。

⑥ A. F. Buono & K. W. Kerber, "Building Organizational Change Capacity", *Experience*, 2009 (2), pp. 4-16.

和创造力；培养、奖励有变革能力的带头人或经理；提高组织领导者的个人信誉；倾听、鼓励和奖励有变革想法的开拓者；营造信任、诚实和透明的变革氛围。

2. 中观层面

中观层面主要是加强对组织结构的干预，建设支持变革的基础设施，并整合资源为变革提供服务。其主要措施有：对变革的机会进行批判性的评估；鼓励采用新想法、低成本实验；认可并奖励那些支持、鼓励、领导和分享变革知识的人；创建灵活的组织结构，便于组织的形成和解散；建立组织之间分享知识、信息和学习的系统；积极主动地培训和教育；设计所有权目标以发展变革能力；鼓励与利益相关者进行外部联系，尤其是与消费者的联系；为特定计划指定适当的变革支持；利用足够的资源确定关键变革措施，促进变革成功；从资金预算和人力方面保护突破性的变革计划进展和成果。

3. 宏观层面

宏观层面是从组织文化角度来提升组织变革能力，以有利于变革的文化氛围来维持变革战略的持续性。其主要措施有：强调学习和信息共享；鼓励组织成员善于发现问题、提出问题并进行经验交流；重视替代观点和思想；包容组织成员的错误，鼓励组织成员学习；在变革领导者的带领下，制定组织变革战略；以通俗的语言进行变革分享；制定组织的共同目标；动态和系统地思考以保证战略的适应性；关注未来市场，竞争对手和机会；预测未来市场，制定长远的有战略性的决策；将短暂优势凝聚起来，产生合力。

（二）迈耶和斯坦萨克的五类型策略

迈耶、斯坦萨克认为，组织变革是在组织正常运营的基础上进行的大规模连续的变革，但是通过对大量文献以及经验的分析，他们发现很多研究者将变革看作是一件孤立的事情，从而忽视了对日常运营和后续变革过程的不利影响。组织可能会成功实施变革，但如果变革过程使正常运营的员工疲惫不堪，那么这种变革不太可能具有可持续性。因此，他们认为组织变革能力是三个方面能力的平衡：维持日常运作能力、执行单一变革能力以及执行后续变革能力。因此，组织变革能力的开发也应该针对这三个方面。他们将组织变革文献中相关管理策略归纳分组为五种类型：结构化（framing）、员工参与（involving）、节奏与顺序化（pacing and sequencing）、常规化（routinizing）和招聘（recruiting）。①

1. 结构化

结构化指变革的原因和变革的沟通，常用策略是符号、隐喻和创造危机。符号是信息的载体，通过符号，比如标语、企业文化宣传等向员工传达变革的氛围，以促进员工对变革的理解。隐喻是一种表达方式，可以借助熟悉的事情让员工认识组织变革需求和变革内容，并激励组织成员齐心变革。创造危机是一种手段，相比于符号和隐

① Christine B. Meyer, Inger G. Stensaker, "Developing Capacity for Change", *Journal of Change Management*, 2006 (2), pp. 217-231.

喻，创造危机可能产生负面影响。但是，这个方式可以让员工认识到变革的需求，因此，这种构建变革的方式可能有助于组织接受变革。

2. 员工参与

员工参与可以促进其对制定和实施变革有更好的理解和承诺变革，产生主人翁意识，提高决策的质量，促进变革。但是，员工参与将会消耗其精力，增加决策时间，延误变革时机。因此，是否要员工参与取决于参与变革的程度和时间。

3. 节奏和顺序化

节奏与变革的速度和时间有关，顺序与变革的时机有关，变革的节奏和顺序一定会影响组织变革过程，但是到目前为止，还没有哪种研究说明变革过程中哪种节奏或者顺序最有利于变革。主要讨论的策略有四个方面：快速变革、缓慢变革、循序渐进的变革、定期有节奏的变革。定期更新新业务，创建新产品或服务，进入新市场。这创造了一种定期的、有节奏的、积极主动的变革方法，通过创造紧迫感来增加变革的能力，从而增加了信息搜索和学习的努力程度，增加了吸收能力。另外，也可以给员工以控制感，因为变革变得可预测、集中和高效，员工变得更加自信。尽管变革是有规律的，但时间节奏也不太可能消除对日常操作的所有不利影响。此外，定期有节奏的变革可能不适合一些涉及技术改变的变革或更多以行为为导向的变革。

4. 常规化

组织可以建立或使用现有的规章制度以及流程来进行变革。常规化变革意味着使用组织中已有的结构和流程或者将可应用的多个变革过程和结构制度化。常规化变革的基本原理是相信组织可以学会改变，通过落实和依靠既定的实施变革惯例，可以开发变革能力。常规化变革可以提高变革作用，并有助于维护日常运营，因为可以花费更少的精力来确定如何变革。常规化变革也有助于发展可持续变革能力，因为随着时间的推移，组织获得日常变革的经验后，可以更好地处理任何类型的变革。在常规化变革中，员工按照既定的步骤行事，对未来的事情具有可预测性，增加对领导的信任。

5. 招聘

确保变革的最后方法是招聘人员。招聘可以是永久性的，也可以是临时性的，可以招募专家，也可以招募更多的业务人员。具体策略是雇用顾问和变革专家，招募具有变革经验的新人，招募临时日常运作人才。招募顾问和专家显然会暂时增加变革能力，解决工作人员的负担，有助于维持组织运营。但是，专家只是解决暂时性的挑战，在实施过程中使用专家则会对长期变革能力产生负面影响。因为专家只是对特定的变革解决特定的问题，对组织长期的战略和决策并没有太大影响。另外，招聘专家的费用相对较高。临时招聘运营人员以减轻员工的一些工作量，并让员工更多地关注变革，这有助于开发可持续的变革能力，而不会对运营效率产生负面影响。临时招聘运营人员所涉及的费用可能低于招聘专家，而且只是临时费用。

招聘具有变革能力的人员是长期的人力资源管理策略，可以长期促进变革，但也将长期增加组织支出。一些研究指出，中层管理者是组织变革中的重要资源①，招聘具有变革能力的人给组织变革增加人力资源和支持，会对变革和维持运营产生积极影响。

四、管理启示和未来展望

目前国内外对组织变革能力的研究，不管是组织变革能力的内涵、维度、测量工具还是开发组织变革能力都处在初步阶段，特别是目前对组织变革能力的相关变量影响因素的研究，很多仍处在矛盾阶段。比如，有研究证明，组织规模并不能缓和组织变革能力对组织绩效之间的关系。也就是说，不管组织规模的大小，组织变革能力对组织绩效都有正向预测作用。但是在贾奇和道格拉斯（2009）的研究中发现，在组织变革能力的影响下，组织规模与企业绩效呈正相关。组织规模的大小是否影响组织变革能力对组织绩效的作用，还需要通过更多更全面的实证研究进行证明。

另外，对于人员参与是否可以提高组织变革能力的看法，学者们也在争论。史密斯和托尔帕（2010）通过对俄勒冈州立大学实证研究发现，个人参与制定公司战略规划会更能接受该计划，也更能接受组织变革，并且越不可能对组织变革的结果产生悲观情绪，而是更有动力以促使变革取得成功。② 参与决策制定可以增强组织的连通性，从而有助于内部组织和合作社进化到更有效的运作方式。通过这些方式，人员参与不仅可以帮助人员应对当前的变化，而且还可以为正在进行的变革建立变革能力。但是也有学者对此有所质疑，提出了关于让人员参与决策的潜在负面影响的问题。③ 参与决策的人员时间和其他组织资源成本高昂，可以延长决策的时间范围，并为组织增加新的复杂程度。此外，鼓励不参与或不感兴趣的人员参与战略决策可能会造成变革疲劳。员工参与是否能够提高组织变革能力还需要证明，但为组织各级所有职位的人员创造机会参与战略规划可能会增加已经很复杂的组织的复杂性。然而，增加复杂性的好处可能会弥补不利因素。面对如此多的矛盾和问题，其根源还是对组织变革能力本身的研究尚不够透彻。

---

① J. Balogun & G. Johnson，"Organizational Restructuring and Middle Manager Sensemaking"，*Academy of Management Journal*，2004（4），pp. 523-549.

② K. L. Smith & C. B. Torppa，"Creating the Capacity for Organizational Change：Personnel Participation and Receptivity to Change"，*Journal of Extension*，2010（4），p. 48.

③ D. P. Ashmos，D. Duchon，Reuben R. McDaniel，Jr. & J. W. Huonker，"What a Mess! Participation as a Simple Managerial Rule to 'Complexify' Organizations"，*Journal of Management Studies*，2002（2），pp. 189-206.

山东省推动高质量招才引智工作策略研究

——基于鲁、浙、苏、粤、沪的比较分析*

赵 霞 孙玉华**

摘 要 本文运用统计年鉴、比较分析、实地调研等方法，通过与鲁、苏、浙、沪、粤等省或直辖市比较的方式，分析总结山东省在高质量招才引智工作方面的总体情况，总结提炼出我省在招才引智工方面取得的成效，并比较找出高质量招才引智工作存在的问题以及影响高质量招才引智工作的成因：职业发展、人才生活环境、人才政策环境，在借鉴发达省市招才引智工作经验的基础上提出了“四个千”人才引进、“五平台”人才培养、“四全面”人才服务、“两创新”人才投入、“十个度”人才政策保障等解决措施。

关键词 招才引智 人才 引进 培养

在社会学领域，高质量强调达到高水准。借鉴2018年国务院政府工作报告中指出的“高质量发展”的内容含义，即高质量发展根本在于经济的活力、创新力和竞争力，供给侧结构性改革是根本途径。笔者认为，可以将高质量招才引智定义为：一个国家或地区为高效吸引人才、引进智力的活动，在物质激励的基础上，注重多种类型人才发展平台的搭建、高精尖人才与急需紧缺人才的补充引进，刚性引才与柔性引智的灵活结合、人才引进与项目引进的匹配前行、集中引才与长效聚才的双管齐下，不断创新人才引进、使用、激励保障机制。

高质量招才引智可以解读为，符合当前山东省招才引智工作的具体行动，是引智创发展的运行机制，政府还需扎实持续地做好招才引智的政策配套工作。引进人才不是最终目的，留住人才让人才的智力与智慧促进山东的发展才是最终目的，营造全省鼓励创新、宽容失败的积极氛围，多方调动人才的工作积极性，实现人才在鲁发展的

* **基金项目**：本文为山东省社科规划课题“山东省推动高质量招才引智工作研究及对策建议”（19CRCJ04）的阶段性成果。

** **作者简介**：赵霞（1978～ ），河南台前人，中国石油大学（华东）副教授，研究方向为人才学、马克思主义中国化；孙玉华（1998～ ），新疆伊犁人，南京大学2021级硕士研究生，研究方向为公共管理。

高满意度；只有这样，才能让人才引得进、留得住。

一、山东省高质量招才引智工作成效

1. 高层次领军科技人才规模不断跃升，人才质量不断提高

山东省围绕实施人才优先发展和人才强省战略，加强了人才引进和培养的力度。截至 2017 年底，共有在鲁两院院士 49 人，“千人计划”专家 205 人，国家百千万人才工程人选 176 人，享受国务院政府特殊津贴专家 3260 人，省有突出贡献的中青年专家 1297 人，齐鲁首席技师 1359 人，高技能人才 290.6 万人。①

2. 招才引智政策体系不断丰富

招才引智政策体系的不断丰富表现在：第一，政策制定的高规格。政策的出台对于山东省的高层次领军科技人才的工作具有指导、引领和带动作用。第二，政策涵盖的范围广。出台的政策涵盖人才的引进、培养、使用等各个方面。更新印发《人才支持政策指引》，收录 31 个国家级和省级主要人才工程和人才项目。

3. 招才引智品牌工程逐步形成

山东招才引智工作走出了独具齐鲁特色的工程化、品牌化模式，开创了人才工作的新格局。山东省的招才引智品牌工程呈现出以下特色：第一，系统化和持续化。表现在高端引人育人平台优化又引才的持续优化与双向交互的过程，引才呈现“学科带头人＋学术团队”的团队群落体系。第二，层次化与特色化。我省从高层次人才的引进方面出台的政策与制度体现了国家级、省级、地市级的层次性，各个地市形成了自己的引才品牌与引才体系，形成错位发展。第三，引才培才重点突出与品牌凸显。经过历年的发展，我省已经在引才培才方面形成了品牌工程。

4. 招才引智的国际化水平实现新跨越

山东在国际人才政策机制、平台模式、服务环境等方面开展了一系列创新和探索，实施众多重大引才工程，支持重点产业、重点学科引进高端外国专家及团队。关于引进国际人才重点突破，我省在组织实施引进外国专家项目数量、获中国政府“友谊奖”外国专家数、“外专千人计划”入选外国专家人数、引智示范推广基地数等方面，均居全国前列。

5. 招才引才资金投入实现新突破

山东省密切跟踪科技前沿，瞄准锁定对促进全市产业发展具有战略引领作用的诺贝尔奖获得者、世界级水平科学家、两院院士等，面向全球引进顶尖人才及团队。为此，山东省组织部印发《引进顶尖人才“一事一议”实施办法》，拿出“真金白银”吸引顶尖人才及团队。

① 参见鲁才轩：《盘点 2017 年：山东人才发展全面驶入快车道》，《党员干部之友》2018 年第 2 期。

6. 招才引智的服务体系不断升级

加快人才服务体系建设，修订《山东省高层次人才服务绿色通道规定》，率先在全国出台《关于加快推进高层次人才服务体系建设的实施意见》，建立人才服务专员制度，为高层次领军科技人才提供一对一“保姆式”服务。高层次领军科技人才发放山东“惠才卡”，凭卡享受29项服务内容。开通人才山东网站互动版块，升级人才山东App，整合优化高层次人才信息管理，推进共建共享。优化金融服务，开展特色人才培训，推进自身建设，实现服务不断升级。

二、山东省招才引智存在的问题及成因分析

（一）山东省招才引智存在的问题

1. 山东高层次科技人才总数少，行业地域分布与结构不合理

从人才数量上看，山东省在院士、享有国务院特殊津贴人才千人计划、长江特聘教授、杰青、优青数量和吸引国际人才等方面都不具有比较优势。仅就院士数目来看，我省的院士数量、年龄、专业领域、地区分布存在结构不合理、不优化的问题还比较突出。如表1所示。

表1　　鲁、浙、苏、粤、沪高层次领军科技人才数量和质量比较

一级	二级指标	三级指标	山东	浙江	江苏	广东	上海
人才引进与培养度	人才数量与人才质量	院士人数（全职）（人）	54	47	98	大于100	229
		院士所属籍贯人数（2017年）	143※	375※	450※	145※	84※
		港台及欧美国家籍贯院士（人）	8	50	48	32	19
		2018年新增院士地区分布（人）	2	4	5	4	13
		2018年新增院士籍贯（人）	8	18	14	1	2
		政府特殊津贴专家（人）	3260	2267	2080	5048（2011）	10000◎
		新世纪国家百千万人才（人）	176	140	276		
		2017年新增国家百千万人才（人）	11	13	13	13	10
		千人计划人才数量（人）	205	894	696	1213※	172
		全国高校青年千人分布（%）	2	7	10	9	15
		长江特聘人才近五年入选数量（人）	11	26	69	30	93
		杰青近五年入选数量（人）	24	40	79	48	143

续表

一级	二级指标	三级指标	山东	浙江	江苏	广东	上海
人才引进与培养度	人才数量与人才质量	优青近五年入选数量（人）	46	109	228	221	395
		累计留学归国人员数量（万人）	14.1◎	12.5	大于8※	37	13
		国际人才规模指数排名	8	6	4	3	1
		中国区域国际人才竞争力水平	6	5	4	3	1
		境外来华专家指数排名		5	3	1	2
		亚太知识竞争力指数排名	30	27	24	23	5
		亚太每千人在高技术业排名	22	21	27	19	9

注：数据截至2017年，带※的为2015年数据，带◎号的数据为2016年数据。

资料来源：根据网络公开数据统计整理。

2. 山东省招才引智工作能力不足，方式比较僵化

山东省高质量招才引智的工作手段和能力不足，比较重视引进而轻视了培养，引进的成本较高、难度较大；领军型高新技术人才比较缺乏，存在引进和流失同时存在现象；大企业家还比较缺乏；相对于其他地区开放的环境，山东在招才引智工作的方式上较僵化，存在“官本位”“行政化”倾向，顶尖人才在现实中的科研申报、报销、兼职方面有种种局限。

3. 山东省招才引智工作的系统性不足，体系不够健全

招才引智工作是一个系统工程，不光要有优秀的单位、充沛的资金、优越的工作条件，而且还要有良好的创新创业载体，比如配套的产业、创新平台等，更要有完善的政策、服务保障构成一个健全的体系。但是，从下文的分析可以看出，山东省的招才引智工作存在系统性不足、体系不健全的问题。

4. 山东省人才发挥效能相对较低

在人才效能方面，山东在经济、创新、创业产出等方面都相对落后，主要与山东以制造业和服务业为重心的经济发展定位相关，其创新创业起步相对较晚。另外，在我国创新能力城市排名方面，我省在综合实力、创新实力、持续能力、收益、成果转化、意识等方面均处于弱势（见表2）。

表2　鲁、浙、苏、粤、沪招才引智效能指标省际比较

一级指标	二级指标	三级指标	山东	浙江	江苏	广东	上海
招才引智的效能指标	经济产出	省域基础研究竞争力排名	8	7	3	4	2

续表

一级指标	二级指标	三级指标	山东	浙江	江苏	广东	上海
招才引智的效能指标	创新产出	年发明专利申请数量（万件）	6.8	37.7（专利申请量）	18.7	18.26	369.8（专利申请）
		年发明专利授权数量（万件）	1.9	2.87	4.2	4.57	183.6（专利授权）
		有效发明专利密度（件/万人）	7.57	39.85※（杭州）	22.5	18.26（深圳83.81）	39.85※
	中国区域创新能力排名①	综合实力	4	3	2	1	6
		创新实力	4	3	2	1	6
		创新持续能力	12	6	3	17	5
		科技成果效益	15	1	2	6	4
		科技成果转化	17	21	5	2	1
		创新物质条件	6	22	7	18	1
		创新意识	16	6	4	5	1

注：数据截至2017年，带※的为2015年数据。

资料来源："区域创新能力排名"来自《中国区域科技创新评价报告2016～2017》，其余为作者根据各省市政府网站公开资料整理。

（二）影响山东高质量招才引智成效提升的因素

1. 职业发展因素

高质量招才引智工作职业发展影响环境评估分为经济环境、新兴产业环境、研发环境、创业环境和教育环境五个方面。

（1）山东的经济环境落后，不能很好地吸引人才。经济环境中以GDP、人均GDP和GDP增速等指标来衡量地区经济发展水平，山东人均GDP的数值无法与一线省市同日而语，对人才的吸引力是不足的（见表3）。

表3　鲁、浙、苏、粤、沪经济环境比较

一级指标	二级指标	三级指标	四级指标	山东	浙江	江苏	广东	上海
影响因素	职业发展	经济环境	GDP（亿元）	2678.2	51768.3	85900.9	89879.23	30133.86
			GDP增速（%）	7.40	7.80	7.20	7.50	6.90

① 沈慧：《〈中国区域创新能力评价报告2017〉发布：粤苏京居前三》，《经济日报》2017年11月25日。

续表

一级指标	二级指标	三级指标	四级指标	山东	浙江	江苏	广东	上海
影响因素	职业发展	经济环境	人均GDP（万元/人）	7.29	9.2	10.7	8.11	11.36◎

注：数据截至2017年，带◎的为2016年数据。

资料来源：作者根据国家及各省市的统计年鉴和网络数据整理。

（2）产业集群不完善，高端领军新兴产业数量少。山东省缺乏一些顶尖高端高新技术企业，大型领军企业发展滞后，产业结构尚在调整之中。同时，山东省引才缺乏与产业共生、互动的局面。领军型人才缺乏、依附性人才不足，导致产业发展不完善。在高技术制造业产值占比上，工业的比重居后，规模明显偏低，新兴产业环境较差（见表4、表5）。

表4　　鲁、浙、苏、粤、沪上市企业数量比较

一级指标	二级指标	三级指标	四级指标	山东	浙江	江苏	广东	上海
影响因素	职业发展	经济环境	上市企业数量（家）	294	415	382	571	234◎

注：数据截至2017年，带◎的为2016年数据。

资料来源：作者根据国家及各省市的统计年鉴和网络数据整理。

表5　　鲁、浙、苏、粤、沪新兴产业环境比较

一级指标	二级指标	三级指标	四级指标	山东	浙江	江苏	广东	上海
影响因素	职业发展	新兴产业环境	新兴产业增加值增速（%）	7.5	12.20	13.60	10.7	5.0◎
			高新技术企业数量（家）	4692	6938	8027	19857	6938◎

注：数据截至2017年，带◎的为2016年数据。

资料来源：作者根据国家及各省市的统计年鉴和网络数据整理。

（3）研发环境落后，创业环境不充分。2018年，山东研发投入落后于其他省市。山东的风险投资行业还处于萌芽阶段，优秀创新创业项目有限，社会创业投资集聚度不高，山东省省级以上众创空间总体规模低于上海（见表6）。

表6　　鲁、浙、苏、粤、沪研发环境比较

一级指标	二级指标	三级指标	四级指标	山东	浙江	江苏	广东	上海
影响因素	职业发展	研发环境	研发投入强度（%）	2.15	2.57	2.7	2.78	4.16
			研究与试验发展经费（亿元）	1643.3	1445.7	2504.4	2704.7	1359.2

注：数据截至2017年。

资料来源：作者根据国家及各省市的统计年鉴和网络数据整理。

科技创新环境方面（包括创新人才资源集聚水平、创新创业投入规模和强度、知识创造的广度和深度、技术成果传播和扩散效应、对国内乃至国际的创新辐射），山东省是落后于浙、苏、粤、沪各省市的（见表7）。

表7　　鲁、浙、苏、粤、沪新兴产业环境比较

一级指标	二级指标	三级指标	四级指标	山东	浙江	江苏	广东	上海
影响因素	职业发展	创业环境	风投机构投资金额（亿元）	7.0（青岛）	36.0※（杭州）	—	319.46	136.0◎
			省级众创空间数量（家）	293	100（杭州）	607（2018）	500	500
			知识产权质押融资金额（亿元）	1.2（青岛）	8.62※（杭州）	—	16（深圳）	9.32

注：数据截至2017年，带◎的数据为2016年数据。“—”为暂时无公开数据。

资料来源：作者根据国家及各省市的统计年鉴和网络数据整理。

（4）引才育才的高水平教育研发机构少，人才培养发展环境不完善。第一，高水平教育研发机构少。院士主要集中在山东大学、中国海洋大学和中国石油大学（华东），专业相对集中。山东的“211”“985”院校仅有3所，科技领域的高地较少。第二，高考难。山东高考困难也阻挠了很多想加入鲁籍的人才。第三，山东的高校相比南方待遇差。在安家费等具体待遇、工作环境、管理制度上的差距很大（见表8、表9）。从全国高校青年千人分布情况来说，山东仅占到了2%。

表8　　鲁、浙、苏、粤、沪教育环境比较

一级指标	二级指标	三级指标	四级指标	山东	浙江	江苏	广东	上海
影响因素	职业发展	教育环境	教育资金投入（亿元）	2242.30◎	1430.15	2003.70	3861.03	840.97◎
			公共财政教育经费占公共财政支出比例（%）	20.82◎	12.20◎	18.45◎	18.84◎	11.59◎
			公共财政教育经费与财政经常性收入增长幅度比较（%）	2.58	1.28	2.07	0.15	7.61
			公办普本高校数量	108	70	112	92	31◎
			“211”“985”高校数量（所）	3	1	11/2	5/2	10/4
			大学毕业生数量（万人）	31.49	14.62◎	49.00	23.36◎	17.10◎
			每十万人中的在校大学生数（人）	127	178	220	172	198

注：数据截至2017年，带◎的为2016年数据。

资料来源：作者根据国家及各省市统计年鉴和网络数据整理。

表 9　　鲁、浙、苏、粤、沪高考录取率比较

	山东	浙江	江苏	广东	上海
“985”院校录取率（%）	1.47	1.87	1.41	1.32	5.33
“211”院校录取率（%）	4.44	5.19	5.19	2.74	13.58
一本院校录取率（%）	10.60	14.00	12.10	11.20	21.80
考生人数（万人）	55.30	29.13	33.01	75.70	5.00

资料来源：《江苏省的考生想要考上重点大学，到底有多难?》，https://www.sohu.com/a/162193422_759880。

2. 人才生活环境方面

人才生活环境分为收入状况、生活成本、住房保障、医疗保障和子女教育五个方面。

（1）山东省的高层次人才补助不具有绝对优势，政策出台晚。具体表现为补助奖励力度一般，且出台政策较晚（2018 年才出台）（见表 10）。

表 10　　鲁、浙、苏、粤、沪高层次领军科技人才奖励与补助最高额度的比较

	山东	浙江	江苏	广东	上海
人才奖励与补助	5000 万元，《引进顶尖人才“一事一议”实施办法》	500 万元，《引进院士专家等顶尖人才政策》《新一轮高层次人才创业创新“5213”计划》	500 万元奖励，《中共徐州市委 徐州市人民政府关于加快建设淮海经济区人才高地的意见》	2 亿元资助，《关于促进人才优先发展的若干措施》	200 万元，《关于海外高层次引进人才享受特定生活待遇若干规定的实施意见》
团队奖励与补助	最高 1 亿元的资助或 1.5 亿元的直投股权投资支持，《顶尖人才奖励资助暂行办法》	1 亿元，《引进院士专家等顶尖人才政策》	最高 1 亿元的资助，《中共徐州市委 徐州市人民政府关于加快建设淮海经济区人才高地的意见》	10 亿元，《黄金 10 条》	1 亿元，《上海市浦江人才计划管理办法》

注：数据截至 2017 年。
资料来源：作者根据各省市政府网站公开资料整理。

（2）山东省高层次青年储备人才收入低，城市留存率低。留存率高的第一个原因是经济发展趋势好，第二个原因是文化趋同感强。在山东，非山东户籍的毕业生留在山东工作的仅占 5%，与山东省相关政策过度强调“高端人才”，忽略了普通专本科学历人才，进而造成了人才的流失，使山东逐渐沦为“人才输出大省”。

（3）国际生活指数低，不能很好地留住顶尖人才。国际人才生活指数对国际人才在中

国生活的实际需求进行比较，是影响国际人才长期居留或永久性居留的重要因素，主要包括医疗、子女教育、人口密度、空气质量、交通便利程度等。以上这些山东都处于弱势。

(4) 创新平台数量较少，承载力弱，科技转化率低。从承载平台来看，山东省的国家级重点实验室，省市级重点实验室、工程实验室、工程中心数量较之浙江、上海和广东数量过少，科研机构，省级以上开发区、工业园区、重点实验室、企业技术中心、科技孵化器等高端载体也在建设之中。山东省众多科研成果没有得到及时转化，在发明专利申请受理量排名前十位的国内企业中山东无一家入内。

3. 招才引智政策环境方面

山东招才引智政策环境不完善，缺乏顶级人才的个性化配套政策。主要体现在以下六个方面：

(1) 政策出台晚，跟风明显，失去先发优势。没有体现出区位优势和产业吸引力，仓促出台的人才政策会导致政策的成熟度不高，且会因为更多类似政策的持续供给而进一步降低已经出台和后续出台政策的作用力度。山东省在整体研发实力落后的前提下就显得政策乏力，成熟度不高，可执行性偏弱。

(2) 政策个性化功能不明显，不能和山东省产业布局配套。产业结构不优，新动能成长不快，发展活力不足，经济效益不高，拉低了山东的区域竞争优势，也缺乏了对人才的吸引。

(3) 缺乏配套支撑政策，政策推行难度大。政策的出台需要最大限度地发挥各种政策的组合效能，实现效能最大化。政府给出诱人的财政支持需要兑现，如果兑现存在困难或者根本无法兑现，政策就变成一纸空文。

(4) 偏重引进政策，培养激励政策不足。经过梳理山东省的政策发现，高层次领军科技人才引进政策密集而力度空前，而对于内部人才培养的政策却鲜少发力，激励不足，特别是对于青年人才的培养激励制度不足，引进人才与现有人才待遇存在严重的双轨制，导致了人才出现“挤出效应”。

(5) 人才服务政策信息化落后。山东省的高层次领军科技人才的信息化比较落后。截至 2018 年 7 月，山东省对于高层次领军科技人才尚未建立专门的网站，只有一个“人才山东”网站。“山东省高层次人才服务信息系统”于 2018 年 8 月上线，功能尚不健全。

(6) 国际人才政策指数低，在人才国际化竞争中处于劣势。国际人才政策指数是由全球化智库（CCG）与西南财经大学发展研究院提出来的，所谓政策指数就是指根据关键政策的出台与否、配套措施是否完备以及配套措施的数量等客观因素的评价，评估各级政府为引进国际人才所出台的政策措施。[①] 报告显示，浙江、江苏、上海、北

① 参见何芬兰：《我国人才引进政策实现创新突破》，《国际商报》2017 年 9 月 20 日。

京在国际人才政策创新方面分数相对较高，江苏、北京、广东在国际人才政策配套指数中分数相对较高，山东的人才政策指数均排在后面。

三、山东省高质量招才引智工作的完善对策

1. 推动山东省高质量招才引智工作的总体思路

(1) 优化组织建设，实现省、市两级联动

在现有的“省人才工作领导小组”、省委组织部下属的“人才支撑新旧动能转换工作专项组”下成立专门“高层次领军科技人才工作办公室”，同时要求山东各个地市专门围绕“高层次领军科技人才”对口成立相关部门或责任人负责工作落地。

(2) 加强目标考核，有奖有罚一票否决

对相关部门和责任人，一方面要具体任务分工、政策落实督查，定期协调调度，做得好的要奖励；另一方面要改变目前人才引进和培养“重奖励、轻处罚”的制度现状，要实行目标责任制，制定引进和培养的保底目标。对于引进人才突出的单位负责人优先提拔与重点奖励，在一定考核周期上可以考虑对责任单位实行“一票否决制”，让各单位真正将人才的重视提高到影响自身发展生死存亡的意识上来。

(3) 明确关键领域，目标清晰宁缺毋滥

对于省、市两级，引进人才的行业和专业方向要精准，每个地市必须聚焦在本市的重点领域进行摸底，从世界领先、国内领先两个层次对产业进行规划，进行差异化竞争，并制定可量化的短、中、长期目标，作为评价和考核依据，宁缺毋滥。

(4) 以新旧动能契机，优化人才改革试验区

充分发挥山东省新旧动能转化的政策联动优势，以人才政策突破和体制机制创新为重点，让本省重点企业、各市重点区域或产业在人才引进培养、股权激励、成果转化、创业孵化、创业融资等方面先行先试，而不是全面铺开，均衡用力。试点建立与国际规则接轨的高层次人才招聘、薪酬、考核、科研管理、社会保障等制度，支持高校、科研院所、园区等试点建立“学科（人才）特区”，实施长聘教职制度，构建灵活的用人机制。

2. 推动山东省高质量招才引智工作的路径选择

(1) 以“四个千”顶尖人才引进工程为契机，增强山东省高层次人才输血能力

第一，差异化精准化引进国内顶尖人才，吸引一千人。可以借鉴“山东旅游统一策划、打包推广”的推介模式，突出山东优势，避开同质化竞争，因地制宜地精准施策，更加精准地引进顶尖人才。通过山东省重点产业引进人才，实现核心平台引才、优质项目引才。

第二，高标准参与高层次海外人才竞争，引进一千人。要根据山东省的优势产业和重点领域，对标国际上相关产业的分布情况，完善全球信息发布制度，聘请招才引

智大使，通过“海外齐鲁精英故乡行”等形式吸引人才，完善海外人才离岸创新创业基地和“区内注册，海内外经营”的保障服务机制。拓宽国际猎头引才推广渠道，充分发挥遍布各国的山东商会、留学生、山东高校在海外各国的校友会的媒介作用，加快培育面向海外的高层次人才市场。

第三，健全高层次人才柔性引才机制，集聚一千人。针对山东省在高层次人才集聚方面的弱势，树立“人才不唯我所有但为我所用”的柔性引才观念，积极探索优化候鸟型（即不带家属和户口，定期来鲁服务）、蜻蜓点水型（在关键时期、关键技术上帮助攻克）和远程型（通过网络远程服务）的柔性引才机制。推广“虚拟人才制”、以“虚拟科研所”为载体的人才使用模式，采取技术咨询、委托设计、联合开发等多种运作方式，实现新型人才柔性使用制度。

第四，发挥高精尖载体和优质项目优势，吸附一千人。山东省需要制定高精尖载体和高端平台建设目标，在升级现有高端研发平台的基础上，实现山东省高端平台总量突破。全省各高校、行业领先企业、各地科研院所共同建立产、学、研技术创新战略联盟和协同创新基地，同时打造科研信息化共享网络，形成点点连接、点线联合，辐射全省的线上、线下创新协同联盟。

（2）以“五平台”人才培养为依托，增强山东省高层次人才造血能力

第一，高层次领军科技人才高质量培养平台。首先，完善高层次领军人才培育体系建设。优化“千人计划”实施机制，落实顶尖人才直接认定机制。完善省领军型创新创业团队培育计划，强化“万人计划”统筹力度，建立全面辐射、有效连接、涵盖各类人才各个发展阶段的培养体系。其次，依托大项目、重点实验室，在项目经费上采取稳定支持、优先委托和滚动支持等措施，优化高端人才的培养机制。

第二，高层次领军科技人才高规格孵育平台。实施山东省高等教育强省战略行动计划，通过“鼓励引进外省高校，重点办好本省高校”的原则，引进一批“985”“211”高校入驻山东，对现有的重点高校调整优化学科专业结构，聚焦优势特色学科建设。对于普通高校，鼓励科研创新，支持打造全国领先的重点优势学科，充分发挥大学、企业、研究院所、科研基地功能，着力打造集创业载体、人才培养、技术研发、市场开拓、品牌推广等系列服务为一体的人才载体孵育工程。

第三，高层次领军科技人才高效率配置平台。山东省要结合全省地市优势产业有倾向地扶持能承载海内外高层次领军科技人才创新创业的产业园、创业园、工作站等基地，促进山东省领军人才资源、科技资源的高效配置。

第四，齐鲁青年英才高标准塑才平台。借助国家杰出青年基金、优秀中青年科学家科研奖励基金、高校青年教师成长计划、省有突出贡献中青年专家和省青年科技奖等青年科技人才在高标准塑造方面的引领作用，鼓励支持青年人才在高端科技领域做研究、出成果。在科研院所设置“齐鲁青年英才”培育基地，每年选拔一批拔尖学生

进行重点培养，在解决户口、住房、医疗、教育保障方面给予特殊政策，提高奖励政策，防止优秀大学毕业生流失。

第五，高层次人才开发使用政策匹配平台。加强政策研究，系统化及早及时出台本土化高层次领军科技人才开发使用政策体系，完善配套政策，形成互补优势。注意政策与本地的匹配，全方位地实现本土高层次人才的开发使用。鼓励本土人才增智强能，公平享受所有待遇，避免不必要的高层次人才流失。

(3) 以“四全面”完善人才公共服务创新，打造国际领先的顶尖人才发展环境

第一，全面提升山东省城市公共服务功能，优化顶尖人才生活服务质量。加快交通便利建设，统筹区域性基础设施和生活环境建设，促进城市全面、协调、可持续发展。山东省顶尖人才系统接入山东省各级医院系统，与省、市医院共同出台适用于顶尖人才的就医优先、优惠政策。完善社保体系。明确落实其子女幼儿园、义务教育阶段就学政策，实现中考、高考普惠制度，让优秀人才的子女有学可上。

第二，全面深化人才服务“零跑腿”改革，实现“五子登科”提升人才满意度。通过梳理，进一步完善人才领域行政服务事项目录，制定山东省人才“零跑腿”服务工作指南，明确人才管理服务权力清单和责任清单。实现房子、车子、孩子、本子、票子的“五子登科”。

第三，全面简政放权，提高执行力，营造一流软环境，释放顶尖人才创造力。要全面简政放权，加快构建省市县联动、线上线下一体化运行的高层次人才服务体系，让“保姆式”“零跑腿”为标志的高层次人才服务升级版落地可执行，为顶尖优秀人才配备“一人一策一助理”，全面解决行政事务对他们的困扰和阻碍，让他们全身心地投入科研创新过程。

第四，全面建设数字化政府，提高高层次领军科技人才的信息化服务水平。依托公安部“互联网＋”可信身份认证平台，打造全省统一入口、便捷高效的移动办事平台，以公安、民政、教育、卫生、计生、社保、公积金、市民卡、公用事业等民生领域为重点，强化网上网下一体融合，推进政务领域大数据示范应用，加快人才信息大数据建设，开展部门政务专网整合。

(4) 以“两创新”为改革动力，提升顶尖人才收益

第一，以技术创新因素为支撑，提升顶尖人才创新水平和成果转化收益。首先，推进战略性新兴产业等重点产业的创新集聚。加快编制、优化山东省产业地图，引导各地区差异化精准定位，打造产业集聚创新模式。其次，吸引国家支持，明确省级重点支持。各地市侧重支持的方式，加大对技术经费的投入，遵循企业创新与产业发展相结合的原则，保障技术创新研发工作持续有效进行。再次，加强技术经费投入与使用的监督管理机制。在投入到位的同时完善经费监督机制，杜绝技术经费被贪污、挪用、它用的现象，提升技术经费贡献率。最后，确权在前，注重转化。

第二，以人才投资方式创新为助力，优化人才融资环境。积极开展资助活动，继续加强各方面的集成支持，对初创企业全面落实各级政府有关支持机构和个人进行天使投资的优惠税收政策。同时，进一步优化鼓励天使投资的税收政策，在条件成熟的地区先行先试。进一步完善优化商业银行与天使投资、风险投资的投贷联动模式；更加科学、合理地优化对创业投资的风险补偿机制，缓解人才创业初期融资难题。

(5) 以“十个度”为保障，提高招才引智政策执行力度

有力度，在人才的资助与补贴上凸显优势；有高度，站在全省经济发展战略的层面上做好人才的引进与培养的顶层设计，为顶尖人才单独施策；有速度，在人才的扶持上实行快速启动策略，缩短周期，提高政策兑现效率；有温度，要得人心，在扶持青年领军人才和留存大学毕业生方面加大力度，让未来的高层次人才感受到齐鲁重才爱才的温度；有精度，针对不同人才群体需求精准发力、精准施策，因地因材因人制宜；有广度，扩大范围，将本土人才培养纳入高层次领军人才重点资助计划，体现公平；有信度，政策出台要考虑长远利益，避免目光短浅，先后出台的政策应该形成互补优势；有效度，求实效，摒弃人才“重引进，轻使用”的错误做法，加强过程指导、结果评估，增强政策执行力度；有厚度，人才政策极易被模仿复制，人才生态才是聚才持久的竞争力，厚遇人才要注重方法，建立机制，努力营造一流的人才生态，真正尊重人才；有准度，将人才专业优势、区域特点、产业导向和资源禀赋等结合起来，精准选择所需的人才。

基于“非遗”创造性转化的新时代大学生社会主义核心价值观培育路径[*]

巫 科[**]

摘 要 非物质文化遗产（以下简称“非遗”）具有基因传承、创意凝聚、地理标识、物质生产以及产业集聚等重要功能。基于“非遗”创造性转化的科学原则与现实路径，通过“专业化团队＋学术型社团”“数字化表达＋多样化传播”“项目化开发＋精准化落地”“全球化思维＋本土化行动”等方式，高校将构筑新时代大学生社会主义核心价值观培育的新路径。

关键词 立德树人 非物质文化遗产 创造性转化 核心价值观

青年的价值取向关乎国家的前途、民族的未来，做好新时代大学生社会主义核心价值观培育工作是新时代中国特色社会主义赋予高校思想政治教育工作的重要任务。党的十九大报告指出：“培育和践行社会主义核心价值观，不断增强意识形态领域主导权和话语权，推动中华优秀传统文化创造性转化、创新性发展。”① 这一“双创”方针的确立不仅为新时代继承和发展中华优秀传统文化指明了正确的方向和途径②，而且还为新时代大学生社会主义核心价值观培育提供了创新的方法和路径。

一、充分发挥中华优秀传统文化在新时代高校育人中的价值

中华优秀传统文化是中华民族的文化基因，早已深深烙印在每个华夏子孙的血液中，潜移默化地影响着每个中国人的思想与行为。因此，在新时代大学生社会主义核心价值观培育中，中华优秀传统文化占有无可替代的重要一席，高校思想政治教育工

* **基金项目**：本文受到2020年四川大学党建研究课题专项经费、2019年度山东省高等教育人才研究会课题“新时代高校智慧党建精品项目培养研究与实践”（RK19-40）资助。

** **作者简介**：巫科（1987～ ），四川简阳人，四川大学商学院讲师、党建办公室主任，研究方向为党建与思想政治教育。

① 习近平：《决胜全面建成小康社会 夺取新时代中国特色社会主义伟大胜利——在中国共产党第十九次全国代表大会上的报告》，人民出版社2017年版，第23页。

② 参见李荣启：《传统文化创造性转化和和发展的途径》，《中国文化研究》2017年第4期。

作者必须深入挖掘和开发其中蕴含的思想精髓，充分发挥其“以文化人，以文育人”之功能价值，为新时代高校思想政治教育开展大学生社会主义核心价值观培育工作提供丰厚和源源不断的文化资源。

中华优秀传统文化在新时代高校育人中的价值集中体现在：第一，思想给养。习近平总书记在文艺工作座谈会上明确指出：“中华优秀传统文化是涵养社会主义核心价值观的重要源泉。”① 中华优秀传统文化源远流长，具有超越时代的文化价值，源源不断地为新时代社会主义核心价值观培育和提供丰富的思想给养，是中华民族无比宝贵的精神财富。第二，文化传承。党的十九大报告明确指出：“中国特色社会主义文化，源自于中华民族五千多年文明历史所孕育的中华优秀传统文化”，要“以马克思主义为指导，坚守中华文化立场”。② 中华优秀传统文化具有丰富的物质形态和非物质形态，为新时代社会主义核心价值观传承和弘扬、中华民族辉煌文明提供了表现形式丰富的物质形态和非物质形态，具有极为重要的文化传承价值。第三，修身育人。教育部在《高校思想政治工作质量提升工程实施纲要》中提出，构建“文化育人质量提升体系……深入开展中华优秀传统文化等教育……践行和弘扬社会主义核心价值观”。中华优秀传统文化富含修身育人之道，历经数千年的历史检验，已成为新时代大学生修身养德、新时代教师以文育人、新时代高校立德树人的价值典范，在新时代社会主义核心价值观培育中具有不可替代的修身育人价值。

二、“非遗”在充分发挥中华优秀传统文化价值中的重要性

“非遗”是以非物质形态存在的与群众生活密切相关、世代传承的传统文化表现形式，具有“活态性（传承与演变）、传统性（特定地域）、整体性（强调生态完整）以及文化空间特性”③ 等特征。作为中华优秀传统文化的代表，“非遗”对充分发挥中华优秀传统文化在新时代社会主义核心价值观培育中的价值具有重要功能：第一，基因传承功能。从定义可知，“非遗”源自与群众生活密切相关、世世代代传承延续至今的传统文化形式，是鲜活的“历史”，是“活态的传承”④，是民族的命脉，具有重要的基因传承功能。第二，创意凝聚功能。历经数千年、数百年的文化沉淀，“非遗”凝聚了无数先人祖辈、能工巧匠、山人乡民的智慧和汗水，拥有无限的文化创意，具有重要的创意凝聚功能。第三，地理标识功能。从地理区域来看，大多数“非遗”具有显著的地域特征，直接体现为不同地理区域的民众集体智慧的结晶，这为“非遗”提供“恒久生命力”的同时凸显了地理标识功能。第四，物质生产功能。“非遗”之所以能

① 习近平：《在文艺工作座谈会上的讲话》，人民出版社 2015 年版，第 25 页。

② 习近平：《在文艺工作座谈会上的讲话》，人民出版社 2015 年版，第 41 页。

③ 李荣启：《传统文化创造性转化和和发展的途径》，《中国文化研究》2017 年第 4 期。

④ 陈文斌、格日勒图：《社会主义核心价值观构建的逻辑起点与逻辑终点——从理论凝练到大众化传播》，《东北师大学报》（哲学社会科学版）2018 年第 5 期。

够传承延续至今，离不开一位又一位传承人、一个又一个手工艺品、一种又一种中药成品、一项又一项创制技艺等物质载体，这些物质形态的载体为“非遗”提供了丰富的、不可替代的物质生产功能。第五，产业集聚功能。“非遗”传承至今保留了丰富的原材料、创制技艺和制备工艺等流程，为“非遗”在现代社会中的继承与发展提供了产业集聚功能。

三、面向全球化和新时代的“非遗”创造性转化

对高校而言，“非遗”创造性转化具有“一体两面”。“一体”是指弘扬社会主义核心价值观这一个主要目标，而“两面”则是指从两个不同角度实现主要目标。“传承”是对“非遗”原生态内容和形式的完整保留与继承，“创造性转化”则是要按照时代特点和要求，对那些至今仍有借鉴价值的内涵和陈旧的表现形式加以改造，赋予其新的时代内涵和现代表达形式，激活其生命力。经济全球化和改革开放 40 年的伟大进程深刻地改变了中国大地，在西方文化以各种形式如潮水般涌入的背景下，重新审视和充分挖掘“非遗”创造性转化在新时代大学生社会主义核心价值观培育中的价值有其内在逻辑。首先，“非遗”的创造性转化为社会主义核心价值观培育提供中华优秀传统文化思想资源。列入中华优秀传统文化宝库的非物质文化遗产，是经过历史检验和多代批判后传承下来的文化精粹。其次，非物质文化遗产蕴含着丰富的精神资源，传递着广大劳动人民代代相传、历久弥新的文化基因，具备较高的艺术价值和良好的传播基础。这些都为新时代高校思想政治工作创造“以文化人，以文育人”的新境界提供了丰厚的遗产。再次，“非遗”创造性转化应以社会主义核心价值观为引领。非物质文化遗产作为中华优秀传统文化的代表，与社会主义核心价值观一脉相承，“非遗”创造性转化应符合当代中国特色社会主义先进文化的前进方向。因此，“非遗”创造性转化只有坚持社会主义核心价值观的引领，才能更好地保护和弘扬中华优秀传统文化的思想精髓和时代精神。最后，社会主义核心价值观培育应着力对“非遗”创造性转化的运用。“非遗”承上连接社会主义核心价值观的思想内涵，启下有着符合人民群众喜闻乐见、易于接受的表现形式，能够将高度凝练的思想理论分解为易于理解的简单表达。

“非遗”创造性转化是在传承与保护中迸发的。郑迦文认为，在新形势下“非遗”保护的主体应当是广大民众①；徐金龙提出，应抢抓“非遗”保护工程机遇，注重“非遗”内容的创造性转化②；刘鑫构建了“非遗”的“非营利性+营利性”双轨利用模式③；徐君康等从“共同体成员”“引发情感共鸣”以及“文化认同与文化自觉”等角

① 参见郑迦文：《非物质文化遗产保护的创新模式研究》，《江西社会科学》2016 年第 4 期。

② 参见徐金龙：《传统文化资源向现代产业资本的创造性转化——论民间文学与汉产动漫的整合创新》，《湖北民族学院学报》（哲学社会科学版）2016 年第 3 期。

③ 参见刘鑫：《非物质文化遗产的经济价值及其合理利用模式》，《学习与实践》2017 年第 1 期。

度提出了“非遗”保护的新方式，突出了数字技术的重要性①；彭牧在辨析“非遗”相关文件形成的社会历史和政治文化背景的基础上，探寻其演变背后的知识生产及知识/话语相关的权力过程以及时空关系变化的深刻关联②；黄永林等提出寻求新的结合点，创建非遗产业品牌，挖掘“非遗”潜在价值，运用现代审美思维，大力开展文化科技融合等实现路径③；陈先达认为，文化的基本精神可以超越时代，但在中国特色社会主义新时代不可能完全原样保留过去的文化内容和形式④；王龙指出，应有效利用“互联网＋”技术构建“非遗”的数字化平台⑤。因此，面向全球化和新时代的“非遗”创造性转化更重要的是内容的迁移与形式的创新。

四、实现“非遗”创造性转化的科学原则和现实路径

与以物质实体为载体的物质文化遗产不同，“非遗”更重要的价值在于其所蕴含的技艺、文化、环境等无形资源。因此，面向全球化和新时代的“非遗”创造性转化，要实现内容迁移与形式创新，需要基于一定的科学原则和现实路径。

就科学的原则而言，一是坚持以马克思主义为指导，将“批判中继承”“扬弃地继承”“转化地创新”等辩证思想一以贯之，科学具体地分辨精华与糟粕，并按照中国特色社会主义现代化建设的需要加以利用和转化，用“新时代的内涵和现代化的表达”赋予“非遗”新的生机和活力。同时，结合马克思主义唯物史观来看待“非遗”与中国特色社会主义文化发展的关系，借此阐释“非遗”创造性转化的理论依据和指导方针。二是坚持以社会主义核心价值观为引领，面向新时代的现代化建设进行深入的价值创造和深度开发，只有坚持以社会主义核心价值观为导向，才能正确引导“非遗”创造性转化的发展方向。三是坚持以实际效果为导向的原则，将立足新时代中国特色社会主义的国情与“百年未有之大变局”的世情相结合，兼具宏观与微观视角，避免片面化。

从现实的路径来看，“非遗”创造性转化应在宏观和微观两个不同层次实现：从宏观层次来看，无论是“分辨—激活—创新”的三阶段模式，还是“历史诠释—批判继承—综合创新—实践超越”的四环节模式，抑或是“阐释性路径—涵养性路径—实践性路径”相结合的多重路径模式，都在发展方向上指明了“非遗”创造性转化的前进思路。从微观层次来看，立足“非遗”的内容和形式本身有其必要性和重要性。例如，在对“非遗”本身的内容和形式进行梳理的基础上，创造性地设计一套特殊的话语体

① 参见徐君康、陈佩君：《新媒体时代“非遗”传承传播问题探析》，《新闻战线》2018年第15期。

② 参见彭牧：《非物质文化遗产的当下性：时间与民俗传统的遗产化》，《民族文学研究》2018年第4期。

③ 参见黄永林、纪明明：《论非物质文化遗产资源在文化产业中的创造性转化和创新性发展》，《华中师范大学学报》（人文社会科学版）2018年第3期。

④ 参见陈先达：《中国传统文化的创造性转化和发展》，《前线》2017年第2期。

⑤ 参见王龙：《“互联网＋”时代非物质文化遗产的数字化》，《求索》2017年第8期。

系，以便更好地进行文化交流对话；再如，朱晓鹏提出的“中西古今”的融通路径，以“解读文化原本一挖掘当代价值一实现历史与思考结合、探寻现代意义”为主要特征。总结而言，面向全球化和新时代的“非遗”创造性转化路径是多维度、多角度的，应坚持基本原则和正确方向。

五、基于“非遗”创造性转化的新时代大学生社会主义核心价值观培育路径

结合全球化和新时代的诸多挑战与高校思想政治教育的实际情况，构筑基于“非遗”创造性转化的新时代大学生社会主义核心价值观培育路径。

第一，走“专业化团队＋学术型社团”之路。一方面，依托一批长期致力于“非遗”项目研究的专业化团队（或机构），面向新时代大学生社会主义核心价值观培育的目标和需求，设立科研课题及专项基金，支持产、学、研等合作开发“非遗”创造性转化项目；另一方面，引导一批对特定“非遗”项目的创造性转化兴趣浓厚的大学生组建相关主题的学术型社团，使这类社团在大学生群体中积极宣传推广“非遗”项目的同时，能让更多的大学生参与到“非遗”项目的创造性转化的过程中。以此为基础，为专业化团队与学术型社团之间提供交流平台，建立交流机制，实现知识互通，整合“内行”的专业资源与“外行”的群众基础，形成良性循环的“生态系统”。

第二，借“数字化表达＋多样化传播”之势。当前，迅猛发展的数字化采集和存储技术、数字化复原和再现技术、数字化展示与传播技术、虚拟现实技术以及先进的现代化信息技术等为“非遗”创造性转化的数字化表达与多样化传播提供了技术支撑和利用空间。作为科技创新之源，高校应积极推动实施“非遗”项目的数字化表达工程，建立一套适合不同类型“非遗”创造性转化的综合应用技术方案，提升我国以“非遗”为基础的文化创意产业的科技含量，促进与此相关的学科交叉融合发展，为实现“非遗”项目的多样化传播提供坚实的基础。在“非遗”创造性转化实现数字化表达的基础上，高校将校园电视台、校园报刊、校园信息栏等传统媒体的优势与官方网站、微信公众号、在线知识社区等新媒体的优势相结合，打造“全媒体平台”。

第三，建“项目化开发＋精准化落地”之实。“非遗”创造性转化需要投入巨量的资源，项目化开发能够帮助高校在有限的资源条件下实现目标。高校可定期开展特色项目申报立项计划，特别是引导广大师生围绕以“非遗”为代表的中华优秀传统文化开展相关的社会主义核心价值观培育项目申报立项。同时，以实际成果为导向严格考核立项的项目，推动项目实现精准化落地，实实在在地促进新时代社会主义核心价值观培育质量的提升，有助于集中有限的资源孵化一批卓有成效的精品项目。例如，校园文化建设精品项目的开设。

第四，筑“全球化思维＋本土化行动”之基。以“一带一路”建设为例，高校在

与古老的丝路精神相关联的“非遗”项目的创造性转化中能够积极回应当代中国的历史文化诉求与时代发展动力（本土化行动），充分发挥其地理标识功能和基因传承功能（本土化行动），逐渐形成国际比较优势（全球化思维）。全球化思维重在拓宽视野的高度与宽度；本土化行动重在“因地制宜”和深度培育。只有两者紧密结合，基于“非遗”创造性转化的新时代大学生社会主义核心价值观培育，才能有效应对全球化和新时代的诸多挑战。

发挥第二课堂作用　培养大学生创新能力*

霍学慧　祝丽香　毕建杰　韩秀兰**

摘　要　本文阐述第二课堂在高校教育中的重要性，重点列举了几种开展第二课堂的形式，并阐述了开展第二课堂所需要的条件和保障，旨在提高大学生的动手能力，培养大学生的创新精神，以适应社会的发展。

关键词　第二课堂　创新能力　复合型人才

大学生是否具有创新能力，对其学习、就业及今后走入社会的发展都有重要影响。目前，社会对人才的要求越来越高，教育和知识不再是雇用单位对人才的唯一标准，创新意识和实践能力在大学生成功就业中的作用越来越重要。农业院校大学生尤其是省属院校大学生在创新能力培养方面存在着严重的不足，这是制约农业类大学生就业难的关键所在。针对农学类专业实用性强的特点，开展第二课堂教育，从培养学生主动思考、自主研究的角度出发，使第二课堂实践活动与第一课堂理论学习相结合，将理论知识运用于实践，变专业劣势为优势。

一、第二课堂的重要性

高校的任何一个教学环节、教育内容、教育形式都与培养目标密切相关。① 第二课堂是相对于第一课堂教学而言的。依据教材及教学大纲，在规定的教学时间里进行的课堂教学活动称为第一课堂；第二课堂是指在第一课堂之外的时间进行的与第一课堂相关的教学活动。第一课堂是依据学校的教学计划，按照课程设置和教学大纲的要求，有计划、有目的地开展，是构建大学生知识体系和综合素质的主渠道。第二课堂能够

---

* **基金项目**：本文系 2019 年度山东省高等教育人才研究会课题“第二课堂与大学里创新能力培养研究”（RK19-31）研究成果。

** **作者简介**：霍学慧（1976～　），山东郓城人，山东农业大学实验师，硕士，主要研究方向为实验教学与管理；祝丽香（1965～　），山东威海人，山东农业大学副教授，博士，研究方向为中药资源与开发；毕建杰（1966～　），山东荣成人，山东农业大学农学院高级实验师，硕士，研究方向为实验教学；韩秀兰（1978～　），山东莱芜人，山东农业大学高级实验师，硕士，研究方向为实验教学与管理。

①　参见鲁越青、白忠喜、应尧刚：《创新第二课堂建设　促进实践教学改革》，《实验技术与管理》2012 年第 8 期。

将第一课堂所学知识融会贯通并应用到实践，拓展第一课堂知识的深度和广度。第二课堂是第一课堂的延伸和有益补充，是培养高校复合型人才，提高大学生综合素质不可缺少的教育手段。① 第二课堂在培养学生的创新能力方面的作用已引起教育方面专家、领导的关注，是目前高等教育教学改革研究的热点。农学类专业作为山东农业大学的传统优势学科，本科专业目前也面临其他兄弟农业院校相同的问题。农学专业就业形势严峻，这应该引起高等农业教育研究者的高度关注。第二课堂是一种全新的教学方式和沟通机制，引导更多大学生关注自身的发展，有利于大学生创新能力和综合能力的发展。

二、开展第二课堂的方式

为了培养大学生的创新能力，学校进行了各种教学改革和尝试，开展了多种形式的第二课堂教育。以下是笔者根据多年实践教学管理经验总结的几种方式，供各位同仁借鉴并提出宝贵意见。

(一) 加强第二课堂平台建设，开放多个实验室平台

以农业生物学国家级实验教学示范中心的平台为基础，引导和带领校级．院级实验教学中心，以第二课堂科研活动为切入点，以院级、校级、国家级大学生科研创新项目的申报、管理、指导为主线，在第二课堂活动的场地、设备和实验室管理上配合科研项目开展工作。学校通过制定大学生研究训练计划（Student Research Training, SRT）项目，并启动相应的科研经费，让学有余力的学生个人或团队利用业余时间，积极选题，积极申报，以立项课题组的形式，在导师指导下开展项目研究工作。学院、指导教师、项目成员三方签订项目承诺书，确保立项并使项目顺利开展。学院要承诺按照每个项目平均不低于 2 万元的标准予以配套资助，资助形式可以是资金支持，也可以由学院或指导教师承担项目研究所需耗材等实物支持。项目实施过程分为 5 个阶段，即项目立项—季度报告—中期检查—季度报告—结题报告，各阶段时限约为 3 个月。项目立项后，要及时按要求做好项目各阶段的材料填报工作。研究期间要形成至少一项研究成果，可以是学术论文、发明专利、实物、学术论坛交流以及学院认可的其他形式。这项举措充分发挥第二课堂的作用，提高学生的动手能力，开阔视野。学校每年申报大学生研究训练计划的学生团队达到上百个，充分调动了学生的积极性。

(二) 设立中药标本园，提高学生的动手能力

对于中药资源与开发专业的学生来说，药用植物栽培学和药用植物育种学这两门课程尤其重要，仅仅学好书本上的理论知识是远远不够的，还需要大力培养动手能力和实践能力。学院高度重视学生综合能力的提高，从大三开始，开设第二课堂教育，

① 参见王刘涛、贺德稳：《应用型本科院校构建第二课堂实践教学体系研究》，《煤炭高等教育》2014 年第 2 期。

即专门给中药资源与开发专业的学生建立了中药标本园，其目的就是为了让学生有一个实地动手锻炼的机会。具体做法是，大三学生在学习了药用植物基本的育种、栽培、移栽等基础知识后，学院在中药标本园专门规划出一片土地，供中药栽培的学生使用，每位学生有一小块土地，根据自己的兴趣爱好，选择一种中药材来种植、管理。从播种（或幼苗移栽）到浇水、施肥、管理等一系列工作，全部自己完成，并指定一名教师负责帮助指导学生。学生在管理中草药期间遇到自己无法解决的问题时，可以去咨询指导老师，也可以自己去图书馆查阅资料，直到把问题弄懂为止。经过一个生长周期，学生对中草药的生长发展规律有了一个整体的了解。学院再根据每个学生对中草药的栽培管理书写的材料以及中草药的种植情况进行评比，对于被评为优秀的学生给予一定的物质奖励。这样既提高了学生学习中药材知识的兴趣，激发了学习热情，又增强了大家的动手能力和思考问题的能力，开阔了学生的视野，获得学生和老师的一致好评。

（三）加强校企合作，开阔学生的视野

校企合作，顾名思义，就是学校和企业联合起来，建立第二课堂教育，共同培养学生。为了培养学生能够尽早适应社会的能力，学校高度重视学生综合能力的培养，在本科生掌握一定的专业理论知识之后，学校便与一些企业联合，将学生及时外派出去，通过产、学、研合作方式，充分发挥校外教学实习基地的作用，以第二课堂的形式将学校—企业—学生密切地联系起来。利用学生到企业实习的机会，开阔学生的视野，增强学生的动手能力，让学生提前适应社会，为今后走上社会打下坚实的基础。例如，泰安市圣田农林科技开发有限公司是集组培研发、种植繁育、示范推广、生产加工、旅游观光为一体的现代化农业科技企业，该公司与山东农业大学合作，成立了“山东农业大学校企共建实验室”，学校每年派一批学生前往该公司实习，学习蓝莓、大樱桃、绿化树等苗木育苗及种植技术。① 学生亲自参与到蓝莓、大樱桃和绿化树的种植中，把在课堂上学到的理论知识运用到实践中，开阔了学生的眼界，提高了学生的动手能力，为以后顺利走上工作岗位积累了丰富的社会经验。

（四）其他形式

除了以上介绍的几种开展第二课堂的方式外，学校还为学生提供了多种形式的课外活动方式，比较典型的就是学校在2014年成立了大学生创新创业孵化基地。该基地以创业实践大楼为辅助，以科技创业园为生产实践平台，以“圆梦驿站——大学生创业联盟营销与咨询中心”为产品展销窗口，设立创业服务区、能力培训区、模拟实训区、项目孵化区、企业运营区等五个区域，打造创业培训、创业服务、创业孵化、成果转化、研究交流五个平台。目前，基地已入驻100多个大学生创业团队，基地内从

① 参见毕建杰、李滨等：《农学专业人才多样化培养的研究与探讨》，《中国现代教育装备》2015年第5期。

事创业实践活动的学生达2000余人，研发各类创业产品160余种。孵化基地的建立与运行，完善了学校人才培养模式，提高了人才培养质量，促进了毕业生更加充分和更高质量就业。2015年，山东农业大学作为山东唯一一个省属院校获批“全国高校实践育人创新创业基地”，中央电视台、《人民日报》等在内的多家新闻媒体进行了宣传报道。此外，为了提高学生的动手能力和综合能力，农学院中药资源与开发专业学生在老师的带领下，每年都去泰山或者中药材种植基地采集中药材，制作成中药材腊叶标本；种子科学与工程专业的学生在老师的指导下成立了创意种子画工作室，依据各类种子的颜色、大小、形状等特点，借助一定的工具、黏合剂等，制作出各种造型和书法作品，极具观赏和收藏价值，获得师生的一致好评。

三、开展第二课堂所需的条件和保障

山东农业大学是省属重点高校，有3个国家级实验教学示范中心，第二课堂的开展可依托山东农业大学农业生物学国家级实验教学示范中心、园艺学院实验教学中心、国家农业生物学重点实验室，具备进行开展第二课堂教育活动的基础设施和学生进行科研活动的研究条件。学校一直非常重视大学生的创新能力培养，支持第二课堂教学活动。在培养大学生创新能力方面获得显著成绩：开展“教学、科研、生产服务三结合的教学模式”，获国家教学成果特等奖；“植物科学类专业人才培养”方案获国家教学成果一等奖。农学院是拥有作物栽培学与耕作学国家一级学科的学院，在教学改革和人才培养方面坚持以实践教学为重点、以培养学生特长为特色的教学理念，全力支持教师的教学改革，取得了引人注目的教学改革成就。山东农业大学在第二课堂和大学生创新能力培养方面有许多支持、鼓励和政策，如：学生创新创业实践学分认定申请，每年对学生申请创新创业实践学分进行统计；每年都安排大学生研究训练计划，拨付专门经费支持大学生参与科学研究训练，提高创新能力和实践动手能力。在此基础上筛选出好的项目参加泰安市大学生科研引导计划项目，每年获泰安市科技局支持项目30余项。学校对大学生创新培养每年平均投入支持经费约150万元，大学生创新研究经过1～2年的实际运行，筛选优秀的项目再申报国家级大学生创新项目10～20项，每年获得经费支持50万～100万元。按照学校配套经费1∶1，山东省配套经费1∶0.5，在学校、泰安市、国家级大学生科研项目支持下，山东农业大学大学生第二课堂和大学生创新能力培养一年一个新台阶。2014年，山东农业大学在南校区成立山东农业大学大学生创新创业孵化基地，设立专用的场所350平方米，投入扶持资金300万元，鼓励在校大学生在学有余力的条件下自主创业。在第二课堂和大学生创新能力培养过程中有较完善的管理制度和保障条件，如：国家级大学生创新创业训练计划项目中期检查报告书、项目结题报告书，学校制订的校外实践教学基地建设评估标准文件和山东农业大学校外教学基地建设与管理办法、山东农业大学生产劳动成绩表、本科毕业论文设计等一系列第二课堂和大学生创新能力培养标准。2006 年，山东农业大学农学专业被山东省列为山东省高等教育名校工程重点建设专业，为山东农业大学研究提供了坚实的基础条件和保障。另外，合作企业泰安市圣田农林科技开发有限公司等都具有实施第二课堂的研究任务成果应用和第二课堂实训所具备的条件和保障。

通过近几年第二课堂及大学生创新能力的培养，学校取得了一系列的理论成果，在山东农业大学农科及相近专业获得良好的示范作用，提高了大学生的创新能力和实践动手能力，并实现实验教学特别是开放式实验教学的新突破。本研究成果还可在山东省其他涉农及相近专业推广使用，发挥国家级实验教学中心的辐射和带头作用，树立第二课堂学生创新创业典型，在山东省乃至全国都具有一定的影响力和知名度。

人才学科建设

以机制创新激发高校人才的内生动力

李晓池[*]

摘　要　高校人才资源丰富，是高等教育事业发展的基础和骨干。加强高校人才资源的管理，激发高校人才的内生动力，需要深入研究人才的激励与约束机制问题。建立并完善与高校人才队伍建设相适应的激励与约束机制，形成以激励为主的用人导向，能充分调动高校人才的积极性，发挥和释放他们的最大潜力。

关键词　人才资源　激励与约束　机制创新

习近平同志指出："'致天下之治者在人才。'人才是衡量一个国家综合国力的重要指标。没有一支宏大的高素质人才队伍，全面建成小康社会的奋斗目标和中华民族伟大复兴的中国梦就难以顺利实现。"① 人才资源是第一资源，也是创新活动中最为活跃、最为积极的因素。高校人才资源的数量、质量决定着高校的活力和发展水平，决定着人才培养的质量和水平。必须认真贯彻落实习近平同志关于人才工作的重要论述，加大对人才资源的激励与约束机制研究，形成严管与厚爱相结合、激励与约束并重的局面，提高人才的积极性和创造性，为培养社会主义建设者和接班人贡献力量。

一、改进机制体制，牢固树立人才资源理念

要认真学习习近平同志关于人才工作的重要论述，营造尊重人才、见贤思齐的良好氛围。高校内部要在引进人才、培养人才、鼓励人才冒尖上下功夫，形成人人受尊重、人人发挥作用的局面，形成人人渴望成才、人人可以成才的良好风尚。要把习近平同志的要求落实到完善人才发现、培养、使用的体制机制上来。只有抓住抓好涉及人才资源工作的重点并持续用力，久久为功，才能充分发挥高校人才资源对人才培养、科学研究和社会服务等各项事业的支撑引领作用。

---

* **作者简介**：李晓池（1963～　），山东安丘人，青岛大学党委组织员、副研究员，主要研究方向为高校教育管理。

① 中共中央文献研究室编：《习近平关于科技创新论述摘编》，中央文献出版社2016年版，第112页。

（一）树立人才资源意识

人才资源的核心，是将所有人才纳入资源范畴。要根据每个人的特点进行效益最大化设置，做到人尽其用。习近平同志指出："要把人才资源开发放在科技创新最优先的位置。"[①] 牢固树立人才是最重要资源的意识，就是要把一切管理的着眼点定位在服务人才资源效益最大化上，把管理的落脚点定位在让人才资源释放最大能量上，把各方面优秀人才集聚到实现"两个一百年"奋斗目标和实现中华民族伟大复兴的中国梦的恢宏大业中。

（二）改进体制机制

习近平同志指出："要用好用活人才，建立更为灵活的人才管理机制，完善评价这个指挥棒，打通人才流动、使用、发挥作用中的体制机制障碍。"[②] 改进体制机制，就是要按照习近平同志的要求，从提高治理体系与治理能力现代化的高度，统筹谋划人才工作，尊重人才成长规律，破解人才工作体制性机制性障碍，建立更加灵活、更加开放、更加实效的人才新体制机制，为人才脱颖而出释放出制度机制最大的牵引性动能。

（三）重视培育培养

习近平同志指出："好干部不会自然而然产生。成长为一个好干部，一靠自身努力，二靠组织培养。"[③] 高校的人才也是如此。人才竞争已经成为综合国力竞争的核心。谁能培养和吸引更多优秀人才，谁就能在竞争中占据优势。人才的形成和发展有内在的规律，做好人才工作就要把握规律。要高度重视人才培养培训工作，有针对性地进行培养培育，鼓励人才冒尖，为突出人才提供各种条件，多多做一些培育工作，增强目标性和实效性。

（四）善于不拘一格

国家建设需要各行各业的人才。学校的发展也需要各专业各学科的人才，需要这些人才的通力配合、协调一致。要重点落实到理念、制度、行动上的"不拘一格"，在高校内部形成容人、助人、成人的氛围，为各类人才的脱颖而出创造更加充分的精神和物质条件。

（五）创造留心暖心的获得感

让人才有获得感，就要完善激励措施，提供人才成长空间，搭建事业平台。要在政治上充分信任、工作上大胆使用、生活上真诚关心、待遇上及时保障，多为人才办实事、做好事、解难事。

二、加强高校人才资源激励与约束，激发人才内生动力

要以习近平同志关于人才工作的重要论述为指导，进一步提高高校人才资源管理

① 《习近平谈治国理政》，外文出版社 2014 年版，第 127 页。

② 中共中央文献研究室编：《习近平关于科技创新论述摘编》，中央文献出版社 2016 年版，第 111 页。

③ 《习近平谈治国理政》，外文出版社 2014 年版，第 416 页。

的效果，激发人才资源的内生动力，释放人才资源的最大力量。加强人才资源管理，必须建立科学、规范、合理的高校人才资源管理新机制。这种新机制包括激励机制与约束机制两个方面。

（一）激励机制

个体本身就有向更高处发展的需要。激励机制的建立就是要激发、保护和发展这种能动力，促进事业的发展。这种机制包括精神名誉激励、经济利益激励、职务职称激励、文化激励、权利与地位激励等。学校通过这些激励的设计和组织，增强高校人才资源的内生活力。

1.精神名誉激励

高校是人才聚集的单位。高校人才生活在学校这样一个崇尚学术、培养人才的环境中，他们通过参加学校活动，希望得到人们的认可和赞许。要设计开展相关评奖活动，大张旗鼓地对优秀人才进行表彰。要在晋职、涨工资等经济活动中有所体现，形成先进光荣、落后耻辱、争先恐后干事业的局面。“优秀教师”“师德建设先进个人”“优秀党员”“教学科研十佳”等荣誉称号，都起到了很好的凝聚作用。参加相关学术会议，给予到相关单位挂职、参观、学习、培训的机会等，也是对人才激励的一种方式。

2. 经济利益激励

经济利益直接影响人们的心理取向，影响人们的价值观念。加强经济利益的杠杆作用，体现人才资源在高校教育中的主导地位，是目前很多高校的通用做法。近年来，为了体现高校人才资源的重要价值，不断提高高校人才的工资水平，使其成为收入相对较高的人群。在学校内部，随着工资津贴改革的逐步深入，在高级人才、特聘教授等层次上也体现了这种经济利益激励的措施，取得了良好效果。实行教授、副教授、讲师等级制度，除工资级别之外，在岗位津贴等方面都有明确的分配等次。这种等级分配的直接结果就是经济利益的不同和差距，并且这种差距将越来越大。不同的经济利益和差距很大的等级制度，是拉动人才资源工作主动性和调动积极性的措施之一。在高校中，职称低者通过努力，在教学、科研、行政管理工作中不断提升，科研学术水平得以提高，教学能力得以加强，视野得以开阔，思路得以拓展，或者为社会实践解决了实际困难，或者在理论前沿得到延伸，其结果是职称得到晋升，经济收入得到增加。经济利益的激励驱动是高校激励机制的重要方面。

3. 职务职称激励

职务一般指高校教师在行政方面的级别；职称一般代表着高校教师的业务水平。在这两个方面中，一个是高校工作者在行政管理方面得到肯定和承认，一个是在业务方面的层次和水平标志，是高校工资、福利、岗位津贴等所有待遇确定的依据。可见，职务和职称与人才个人的生活待遇息息相关。高校人才聚集，形成了学术和业务上的团队，经过多年的教学和科研工作实践，逐渐形成了自己的科研领域和研究深度，获得了相应的职务或职称。有的教师工作多年职称却始终没有得到解决，有的行政工作人员的职务多年得不到晋升，相应的待遇提不上去，情绪必将受到打击。相反，如果在职务职称问题上多做研究，就能很好地发挥好职务职称的杠杆作用，发挥好激励作用，鼓舞士气，激发斗志，形成良好的氛围。

4. 文化激励

文化激励是人才资源管理中的重要方法之一。校园文化是高校在长期的办学活动中形成的，为全校师生员工共同遵循的价值标准、基本信念和行为规范。其内容主要是教育方针、培养目标、校风学风，同时包括校园的管理和文化艺术活动。在内容结构上主要分为三个层次：一是观念层，指校园中主导群体的价值观，主要表现形式是校训、校风、学风；二是制度层，指校园内的各种规章制度；三是器物层，是校园文化的物质体现，也是校园文化的外显层次。校园文化集中体现了学校的群体价值观，经常以心理气氛的形式出现，构成校内心理环境的主体。校园文化对学校的每一个教职员工的思想、作风、行为起着潜移默化的影响，像一种无形的模具，引导着人们的思想，规范着人们的行为，激励人们向前进。优良的校园文化有一种催人奋进的积极作用，有助于培养对崇高理想的执着追求、对祖国和人民的责任感和使命感，可以激发教职员工巨大的工作热情和学习热情。

5. 权利与地位激励

进入新时代以来，我们需要对人才资源的地位和权利重新进行认识。教职员工是学校的工作骨干，要形成把教学放在第一位、尊重教师工作的氛围，提高高校人才在学校及社会活动中的地位，保证人才在高校活动中享有的权利。现在高校人才的权利和地位已经得到加强，这在学校的学科建设、规划谋划、参政议政等方面都有很好的体现，特别是较好体现了教授治校理念：通过学术委员会、教代会等渠道参与到学校建设的决策当中。高校人才权利的激励主要来自学校对广大教职工的依赖和信任程度，或者来自广大教职工参政议政的开放程度。人才的权利源自对工作岗位的认识、重视以及精力投入程度。适当的权利与地位是高校教职员工投入工作当中的原动力之一。

（二）约束机制

就管理结构来讲，仅仅有激励是不够的。把人才的能动性激发起来，必须遵循一定的法则，这就是约束。因此，在建立激励机制的同时，还要建立约束机制。约束机制可分为内部约束和外部约束。

1. 内部约束

内部约束即高校和人才之间的约束，是当事人之间的约束。内部约束主要包括四个方面：

(1) 高校的规章制度约束。就业于高校的所有人都必须服务和服从于学校的规章制度，因为规章制度是学校的“宪法”。涉及我国高校的规章制度有《教师法》《高等教育法》《职业教育法》《教师资格条例》等，这些规章制度以及学校制定的章程，形成了对人才的约束内容之一。

（2）高校的合同约束。任何人到任何单位就业，都要签订劳动合同。这种合同包括了在学校的最低服务年限，也包括人才在服务期内的价值体现、权利及义务。合同一旦约定，双方就要遵守。现在引进的人才要跟学校单独签订合同，要按合同办事；否则就是违约，违约就要受到处罚。

（3）岗位约束。所谓岗位约束，就是按照岗位要求，根据个人能力、偏好安排合适岗位。学校有各种不同的岗位，每个岗位都有不同的职责范围，每年都要对个人进行考核。岗位职责要求就是岗位约束。

（4）在激励中体现约束。激励与约束是相对的。在高校的人才激励中，处处体现着约束的因素。在名誉、地位、权利的激励中，如果有损害名誉的事情或者行为、言语，名誉会下降，地位和权利就会降低。在职务职称激励中，如果完不成相应的工作任务，就会有相应的处罚，经济利益就会受影响；如果违反了学校的规章制度，与学校的文化相悖，也会受到相应处理。所有这些激励都隐含着约束的成分，所以说，激励与约束是相对的、辩证的。

2. 外部约束

外部约束就是社会约束，因为人才首先是人，高校的人才也是一样。生活在社会中，社会自然就会对人才形成约束。这种约束大致上有以下五个方面的内容：

（1）法律约束。作为社会人，要遵从社会上所有的法律。近年来，人才竞争更加激烈，人才的流动更加频繁，如果没有相应的法律约束，将对人才的管理产生不利影响。

（2）道德约束。社会道德形成了对人才的约束，其内容广泛，包括职业道德。高校的职业道德更加体现了职业道德的重要性。高校的教职员工作为高校人才资源的组成人员，是一个重要的特殊社会阶层，更应该有道德的约束。除了社会基本的道德约束之外，师德、校风、教风建设尤为重要。高等学校应该采取一些活动、措施来营造氛围，让那些职业道德高尚、教学水平高、业务能力强的教职员工感到光荣，让那些教学不认真、工作不投入、思想不重视、没有做好育人工作的教职员工没有市场。

（3）社会团体约束。作为自然人的高校人才，必然也会受社会的无形约束。高校的教职员工，大都有自己的生活群体或民间团体组织。这种群体或团体组织往往是既维护自己本阶层的利益，同时也是清理本阶层中的“害群之马”。这种“软组织”有的是行业性的，有的是工作性的；有的是横向的，有的是纵向的。这些组织为了自身的声誉，为了群体或团体的稳定和发展，也会越来越规范，不断加强自我调节、自我约束。

（4）媒体约束。我们历来倡导以正面宣传为主，利用多种形式，尤其多采用新媒体形式，多做凝聚人心的工作，激励人们奋发有为，保持积极进取的精神状态。同样，媒体对那些为非作歹、损害人民利益的人和事，要坚决揭露和批评，公之于众，以此来规范人们的行为，维护安定团结的大局。

三、加强管理，实现严管与厚爱、激励与约束并重

党的十八大以来，高校认真学习贯彻落实习近平同志关于人才工作的重要论述，人才资源理念逐渐深入人心，人才管理水平和人才培养质量实现了质的飞跃。要实现高校人才资源管理的新机制，将人才资源管理的激励与约束机制执行起来、进行下去，必须适应新形势，研究把握规律，建立完善的激励与约束机制，形成以激励为主导的用人机制，调动高校人才资源的积极性，以更大的热情和积极性投入教学科研和社会服务等各项工作中。

1. 必须提高政治站位

要以习近平新时代中国特色社会主义思想为指引，始终坚持围绕中心、服务大局，坚定自觉地贯彻落实习近平同志关于人才工作的重要论述，把人才资源更好地融入学校工作全局，进一步坚定正确政治方向，提升工作的政治价值。

2. 必须坚持以人才培养为中心

高校是培养人的地方，人才队伍建设与管理必须紧紧围绕人才培养这个中心工作来展开，人才的激励与约束机制的研究与设计、组织与实施，必须围绕人才培养来谋划。在人才培养工作中不断提升人才的质量，在促进教学科研和社会服务事业中体现人才的价值，在学生成才和学校事业发展中体现人才的获得感、幸福感、安全感。

3. 必须坚持改革创新

新时代社会给予高校更多的期望，高校的发展也面临着更多的竞争和压力。高校必须以高度的政治自觉、强烈的责任担当、锐利的改革精神，在研究规律、把握规律的基础上，破除一个个体制机制弊端，开动脑筋，解放思想，综合考量，统筹兼顾，形成人人是人才、人人发挥作用的体制机制，保持事业发展的蓬勃活力。

4. 必须提升服务能力

人才资源管理不只是干部人事部门的工作，更是一项系统工程。要形成一种氛围，一种重视人才、注重人才资源的气氛。人才资源管理的政策在学校的政策制定部门，但人才个体的管理与使用，是在学校的教学科研行政等各个部门。每个单位都要重视和谐氛围的形成，提升服务能力，创造有利于人才潜力开发和能力发挥的良好环境。

5. 必须强化底线思维

在经济领域风险向社会领域传导趋势明显加大的情况下，高校也不是一片净土，也会受到影响。高校的人才必须强化底线思维，始终从严要求，提升思想境界，坚持正确方向，积极推进教育事业健康发展，为培养人才发挥聪明才智。

山东省制造业人才评价指标体系与监测研究*

崔 霞 于 洁 赵蒙恩**

摘 要 制造业是实体经济的主体，也是新旧动能转换的主战场。而人才是发展先进制造业的主动力，充分发挥人才在制造业转型升级过程中的引领作用至关重要。因此，为对山东省制造业人才作出评价并发现其中存在的问题，本文构建了山东省制造业人才综合评价指标体系和基于DEA模型的人才开发评价指标体系，选取2012～2017年统计年鉴中的数据，对山东省制造业人才进行评价。

关键词 制造业 人才评价指标体系 综合评价 DEA 监测

2017年4月，李克强总理在山东考察时，对山东省加快新旧动能转换提出了要求。2017年6月13～17日，山东省召开第十一次党代会，明确提出要“把加快新旧动能转换作为统领经济发展的重大工程”，并强调要再创传统产业新辉煌。大力发展智能制造、绿色制造、服务型制造，实施工业强基工程，支持企业开展高水平技术改造，提高劳动生产率和全要素生产率，加快建设制造业强省。

制造业是实体经济的主体，也是新旧动能转换的主战场。美国于2012年率先实施“先进制造业国家战略计划”，重点发展新信息技术、生物产业、绿色能源等高新技术产业。① 德国政府于2013年正式出台“工业4.0”战略，借助信息物理系统实现信息网络技术，大力发展智能制造。日本先后提出5轮经济振兴政策，并于2013年实施“再兴”战略，将产业再兴战略列为三大重点发展战略之一。② 印度政府出台“制造业国家”战略，成立“信息物理系统创新中心”，以其计算机和软件领域的优势带动其他相

---

* **基金项目**：本文系2019年度山东省高等教育人才研究会课题“山东省制造业人才评价指标体系与监测研究”（RK19-2）结项成果。

** **作者简介**：崔霞（1966～ ），山东济南人，山东财经大学教授、副处长，研究方向为人力资源开发与管理、战略管理、绩效与薪酬管理等；于洁（1993～ ），山东临沂人，山东省临沂市河东区太平街道宣传干事，研究方向为人力资源管理；赵蒙恩（1991～ ），山东潍坊人，山东国赢国企混改研究院研究员，研究方向为人力资源管理。

① 参见胡斌武、陈朝阳、吴杰：《“中国制造2025”与现代职业教育发展路径探索》，《山西大学学报》（哲学社会科学版）2016年第3期。

② 参见丁纯、李君扬：《德国“工业4.0”：内容、动因与前景及其启示》，《德国研究》2014年第4期。

关产业的发展。[①] 俄罗斯提出并实施了“创新国家”战略，积极转变经济增长方式。[②] 同时，中国制造业的发展也迎来了技术环境变化的重大战略机遇。随着新一代信息网络技术与生产制造的融合发展，通过智能制造、动态定价、价值分享等方式，可以实现信息、资源与人员的优化配置，从而形成一种全新的生产、管理和营销模式。[③] 当前，中国的工业发展正面临着结构失衡、产能过剩和产品质量效益低下等突出问题，亟须进行结构调整和转型升级。在这种形势下，信息网络技术与生产制造的融合发展为中国制造企业的转型升级指明了方向，为企业的跨界突破和自主创新提供了机会。[④] 为了更好地迎接发达国家和发展中国家制造业双重挤压的挑战，同时积极顺应新一轮全球产业技术革命的发展趋势，中国提出了“中国制造 2025”战略。

从山东省的实际看，目前在产业规模上山东已经成为国内重要的制造业基地，但就生产力水平来说，还远不是先进制造业基地，与先进省市的差距还很大，与现代工业国家的差距更大，特别是信息化步子不快、科技含量不高、可持续发展能力不强。必须加快发展高新技术产业，特别是培育高技术产业，促进产业结构优化升级，实现制造业的跨越式发展。

发展先进制造业，人才是关键，因此必须牢固树立“人才是第一资源”的观念，加强人力资源开发工作。2016 年 12 月，教育部、人社部等部门联合发布《制造业人才发展规划指南》，目的是进一步提高制造业人才队伍素质以贯彻落实“中国制造 2025”，为实现制造强国的战略目标提供人才保证。其中，着重强调了专业技术人才、技术技能人才及经营管理人才三支人才队伍的建设，这三类人才构成了制造业人才队伍的主力军。因此，本文拟从山东省制造业发展的角度出发，建立涵盖三类人才的衡量山东制造业人才评价指标体系，应用统计年鉴数据，对目前山东省制造业人才进行评价；同时发现问题，提出对策建议，为新旧动能转换，制造业人才引进、培养等政策的制定提供技术支持，为政府主管部门、公共服务机构等提供决策参考。

一、制造业人才评价指标体系的构建

（一）初始指标体系的构建

基于以往研究中构建的人才评价指标体系，构建了山东省制造业人才评价指标体系，重点从人才投入、人才产出、人才环境、人才培养四个方面着手对山东省制造业人才的整体状况进行综合评价。在充分考虑了要评价的专业技术人才、技术技能人才

① 参见罗文：《德国“工业 4.0”战略对我国推进工业转型升级的启示》，《工业经济论坛》2014 年第 6 期。

② 参见韩爽、徐坡岭：《“俄罗斯创新国家战略与政策”学术研讨会综述》，《俄罗斯东欧中亚研究》2013 年第 6 期。

③ 参见黄顺魁：《制造业转型升级：德国“工业 4.0”的启示》，《学习与实践》2015 年第 1 期。

④ 参见钟耕深：《战略转型与制造业升级——第九届中国战略管理学者论坛综述》，《经济管理》2016 年第12期。

和经营管理人才三类制造业人才的特点后，初步选取32项指标作为人才评价指标体系的基础指标（见表1）。指标体系中选取了部分指数指标，相对于单一指标，指数指标能体现更为丰富的内容，且能反映结构特征。

表1　山东省制造业人才综合评价指标体系（初始）

一级指标	二级指标	三级指标
人才投入	基础规模	制造业全部从业人员年平均数
		制造业R&D人员
		制造业R&D人员占制造业从业人员比例
	质量结构	制造业R&D人员中硕士及以上学历所占比例
		制造企业经营管理人才中大学本科及以上学历人员比例
		制造业技术技能人才占技能劳动者比重
		制造业人才基本素质与能力
	资金投入	制造企业R&D经费内部支出占主营业务收入比重
		制造业城镇单位就业人员平均工资
人才产出	科技创新	制造业R&D人员人均有效发明专利数
		制造业技术创新投入产出系数
		制造业新产品产值率
		制造业新产品销售收入占比
	经济效益	制造业就业人员劳动生产率
		制造业总产值占工业总产值的比重
		制造业产品销售率
		制造业就业人员人均利润率
人才环境	创新环境	有R&D活动单位个数
	经济环境	地区城镇居民人均可支配收入
		地区居民人均消费水平
	生活环境	房价水平
		人均绿化面积
		医疗状况
		交通便利程度

续表

一级指标	二级指标	三级指标
人才环境	制度环境	引进人才政策
		扶持企业家政策
		政府引进人才投入
人才培养	教育	财政预算内教育经费
		普通高等学校数
		学科建设
	培训	制造企业培训投入
		制造企业年培训人数占从业人数的比重

人才投入反映对制造业人才数量、质量和资金的投入，包括基础规模、质量结构和资金投入三个方面，是制造业发展的基础与转型升级的动力。基础规模用制造业全部从业人员年平均数、制造业R&D人员、制造业R&D人员占制造业从业人员比例3个衡量指标，用R&D人员的相关指标代替第一类专业技术人才相关指标。质量结构用制造业R&D人员中硕士及以上学历所占比例、制造企业经营管理人才中大学本科及以上学历人员比例、制造业技术技能人才占技能劳动者比重、制造业人才基本素质与能力4个衡量指标，兼顾定性指标与定量指标。资金投入用制造企业R&D经费内部支出占主营业务收入比重、制造业城镇单位就业人员平均工资两个衡量指标，反映企业的研发投入强度与制造业从业人员的工资水平。

人才产出反映制造业人才投入的成果产出，包括科技创新和经济效益两个方面。科技创新用制造业R&D人员人均有效发明专利数、制造业技术创新投入产出系数、制造业新产品产值率、制造业新产品销售收入占比4个衡量指标。前两个指标侧重对专业技术人才的评价，第三指标侧重对专业技术人才和技术技能人才的评价，第四个指标侧重对经营管理人才的评价。经济效益用制造业就业人员劳动生产率、制造业总产值占工业总产值的比重、制造业产品销售率、制造业就业人员人均利润率4个衡量指标，反映制造业的产出效率、发展程度、产品销售状况和利润水平。

人才环境反映地区为制造业人才工作与生活提供的环境，在一定程度上代表地区对制造业人才的吸引力。[①] 选取有R&D活动单位个数反映地区创新环境，选取地区城镇居民人均可支配收入、地区居民人均消费水平反映经济环境，选取房价水平、人均绿化面积、医疗状况、交通便利程度反映生活环境，选取引进人才政策、扶持企业家

① 参见周文鹏、王志玲、蓝洁：《城市科技创新人才指数研究——基于青岛的实证分析》，《科技与经济》2017年第5期。

政策、政府引进人才投入反映制度环境。

人才培养反映制造业人才未来的发展潜力，保留教育和培训两个方面。选取财政预算内教育经费、普通高等学校数和学科建设 3 个指标反映教育状况，选取制造企业培训投入、制造企业年培训人数占从业人数的比重两个指标反映培训情况。

（二）人才评价指标体系的确定

1. 指标确定

根据初步构建的指标体系，考虑数据的可获得性与取样的便利性，删除制造业人才基本素质与能力、交通便利程度、引进人才政策、扶持企业家政策、政府引进、人才投入、学科建设、制造企业培训投入、制造企业年培训人数占从业人数的比重 9 个三级指标。同时，将部分统计年鉴等资料中不可获取数据的指标进行替换，如将“制作企业 R&D 人员人均有效发明专利数”替换为“规模以上工业企业 R&D 人员人均有效发明专利数”，用规模以上工业企业的数据近似代替制作业数据。最终的指标体系中包含的指标如表 2 所示，后文的评价分析拟在该指标体系的基础上进行。

2. 权重确定

本文采用熵权法确定指标权重。熵权法是一种客观的权重确定方法，通过指标熵值提供信息量的大小确定指标的相对重要程度，进而确定指标权重。熵权法赋权有以下优点：一方面，相比专家评分法、层次分析法等主观赋权方法，熵权法可以避免各种人为主观因素的干扰，使得评价结果更为客观地反映实际情况；另一方面，熵权法计算的熵值能客观地反映指标所含信息量的大小，验证指标体系的信度，即对原始信息的反映程度。①

运用熵权法确定指标权重的具体过程如下：

（1）指标标准化

设 r_{ij} 是第 j 个评价指标第 i 年标准化处理之后的值，V_{ij} 是第 j 个评价指标第 i 年的值，m 为评价指标个数，n 为观测期年数，则

$$r_{ij}=\frac{V_{ij}-\min\limits_{1\leqslant j\leqslant n}(V_{ij})}{\max\limits_{1\leqslant j\leqslant n}(V_{ij})-\min\limits_{1\leqslant j\leqslant n}(V_{ij})}\quad(i=1,2,\cdots,n;j=1,2,\cdots,m)\tag{1}$$

（2）计算各指标熵值

设 e_j 为 j 个指标的熵值，则根据以下式(2)可计算出熵值 e_j：

$$e_j=-k\sum_{i=1}^{n}p_{ij}\ln p_{ij}\tag{2}$$

式中，$p_{ij}=\dfrac{r_{ij}}{\sum\limits_{i=1}^{n}r_{ij}}$，$k=\dfrac{1}{\ln n}$（假定：当 $p_{ij}=0$ 时，$p_{ij}\ln p_{ij}=0$）

① 参见章穗、张梅、迟国泰：《基于熵权法的科学技术评价模型及其实证研究》，《管理学报》2010 年第 1 期。

（3）计算各指标熵权

设 w_i 为第 i 个评价指标的熵权，则根据以下式(3) 可以计算出熵权 w_i：

$$W_j = \frac{1 - e_j}{m - \sum_{j=1}^{n} e_j} \quad (j = 1,2,\cdots,m) \tag{3}$$

本文选取 2012～2017 年《山东省统计年鉴》的数据进行指标权重的计算，其中的相对指标通过年鉴中的原始数据计算得来。将相应数据代入公式（1）（2）（3），可得各三级指标熵权，由三级指标熵权可计算得到二级指标与一级指标熵权。结果如表 2 所示：

表 2　　山东省制造业人才综合评价指标体系

一级指标	二级指标	三级指标	指标解释	权重	
人才投入	基础规模	制造业全部从业人员年平均数（人）	报告期企业平均实际拥有的、参与本企业生产经营活动的人员数	0.0265	0.2669
		制造业 R&D 人员（人）	全时人员数加非全时人员按工作量折算为全时人员数的总和	0.0353	
		制造业 R&D 人员占制造业从业人员比例（%）	R&D 人员/全部从业人员年平均数	0.0514	
	质量结构	制造业 R&D 人员中硕士及以上学历所占比例（%）	硕士或博士学历的 R&D 人员数量/R&D 人员数量	0.0551	
	资金投入	规模以上制造企业 R&D 经费内部支出占主营业务收入比重（%）	调查单位用于内部开展 R&D 活动（基础研究、应用研究和试验发展）的实际支出占主营业务收入的比重	0.0607	
		制造业城镇单位就业人员平均工资（元/人）	报告期支付的城镇单位全部职工工资总额/全部从业人员年平均数	0.0381	
人才产出	科技创新	规模以上工业企业 R&D 人员人均有效发明专利数（件/人）	调查单位作为专利权人在报告年度拥有的、经国内外知识产权行政部门授权且在有效期内的发明专利件数，与制造业 R&D 人员全时当量的比值	0.0603	0.3984
		规模以上制造业新产品产值率（%）	新产品产值/总产值（技术技能人才）	0.0484	
		规模以上制造业企业技术创新投入产出系数（%）	新产品产值/开发经费（专业技术人才）	0.0589	

续表

一级指标	二级指标	三级指标	指标解释	权重	
人才产出	科技创新	规模以上制造业新产品销售收入占比（%）	新产品销售收入/制造业销售收入（经营管理人才）	0.0449	0.3984
	经济效益	制造业就业人员劳动生产率（万元/人）	制造业总产值/制造业就业人员数	0.0349	
		规模以上制造业企业增加值占规模以上工业企业增加值的比重（%）	制造业总产值/工业总产值	0.0547	
		制造业产品销售率（%）	制造业企业产品销售收入/制造业总产值	0.0473	
		制造业就业人员人均利润率（万元/人）	制造企业利润总额/全部从业人员年平均数	0.0489	
人才环境	创新环境	有R&D活动单位个数（个）		0.0522	0.2554
	经济环境	地区城镇居民人均可支配收入（元/人）		0.0488	
		地区居民人均消费水平（元/人）		0.0493	
	生活环境	房价水平（元/平方米）	房地产开发企业商品房平均销售价格	0.0414	
		人均绿化面积（平方米/人）	城市人均公园绿地面积	0.0353	
		医疗状况（人/千人）	单位人口拥有卫生技术人员数	0.0284	
人才培养	教育	财政预算内教育经费（万元）	包括教育事业拨款、科研经费拨款、基建拨款和其他经费拨款	0.0318	0.0793
		普通高等学校数（所）	包括实施高等教育的全日制大学、独立设置的学院和高等专科学校、高等职业学校和其他机构	0.0475	

二、山东省制造业人才的评价

设 P_i 为第 i 个系统的综合评价得分，根据线性加权综合评价公式，则制造业人才综合评价得分可根据以下公式计算：

$$P_i = \sum_{j-1}^{n} p_{ij} w_j \tag{4}$$

式中，r_{ij} 为评价指标标准化得分，w_j 为第 j 个评价指标的权重。

表 3　各指标的综合评价得分和熵值的计算结果

一级指标	三级指标	三级指标得分						熵值
		2012 年	2013 年	2014 年	2015 年	2016 年	2017 年	
人才投入	1	0.0205	0.0265	0.0241	0.0221	0.0140	0.0000	0.8867
	2	0.0000	0.0098	0.0164	0.0215	0.0314	0.0353	0.8488
	3	0.0000	0.0059	0.0137	0.0199	0.0354	0.0514	0.7801
	4	0.0000	0.0040	0.0162	0.0222	0.0442	0.0551	0.7643
	5	0.0000	0.0059	0.0098	0.0203	0.0287	0.0607	0.7404
	6	0.0000	0.0081	0.0161	0.0217	0.0286	0.0381	0.8370
人才产出	7	0.0000	0.0024	0.0149	0.0251	0.0429	0.0603	0.7421
	8	0.0179	0.0138	0.0099	0.0000	0.0140	0.0484	0.7928
	9	0.0589	0.0191	0.0000	0.0139	0.0079	0.0140	0.7479
	10	0.0192	0.0170	0.0082	0.0000	0.0148	0.0449	0.8078
	11	0.0000	0.0088	0.0198	0.0252	0.0349	0.0327	0.8504
	12	0.0000	0.0069	0.0085	0.0374	0.0547	0.0463	0.7656
	13	0.0244	0.0189	0.0191	0.0000	0.0051	0.0473	0.7973
	14	0.0000	0.0104	0.0127	0.0140	0.0489	0.0186	0.7908
人才环境	15	0.0000	0.0052	0.0131	0.0234	0.0357	0.0522	0.7767
	16	0.0000	0.0050	0.0153	0.0256	0.0365	0.0488	0.7912
	17	0.0000	0.0061	0.0152	0.0208	0.0401	0.0493	0.7888
	18	0.0000	0.0076	0.0147	0.0212	0.0291	0.0414	0.8226
	19	0.0000	0.0101	0.0167	0.0227	0.0353	0.0337	0.8489
	20	0.0000	0.0149	0.0141	0.0167	0.0197	0.0284	0.8784
人才培养	21	0.0000	0.0106	0.0177	0.0247	0.0283	0.0318	0.8638
	22	0.0000	0.0072	0.0123	0.0311	0.0422	0.0475	0.7968

注：计算所用原始数据来自 2012～2017 年《山东省统计年鉴》。

在表 3 的基础上，计算山东省制造业人才评价指标体系各一级指标得分和综合评价得分，如表 4 所示。以各年份为横坐标，各指标得分为纵坐标，将表 4 的评价得分情况绘制成折线图（见图 1）。

表 4　　山东省制造业人才各层次指标和综合评价得分

年份	人才投入	人才产出	人才环境	人才培养	综合评价
2012	0.0205	0.1204	0.0000	0.0000	0.1410
2013	0.0602	0.0973	0.0489	0.0178	0.2242
2014	0.0963	0.0929	0.0892	0.0299	0.3083
2015	0.1276	0.1156	0.1305	0.0558	0.4295
2016	0.1822	0.2234	0.1964	0.0705	0.6725
2017	0.2405	0.3125	0.2538	0.0793	0.8861

注：计算所用原始数据来自 2012～2017 年《山东省统计年鉴》。

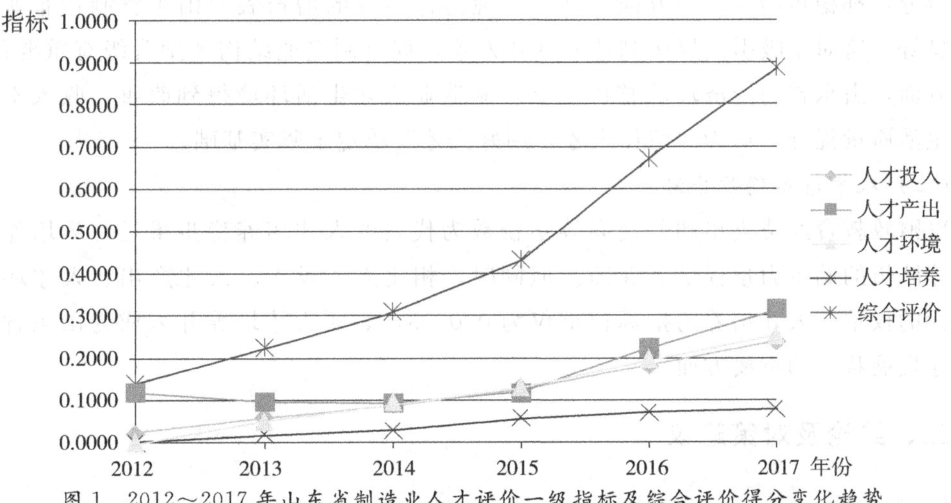

图 1　2012～2017 年山东省制造业人才评价一级指标及综合评价得分变化趋势

注：此图数据来自表 4 计算结果。

由表 4 和图 1 可看出，2012～2017 年，山东省制造业人才整体状况呈趋势上升状况。其中，2012～2014 年呈直线上升趋势，自 2015 年开始曲线斜率增大，整体发展态势更好。同时，制造业人才产出对制造业人才整体状况影响较大，2012～2014 年，人才产出呈小幅下降趋势。自 2015 年起，随着人才产出的增加，综合评价得分也开始呈大幅度上升趋势。另外，结合表 3 列示的各指标得分和熵值，可得到以下分析结果：

（一）人才投入产出效率低

由表 4 和图 1 可知，2012～2017 年，山东省制造业的人才投入得分呈稳步上升趋势，但对应的人才产出得分在2014年略有下降，且部分年份（2014年和2015年）人才产出指标的得分都低于人才投入指标。这表明，整体而言，山东省制造业人才投入转换为人才产出的效率低，且不稳定。

对应到表3所示的三级指标得分，除三级指标（1）（制造业全部从业人员年平均数）从2014年起呈下降趋势外，其余指标得分均呈上升趋势。制造业从业人员的减少可能是由于经济转型引起的从业由第一、第二产业向第三产业转型引起的，因此人才投入的基础规模、质量结构和资金投入均呈增长态势。而观察表3的人才产出的三级指标得分，除（7）人均有效发明专利数和（11）劳动生产率外，均有波动，这反映出山东省制造业人才产出的不稳定性，专利的发明并没有带来产值的稳步增长。具体而言，新产品产值率、技术创新投入产出系数、新产品销售收入占比、产品销售率三个指标的评得分整体上呈先下降后上升趋势，制造业增加值占规模以上工业企业增加值的比重、就业人员人均利润率两个指标的得分仅在2017年有所下降。

（二）人才环境持续优化

无论是人才环境的整体得分，还是衡量创新环境、经济环境、生活环境的各三级指标得分，都稳步增长。一方面，创新环境指标得分的增长表明山东省制造企业创新氛围良好，这对于吸引高层次制造业创新人才，促进制造业结构转型升级有重要作用；另一方面，山东省的经济环境整体向好，制造业人才生活环境得到改善，收入不断增加，生活质量提升，这为“留住人才，用好人才”奠定了坚实基础。

（三）人才培养稳步推进

以财政教育经费支出和普通高等学校数为代表的人才培养稳步推进，为培养制造业人才队伍的储备力量提供了保障。但同时，相比人才投入、人才产出、人才环境三个指标的权重，人才培养的指标权重仅为0.0793，表明人才培养并未成为山东省制造业人才发展状况的重要方面。

三、结论及对策建议

（一）结论

本文通过构建指标体系，对山东省制造业人才进行综合评价。综合评价的指标体系涵盖对专业技术人才、技术技能人才和经营管理人才的评价，包括人才投入、人才产出、人才环境、人才培养四个方面，人才投入衡量山东省制造业人才投入的规模、质量和资金，人才产出衡量创新产出和经济产出，人才环境通过创新环境、经济环境、生活环境三个方面评价山东省对制造业人才的吸引力，人才培养通过教育和培训两个方面评价制造业人才未来的成长与发展潜力。结果表明，山东省制造业人才投入产出效率低，且产出不稳定，但目前人才环境与人才培养状况为山东省制造业的发展提供了较好的留住人才与吸引人才的条件。

（二）对策建议

1. 学习先进经验

通过对山东省制造业人才开发效率的评价，可以发现山东省与其他省（市、区）的差距，进而有针对性地学习其他省（市、自治区）制造业人才开发方式与手段，参考其他省市的人才引进政策，制定适宜山东省制造业发展需要的人才政策。

2. 发挥人才作用，提高开发效率

综合评价结果表明，山东省制造业人才投入产出效率低，人才开发评价结果中的规模效率递减趋势凸显了总体人才投入冗余问题。这表明下一步的人才投入不仅需要在数量上合理投入，而且还需要在质量与结构上合理配置，需要更多的高端人才来带动山东制造业的创新型发展，真正发挥专业技术人才、技术技能人才和经营管理人才对制造业发展的实质作用，同时相关经费的投入也要注意合理配置与管理。

3. 发挥人才培养的作用

除通过制定政策和提高地区竞争力来引进人才、留住人才外，还需要发挥人才培养在开发人才潜力方面的关键作用。政府教育经费的投入和高等院校建设等的教育投入可以为制造业未来的发展培养储备人才，下一步要重点发展培养制造业人才重点的重点学科专业，鼓励院校做好相关学科规划，根据行业人才需求状况设置招生数量。

4. 进一步实地调研了解人才现状

因统计年鉴中数据的可获得性问题，从初步构建的综合评价指标体系中剔除了部分指标，未来有必要进一步实地调研，通过访谈和问卷等形式收集一手数据，对山东省制造业人才进行更为全面与准确的综合评价。另外，对规模效率无效造成的制造业人才开发总体无效问题，也需要通过进一步的实地调研深入探究原因。

教育人才

高等教育人才身心健康问题及对策研究

王怡红　朱　莉　袁梦秋*

摘　要　正在发生的新冠肺炎疫情牵动全球。这场全球抗“疫”大战，不仅需要各级人民政府、卫生行政部门、医疗机构全力投入防治，而且还需要每一个公民做好自我防护。疫情防护对公众的健康素养提出了要求。高等教育人才肩负着培养高层次人才的重任，是国家宝贵的财富之一。当下，高等教育人才的压力来自教学、科研、家庭，并越来越大，虽然高校教职工有参与身体锻炼与身心健康活动的欲望，但是担负的各种压力与时间因素导致了他们实际参与较少。全体教师体质状况令人担忧，95%以上教师身体处于亚健康状态，因工作压力和精神压力而患有脑血栓、高血压、心脏病、高血糖等疾病的越来越多，而且呈现出高学历、年轻化的特点。调查发现，高等教育人才是我国体育人口的低频区，高等教育人才的健康观与体育锻炼状况不容忽视，知识分子英年早逝的现象愈演愈烈，已给山东省高校带来了不可弥补的损失。本文运用文献研究法、个案研究和案例分析方法、问卷调查法获取该研究的大样本，利用“问卷星”官网对获取的样本进行信效度检验、分析、统计及总结，发现存在的问题，并提出有针对性的建议对策。

关键词　高等教育人才　身心健康　调研报告

一、前期研究综述

（一）高等教育人才

我们认为，高等教育人才是指在高校从事教育工作的人。本课题借鉴教育部相关规定，将高等教育人才定位为在高校中主要担任教学和科研工作，或兼任部分行政职务的专业教职人员。

随着山东省高等教育不断改革，社会、学校、学生、家长对高等教育人才的要求不断攀高，高等教育人才工作强度的持续加码，教师压力也越来越大。教学、科研、

* **作者简介**：王怡红（1963～　），山东潍坊人，山东青年政治学院教授、山东省高等教育人才研究会女性人才专委会副理事长；朱莉（1988～　），女，山东齐河人，山东青年政治学院工会研究员，研究方向为多媒体设计；袁梦秋（1987～　），女，山东济南人，山东外贸职业学院讲师，研究方向为高等职业教育。

行政管理工作、辅导员、班主任、各种社会工作，基层挂职锻炼等各种工作压得教师们难以喘息。各高校要求教师学历层次的提升和专业技术职务的晋升，日益激烈的竞争，使高等教育人才在繁重工作的同时必须花时间获取博士学位和发表科研成果。此外，很多教师还面临着房贷、车贷、结婚、生子、赡养父母等生活压力。伴随着超负荷的工作和心理压力，绝大部分高等教育人才出现了身体透支、焦虑症、强迫症等问题，高等教育人才的健康受到日益严重的威胁。高等教育人才身体健康素质偏低成为制约高校发展的重要问题之一。

（二）高等教育人才身心健康研究综述

通过文献梳理，从已有的研究成果看，国内对大学教师的研究主要围绕着大学教师身体与心理健康、职业病与形成原因、过度劳动、职业危机感和体育生活等方面开展。

大学教师身体和心理健康问题研究主要是从医学和心理学的角度进行分析，朱丽等人在研究中发现，高等教育人才亚健康危险年龄段是在30～40岁；亚健康状态的危险因素包括工作心情不愉快、工作时间较长、缺乏适量的体育运动。沈绮云提出大学教师职业压力源包括七个维度：评价与考核、教学与管理、学术科研、晋升、个人发展、人际关系和社会影响。

有医学学者研究认为，人的生命周期大致可分为四个阶段。第一阶段：0～35周岁：人生的最活跃期，身体的组织器官从开始发育至完善，其各方面功能总的趋势是积极上升的，所以称健康期。第二阶段：36～45周岁：人的生理功能从峰顶开始下滑，部分器官开始衰退，比如动脉硬化开始形成、糖尿病症状开始显现等，所以有人称这一时期为疾病的形成期。第三阶段：46～55周岁：生命的高危期，大多数疾病在此阶段暴发，有的甚至危及生命，尤其是冠心病、糖尿病、癌症等多在此期高发。一些英年早逝的悲剧大多发生在46～55周岁这个年龄段，故有专家称之为人生旅途中的“沼泽地”。这段时间的人大概有8种容易出现的疾病，且一般是慢性的，可见大学教师在45周岁后，或者一般是在评上副教授后面临着生命高危期。第四阶段：56～65周岁：安全过渡期。65岁以后如果没有明显器质性改变，反倒是进入相对安全期。

（三）国内外关于身心健康的概念界定及影响因素

健康的含义随着社会的发展和人们认识的提高而逐步加深。1984年，世界卫生组织（WHO）在其宪章中提出了健康的新概念，认为“健康不仅仅是没有疾病和虚弱现象，而是一种躯体、心理和社会适应三方面的完好状态”。20世纪70年代中期，这一观点逐渐被人们广泛接受，这就是现代意义的健康观，或称为积极健康观。该定义不仅从生理学，而且还从心理学和社会学上界定了健康的含义，包括三方面内容：躯体健康、心理健康、社会适应良好。躯体健康是指人体各器官系统结构完好、功能正常，调节机制良好，并能维持与外界环境的协调平衡，精力充沛，有良好的劳动效能状态。黄吉武在《预防医学》一书中提出，心理健康是指人们与社会环境之间保持着良好的协调和平衡，是指一个人内心世界丰富充实与和谐安静的状态，要求个体正确认识自己、正确认识环境，并及时调整自己以适应环境的变化。[①] 宋晓东在《中科院知识分子的锻炼行为及其干预策略》一文中提到，健康是基本人权，达到尽可能的健康水平，是世界范围内的一项最重要的社会性指标，正如古希腊哲学家赫拉克利特说的："如果无健康，智慧就不能实现，文化无以实施，力量不能战斗，财富变成废物，知识无法利用。"可见，健康对于个人与社会的作用和价值。[②]

二、实证分析

（一）样本人员基本情况抽样统计

本课题利用"问卷星"问卷样本对教师职业病、生理疾病、职业紧张与焦虑度等心理不健康程度以及过度劳动和教师身心健康状况之间的内在关系进行广泛调研。2020 年 6～9 月，对山东省 14 所大学的一线教师随机抽查，采取完全匿名的形式调研，参加调研共 1000 人，具体性别和年龄分布可参见表 1、表 2。

表 1　　参与调研教师男女比例

	小计（人）	比例（%）
男	422	42.2
女	574	57.4
（空）	4	0.4
本题有效填写人数	1000	

表 2　　参与调研教师年龄构成

	小计（人）	比例（%）
25 岁及以下	5	0.5
26～30 岁	66	6.6
31～45 岁	587	58.7
46～50 岁	121	12.1
51～55 岁	129	12.9
56～60 岁	83	8.3
61 岁及以上	7	0.7
（空）	2	0.2
本题有效填写人数	1000	

---

① 参见黄吉武：《预防医学》，人民卫生出版社 2004 年版，第 98 页。

② 参见宋晓东：《中科院知识分子的锻炼行为及其干预策略》，北京体育大学博士学位论文，2000 年。

调研显示，随机问卷中青年教师参加问卷人数最多，31～50 岁教师占了 70.8%，他们是教学科研管理的主力军和骨干力量，也是最值得关注的人群。

从职称结构来看，参与调研的中级、副高级职称人员共计 760 人，占比 76%。从问卷中可以看出，高级职称有 133 人，只占 13.3%。这说明高职称、高收入教师在高校的比例较低。48.9%的教师职称为助教与讲师，收入水平较低，社会地位也较低，生活满意度较低（见表 3）。

表 3　参与调研教师职称情况

	小计（人）	比例（%）
初级	93	9.3
中级	396	39.6
副高级	364	36.4
高级	133	13.3
（空）	14	1.4
本题有效填写人数	1000	

表 4　参与调研教师任现职情况

	小计（人）	比例（%）
1～5 年	278	27.8
6～10 年	194	19.4
11～15 年	208	20.8
16～20 年	123	12.3
21 年及以上	195	19.5
（空）	2	0.2
本题有效填写人数	1000	

表 5　参与调研教师最终学历

	小计（人）	比例（%）
博士	340	34.0
硕士	448	44.8
本科	193	19.3
专科及以下	16	1.6
（空）	3	0.3
本题有效填写人数	1000	

表 6　　参与调研教师任现职（学术职称或者行政职务）年限

	小计（人）	比例（%）
3年之内	311	31.1
5年之内	175	17.5
10年之内	220	22.0
15年之内	200	20.0
20年以上	70	7.0
30年以内	20	2.0
(空)	4	0.4
本题有效填写人数	1000	

（二）山东省高等教育人才身心健康现状分析

表7至表27是14所大学1000名教师抽样调查教师体检生理指标等情况统计。

表 7　　高等教育人才参加体检情况

	小计（人）	比例（%）
1年	921	92.1
2年	53	5.3
3年	12	1.2
从不参加体检	10	1.0
(空)	4	0.4
本题有效填写人数	1000	

表 8　　高等教育人才患职业病情况

	小计（人）	比例（%）
1. 颈椎疾病	672	67.2
2. 腰椎疾病	423	42.3
3. 胃病	233	23.3
4. 慢性咽炎	482	48.2
5. 下肢静脉曲张	160	16.0
6. 痔疮	227	22.7
7. 视力疲劳综合征	530	53.0
8. 高度近视眼	199	19.9
9. 其他疾病，请列举	41	4.1
(空)	10	1.0
本题有效填写人数	1000	

表 9　　教师生理指标不正常情况

	小计（人）	比例（%）
1. 血压	220	22.0
2. 血糖	97	9.7
3. 血脂	319	31.9
4. 血尿酸	116	11.6
5. 其他	468	46.8
(空)	49	4.9
本题有效填写人数	1000	

表 10　　教师患有各种疾病情况

	小计（人）	比例（%）
1. 心脏病	35	3.5
2. 心律失常	98	9.8
3. 冠心病	18	1.8
4. 甲亢	25	2.5
5. 青光眼	6	0.6
6. 近视眼	598	59.8
7. 听力障碍	35	3.5
8. 老花眼	195	19.5
9. 骨质疏松	133	13.3
10. 胃炎	205	20.5
11. 焦虑症	275	27.5
12. 强迫症	173	17.3
13. 甲状腺结节	310	31.0
14. 肺结节	56	5.6
15. 其他	160	16.0
(空)	18	1.8
本题有效填写人数	1000	

表 11　　造成身体不健康的原因有哪些？

	小计（人）	比例（%）
1. 过度用嗓，长期站立	465	46.5
2. 频繁使用光电产品	456	45.6

续表

	小计（人）	比例（%）
3. 久坐不动，长期在空调环境中	516	51.6
4. 常熬夜，以浓茶或咖啡提神	325	32.5
5. 三餐饮食不规律，结构不合理	177	17.7
6. 忙，没时间理会小毛病	352	35.2
7. 缺乏体育锻炼	591	59.1
8. 超负荷的工作压力	328	32.8
9. 没有体育爱好	107	10.7
10. 写论文，搞成果，职称晋升非常难	412	41.2
11. 心理不健康，经常有消极心理状态	128	12.8
12. 有时负面情绪较多	267	26.7
13. 失眠障碍，休息不好	251	25.1
14. 其他	53	5.3
(空)	12	1.2
本题有效填写人数	1000	

表 12　　您采取哪种方式缓解自己身体的不适？

	小计（人）	比例（%）
1. 自行购药	323	32.3
2. 服用保健品	101	10.1
3. 进行体育锻炼	534	53.4
4. 食疗等调理	233	23.3
5. 推拿、理疗等物理治疗	287	28.7
6. 休息	614	61.4
7. 严重时去医院就诊	372	37.2
8. 其他	51	5.1
(空)	11	1.1
本题有效填写人数	1000	

表 13　　教师的躯体症状情况

	小计（人）	比例（%）
1. 经常感到疲倦，食欲不振	471	47.1
2. 经常头痛、胸闷	181	18.1

续表

	小计（人）	比例（%）
3. 经常失眠、背痛	255	25.5
4. 经常头晕，出虚汗	205	20.5
5. 经常不吃早餐，三餐不及时，饮食不规律	150	15.0
6. 经常注意力不集中，记忆力减退	570	57.0
7. 经常心情抑郁、焦虑和紧张恐惧	340	34.0
（空）	25	2.5
本题有效填写人数	1000	

表 14　　教师愿意参加职业病的健康讲座培训

	小计（人）	比例（%）
1. 不愿意，没有时间	114	11.4
2. 一般	313	31.3
3. 非常愿意	223	22.3
4. 有适合自己身体状况的就参加	331	33.1
5. 不重要，与我无关	10	1.0
（空）	9	0.9
本题有效填写人数	1000	

表 15　　教师注重自己的健康管理，定期向医生咨询情况

	小计（人）	比例（%）
1. 从来不咨询	213	21.3
2. 有时会	405	40.5
3. 偶尔	279	27.9
4. 经常	29	2.9
5. 没有条件	66	6.6
（空）	8	0.8
本题有效填写人数	1000	

表 16　　您的心理健康状况

	小计（人）	比例（%）
1. 经常不快乐，心情不好	192	19.2
2. 经常自我感觉很郁闷	293	29.3

续表

	小计（人）	比例（%）
3. 频繁感到烦躁	257	25.7
4. 经常出现社会功能障碍	100	10.0
5. 睡觉休息总做梦上课迟到	176	17.6
6. 好发脾气，有时暴躁	411	41.1
7. 有时抑郁，感觉没有意义	277	27.7
8. 总是焦虑，总是有失败感	222	22.2
(空)	41	4.1
本题有效填写人数	1000	

表 17　　工作业余时间，教师个人爱好情况

	小计（人）	比例（%）
1. 健身	351	35.1
2. 旅游	332	33.2
3. 音乐	417	41.7
4. 收藏	47	4.7
5. 摄影	74	7.4
6. 篮球、羽毛球、跑步、网球、游泳	261	26.1
7. 看电影	388	38.8
8. 插花	50	5.0
9. 书法	82	8.2
(空)	11	1.1
本题有效填写人数	1000	

表 18　　教师经常带病上课，上班情况

	小计（人）	比例（%）
1. 经常有，没办法	261	26.1
2. 偶尔有，不常有	668	66.8
3. 从来没有	59	5.9
(空)	12	1.2
本题有效填写人数	1000	

表 19 近一年来，您生病请假天数

	小计（人）	比例（%）
1. 从不请假	555	55.5
2. 有病坚持上课	228	22.8
3. 请过二三天假	181	18.1
4. 生病住院，请过几周	24	2.4
(空)	12	1.2
本题有效填写人数	1000	

表 20 教师每周参加几次体育健身锻炼活动统计

	小计（人）	比例（%）
1. 每周 3 次	223	22.3
2. 每周 2 次	155	15.5
3. 每周 1 次	168	16.8
4. 一周平均不上 1 次	230	23.0
5. 几乎没有	213	21.3
(空)	11	1.1
本题有效填写人数	1000	

表 21 影响教师体育生活的主客观因素

	小计（人）	比例（%）
1. 缺少时间	642	64.2
2. 缺乏兴趣	218	21.8
3. 锻炼意识不强	500	50.0
4. 缺乏场地设施和组织指导	399	39.9
5. 学校工会很少组织体育活动	171	17.1
6. 工作压力太大	471	47.1
7. 家庭负担很重	359	35.9
(空)	9	0.9
本题有效填写人数	1000	

表 22 教师度过闲暇时间的主要方式

	小计（人）	比例（%）
1. 学习与提高业务水平	408	40.8
2. 参加文化活动	146	14.6

续表

	小计（人）	比例（%）
3. 看电视，上网	535	53.5
4. 做家务，陪伴老人与孩子	591	59.1
5. 进行体育锻炼	290	29.0
6. 广交朋友	78	7.8
7. 旅游	216	21.6
8. 继续进行工作	308	30.8
（空）	8	0.8
本题有效填写人数	1000	

表 23　　教师办公室工作条件满意度调查

	小计（人）	比例（%）
1. 光线充足，空气较好	584	58.4
2. 阴暗潮湿，缺乏光照	123	12.3
3. 条件较差，空气不流通	163	16.3
4. 难以忍受，工作很压抑	26	2.6
5. 工位太小，空气很差，沉闷	141	14.1
6. 电脑辐射厉害，灯光昏暗	124	12.4
7. 心情愉悦度低，工作效率低	160	16.0
（空）	16	1.6
本题有效填写人数	1000	

表 24　　教师家中住房条件是否满足在家上网课的需要

	小计（人）	比例（%）
1. 有单独书房，满足工作条件	559	55.9
2. 没有书房，随便凑合工作	287	28.7
3. 没法在家工作，不具备工作条件	80	8.0
4. 住房狭窄，有 1 个孩子，老人看孩子	30	3.0
5. 住房很差，有 2 个孩子，需要老人照料	30	3.0
（空）	14	1.4
本题有效填写人数	1000	

表 25　　您是否同意以下观点

	小计（人）	比例（%）
1. 带病上岗让老师变成了高危职业	421	42.1
2. 有了健康的身体才能有好的教学质量	843	84.3
3. 随着高等教育改革教师身体状况每况愈下	399	39.9
4. 学校应该创设幸福的工作环境	588	58.8
5. 减轻教师的工作压力和工作强度	617	61.7
6. 致力于改善教师的工作和生活条件	611	61.1
7. 建立严格的定期健康体检制度，加大对学校体育设施的投资	521	52.1
8. 教师的健康状况关系到教育事业的未来	555	55.5
9. 教师健康的精神寓于健康的身体	546	54.6
(空)	9	0.9
本题有效填写人数	1000	

表 26　　疫情期间教师们体重情况

	小计（人）	比例（%）
1. 增加了 5～10 斤，身体功能下降	569	56.9
2. 增加了近 20 斤，身体功能有较大下降	29	2.9
3. 疫情期间，心情很不好，锻炼很少	322	32.2
(空)	80	8.0
本题有效填写人数	1000	

表 27　　教师睡眠情况

	小计（人）	比例（%）
1. 晚上加班工作，11 点前休息，睡足 8 个小时	361	36.1
2. 晚上加班工作，12 点休息，睡眠不足 8 个小时	394	39.4
3. 晚上加班工作，0 点休息，睡眠不足 7 个小时	204	20.4
(空)	41	4.1
本题有效填写人数	1000	

三、研究结论

（一）山东省高等教育人才身体健康状况不容乐观，呈持续下降趋势，应对突发公共卫生事件的能力较差

调查发现，1000 名教师患职业病情况结果如下：患颈椎疾病 672 人，占 67.2%；患视觉疲劳综合征 530 人，占比 53%；患有腰椎疾病 423 人，占比 42.3%；患慢性咽炎 482 人，占 48.2%；患胃病 233 人，占 23.3%；患痔疮 227 人，占比 22.7%；高度近视眼 199 人，占 19.9%；下肢静脉曲张 160 人，占比 16%。各种职业病呈迅速增长趋势。教师生理性指标检查不正常，调研发现，血脂不正常 319 人，占 31.9%；血压不正常 220 人，占 22%；血尿酸 116 人，占 11.6%；血糖不正常 97 人，占 9.7%。以上四者共计 752 人，占比高达 75.2%，尤其是中老年教师由于身体机能水平低下，免疫力差，身体健康状况持续下降，而且出现向青年教师蔓延的状态。近年来，高层次人才过劳死事件频发，英年早逝现象屡屡发生，对山东高校发展造成了不可弥补的损失。

（二）高等教育人才心理不健康现象严重，自我免疫能力和自我心理调节能力有限

调研发现：41.1%人好发脾气，有时暴躁；25.7%人频繁感到烦躁；27.7%人有时抑郁，感觉没有意义；22.2%人总是焦虑，总是有失败感；19.2%人经常不快乐，心情不好；10%人经常出现社会功能障碍。教师心理不健康必然会导致身体不健康，同时身体不健康又会加重心理不健康，两者呈现出恶性循环状态。

（三）高等教育人才亚健康状态严重，教师带病上岗情况较普遍

调研发现：47.1%的教师经常感到疲倦，食欲不振；57%教师经常注意力不集中，记忆力减退；34%的教师经常心情抑郁、焦虑和紧张恐惧；18.1%教师经常头痛、胸闷等。数量之大，非常惊人，说明高等教育人才亚健康状态较为严重。调查还显示，教师晚上加班工作，12 点休息，睡眠不足 8 个小时的有 394 人，占比 39.4%；晚上加班工作，0 点休息，睡眠不足 7 个小时的有 204 人，占比 20.4%；晚上加班工作，11 点前休息，睡足 8 个小时的有 361 人，只占 36.1%，比例不高。以上调查显示，高等教育人才严重睡眠不足，休息不好，精神状态和身体状况就会变差，工作状态也会令人担忧。

（四）高校老师健康锻炼意识不强，虽然态度积极，认识正确，但行动力严重不足，是全民体育锻炼的低频区

高校老师健康锻炼意识不强的主要原因是没有业余锻炼时间，工作与家庭压力大，尤其是二胎女教师的家庭负担更大。教师空闲时间少，要辅导作业，更要承担繁重的家务。同时，很多学校也缺乏场地设施和工会组织领导等。

（五）高等教育人才经济和职称压力空前，高层次人才频繁跳槽

高校教育人才因压力大频繁跳槽表现为：工资跟着职称走，但是高职称指标越来

越少，科研教学要求不断加码，高校背负着沉重的还债压力，物价迅速上涨，涨工资的机会并不多。随着高等教育改革的推进，教师的经济压力空前，职业光荣感、幸福感较差，部分优秀高层次教师因收入较低，难以养家糊口，频繁跳槽。

（六）高等教育人才的住房、办公条件较差，职业自豪感、光荣感不断下降

高等教育人才的住房、办公条件较差主要表现为：部分教师在家中没法工作，不具备工作条件；住房狭窄、条件很差的教师还大量存在，很多青年老师不能在家办公。坐班教师办公条件不一，有的光线很差，工位很小，需要进一步改善。

四、对策与建议

基于教师身心不健康的形成机理和影响路径，我们建议，高校各个部门可以从个体层面和组织层面入手，促进教师身心健康地从事教育事业，促进高校人力资源的可持续利用和发展。

（一）增强高等教育人才对突发公共卫生事件的应对能力，倡导改变高等教育人才的生活方式和工作方式

高校要加强对教师健康知识教育，普及健康知识，同时改变传统的教师职业形象，必须将无私奉献、牺牲精神、加班加点的工作方法与良好的健康生活方式相结合，注意劳逸结合，减轻职业紧张与焦虑。要改变熬夜，不吃早餐，带病上课，有病不看医生等不健康的生活与工作方式，重视个人身体健康。

（二）倡导高等教育人才培养积极乐观的心理状态，心理健康才能享受美好人生

心理平衡是健康最主要的因素，心理健康了，就掌握了健康的金钥匙。每个教师的发展都不是一帆风顺的，评职称、搞科研总会遇到这样那样的挫折，也总会面临着各种各样的机遇与挑战。心理健康的人能够善待自已，善待他人，适应环境，保持情绪平衡，人格和谐。

（三）帮助教师缓解来自角色冲突的压力，创设人文关怀与组织支持环境

1. 组织层面

第一，设计合理的教学科研绩效考核制度，减轻教师教学科研绩效压力。调研发现，教学科研绩效压力对高等教育人才的职业紧张、焦虑以及过度劳动都有着显著的正向影响。所以，如果要减少教学科研过程中的职业紧张、焦虑以及过度劳动，首先应该减轻教学科研绩效压力。过于严格的教学科研绩效考核制度是导致教师产生巨大教学科研压力的根本，高校在制定科研考核指标体系时，既看数量，也应该侧重于质量。根据科研周期性较长的特点，要适当放宽考核周期，提供相对轻松的科研环境，以减少科研绩效压力，从而预防职业紧张、焦虑、过度劳动和教师日益严重的健康问题。在教学时数上，很多学校尤其是应用型本科和职业院校要求每个教师每学年的教学工作量高达350节课以上，周课时有15节之多，这是非正常的工作量。

第二，构建良好的工作氛围，减少人为的职业紧张、焦虑和疾病。我们认为，职业紧张与焦虑在科研绩效压力与过度劳动之间起着中介作用，对高等教育人才的职业紧张与焦虑进行有效管理就显得至关重要。营造浓厚的学术氛围和开放包容的文化环境，能有效降低青年教师的职业紧张、焦虑情绪和疾病。同时，针对中老年教师的群体特征，应积极构建高校健康教育等综合性防治干预系统，加强对这部分教师的健康管理，并定期对教师进行身心健康疏导，减缓职业紧张强度，增进其身心健康和抗风险能力。

第三，强化情绪劳动管理，培养教师情绪管理能力。根据研究结论，高等教育人才的情绪劳动对职业紧张和过度劳动都有着显著的正向影响，这就启示我们如果要降低高等教育人才的过度劳动，可以从提高教师的情绪劳动管理层面入手，提高教师情绪管理水平。学校可以通过相关培训，培养教师的情绪管理技巧。

第四，学校制定相关制度来提高教师工作与生活平衡的水平。建议对教师尤其是中老年教师采取弹性工作制、学术休假制度，减少行政事务之类工作等，这将有利于教师工作与生活平衡，提高教师适应工作和生活的双重角色，提高教师的生活质量，改善其工作条件，减少后顾之忧。

第五，制定多种支持措施，提高教师的组织支持感和正面情感。可以通过多重方式和途径帮助教师，如开展健康教育为主题的系列讲座或咨询服务，开展职业病防护与治疗，成立专业部门或委托机构，提供看护中心等多方面的组织支持。大量研究表明，社会支持对教师身心健康有着显著影响，如社会支持在一定程度上能预测自杀率、死亡率、心血管疾病的发病率。能够得到领导、同事、配偶、父母支持，并主动参与团体活动的个体更经常地体验到快乐等正向情感。

2. 个体层面

第一，提升情绪管理的能力，减轻心理压力。经常进行自我分析，及时发现自己的不良情绪；采取合理的宣泄方式，化解消极情绪；时常自我激励，进行积极的心理暗示。

第二，成功的人总是笑到最后，提高自我效能感。自我效能感的强度越高，个体越能保持行为的坚定性。自我强度高的个体在不一致经验的作用下仍能维持其努力程度，而自我效能感低的个体在不一致经验的作用下就比较容易选择放弃。所以俗话说，成功的人总是笑到最后。对于教师来说，自我效能感强的教师离职率比较低，承受压力的能力也较强，可以胜任烦琐、耗时长、需要长时间努力的工作。

第三，正确面对各种压力，进行积极的自我调节。对于客观存在的压力源，教师要正确面对，因为每个人都有一个压力的承受幅度。只有及时地认识自己的压力，正确分析压力，才能有效地应对压力。

第四，正确面对工作中遇到的挫折与失败，调节自我成就动机的期望值。高等教育人才的认知水平决定了其职业态度，在一定程度上影响和决定着其心理健康水平。高等教育人才如何看待自己的职业，对自己职业期望的高低，如何对待工作中出现的冲突和问题，如何面对在工作中所遇到的问题，这些认知因素直接决定着高等教育人才的心态，决定着其职业态度。过高的期望值自然就变成了压力和思想负担，如果这些压力得不到及时有效的疏导，很可能会使高等教育人才产生心理问题或心理障碍。

（四）高校应加大对教师身心健康投入，采取柔性管理措施，给教师以阳光、放松、健康的生存空间

1. 高校应该多建设体育场馆设施，以保障教师的健身环境和最起码的运动条件

高校可组织教师参加在学校运动场所举办的各种球类运动、瑜伽、健身等活动，发展一种或者多种兴趣爱好。当前，高校教师的压力越来越大，这是高等教育人才处于亚健康状态和频现过劳死现象的重要原因。如果让教师能有更多的时间来照顾自己的身体，投身于体育锻炼的行列，使教师能有更充沛的精力投入工作中，进而更好地提高工作质量，提高工作效率，就会达到事半功倍的结果。

2. 维护教职工特殊权益，建立系统的心理生理健康支持环境

要关怀教师的身体健康和情感诉求，使其找到归属感。高等教育人才大多承担着繁重的教学任务，同时又因不得不面对岗位考核、职称评定以及职务晋升等压力而必须完成相应的科研工作，所以大多数教师都面临着慢性咽炎、颈椎病以及腰肌劳损等职业病的困扰。除上述职业病之外，女教师还要面对生理期以及孕育后代所带来的身体疾病的困扰，更加需要外部力量的理解和支持。所以，可以充分发挥工会、妇委会等相关职能部门的作用，定期开办心理健康讲座、母婴课堂以及瑜伽课、健身操、合唱团等，注重对女教师的身心和情感关怀。

3. 促进家庭事务社会化，建立家政服务社会化支持环境

要进一步推进家务社会化，减轻女性的家庭负担，让女教师拥有轻松愉快的家庭生活环境，以便她们更好地教书育人。高校可通过开展多种培训，增强女性的持家能力和抚育子女能力，与家政服务机构建立广泛联系，实行家务劳动社会化，提高自信心和抗压能力，增加女教师的幸福感和成绩感。

4. 将性别意识纳入学校决策，建立保护女教师特殊权益的决策机制的支持环境

高校要将女教师发展纳入决策主流，建立关爱女性、帮助女性、男女平等，强化女性利益的机制。要将国际上关于“将性别意识纳入决策主流”的主张渗透到高校中，强化到高校各级决策层的领导意识中，考虑女教师群体的利益与诉求。

总之，世界范围的竞争实际上是综合国力的竞争，是科学技术的竞争和民族素质的竞争。高等教育人才肩负着培养高层次人才的重任，是国家最宝贵的财富之一。高等教育人才唯有增强应对能力，敬畏生命、珍爱生命、守护生命，高校才有可持续发展的后劲和可能性。

基于教学运营一体化的酒店管理专业教师挂职模式探索

——以山东某高校酒店管理专业为例

孙爱华*

摘　要　为推进“教学运营一体化”人才培养模式的实施，山东某高校酒店管理专业采用挂职方式，开展了应用型本科校企合作、产教融合的青年教师人才培养方式的探索与实践。该挂职方式打破了以往“一挂到底”的模式，实现了从对国际酒店集团的主要业务部门的轮岗挂职到专攻教学上的项目式挂职学习的转变。挂职专业教师利用国际酒店集团挂职所学的知识到校内合作企业顶岗工作，为企业解决困惑，在挂职模式中展开了创新性的摸索与实践。该校企合作方式也较好地实现了高等教育在社会发展、酒店产业发展中责任的建设目标。

关键词　教师挂职　教学运营一体化　校企合作

我国大多数高等院校包括应用型本科院校较注重教师学历和教学能力的提升，缺少实践技能培养的有效途径，与企业难以实现真正的产教融合，缺乏教师专业化发展社会实践的平台。虽然也有一些学者走进企业进行挂职工作的锻炼，但挂职的模式较单一，挂职效果不理想。山东某高校酒店管理专业围绕坚持产学研合作，构建具备教学、社会服务，实现高等教育在社会发展、酒店产业发展中责任的建设目标，让新入职教师到合作企业挂职，并在挂职模式中展开创新性的摸索与实践。

一、酒店管理专业对新入职教师挂职的意义

酒店管理专业面临专业建设与产业关联度偏弱、应用性不鲜明及实践条件开发利用不足等问题。以山东某高校酒店管理专业为例，现有专职教师12名，近两年从韩国、澳大利亚毕业新入职博士、硕士教师4人。面对理论体系多样化、实

---

* **作者简介**：孙爱华（1989～　），山东临沂人，博士，山东青年政治学院讲师，研究方向主要为酒店创新、旅游文化等。

践能力不足、实践教学改革尚需深化的情况，需要强化教师的实践教学能力培养，提高教学水平，提高实验室和实习基地的利用率。挂职制度成为实施人才强校战略、不断创新人才工作体制机制的重要尝试。挂职制度一方面促进了学术科研和社会实践的充分结合，推动了社会经济的不断进步；另一方面，也推动了我国人才培养体制机制的不断创新。山东某高校酒店管理专业的教师挂职的意义具体体现在以下两点：

（一）教师先行实践“四真三个一”的教学模式

“四真三个一”是在真实工作环境、真实工作任务、真实工作身份、真实工作压力的过程中工作，与企业员工一起工作、一起接受企业培训、一起研究酒店运营状况。新入职教师通过挂职工作，先行实践“四真三个一”的教学模式，在挂职的酒店集团中成为酒店员工，通过主管及对应部门经理给予的工作任务，以真实的一线服务人员身份工作。在实际工作中，教师可感知酒店管理专业实习学生的真实工作状态以及酒店集团对于未来酒店管理专业人才需求的方向。

（二）推进“教学运营”一体化校内实践的实施

“教学运营”一体化，即课堂教学与项目运营一体化、教师角色与项目经理角色一体化、学生角色与企业员工、主管角色一体化。作为新入职教师，通过挂职能快速融入学校的“2345”实践教学体系中，即两平台（校内实践平台、校外实践平台）、三环节（专业实习、毕业实习、毕业论文）、四阶段（专业认知形成期、专业素养形成期、职业认知形成期、职业成长实现期）、五类型（实验教学、实习教学、实训教学、毕业设计、创新创业教育），并能推进“教学运营”一体化的实施及课程的建设、项目化课程的开发。

（三）促进项目化实践教学改革

以促进实践课程内容与产业一线标准对接、教师教学能力与运营实务能力的对接、学生核心能力与企业岗位需求对接为目的，酒店专业重构餐饮课程群、房务课程群，挂职教师要以岗位职责、工作标准为依据，如在挂职中真实进行西餐制作、服务、侍酒等核心岗位的核心业务项目，后期打造为学生的实践项目。

二、酒店管理专业新入职教师挂职创新模式分析

山东某高校酒店管理专业创建了“优选标杆伙伴，深化产教融合”的专业发展路径，又因国际酒店集团的标准化、规范化的培训体系，优选国内两家国际知名品牌酒店（下文简称为“酒店 A”“酒店 B”）为深度对接标杆伙伴，推送新入职教师进入合作企业挂职。现在，酒店管理专业教师在挂职实践工作中已初见成效。笔者以该高校某教师挂职经历的三个阶段，对挂职模式的创新与实践进行分析与总结。

（一）国际集团主要业务部门轮岗式挂职模式

第一阶段为2018年11月到2019年2月，与酒店管理专业实习学生同步进入优选合作企业酒店A挂职。挂职模式为各个主要业务部门的轮岗式挂职，即对学生的校外专业实习部门，特别是餐饮部、前厅部、客房部着重进行了轮番调研、工作、学习（如表1所示）。在此过程中，挂职教师能亲身感受酒店管理专业实习学生的工作状态、内容、过程及实习的收获等。同时与校外实践基地的业界导师有了更深入的交流与合作。在对学生的校外专业实习实践课程中，能从学生实际的学情出发，有针对性地对学生的专业实习进行指导，对人才培养方案有更准确的定位。

表1　酒店A及公寓对挂职老师的培训计划

时间	挂职部门	负责人	培训内容
2018年11月2日至2018年12月7日	F&B	Alex	餐饮各分部门概况和运作程序
2018年12月10日	KIT	Kevin	厨房各分部门概况和运作程序
2018年12月11日	ENG	Steven	工程部概况和运作程序
2018年12月12日	SEC	Sam	安全保障部概况和运作程序
2018年12月13日	HC	Bill	健身中心概况和运作程序
2018年12月14日	CD	Snow	商务部概况和运作程序
2018年12月1日至2018年12月29日	HSKP	Wesley	客房各分部门概况和运作程序
2019年1月2日至2019年2月2日	FO	Jane	前厅各分部门概况和运作程序

资料来源：酒店A人力资源部门。挂职部门及负责人名称以英文代称。

（二）聚焦教学课题，“项目”式挂职模式

第二个阶段为2019年7～8月的暑期，教师在结束一个学期的课程后，聚焦专业教学方向餐饮方面相关的教学课题，带着教学中的难点、疑点，挂职教师在挂职之前需完成一份挂职目标（如表2所示），然后在酒店B的餐饮部门进行集中、精准“项目”式挂职。实行酒店“学徒”制，找准餐饮总监作为业界“师傅”，进行一对一的挂职学习，详细到餐饮部门的运营、销售、服务以及菜品设计等。同时，针对教学课程中的重点项目，包括教学资源的开发、导师制、实践教学、拓展人脉沟通、酒店感恩创意、酒店人形象提升、案例撰写等，在挂职实践中探索解决方案，与业界导师共同完成项目的开发与真实案例的撰写。

表 2　　某高校挂职教师在酒店 B 挂职目标计划

实践工作项目	时间
1. 学习餐饮部总体产品和服务。 2. 学习每个餐厅品牌、定位策略。 3. 掌握餐饮部组织机构图和管理结构。 4. 参加每日例会。	7 月 18～23 日
1. 每个酒店 B 都有其独特的礼仪、服务和对周边环境的细节融入及突出该品牌的元素。 2. 了解品牌策略和酒店客人来源、业主、产品、服务。	7 月 23～26 日
了解酒店控制品质的方法——品牌标准抽查（Brand Standard Audit，BSA）以及客户满意度调查（Guest Voice）。	7 月 23～26 日
1. 理解每个餐厅的概念和设计、特色菜和饮料、如何促销并具有当地特色、定价策略、服务标准等。 2. 参加各个餐厅的每日早上和下午的交班会，了解餐厅各个团队的沟通。 3. 理解每个餐厅的功能，接待、服务、清洁、送菜、送餐服务、收银和调酒等各个职位描述。 4. 熟悉仪容仪表标准，工作安全，试菜流程，每日排班、采购、小费分配和餐厅点菜结账系统 MICROS。	7 月 23～26 日
1. 客户满意度调查中的早餐满意度是非常重要的指数之一。 2. 酒店早餐项目具有其不同品牌特色，重视目标客户群体的用餐体验，并融入当地特色。 3. 理解早餐菜单（包括客房送餐服务）、早餐布置、服务标准、咖啡厅及行政酒廊的自助餐标准。 4. 体验每日早餐并给餐厅经理提供反馈意见。	7 月 29 日～8 月 2 日
1. 理解客房送餐服务菜单和设计、品牌概念。 2. 客房送餐服务不同品种菜肴的送餐时间（早餐、全日餐、点心、晚餐、酒水等），明确客房送餐菜单在客房的摆放位置。 3. 掌握定价策略。 4. 明确 AYS、DTS 关于客房送餐点单的增销计划。	7 月 29 日～8 月 2 日
1. 理解酒店旗下酒店酒水、酒吧运作，了解品牌特色以及餐厅、酒吧、客房送餐和宴会中提供的酒精和非酒精类产品。 2. 了解酒吧的操作流程，注意观察环境、客户服务标准、酒水销售、鸡尾酒调配和酒水单的设计。 3. 了解点单流程、吧台开始和结束的职责。	7 月 29 日～8 月 2 日
1. 观察宴会厅团队布置宴会的流程、菜单的准备、服务。 2. 了解早餐、茶歇、午饭、晚饭、婚宴不同的设置。 3. 了解不同形式的布置，关于大型宴会各个部门之间的协调。 4. 人员分配计划：大型宴会操作中如何分配正式工、劳务工，领班的比率等。	8 月 5～9 日

续表

实践工作项目	时间
了解宴会统筹部的日常运营，该部门和宴会销售和宴会厅之间的合作。包括：提供酒水、会务设计，会务满意度调查（ESS）、会务布置设计、绿色环保会议项目、婚宴、服务标准、菜单设计、花艺设计。	8月5～9日
了解社交媒体的影响以及对现在酒店业务的重要性。	8月5～9日
理解不同餐厅服务员、领位、宴会服务、酒吧员工的制服标准和式样，学习餐饮部员工制服的时尚。	8月5～9日
和部门经理关于餐饮部实习生话题进行座谈： 1. 工作范围、津贴福利、上岗培训、轮岗机会等。 2. 如何让学生在课堂做好去酒店餐饮部实习的准备？ 3. 哪些技巧、特点是餐饮部经理希望实习生具备的？ 4. 了解某某旗下酒店给实习生提供的 PTS（通往成功之路的培训项目）培训。	8月5～9日
与总经理进行座谈中，探讨了解实习生的工作情况、酒店招募需求、酒店对人才的需求、毕业生的工作，探讨今后如何更好地进行对师生有益的校企合作模式。	8月12～17日
在导师的同意并在部门经理的指导下，帮助餐厅早餐、午餐、晚餐或者宴会的服务。	7月23日～8月18日

资料来源：参照酒店B基金CHEI项目组。

（三）校内企业顶岗式挂职模式

第三个阶段为2020年5月至今，挂职校内教学实践酒店（下文简称“酒店C”），检验锻炼专业教师解决企业运营中问题的能力。酒店管理专业的校内实践基地酒店C是与企业共同运营，实施专业融合、教学融合、运营融合、师资融合的产教融合的运行机制。

调研发现，酒店C的运营状况不佳，这导致“教学运营一体化”推进较难，原因是市场宣传力度不到位。联系挂职酒店C市场传讯部门，解决问题。对此次校内企业顶岗式挂职的实施路径（如表3所示），展开如下分析：

1. 结合之前挂职经验，合理规划挂职目标，确定顶岗酒店C市场传讯部门经理的角色。按国际酒店集团正常的招聘方式，拟定合作协议，成立以学生、教师为一体的市场传讯部团队，组建“教学运营一体化”的组织架构，编写学生督导委员会章程及实施计划，邀请校外A酒店集团的业界导师，作为专业建设指导委员会成员，进入此次项目的指导。

2. 联合校内其他专业，跨专业交流合作。例如，文化传媒学院、会计学院的师生对宣传工作提供拍摄、配音、财务整合等专业性的指导。同时，在实施的过程中，指导学生团队进行大学生创新创业项目及组织教师团队进行横向课题的申报，通过课题的报告分析验证实践工作的正确度。

3. 以项目式教学计划带领学生团队入职企业。学生团队从公众号的制定、宣传片的拍摄开始，中间的宣传、推广、销售到最后的面客服务，全程参与到教师的挂职工作中，形成教师（经理）一高年级学生（主管）一低年级学生（实习员工）团队合作的工作模式。

表 3　　酒店 C 传讯研究项目分工

	人员（学生）	截止时间/频次
服务标准设计	3 人	每周汇报
“崤书吧”项目研究	3 人	每周推进
导览、传讯、抖音拍摄	6 人	每周检查，作品 1～2 篇
楼体研究	4 人	每周 1 篇
公众号	10 人	每周 1 篇
室内（外）项目研究	4 人	项目框架、内容、方案分 3 周完成

三、酒店管理专业新入职教师阶段式挂职的成果及收获

（一）教学方面：对重塑实践课程，重新定位人才培养方案具有探索意义

1. 第一阶段挂职结束后，从学生校外实习阶段的真实学情出发，在专业实习实践课程中，能更有针对性地指导学生，对“社会调查”“专业实习”等实践课程的人才培养方案有了更准确的定位，后期对课程的教学大纲进行了重新修正与改革。

2. 第二阶段的项目式挂职学习后，酒店的学徒制模式为高年级学生带低年级学生的教学管理模式带来启发。挂职过程中开发的真实案例，对“酒店创新”课程起到了很大的引导作用，特别是选修这门课程的学生，同是暑期一个月的酒店实践经历，在项目化教学过程中有了更详细、准确的学情分析。

3. 第三个阶段的挂职，对于教师而言是“知行合一，教学相长”得到验证的过程。教师、学生同为项目团队中的一员，为企业解决“难题”，在合作的过程中验证了“教学运营一体化”人才培养模式的可行性。

（二）学生方面：与教师“同伴式”合作更加密切

1. 在挂职的过程中，与校外实践基地的业界导师特别是人力资源部的导师，有了更深入的交流与合作。经过一期共同的指导学生实习后，在学生的校内学习与学科竞赛等活动中，能更有针对性地邀请校外指导教师进入课堂指导。例如，在餐饮部门的餐饮总监、厨师长等业界导师们的共同指导下，学生在山东省营养创意餐大赛中取得

了优异的成绩。

2. 笔者在挂职中参与酒店A教师挂职比赛，其中一些积极的比赛项目呈现到微信朋友圈后，令学生们倍感兴趣与鼓励。由此设想在学生的实习过程中可加入此类的“比赛项目式”任务，增加实习的趣味性。

（三）校内合作企业方面：解决企业难题，为向国际酒店集团标准化发展提供帮助

此次利用之前挂职校外国际酒店集团的工作经验，并联合业界导师、专业教师、学生团队共同解决校内企业市场宣传部门的难题，达到了“教学运营一体化”的最佳呈现。

综上所述，在国际酒店集团挂职，挂职锻炼品质高，并能促进专业教师“双师型”发展。挂职教师积累了酒店工作经历，紧密联系酒店业界，能将最新酒店服务与管理知识技能迁移至课堂教学。挂职教师通过行业调研获取酒店业发展动态、数据报表等，有利于产业对接，开展科研和人才培养。挂职教师作为项目联络人，有利于推进校企合作，优化酒店专业的办学方向、人才培养、学科建设等顶层设计。教师挂职是可行及一直要进行下去的改革实践教学的措施之一，且在挂职的过程中，不可一个模式进行到底。在探索分析后，要进行多次的改变与创新，进行多样化的挂职模式创新，并对相关的挂职模式进行科学化、规范化管理，探索建立和完善“挂职”政策的长效机制。

依托名师工作站构建高职教师学徒机制的实践[*]

韩文泉　方振静[**]

摘　要　本文深入分析国内高职院校教师状况，找出高职教师培养体制存在的主要问题，提炼出问题的主要症结，明确研究的重点难点，提出科学有效的解决方案，在实践中加以完善，总结经验教训，凝练出创新点并积极推广。

关键词　师资建设　培养机制　文化传承

一、国内外研究现状述评

（一）研究现状

关于高职教师培训机制，国外发达国家一般采用入职培训、导师制和再教育培养等方式，大多数国家针对本国国情选择务实有效的应对方案。例如：德国采取继续教育体制，规定高职教师在参加工作后还必须接受第三阶段的师资培训，每年有5个工作日可以带薪脱产进修；高职教师必须每5年到州一级的教师进修学院接受培训，以更新知识。美国采用导师制，由经验丰富的老教师对年轻教师尽心辅导，要求学校利用假期安排教师到企业顶岗实习。澳大利亚对职业院校的教师设定准入制度，规定必须要有3～5年的行业企业经验才可以入职。

国内的大多数高职院校也意识到了对青年教师进行系统化培训的重要性，各地区教育主管部门大多是推行“双师制”或“双主体”。在学术界，刘明学、黄娟的“双轨三方四步”模式，巴佳慧的“双导师制”模式，徐曼的以技能大师工作室为平台“双师素质”研究，陈兰的基于TAFE视角构建“三段四维递进式”高职青年教师双师培养模式，金一强的基于Web 2.0的行动导向式高职青年教师混合培训模式较有代表性。

* 基金项目：本文系2019年度山东省高等教育人才研究会课题“依托名师工作站构建高职教师学徒机制的实践”（RK19-29）结项成果。

** 作者简介：韩文泉（1963～　），山东潍坊人，山东科技职业学院科协副主席、教授，主要研究方向为职业教育；方振静（1975～　），山东潍坊人，山东科技职业学院副教授、高级会计师，研究方向为财务会计、职业教育。

当前的大多数高职院校一般采取定期对青年教师集中培训、组织老师轮流到企业挂职实践等。上述措施虽然都有一定的效果，问题也不少：灌输式培训针对性差，犹如隔靴搔痒；到企业实践因为岗位受限而走马观花，难以学到“真经”。这就造成了大量的在以理论研究为主的大学中成长，无法亲身获取学徒制精髓的青年老师，却要以学徒制这种自己都不熟悉的方式去教学生的尴尬局面，高职学徒制教育试点任重而道远。

（二）研究述评

1.“双师制”请人难

企业师傅的综合能力参差不齐，好师傅难觅。高职院校培养不出创新型、高质量的技能人才，根源在于师资力量。人才的发展主要涉及培养、评价、使用、选拔、激励等多个环节，是一个非常复杂的系统工程。学校在聘请企业师傅时，普遍存在有能力有水平的师傅请不来或者请来了但靠不上，学校老师和企业师傅的配合并不协调，人为造数据、做材料等现象较为严重。“双师制”大多数流于形式，实际效果并不理想。

2.“双主体”一头热

改革开放以来，源于德国的“双元制”对中国的职业教育改革起到了重要的作用，由此而推出的“双主体”等教育模式也风靡一时。但因为国情不同，盲目照搬的效果并不理想。在德国，法律赋予企业必须承担接收学生与教师培训的职责，在教育主体上企业本位和学校本位相得益彰。中国目前则主要为学校本位，大多表现为“一头热”，对学生的培训如此，对教师的培养也是如此。①

3.“轮岗制”执行难

受政策、机制及社会体系的限制以及教师自身条件的局限性，学院安排青年教师轮流到企业长期挂职工作开展得并不理想，企业不愿意接受或难以提供合适的见习岗位，老师不愿意去或因教学任务过重而派不出去的现象普遍存在。大多数教师即便是去了也走马观花，浅尝辄止，难以学到真正的管理和技术，难以体会到现代学徒制的真谛。教师轮岗制亟待从国家的法律彻底层面解决，仅凭校方的一己之力，难以承担起全部重任。

4.“教师学徒制”正当时

名师工作室（站）的创建和推广，为青年教师的系统化培养提供了难得的契机和恰当的平台，积极探索以“名师工作站”实施青年教师学徒制试点，赋予“名师工作站”以更多的创新功能与内涵。② 创新性实施“职教名师传承工程”，可从根本上解决高职青年教师的职场经验不足、动手能力较差等普遍性问题，不失为一项极具前瞻性

① 参见贺星岳等：《“双高计划”建设背景下高职院校教师专业发展的逻辑及推进策略》，《现代教育管理》2019年第9期。

② 参见俞冰、郑晓梅：《制度化参与：职业院校教师职前培养三方共育研究》，《职教论坛》2020年第2期。

和挑战性的选项，值得深入研究与探索。

二、研究与实践

（一）细分现状，找出短板

借鉴日本质量管理专家石川馨的因果分析法，查找高职教师实施现代学徒制时的成长陷阱，即“师生培养渠道不贯通，实践能力不到位，工匠精神传承不深入”等三大短板（详见图1）。

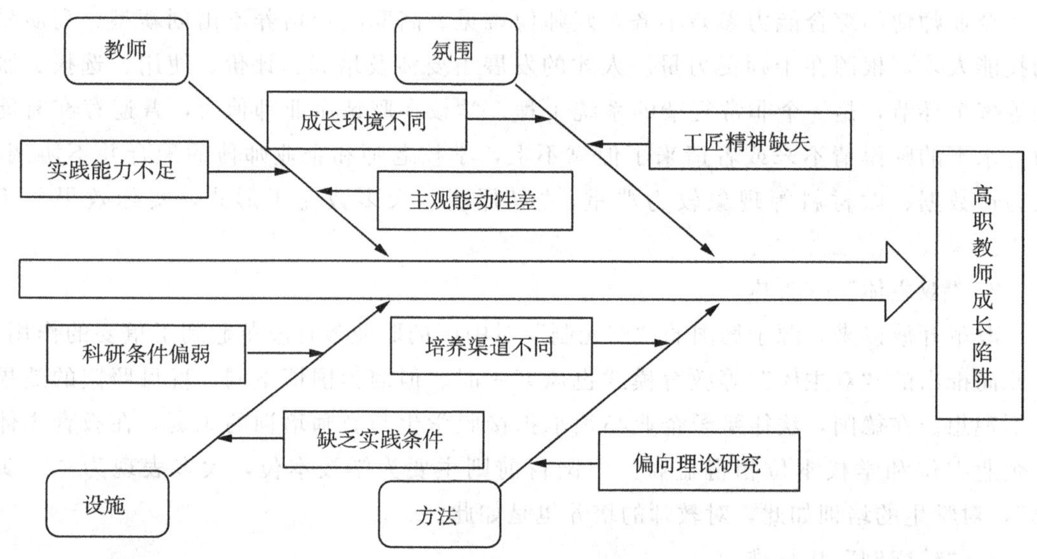

图1　高职教师成长陷阱分析图

（二）聚焦问题，凝练方案

教师学徒制必须体现时代性、高等性和职业性等内涵特点，回归以人为本，追求发展的教育本质。针对高职教师“学教不同缘，职场转身难”这个普遍的难题，结合中国特色学徒制是在政府平台上的四位一体人才培养模式（见图2左），延伸现代学徒制的维度、设计师生同源，基于名师工作室（站）的高职教师学徒制理论框架（见图2右）。采取柔性引进、专兼结合等有力措施，积极引入行业、企业、科研机构的技能大师、业界名人入驻传承工作室，合署开展联合攻关活动，通过协同研究与创新、积极对接与企事业单位的技术培训与社会服务等方式，提升学徒（学员）的实践教学能力、科研教研能力、团队协作能力、技术应用与创新能力。努力把名师传承站打造成教学相长、互助共赢的教师专业发展网络共同体，推动“教练型”名师梯队建设。①

① 参见杨帆：《“三师型”高职教师队伍建设实践调研研究》，《教育论坛》2018年第34期。

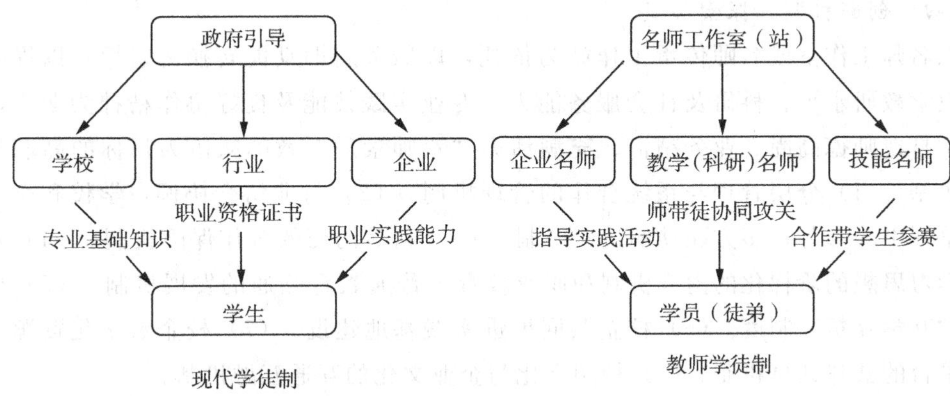

图 2　学徒制梯队图

（三）跨界借鉴，搭建平台

“纸上得来终觉浅，绝知此事要躬行。”以传统的名师工作室（站）为基础平台，联合其他科研机构、实践平台，赋予其更多的创新功能与内涵，打造新型“名师工作室”或“名师传承工作站”（借鉴博士后工作站的名号而取之，突出教师培养功能），延伸现代学徒制的领域和内涵。学徒（员）通过提交拜师申请、审核通过、举行拜师仪式后进站学徒，在师傅的带领下参与质量工程、教科研、社会服务等活动，完成师傅交给的各项具体任务，在师傅的指导下循序渐进地完成一定要求的考核指标出站（出徒）。亲身体验了现代学徒制的精髓，对于改善青年教师职场经验不足、掌握现代学徒制试点要领非常有益（见图 3）。

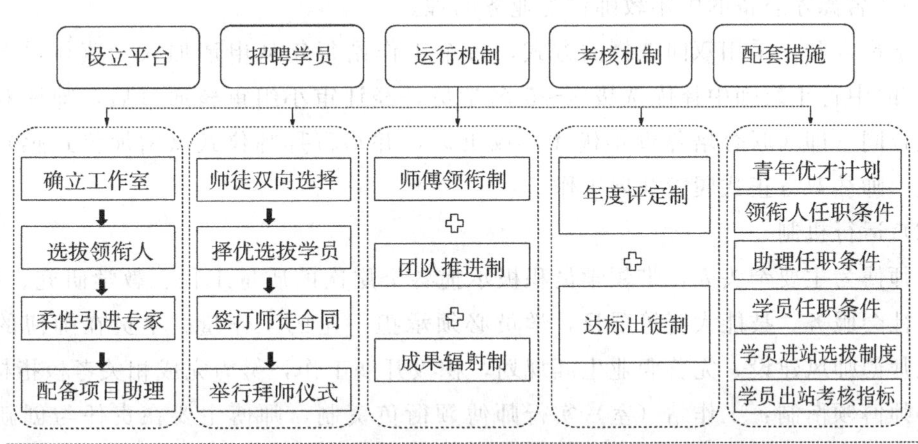

图 3　工作分析图

（四）创新机制，探索实践

以名师工作室或名师传承工作站为依托，以服务新旧动能转换为宗旨，以提高教师的教学教研水平、科研及社会服务能力，专业实践技能及良好协作精神为职责，以全方位打造师德高尚、业务精湛、充满活力“双师素质”教师队伍为目标的高职教师培养机制。（1）分层管理与系统合作的管理机制。（2）行业协会协调，学校和企业主导，培训中介参与，多方联动的运营机制。（3）利益均衡的合作保障机制。（4）基于终身学习思想的阶梯化的内容机制和职业教育一普通教育互通的发展机制。（5）校企师资“互学互帮”制度。（6）校企共同推进实践基地建设。（7）校企数字化资源与信息化平台的共建共享机制。（8）校园文化与企业文化的互通互融机制。①

（五）构建“职教名师传承工程”理论框架及运行模型

1. 改革方案设计

（1）培养平台的构建

①根据专业大类的设置情况，积极设置名师工作站（室）。紧抓国家推进“互联网＋”和山东省新旧动能转换重大工程的战略机遇，发挥专业特色优势，围绕数字经济、智能制造等“四新”产业，聚焦生产性服务业创新发展，以高质量服务“四化”建设为动力，探索具有教师学徒制功能的名师工作站（室）体制机制。

②确立组织架构。选拔教育理念先进，教学经验丰富，教科研能力突出，具有较高技能水平和行业影响力，有一定的管理、组织能力的老师担任工作室（站）的领衔人（师傅）。同时，柔性引进业内专家和企业大师入驻工作站，实施全方位的合作，并配备1～2名德才兼备的中年教师作为业务助理。

③学员入驻。采用双向选择的方式，每个工作站每年从申请加入（填写《学徒申请表》）的中青年教师中择优选拔3～5名学员，经评审小组审核通过后，师徒双方签订学徒合同（即《联合培养青年优才协议书》），并举行拜师仪式（增加仪式感）后进站学徒，师徒双方正式履责开展工作。

（2）运行机制

以师傅为主要牵头人，带领学员积极承揽各个层次的质量工程、教学研究、科研、培训、社会服务、技能大赛等项目，学员必须承担一定的工作量。学员在师傅的指导下加强师德师风建设，完善职业生涯规划，积极开展工作，努力完成相关考核指标。

①师傅领衔制：工作站（室）实行师傅领衔负责制，师傅主要在责任与创新上下功夫；在热情与参与上下功夫；在合作与指导上下功夫。

②团队推进制：调动工作室全体成员的智力与体力，各取所长、特色分工，以人为本，相互协作，集中优势力量集约化推动项目与课题进程。

---

① 参见霍盼影：《百万扩招背景下高职院校“分类、分组、分段”三导师制探究》，《教师发展》2020年第7期。

③成果辐射制：积极参加国内外各种相关考察培训，把学到的好经验及时分享给每一位学员，促进学术交流，并以各种形式在全院范围内介绍、推广。

（3）考核机制

①年度评定制：年度指标结合学员本人自拟的职业生涯规划所列的指标，从德、廉、勤、绩四个方面按优秀、优良、合格和不合格四个档次予以考核。对年度考核为优秀者给予一定的物质和精神奖励，对年度考核为不及格的学员可与其提前解除合同。

②达标出徒制：学徒时间满3年，学员递交出徒（站）申请，经专家评审小组认定，完成约定指标者按期出徒，自动列入青年技能型优才计划备选；完不成约定指标者，可申请延期并经师傅同意后继续履职，续职一年内达标即可出徒，逾期者自动解除协议。

（六）将项目进一步升级为高职教师搭台熔炼、多元育匠模式的研究

聚焦高职教师建设改革之大势，深入探索教师成长之规律。坚持“问题导向”，依托名师工作室、企业技能大师工作室、教授工作室和博士工作室，打造名师传承体系，为年轻教师提供捶打历练的空间；以核心指标为引导，从师德师风、质量工程、教学大赛、教科研与社会服务等多个维度建立考核体系，建构以提升核心素养为中心的多元化育人基本范式。[①]

三、积极创新体制机制

（一）搭建特色育师平台，夯实师带徒体系

遵循开放、创新、高效的原则，搭建多种传承载体，分类别、多层次、全覆盖地引导教师参与其中，实现有规划性、目标性的新时代教师成长共同体，聚焦“1＋X”证书制度开展教师全员培训，形成完整培训链条和一体化工作格局，促进教师培养培训的一体化和高质量发展。

1. 名师工作室

积极培育职业教育教学名师，尽快建立各具特色的名师工作室和教师技艺技能传承创新平台，创建高水平结构化教师教学创新团队，团结协作开展教科研活动，在教学科研中提升中青年教师的专业能力。

2. 技能大师工作室

积极吸引企业教学名师入校，合作建设校内技能大师工作室，遵循技能人才成长规律，充分发挥高技能领军人才在带徒传技、创新攻关、传承推广等方面的重要作用，以现代学徒制关系形式凝聚传承高端技艺的有效平台。

3. 教授工作室

为充分发挥学院高层次人才的优势，提升教师教学科研和服务经济社会发展的能

① 参见张翔：《现代学徒制中“三师型”教师队伍的建设研究》，《文存阅刊》2018年第5期。

力，优化资源配置，择优选择一些主持省级及以上项目的教授成立教授工作室，以老带新，以带动学院整体科研能力的提升。

4. 博士工作室

随着高职教师学历水平的不断提升，择优选拔一批积极肯干的博士牵头成立博士工作室，为他们提供相互交流、共同提升的空间，便于营造良好的科研氛围，激发科研激情和动力，带动青年教师积极提升科研能力和科研水平。

（二）做学研用评全覆盖，践行差异化机制

聚焦制度落实落地，加强考核评价的顶层设计。以职称评定、聘岗评优、奖优罚劣等细则为指引，引导老师针对个人特点，做好职业生涯发展规划，多维度提升个人素质和学识技能。

1. 完善师德师风评价机制

以“四有”好教师、“四个引路人”“四个相统一”为总要求，建立育人为本的教育评价观，守好师德师风刚性边界，全面落实“育人者先受教育”的重要思想，构建一个科学性、引领性和实践性有机统一的评价机制，促进高校教师的专业发展和育人水平双提升。

2. 引导青年教师积极参与质量工程建设项目

发挥“质量工程”项目的示范、引领和反哺作用，鼓励青年教师参与多种形式的研修和深造。通过“青蓝工程”建设，发挥教学经验丰富的老教师的传、帮、带作用，锻炼和培养青年教师提升教科研能力，促进青年教师的专业化成长。

3. 鼓励教师参加多种形式的专业教学竞赛活动

遵循“以赛促教，以赛促学，以赛促改，以赛促建”的教学改革理念，积极建构系、院、省、国家四级竞赛工作体系（教师比赛和带学生比赛），建立奖励制度。通过系部、校级层层选拔，实现全体青年教师参与教学竞赛全覆盖；择优选拔有赛事活动的专业教师参加省赛或国赛，促进教师教学、教法、实践和创新能力的提升。

4. 重应用促进教师科研能力的提升

以科研和教研相结合为教师工作的基本点，制定切实可行的考核评价机制，倡导开展代表性科研成果的研究，由原先对“量”的考核转向对“质”的关注。协助教师厘清教学与科研的关系，引导教师侧重技术应用的创新与发展研究，让更多的教师成为知识、技术技能创新的创造者和实践者。

5. 强化应用能力，提高服务水平

以深度推进产教融合为契机，鼓励教师考取双证，适合自己的工作室熔炼，到企业挂职锻炼。加强教师参与社会服务的深度和广度，拓展社会服务形式，在提高社会培训质量、完善技术咨询机制的基础上，尤其是参与企业重大科研技术项目的研发与推广，积极承担政府部门、行业协会、学会、企业委托的标准和规程制定等业务。支撑区域产业发展，服务教育强国、人才强国和制造强国建设。

四、实践效果

1. 实践内容

(1) 创新性开展了基于名师工作室（站）的高职青年教师学徒制试点工作，发挥名师工作室（站）的引领作用，吸收中青年教师积极参与，培养培训教师骨干，建设一流科研创新、技术服务、专业教学等教师团队，打造一支“名师引领，协同培养，国际视野，师德高尚，业务精湛”的师资队伍，被学院评为2019年度特色创新项目。

(2) 成立生产性服务业创新团队，搭建服务平台，组建协同创新中心，优化跨境电商人才培育基地，开发服务资源，开展科研创新和技术服务。

(3) 已经申报获批潍坊市石墨烯科学工程技术研究中心。该中心采用柔性引进的方式，聘任青岛大学石墨烯应用技术创新研究院院长、泰山学者刘敬权教授为首席专家，借助生产性服务专业群的优势，在石墨烯的推广应用方面发挥积极作用。

(4) 成立民营企业高质量发展协同创新中心，主要进行企业管理咨询与评估（智库）、企业转型升级服务、新型政商关系和先进企业文化等方面的研究。

(5) 通过大量的调研分析，我们从数以百计的相关因素中分析出了影响职业院校综合实力的五大关键要素，其中“优质师资匮乏，有效资源太少”为核心要素，能否建设一支“综合素质高，职业能力强，富有创新精神”的高素质、高技能师资队伍，从根本上关系到职业院校的生存与发展。①

2. 主要成果

本研究成果已于2017年9月在山东科技职业学院经济管理系开始试运行，一期招收学员4位，二期招收学员6位，三期招收学员2位。

3年多来，团队科研立项32项，其中省级10项、市级22项。其中有山东省人文社会科学课题：山东省“四新促四化”科技成果转化运用机制研究；山东省智库高端人才调研课题：山东省“四新促四化”科技成果转化运用机制研究；山东科学大讲堂：石墨烯的研究及应用；潍坊市科学技术发展计划：石墨烯绿色生产及应用研究；潍坊市社会科学规划重点研究课题：以“四新”促“四化”，打造“智能潍坊”新地标等。获奖8项：《“全融合、全链条、全要素”创新创业教学体系的构建与实践》，荣获2018年山东省职业教育教学成果奖一等奖；《齐鲁古近代自然科学成果》，获2018山东省高等学校人文社科优秀成果奖；《以‘四新’促‘四化’，打造‘智能潍坊’新地标》和《职业院校“人工智能＋创客教育”的研究》，获“潍坊建市70周年”理论研讨会优秀论文奖；参与“基于‘职场化＋信息化’的高职制造类专业工匠型人才培养模式的探索

① 参见王海林：《提升“三大能力”，做“四有”高校教师》，《科教导刊》2020年第7期。

与实践”项目，获2018年职业教育国家级教学成果奖二等奖等。组织结题16项，其中省级6项、市厅级10项。

五、特色及创新点

（一）特色

本研究以“背景分析→提出问题→找出瓶颈→理论研究→实证研究→设计方案→改革实践”为研究脉络，深入分析国内高职院校教师状况，找出高职教师培养体制存在的主要问题，提炼出问题的主要症结，明确研究的重点和难点，提炼出科学有效的解决方案，在实践中加以完善，总结经验教训，凝练出创新点，积极推广。以“研究综述”“查找短板”“搭建平台”“创新机制”四个模块为核心，全面诠释高职教师学徒制改革的理论、内涵、模式、机制等内容。

“知行合一”的双师型师资队伍是高职教育的灵魂，研究高职教师学徒制试运行模式，深入探索与现代学徒制试点同宗同源、一脉相承的青年技能型优才提升计划，强调师生在“学中做”“做中学”的相同氛围中共同成长，既符合传统教育中“师者，传道受业解惑”的基本遵循，也符合现代文明中自由、平等、守信的契约精神，是解决青年教师快速高质量上岗的有效手段。[①] 本着从应急式发展走向持续性发展的理念，重新系统设计职教师资培养体系，探寻符合教育规律、传承工匠精髓和适应时代生态的高职教师健康成长的新机制，推动“教练型”名师梯队建设，多快好省地打造“高职工匠之师”。

在全国范围内推广现代学徒制试点及企业新型学徒制大背景下，高职院校如何应对职业教育模式的变化，解决“学教不同缘，职场转身难”的难题，提高高职教师的职业能力（动手能力、创造能力和适应能力），确保大多数青年教师在较短的时间快速转型问题。对师傅（名师）而言，指挥团队协同开展教学研究、科技攻关和社会服务，比单打独斗效率高；对学徒（青年教师）而言，既能在实战中积累知识与技能，又能从师傅的言传身教中悟出职业教育的真谛，上手快；对学生而言，在受过专业化训练的老师的指导下学习，能正本清源地体验“工匠精神”的内涵，必将会受益终身。

高职教师搭台熔炼、多元育匠体系的建构，为培养造就党和人民满意的高素质专业化创新型教师队伍，打造一支具备教学能力、实践能力、教研教改能力、合作能力、学新创新能力、教学技术能力、管理能力，有理想信念、有道德情操、有扎实学识、有仁爱之心的“四有”好老师做了有益的探索。对加强高职教师队伍建设理论与实践的探索，创新相关领域的体制机制，发挥了引领辐射作用。

（二）创新点

第一，提出了“职教名师传承工程”的新理念。只有真正做到师生培养精髓与渠

---

① 参见欧小军：《双师双能型：应用型高校教师专业发展的第三条道路》，《重庆高教研究》2018年第6期。

道上同源同宗、一脉相承，才能更好地体现高职人才培养言传身教、学做一体这一独特属性的观点。

第二，创新了基于名师工作室（站）的高职教师学徒制试运行模式的学术观点，建立了“拜师→学技→达标→出徒”的四步法运行机制，年度综合考评与出徒绩效达标相结合评定的考核机制。

第三，凝练了以“跨界→借鉴→融合→出新”为路径的跨界融合法为主的特色研究方法，以专家“头脑风暴法”为主调的专题研讨会法，为找准主要问题、确立顶层设计、形成科学合理的解决方案奠定了基础。

六、成果水平和实际推广应用价值

（一）成果水平

1. 创新高职教师学徒制模式符合大力弘扬文化传承的新时代精神

习近平同志关于建设高素质专业化教师队伍的重要论述，为课题组的研究指明了方向。教师是立教之本、兴教之源，要培养造就一大批师德高尚、业务精湛、结构合理、充满活力的高素质专业化教师队伍，必须深入挖掘中华教育文化的精髓，结合当今国际教育的最新理念，全方位地进行制度创新。

2. 基于名师工作室的高职教师学徒制的探索理论上可行

现代学徒制是建立在利益相关者理论、隐性知识理论、新职业主义理论、大学知识生产范式转变理论及建构主义理论基础上发展而成，基于名师工作室的高职教师学徒制的探索是以上述理论为基础，融合德国哲学家哈贝马斯交往行为理论、协同创新理论、权变理论以及人类命运共同体理念为研究视角研究教师成长机制，符合生态成长力理论和生态成功学理论的基本观点。①

七、社会评价

（一）基于名师工作室的高职教师学徒制的试运行效果明显

项目组已经进行了3年多的探索实践，效果极为明显。工作室成员的教科研成果数量和质量、技能大赛能力以及职场化教学水平等均得到大幅度提升，所有成员均名列系（部）综合绩效考核排的前茅；学徒（年轻老师）在同时期入校的教师中脱颖而出，进步明显。

（二）项目已被评为学院2018年度、2019年度创新特色项目

专家认为，此项目对高职院校提高教学水平和教育质量、实现培养目标将会产生重大成效。在推动职业教育人才培养体系改革和教学科学管理，加强教学基本建设，

---

① 参见张翔：《现代学徒制中“三师型”教师队伍的建设研究》，《文存阅刊》2018年第5期。

改革教学质量评价模式等方面具有重大的示范作用。

（三）推广和应用案例

该研究经过3年多的探索与实践，在国内职教教师培养机制研究领域有一定的突破和创新，课题主持人曾以职教专家的身份受邀到淄博理工学校等学校做“现代学徒制研究及试点工作解读”等讲座，广受到好评。

下一步应在加强教师发展的制度建设，建立教师发展的协同模式，构建教师成长共同体，聚焦教师专业发展的四大核心能力等领域持续深耕，多视角全方位推动。

新时代加强职业院校教师师德建设探究*

仇文卿**

摘　要　师德师风建设在构建和谐社会、践行社会主义核心价值观的过程中起着重要的作用，研究教师的师德现状，切实加强教师师德师风建设，有利于适应新时代的要求，全面提升教师的素质。本文将针对当今教师的思想状况来探讨如何加强职业院校教师师德师风建设。

关键词　师德建设　职业院校　教师

在全国教育大会上，习近平总书记在充分肯定广大教师为国家发展和民族振兴做出重大贡献的同时，再次对广大教师提出殷切期望。习近平总书记强调："人民教师无上光荣，每个教师都要珍惜这份光荣，爱惜这份职业，严格要求自己，不断完善自己。做老师就要执着于教书育人，有热爱教育的定力、淡泊名利的坚守。"① 这不仅为新时代教师队伍建设指明了方向，而且还对师德师风建设提出了新的更高的要求。我们要准确对标新时代、新形势、新要求，深刻认识师德师风建设的重要性，牢记立德树人的崇高使命，引导广大教师更好地以德立身、以德立学、以德施教。

一、加强师德师风建设的必要性

教育发展，教师为本；教师素养，师德为先。师德是教师职业的灵魂，是当前教师队伍建设的首要任务。范跑跑事件、幼师虐童案、教师体罚学生等与教育相关的重大舆情热点事件频频曝光在网络上，师德师风问题一次又一次地被推上风口浪尖，成为人们关注的一个"热点"。可以说，教师队伍的道德素质和精神风貌直接关系到教育的形象和学生的健康成长，关系到国家的前途命运和民族的未来。

---

* **基金项目：**本文系 2019 年度山东省高等教育人才研究会课题"高校师德师风建设长效机制研究"（RK19-21）结项成果。

** **作者简介：**仇文卿（1972～　），山东滕州人，山东化工技师学院教务处副教授、副处长，研究方向为教学管理、师德建设。

① 《习近平在全国教育大会上强调：坚持中国特色社会主义教育发展道路　培养德智体美劳全面发展的社会主义建设者和接班人》，《人民日报》2018 年 9 月 11 日。

我国当代著名教育家叶圣陶先生曾经指出：师德的实质就是教师怎样使自己在教育活动中的行为，“有益于学校教学质量的提高，有利于学生德智体全面发展，使学生得到实际的益处”。“教师既要教书，又要育人，才会使学生真正受益”。[①] 因此，师德是一种潜在的自始至终影响学生的教育因素。师风则是教师在职业活动中表现出来的一种长期的、稳定的有鲜明指向的思想与行为的定式或习惯。简而言之，师德是教师的思想道德和人格品质，师风是教师的风范。师德师风不仅体现了教师的职业道德和教风、学风，而且还是校园文化建设的重要组成部分。它直接反映了校园的精神面貌以及校园的风气，也直接关系到学校的社会主义办学方向和人才培养目标。

随着国家对职业教育的重视，一些高职院校如雨后春笋般地成立、发展并壮大起来，培养了大批符合时代发展所需的技术型、服务型、管理型一线社会工作者，而培养这些大国高端技术技能型人才的核心是教师。师德乃师之魂，建立师德师风高尚的高职教师队伍至关重要。

二、目前职业院校教师自身存在的问题

随着社会主义市场经济的发展，教师的思想观念、利益结构、行为方式乃至心理状态等都发生了很大的变化，师德师风方面出现了一些不尽如人意的地方。

1. 思想上政治观念淡薄

有些教师对党的路线、方针、政策关注不够，缺乏政治敏锐性和责任意识，认为不是党员干部就不需要关心政治国家大事。对中共十九大精神的学习不深入，政治意识不强，大局意识不够。对学校发展中存在的暂时困难有着失望情绪。这些都会对教育教学产生不良的影响。

2. 缺乏创新精神

目前国家大力发展职业教育，山东化工技师学院把握形势乘势而上，建设千亩新校区，万人规模的学校已具雏形，学校发展就亟须招聘大量教师，许多高学历的毕业生不断涌向学校。新入职的老师普遍是专业对口的硕士研究生，大部分老师表现优秀，也有些仅仅把教师工作当作一种比较“稳定”的谋生手段，安于现状，忽视自身素质的提高。还有的教师一心只想考取编制或公务员，一旦有更好的职位就跳槽走人，进而养成了备课、上课、教学方式单调、敷衍了事的不良习惯，在教学中缺乏投入和创新精神。

3. 只教书不育人

教师应该遵循教育规律和学生成长规律，因材施教，教学相长。教书和育人本来就是一个有机整体，教师不仅要向学生传授科学文化知识，而且要自觉担负起育人的任务。教书育人的结果是使学生不仅获得知识能力，而且也树立正确的世界观、人生

① 王正平：《听叶圣陶谈师德》，《上海教育》1983 年第 11 期。

观、价值观和道德观。只教书不育人，培养出来的是危险品；只育人不教书，培养出来的是废品。有的教师在课堂上迎合学生的一些不健康的意识，发表一些偏激的观点，这无疑不利于学生树立正确的世界观、人生观和价值观。

4. 不遵守学术规范

市场经济下出现的拜金主义影响了一部分教师，使得他们的人生理想趋向于追求个人利益的最大化。实用主义的盛行，片面强调个人得失，形成了浮躁的心态，从而严重影响教学科研工作。个别教师为了评职称晋级就抄袭剽窃、篡改侵吞他人学术成果，或滥用学术资源和学术影响。《中国青年报》报道的南京某大学社会学系教授、青年长江学者梁某涉嫌学术不端、百余篇之前发表的论文涉嫌剽窃，最后认定梁某存在学术道德等师德问题且情节严重，根据教育部《关于建立健全高校师德建设长效机制的意见》《教育部关于高校教师师德失范行为处理的指导意见》《新时代高校教师职业行为十项准则》等文件精神和规定，给予梁某党内严重警告处分、行政记过处分，取消梁某研究生导师资格，将其调离教学科研岗位，终止"长江学者奖励计划"青年学者聘任合同。梁某事件在网上掀起了巨大的"风浪"，相信这次"风浪"会对国内学术界的不良风气起到警示作用。一个著名大学的教授，其造假行为足以影响众多学子，为人师者，"德高为师，身正为范"，梁某的行为完全违背了为人师者的标准。以上出现的种种问题说明，加强教师的师德师风建设已经刻不容缓。

三、关于教师师德师风建设的思考

（一）要引导教师以理想信念为魂，发挥党支部教育管理监督党员的战斗堡垒作用和党员教师的先锋模范作用

要坚持教育者先受教育，使广大教师更好地担负起学生健康成长的指导者和引路人的责任。坚持用习近平新时代中国特色社会主义思想武装头脑，坚定"四个自信"，牢记崇高使命，认真贯彻党的教育方针，把社会主义核心价值观贯穿教书育人的全过程。各级党组织特别是教师党支部作为党的特殊基层组织，要充分发挥教育管理服务党员和宣传引导凝聚党员的战斗堡垒作用。党员教师要充分发挥先锋模范作用，成为教师队伍建设的领头雁。每一位教师都要"守好一段渠，种好责任田"。推动教师学习贯彻党的十九大精神，将学习贯彻党的十九大精神纳入教师培养培训全过程，健全把骨干教师培养成党员、把党员教师培养成业务骨干的"双培养"机制。

（二）建立科学规范的师德师风考核评价体系，列出教师师德师风考核负面清单

要将师德师风考核作为教师考核的核心内容，摆在首要位置。要根据有关要求，结合学校实际，制订具体的实施细则，分学年实施，分级管理，统一登记，强化考核结果的运用，促进教师自觉加强师德师风修养。要成立由校领导和教务、工会等部门负责同志组成的师德师风建设工作领导小组，把师德师风评价作为职称晋升、工资晋级、评选先进的一个硬性指标，实行"一票否决制"，即思想道德不过关的，无论业务

水平如何优秀，都取消其参评资格。同时，也可以适当考虑教师职业道德建设等方面的教科研立项，以鼓励教师进行职业道德建设的研究。要建立健全监督制度，及时研究加强和改进师德师风建设的政策和措施，建立健全师德师风年度评议制度、师德师风问题报告制度、师德师风状况定期调查分析研判制度和师德师风舆情快速反应制度，构建学校、教师、学生广泛参与的师德师风监督体系。要建立行之有效、多种形式的师德投诉、举报平台，及时获取掌握师德师风信息，及时发现并纠正不良倾向和问题，将违反师德师风行为消除在萌芽状态。要建立健全惩处制度，认真贯彻落实教育部制定的《高等院校教师违反职业道德行为处理办法》等，明确教师不可触犯的师德师风禁区，列出教师师德师风考核负面清单，并采取相应处理办法。学校发现教师可能存在上述清单行为的，应当及时组织调查，核实有关事实，视情节轻重相应给予批评教育、诫勉谈话、责令检查、通报批评直至相应行政处分。对危害严重、影响恶劣者，要坚决清除出教师队伍。

（三）选树师德标杆，打造黄大年式的教师团队

榜样的力量是无穷的，学校要树立身边的典型，学校工会要充分发挥作用，在全校范围大力组织评选并宣传师德先进个人，充分发挥榜样的示范作用，以此来激发广大教师形成良好的职业道德。把教书育人楷模、一线优秀教师等请进课堂，用优秀教师的感人事迹诠释师德师风内涵，切实增强师德师风教育效果。要充分利用教师节等重大节庆日、纪念日等契机，集中宣传教师的地位和作用，树立优秀教师先进典型，营造尊师重教的浓厚氛围。评选黄大年式教师团队，设计标识，开展挂牌，引领示范，将宣传、表彰与支持相结合，探索建立教师团队可持续发展机制。

回国7年间，黄大年带领由院士、大学校长、研究所所长等400多名高级别研究人员组成的团队协同攻关，创造了多项“中国第一”，为我国“巡天探地潜海”填补了多项技术空白，以他的团队研制出的我国第一台万米科学钻——“地壳一号”为标志，配备自主研制综合地球物理数据分析一体化的软件系统，我国的深部探测能力已经达到国际一流水平，局部处于国际领先地位。国际学界惊叹中国正式进入“深地时代”。在回国整整6年的那一天，黄大年写下的文字读起来仍让人感慨：“从海漂到海归一晃18年，得益于国家强大后盾，在各国才子强强碰撞的群雄逐鹿中从未言败，也几乎从未败过！拼搏中聊以自慰的追求其实也简单：青春无悔、中年无怨、到老无憾。”通过这些活动，也可以形成一种“树先进，力争上游”的良好的氛围。

（四）学校关爱教师，教师关爱学生

苏联教育家马卡连柯说过：“爱是教育的基础，没有爱就没有教育。”爱是师德内涵，表现在外在形式则是高度的责任意识与强烈的责任心。爱与责任不仅仅体现在生死关头的抉择，而且还体现在教师的日常教育教学活动中。学校形成尊师重教的氛围，让教师能真正安安心心、心无旁骛地从事教育教学工作，要想更好地激发广大教师加强师德师风建设的自觉性，必须把依法维护教师合法权益放在首要位置。学校为优化

教师队伍结构，提高整体师资水平，提高办学质量所推行的一系列教育教学改革措施必然会对教师的切身利益产生重大影响，必须尽可能地减轻他们所承受的精神和物质压力。总之，只有把深化改革同维护教师合法权益有机地结合起来，才能更好地调动教师的积极性。要仁而爱人，疏浚师德之源。对事业的追求热爱、对学生的真心关爱，是师德之源泉。有爱才有责任，有爱才有教育。我们常说干一行爱一行，做教师首先要热爱教育工作。如果缺少对教师身份的热爱和敬畏，缺少教书育人的责任感和使命感，身在学校却心在外，在金钱、物欲、名利同人格的较量中把握不住自己，那不仅当不好教师，而且还有愧于人民教师的这一神圣的称谓。师爱与父爱、母爱一样，是一种无私的爱，一种严慈相济的爱，一种一视同仁的爱，是只讲付出不计回报的、真挚的、广泛的爱。学生一旦体会到这种感情，就会“亲其师”，从而“信其道”，教育便得以实现其根本的育人功能。

（五）加强教师自身教学水平的提高

提升教师教育质量。推进“卓越教师培养计划”，启动“教师教育在线开放课程建设计划”，提倡教师磨炼“三字一话”，强化教学基本功训练，示范引领高素质教师培养。要专心治学，牢筑师德之基，向学生传授知识，培养学生的学习能力是教师的基本职责，要实现这一职责必须以渊博扎实的知识为前提。《庄子·逍遥游》中指出：“水之积也不厚，则其负大舟也无力。”知识储备不足、视野不够，教学中必然捉襟见肘，更谈不上游刃有余。北宋史学家司马光说：“才者，德之资也；德者，才之帅也。”高尚的师德为知识的运用指明方向，而精湛扎实的学识又是践行师德的基础，两者相辅相成，相互促进。

教师不仅应该教书育人，而且还应该以身作则、率先垂范，以自己的人格魅力感染学生，这一点更为重要，因为教师的人格力量对学生心灵塑造的影响是十分巨大的，甚至说可以影响到学生的人生轨迹。这就要求广大教师刻苦钻研、严谨治学、勇于创新、奋发进取，崇尚科学精神，树立终身学习的理念，不断学习新知识、新技能、新技术，扩充自身的知识结构，更新教育思想观念，改革教学内容、方法、手段；要注重培养学生的主动精神，鼓励学生的创造性思维，不断提高教书育人的本领和教学质量；要养成求真务实和严谨自律的治学态度，真正做到为人师表。

师德师风建设是一项系统工程，又是一项长期而艰巨的工作，必须加强党的领导和思想政治工作，同时把解决教师的思想问题与解决教师面临的实际问题有机地结合起来，持之以恒，久久为功，务求实效。

作为肩负着重要使命和责任的教师，要做到坚定的理想信念与崇高的敬业精神的统一，深邃的学术魅力与高尚人格力量的统一，良好的师德风范与坦诚的真挚情感的统一，重视师德师风建设，不忘教育工作初心和使命。教育是国之大计，也是党之大计。围绕培养什么人、怎样培养人、为谁培养人这一中心工作，坚持立德树人，是教师永远不变的初心。

“三全育人”视域下高校辅导员与思政课教师协同育人机制构建探析*

徐希敏　苏娜娜　李文娜　王文姮**

摘　要　高校辅导员与思政课教师是大学生思想政治教育的中坚力量。构建高校辅导员与思政课教师协同育人机制，有利于整合教育资源，充分发挥优势互补，落实“三全育人”的大思政格局。当前，这种协同育人机制还存在许多问题，需要通过部门协同、搭建平台、确立制度保障等方式使两支队伍真正协同起来，形成思想政治教育工作的强大合力，以增强思想政治教育的针对性和实效性。

关键词　“三全育人”　高校辅导员　思政课教师　协同育人

教育强则国家强。为了实现中华民族伟大复兴的中国梦，习近平同志指出：“我们对高等教育的需要比以往任何时候都更加迫切，对科学知识和卓越人才的渴求比以往任何时候都更加强烈。”① 以习近平同志为核心的党中央高度重视高等教育发展，习近平同志在高校思想政治工作会议上指出：“思想政治工作从根本上说是做人的工作，必须围绕学生、关照学生、服务学生，不断提高学生思想水平、政治觉悟、道德品质、文化素养，让学生成为德才兼备、全面发展的人才。”② 中共中央、国务院、教育部也出台了一系列的配套文件，构建出“三全育人”大思政格局，为开展新时代思想政治教育指明了新方向，也为高校辅导员与思政课教师的协同育人提供了新思路。

作为高校思想政治教育一线的两支重要队伍，高校辅导员与思政课教师长期以来

---

* **基金项目**：山东中医药大学研究阐释党的十九届四中全会精神专项课题“‘三全育人’视域下高校辅导员与思政课教师协同育人机制构建研究”（SZQH202007）、山东中医药大学2019年教育教学研究课题“‘三全育人’背景下‘课程思政’的时代价值与实践路径研究”（ZYSZ2019019）。

** **作者简介**：徐希敏（1990～　），山东济南人，山东中医药大学讲师、学生工作处学生教育科科长，研究方向为思想政治教育；苏娜娜（1980～　），山东淄博人，山东中医药大学学生工作处副处长，副教授，研究方向为思想政治教育；李文娜，（1992～　），山东济南人，山东第一医科大学辅导员、助教，研究方向为思想政治教育；王文姮（1972～　），山东泰安人，山东中医药大学教授、党委宣传部部长，研究方向为思想政治教育。

① 《习近平总书记在全国思想政治工作会议上的讲话》，《人民日报》2016年12月9日。

② 《习近平谈治国理政》第2卷，外文出版社2017年版，第377页。

分属于不同的部门，在工作中各自履行工作职责，存在缺乏及时有效的沟通合作、不能很好地互相支持的现象。随着二者联系更加紧密，构建高校辅导员与思政课教师协同育人机制成为必然趋势。这也有利于推进双方的合作共赢，有利于实现新时代思想政治教育工作的创新改革，有利于促进学生的全面成长。

一、高校辅导员与思政课教师协同育人的重要意义

（一）整合优化教育资源，打造思想政治教育“同心圆”的新方式

高校辅导员和思政课教师的教育群体都是广大青年学生，其工作内容都是进行大学生思想政治教育，工作目标都是培养德智体美劳全面发展的社会主义建设者和接班人，二者共同的教育对象、工作内容和目标都是进行协同育人的先决条件。面对国家提出的协同创新战略机遇，构建高校辅导员与思政课教师的协同育人机制，是高校深化体制机制改革、加强育人平台建设、整合优秀教育资源、全面提高人才质量的重要举措。二者在育人过程中要坚持立德树人的根本任务，紧紧抓住学生思想政治教育这一生命线，引导广大学生坚定理想信念，切实提高学生的思想素质、道德水平和专业能力。

（二）充分发挥优势互补，协调德育智育短板的内在需求

2017 年 9 月，《普通高等学校辅导员队伍建设规定》（教育部第 43 号令）指出，辅导员应当坚持育人为本，不断提高学生的思想水平和道德品质，引导学生成为德才兼备、全面发展的中国特色社会主义建设者和接班人。① 从工作职责来看，辅导员的首要职责便是关注学生成长成才和心理健康发展，加强学生思想政治教育，简而言之是开展大学生的德育工作；思政课教师作为专业教师，其首要职责是传授学生专业知识，侧重于智育方面。德育和智育作为学生成长为德智体美劳全面发展的重要组成部分，具有不可分割的联系，二者在教育教学过程中相辅相成、优势互补，才能使思想政治教育贯穿于整个教学过程，渗透到学生学习生活的每个角落。

（三）落实“三全育人”，是促进大学生全面发展的必然选择

《加强和改进新形势下高校思想政治工作的意见》中提出，要坚持全员全过程全方位育人。大学生思想政治教育是个系统工程，贯穿于教育教学的全过程，必须发挥各支队伍的育人合力，避免“孤岛”效应。高校辅导员与思政课教师协同育人发展，有利于融合打通第一课堂与第二课堂的壁垒，让思政课贯穿课上课下，实现课程教育与日常教育的有机衔接，使课堂教育与社团文化活动、志愿服务、社会实践有机地结合起来，使思想政治教育真正走进学生心里，促进学生德智体美劳全面发展。

---

① 参见教育部：《普通高等学校辅导员队伍建设规定》（教育部令第 43 号），2017 年 9 月 21 日。

二、辅导员与思政课教师协同育人问题分析

当前，高校辅导员一般由学校、学院两级管理，学生工作处统筹全校学生教育管理、辅导员队伍建设工作，二级学院通过辅导员直接管理学生的学习生活；思政课教师一般隶属于马克思主义学院直接管理。两支队伍分属于不同的职能部门，工作内容相对独立，工作沟通交流相对缺乏，在当前局面下不易形成协同育人的体制机制。

（一）协同育人的理念尚未形成

在传统教育理念中，辅导员负责学生思想政治教育和学生事务管理，参与第一课堂的教育教学较少；思政课教师负责教授学生相关专业知识，参与学生第二课堂的社团活动、志愿服务等较少。大多数学生也认为辅导员与思政课教师的职能是分割开来的，存在重智育、轻德育的现象，没有形成育人合力。

（二）协同育人的机制尚未形成

当前，各高校对思政课教师的考核评价主要集中在教学任务以及科研成果上，对大学生社团活动、志愿服务等第二课堂的活动缺乏参与的积极性和主动性。同时，辅导员事务性工作繁多，在日常工作中为学生事务管理所束缚，很少有机会能沉下心来参与第一课堂的教育教学工作，思想政治教育理论水平很难得到系统全面的提高。协同育人机制在顶层设计上还未建立，尚无理顺二者合作沟通的有效方法。

（三）组织保障和激励机制尚未形成

随着“三全育人”教育理念的提出，加强高校辅导员与思政课教师的合作配合已经引起重视。但在实践层面上来看，只有部分高校在二者协同育人方面进行了一定的实践探索。多数高校还未真正重视两支队伍的协同配合，职责考评都是并列分开的，没有形成有效的组织保障和激励机制。

三、高校辅导员与思政课教师协同育人机制构建的实践路径

（一）转变育人观念

高校思政课教师首先要转变传统的育人观念，要从“要我教”到“我要教”，将第一课堂里的知识传授与育人理念结合起来。在做好专业知识教育教学之外，还要积极参加学生第二课堂的社团实践活动和志愿服务活动，加强与学生的沟通交流，了解学生日常生活学习情况，解决学生遇到的思想困惑，真正将思想政治教育以春风化雨、润物无声的方式对学生产生潜移默化的影响。辅导员要不断加强学习，提高自身专业水平和职业能力，不断提升思想政治教育的理论水平，坚持以立德树人为核心，关注学生在第一课堂的学习情况，保证学生的身心健康成长。

（二）搭建沟通平台

在日常的思政课教学中，鼓励辅导员参与思政课课堂教学活动，关注学生在思政

课课堂上的表现，提高课堂出勤率，减少“低头族”；通过班级学风建设，加强课堂教学信息沟通与反馈。同时，辅导员在工作实际中探索出的与学生生活和学习息息相关的思想政治教育管理案例，也可以为思政课教师的课堂教学提供素材，帮助思政课教师把握学生最新的思想动态和学习生活情况。高校搭建良好的沟通平台，可使二者加强沟通与交流，用学生喜闻乐见的方式方法创新丰富教育内容，做到思想政治教育管理双促进、两结合。

（三）构建双向兼职机制

《中央宣传部、教育部关于印发〈普通高校思想政治理论课建设体系创新计划〉的通知》（教社科〔2015〕2号）指出：“鼓励支持辅导员、班主任骨干兼任思想政治理论课教师，鼓励支持思想政治理论课教师从事辅导员、班主任工作，推动两支队伍的有机融合。”两支队伍的双向兼职，可以提升辅导员自身的理论水平和专业素养，为思政课队伍注入新鲜的活力。辅导员全面了解学生在第一课堂的表现，有利于切实掌握学生成长成才规律，开展日常思想政治教育工作；参与学生第二课堂的活动，可以改变思政课教师的刻板印象，有利于用学生喜闻乐见的方式开展思想政治课堂教学工作。

（四）确立制度保障

高校要坚持立德树人的根本任务，以学生发展为中心，加强顶层设计，构建“三全育人”的工作体制。由分管意识形态工作的校领导总体负责沟通协调，使分管辅导员的学生工作处与分管思政课教师的马克思主义学院之间建立畅通的沟通协调制度。通过开展高校辅导员与思政课教师的工作沙龙、座谈会等形式，学习党和国家最新的方针政策，掌握学生最新的思想学习状态；对特殊群体的学生及时给予关心关注。要加强二者的沟通交流，推动两支队伍协同育人的常态化发展。

总之，高校辅导员与思政课教师协同育人是坚持立德树人根本任务、落实“三全育人”大思政格局的基础和着力点，是一项系统工程和长期工程，需要各方协同配合，沟通合作。对各高校而言，这也是一种新的尝试。面对在协同育人过程中可能出现的问题，协同育人的体制机制也需随着学生的成长需求和时代的变化，在实践中不断改进完善，从而提高思想政治教育的时效性和针对性，助力学生成长为德智体美劳全面发展的社会主义建设者和接班人。

人才培养

以文化人　以文育人　培养新时代高素质人才

——以山东中医药大学为例

李瑞国　王文姮*

摘　要　本文介绍了中医药文化“以文化人，以文育人”的高素质人才培养模式，从打造教育理念系统、行为规范系统、形象标识系统、校园环境系统等入手，通过建立教学课程体系、精神文化体系和实践育人体系等实现高素质人才培养，彰显了中医药文化在校园环境、“课程思政”、思政教育等方面的育人特色。

关键词　以文化人　以文育人　高素质人才　中医药文化

中医药文化是中医药学的根基和灵魂，是中医药事业持续发展的内在动力，是中医药学术创新进步的不竭源泉，也是山东中医药大学凝聚力量、振奋精神、彰显形象的重要抓手。近年来，学校高度重视中医药文化建设和发展，致力于推动齐鲁中医药文化传承与传播，着力塑造具有中医药特色的文化品牌，充分发挥中医药文化以文化人、以文育人的作用，努力构建优秀的中医药文化建设体系，不断提升中医药文化影响力和传播力，对培养高素质人才起到了非常重要的作用。

一、打造中医药文化“以文化人，以文育人”四大系统

（一）教育理念系统

教育理念是“以文化人，以文育人”，培养新时代高素质人才的核心内容，主要包括对学校教育理念、办学指导思想与特色、学校优良传统、校园文化底蕴等的诠释、宣传与学习贯彻，使之能够成为师生共同遵循的内心准则。

（二）行为规范系统

行为规范主要包括教风、学风、考风建设，教职工行为规范、学生行为规范、校园道德风尚建设以及文化科技活动、学生社团活动、校园文体娱乐活动等规范制度的

* **作者简介**：李瑞国（1978～　），山东肥城人，山东中医药大学副教授、宣传部副部长，研究方向为思想政治教育；王文姮（1973～　），山东肥城人，山东中医药大学教授、宣传部部长，研究方向为思想政治教育。

建设，成为师生共同遵循的行为规范。

（三）形象标识系统

学校形象标识是指能生动形象地体现学校特色和教育理念的基本视觉标识。山东中医药大学在2017年建设形成了包括校标、校徽、校旗、校歌、校名标准字体、标准色、主体雕塑以及办公用品、公共设施、校园服饰等标识的设计与使用规范体系，成为师生共同遵循的工作标准。

（四）校园环境系统

校园环境主要包括校园绿化、美化的中医药文化要求，校园楼房、道路、人文景观、公共设施建设的中医药文化要求，教室、宿舍、餐厅、图书馆、实验室、办公室等室外环境的中医药文化要求等，成为师生共同享有的工作生活氛围。

二、建设中医药文化“以文化人，以文育人”三大体系

（一）建设“以文化人，以文育人”教学课程体系

课程是高校组织教育教学活动的重要手段，也是实现思想政治教育目标的重要途径。根据学校专业情况，深入研究新时代大学生思想政治教育的规律和特点，推动以“课程思政”为目标的课堂教学改革，梳理各门专业课程所蕴含的思想政治教育元素和所承载的思想政治教育功能，融入课堂教学的各环节，优化课程设置，完善教学设计，实现思想政治教育与知识体系教育的有机统一，实现了必修与选修课程相结合、基础与专业教育相结合、理论与实践教育相结合。

在课程建设方面，山东中医药大学着力构建以思想政治理论课为立足点，以其他通识教育课程、专业课程为契合点，全方位渗透思想政治教育内容体系。思想政治理论课程群包括“马克思主义基本原理概论”“毛泽东思想和中国特色社会主义理论体系概论”“中国近现代史纲要”“思想道德修养与法律基础”“形势与政策”。其他通识教育课程群包括大学英语、大学语文、医学伦理学、医患沟通学、中国古代哲学等10多门通识教育课程供本校学生修习。专业课程则根据自身的教学内容，融入思想政治教育的内容，将思政教育如春雨润物般对学生产生潜移默化的影响。如中医类课程结合齐鲁文化和中医药文化等内容，西医类课程则结合科学精神、科学家的成长轨迹和严谨治学等进行讲授。为保证通识课程和专业课程思政教育的效果，山东中医药大学组织教师进行专题培训，帮助教师在敢讲、能讲、会讲的基础上讲好并取得实效。在实际教学中，注重培养通识课和专业课教师的一岗双责意识，每门课程都要制定德育教育实施纲要，以保证将“课程思政”落到实处。

在思政理论课程教学方面，结合时代的特点，不断完善“模块化”思想政治教学方式，倡导研究型和互动型教学，并重视开发新媒体的教学功能。根据教材内容分割模块，将每一模块作为专题，通过网络辅助学生学习。开展研究型教学模式，以问题

为导向，结合学生思想实际，讲透理论热点，激发学生兴趣，回应学生困惑。在互动型教学中，搭建课外互动网络平台，精心设计课堂互动活动，实现课程教材体系向教学体系，认知体系向信仰体系，观念体系向实践体系的转化。同时，在思政课教学中融入中医专业知识等相关内容，对树立学生的专业自信起到事半功倍的效果。如在“思想道德修养与法律基础”课程教学中，结合齐鲁文化和中医药文化等优秀传统文化，选择古今名医医德修养、国医大师成功之路的案例，引导当代大学生树立崇高的理想，培养高尚的职业道德，突出社会主义核心价值观教育。这一模式重在自然融入，推进了立德树人与以文化人的结合、思想政治理论教育与中华优秀传统文化教育的结合、思政课教学与专业教学的结合，把提升大学生的思想水平、政治觉悟、道德品质、文化素养、专业素质融为一体，不仅提高了学生的到课率、课堂上的抬头率，而且还增加了学生们的点头率。

学校近年来编著出版了《齐鲁非物质文化遗产丛书·传统医药》《齐鲁诸子名家志·扁鹊、仓公、王叔和志》等文化学术著作，深化了齐鲁医学流派研究；编写出版了《中医文化论丛》《中国古代医学教育与考试制度研究》《易经读本》等一系列著作，先后开设了“中国古代思想史”“中国古代要籍选读”等课程；面向全校开设了“中国古代哲学史”“周易概说”“老庄通论”“鸟图腾——东夷文化与中医研究”“汉画像石与中医文化概说”“考古发现与中医学”“传统医学法律保护”等多门选修课，起到了很好的育人效果。

（二）建设“厚德怀仁，博学笃行”精神文化体系

学校师生深受包括齐鲁优秀传统文化在内的中华优秀传统文化的影响，特别是“仁”“和”等思想文化价值精髓，对学校办学特色的形成和独具特色的校园文化建设都起到了潜移默化的影响。一直以来，坚持将校园文化建设与学校独特历史文化积淀中的核心精神内涵相结合，大力弘扬中华优秀传统文化和齐鲁优秀传统文化的核心价值理念，逐步确立了“厚德怀仁，博学笃行”的校训，始终坚持育人为本、德育为先，坚持以培养品行端正、基础厚重、有较强实践能力和创新意识的中医药人才为根本任务，逐步树立起“崇德守仁，重学尚实，德术并重”的人才培养理念。

结合中医院校特色，山东中医药大学深入阐发弘扬学校校训“厚德怀仁，博学笃行”的中医药文化思想。校训是学校中医文化的高度凝练，充分反映了中医药人仁恕博爱、廉洁淳良、精勤不倦、博及医源的价值追求，既承载着中医教育的梦想，也凝聚着中医育人的信念，是山东中医药大学的文化标志和精神符号，也是教育人、感染人、熏陶人的重要资源和宝贵财富，启迪和激励着学校每一代中医药学子。学校通过开学典礼、毕业典礼等重大活动，深入阐发、大力弘扬校训精神，推动具有中医药特色校园文化的培育。学校充分发挥校园媒体弘扬中医药优秀文化的主流引导作用，校报长期邀请国医大师、中医科普专家开设《百草》《药苑平谈》等中医药文化特色栏

目，深受广大读者喜爱。学生利用所学专业知识，创办了《涌泉》《齐鲁杏苑》《杏花语》《药苑》等学校内部学术刊物。同时，学校还创办了《读书人》电子杂志，并以此为平台开展了丰富多彩的学术沙龙等系列科技文化活动。

（三）建设“以文化人，以文育人”实践育人体系

“以文化人，以文育人”需要理论教育、载体和途径，也需要实践体验，将思想政治教育渗透到中医学生的实践活动中，在真实场景中体会人生的价值和意义，更具震撼力。学校中医学生的社会实践活动已开展多年，基本模式已经定型。比如，邀请知名学者开设讲座、定期举办的“诸子风采”讲坛、“三下乡”活动等。在现有模式的基础上，创新活动内容和活动模式。比如，依托现有学生“三下乡”活动、假期实践、社会调查、社团活动等，使其在实践中了解国情，认识社会，改造自我，提升素质。学校一直将志愿服务作为育人工作的重要载体和青年学生成长成才的重要途径，开展形式多样、内容丰富的青年志愿者服务活动，为大学生接触社会、了解社会、服务社会和实现自身价值提供了广阔的舞台。广大学生在亲身实践中、在与社会的密切互动中坚定了理想信念，提升了思想道德素质，增长了知识才干。

志愿服务活动一直是学校思政教育体系的实践活动，是学校育人工作的有力平台。比如，学校爱心社、推拿协会等大学生青年志愿者服务队，每年寒暑假都组织融学习、服务、奉献为一体，点、线、面有机结合的青年志愿者“三下乡”社会实践活动，使课堂教学在社会实践中得以拓展和延伸，建立起全方位、开放式、知行统一的教育机制，育人效果显著。在第十一届全运会中，学校志愿者以周到细致、热情专业的服务态度，精益求精、严谨务实的工作标准，吃苦耐劳、顽强拼搏的奉献精神，展现了全校师生的亮丽风采和学校的综合实力。青年学生通过参加志愿服务活动，与不同社会阶层、不同职业的人打交道，丰富了大学生的人生体验和经历，能够对社会发展和社会生活作出客观判断，既拓宽了自己的生活圈子，又深切体验了社会和人生，促进个人成长成才。

学校加强实践教学，强调个别指导，开发省内外多个教学实践基地，不断拓展文化思政教学体系实践活动，构建了课内、课外、校内、校外四位一体的实践机制，特别是学生在医院实习，以名老中医带徒形式，强调大医精诚，“一对一”教学注重以身示范作用，取得很好的效果。

三、形成中医药文化“以文化人，以文育人”四大特色

（一）打造浓厚中医药特色的校园环境文化

学校结合地域文化特色，充分整理齐鲁中医文化资源，建设成为全国、全省中医药文化宣传教育基地和山东省中医药健康旅游示范基地。齐鲁大地作为儒家文化的发祥地，中医文化璀璨，自古以来，名医辈出，扁鹊、淳于意、王叔和、徐熙、钱

乙……他们的名字在中国医学史上千古流传。齐鲁中医深受齐风儒韵的浸染，齐鲁中医文化对中医药的发展具有历史性的影响，成为中医文化的重要流脉。位于齐鲁文化腹地、扁鹊故里的山东中医药大学，把齐鲁中医文化作为优质的德育资源，全面整理齐鲁中医文化，将之融入中医药教育，使中医药教育更具特色，更符合立德树人的要求和中医药文化建设。

积极做好展示学校校史、医学史、中药标本等工作的山东省中医药博物馆布展工作，精心设计和打造具有中医药文化特色的人文景观，改造文化长廊，为校园中医药花草树木悬挂铭牌，营造良好的校园文化环境氛围。校园建设整体设计科学，校园总体布局合理，各类设施齐备，标识醒目，充分体现了校园可持续发展与文化传承。学校加强校园景观建设，突出环境育人功能，修建中医药文化长廊，设立扁鹊行医塑像，开辟了中医药主体园林景观建设，在宣传栏、餐厅、教学楼、润园等张贴中华名医肖像图和励志名言，使校园的花草树木和砖瓦墙壁都承载着厚重的中医药文化积淀。学校设立校园开放日，开展“万名中小学生进校园”活动，打造成知名的全国、全省中医药文化宣传教育基地。科学运营山东省中医药博物馆，打造成为山东省中医药健康旅游示范基地，借助多样化平台开展中医药知识和文化传播。重视和利用社会媒体的舆论传播作用，面向不同人群开办各类中医药文化讲坛。加快学校形象标识系统建设和数字文化、网络文化建设，大力宣传学校先进事迹和典型经验，讲好中医药故事，传播好学校声音，不断提高学校的社会知名度和影响力。

（二）构建具有浓厚中医药特色的“课程思政”教育体系

构建具有浓厚中医药特色的思想政治理论课、其他通识教育课程、专业课程三位一体的“课程思政”教育体系，将高校思想政治教育融入课程教学和改革的各环节，实现立德树人、润物无声。“课程思政”充分体现了每一门课程的育人功能和每一位教师的育人责任，提高全体教师育德能力和育德意识，有助于改变专业教师“只教书不育德”、思想政治教育教师单兵作战的“孤岛”现象，使思想政治教育从专人转向人人，使思想政治理论教育与专业教育协调同步、相得益彰，真正实现在课堂教学主渠道中全员、全程、全方位立体化育人。在各门课程中都尽可能地融入中医药文化元素，让学生在传统文化特别是中医药文化浸润下提高思想道德素质、政治素质。

（三）打造浓厚中医药特色思政教育新格局

把“思政文化”作为承载体，习近平总书记指出：“文化的力量……成为经济发展的‘助推器’、政治文明的‘导航灯’、社会和谐的‘黏合剂’。”① 以立德树人作为“以文化人，以文育人”思政教育建设的根本任务，以制度文化、行为文化、物质文化作为思政教学体系的重要载体和途径，把传承和创新中华优秀传统文化、中医药文化作

① 习近平：《之江新语》，浙江人民出版社2007年版，第149页。

为精神基因，特别是加强社会主义核心价值观教育和齐鲁文化、中医药文化的教育，注重与社会主义先进文化相结合，浸润、感染、熏陶，用形式多样、健康向上、格调高雅的校园文化活动和社会实践活动助力学生。

（四）有效解决思政教育中亟待解决的三个问题

目前，在培养高素质人才的思路格局、教育内容、方式方法上还存在一些问题，亟待改进和加强。如思路“偏窄”，全员参与意识不强；格局“偏小”，全员全过程育人机制有待完善；内容“偏薄”，容易只停留在思政课程上，与专业知识结合不密切；方式方法“偏旧”，打造和利用新平台不够，“以文化人，以文育人”不明显；等等。充分发挥中医药文化“以文化人，以文育人”的作用，可以解决好以下四个方面的问题：

1. 思想认识问题。对思政教育重要性认识不够、重视不足，尤其是对教育的目的、意义认识不足，将思政教育等同于思政课，作为一般的必修课来设置和学习。

2. 课程安排问题。思政课程教学安排不尽合理，实践教学不足，缺乏教学相长、良性互动。“课程思政”尚未完全贯穿于专业课教学中。

3. 教学师资问题。师资数量不足，多数高校达不到1：350～1：400的师生比，中青年教师数量普遍偏高，教师教学压力大，发展空间有限，制约了教师积极性的发挥。

4. 资源配置与利用问题。高校思想政治教育工作体系中，党政工团各个工作系统与思政课教学根据各自职能分工开展工作，相互沟通配合不够，影响教育合力的形成。

以产教融合助推应用型人才培养

杨文凯　胡贝贝*

摘　要　高质量发展必须要有高质量的人才供给，面对人才教育供给与产业需求之间的重大结构性矛盾，深化产教融合是社会、学校、企业和人才发展的共同需求。推动产教融合就是要以对接产业发展为先导，以系统培养技术技能为基础，强化实践教育，打破藩篱分割，开展合作育人。从操作层面看，要积极探索“产业学院”等教育组织创新，系统化考虑产教融合、合作育人各个利益方的关系，使各方通过发挥协同优势，把育人的需求和产业的发展过程紧密地结合起来，使人才的培养和生产的实际结合起来，让教育嵌入产业中来，相互融合，盘活资源，激发效能，为现代产业体系培养出务实管用的应用型人才。

关键词　超值思维　产教融合　应用型　人才培养

党的十九大以来，高质量发展成为时代的主题，要求经济社会各领域在转方式、调结构、稳增长上更新发展理念，做出新努力。作为驱动和服务经济社会发展的重要力量，高等教育自身的高质量发展及其路径十分值得关注探索。

我们越来越清晰地看到，扎根中国大地办大学的一系列探索更加科学和务实，培养符合我国经济社会发展所需的人才是当前和今后时期高校的核心使命和历史重任。党中央、国务院印发的《关于深化产教融合的若干意见》（国办发〔2017〕95号），要求用10年左右时间，教育和产业统筹融合、良性互动的发展格局总体形成，人才教育供给与产业需求重大结构性矛盾基本解决，将深化产教融合上升为我国推动高等教育高质量发展的重要制度安排和战略性举措，为实现高质量发展提供宝贵的历史契机和改革发展路径。

一、产教融合是破解人才供需结构性矛盾的必由之路

在经济社会高速增长的时期，由于外部因素和改革红利，人才需求的空间巨大，

---

* **作者简介**：杨文凯（1977～　），陕西富平人，山东青年政治学院现代服务管理学院、银丰资产管理学院院长，研究方向为服务营销、服务管理和高等教育。胡贝贝（1993～　），安徽宿州人，山东青年政治学院现代服务管理学院教师，研究方向为服务管理、康养旅游。

“卖方市场”思维模式下的高等教育没有完全建立质量观念，人才供给的数量、类型、层次和适用性还不够精确，各个高校的生存和竞争始终局限于教育领域内部。然而，在高质量发展时代，中低速增长成为显性特征，各行各业的转型和竞争更加剧烈，企事业单位效益效能意识更加强烈。人才作为第一资源的观念更加鲜明和坚定，每个区域和单位对创新型、应用型人才产生了更加强劲的需求。① 但一些高校在某些方面仍然没有摆脱精英教育的羁绊，按照科学的要求而不是按照社会和用人单位的要求培养学生，学生毕业即失业现象突出，大量的高校毕业生面临很大的就业压力。

与此同时，由于各种原因，很多高校特别是地方高校对自身定位认识不清，在近年来的办学过程中对区域经济社会发展的关注度不高，远离行业甚至偏离行业需求办学。有的高校一味固守传统思维，向研究型大学靠拢；有的高校闭门造车，开办了一些落后专业；还有的高校不切实际，仍然专注于规模的扩张……这些都造成了办学资源短缺、竞争力普遍偏弱、国际化程度偏低、自身特色不明显等问题。挖掘其背后的原因，则是对经济社会关注度不高，对经济运行规律和社会发展形势把握不准，对立足现实培养人才、开展研究的战略定力和部署做得还不到位。②

因此，人才培养供给侧和产业需求侧在结构、质量、水平上仍不能完全适应，“两张皮”的问题依然严峻。这种结构性矛盾引起了国家的高度重视，《关于引导部分地方普通本科高校向应用型转变的指导意见》（教发〔2015〕7 号）、《深化人才发展体制机制的意见》（中发〔2016〕9 号）、《关于深化教育体制机制改革的意见》（2017 年 9 月 24 日）、《关于深化产教融合的实施意见》（国办发〔2017〕95 号）、《国家职业教育改革实施方案》（国发〔2019〕4 号）、《建设产教融合型企业实施办法（试行）》（发改社会〔2019〕590 号）、《国家产教融合建设试点实施方案》（发改社会〔2019〕1558 号）等一系列文件相继出台，从不同角度、不同领域、不同层次纷纷提出要提高学校对产业转型升级的贡献率，推动健全市场导向、社会资本参与、多要素深度融合的成果应用转化机制，着力建立产教融合、校企合作的新体制，全面提高应用创新和技术技能人才。

二、产教融合培养人才的“点”上交叉到“链”式融合

从 2005 年全国职教工作会上“校企合作”的提出，到 2013 年中共十八届三中全会在党的报告中“产教融合”的最早出现，再到党的十九大的深入要求，“产教融合，校企合作”成为近年来促进高等教育、职业教育发展，加强创新型人才和技术技能人才培养模式一脉相承的重要决策。

---

① 参见潘玉驹、廖传景：《基于社会需求的应用型本科人才培养及评价》，《高教发展与评估》2014 年第 5 期。

② 参见张旺等：《人才培养模式的现实反思与当代创新》，《教育研究》2015 年第 1 期；柳友荣等：《应用型本科院校产教融合模式及其影响因素研究》，《中国高教研究》2015 年第 5 期。

可以说，产教融合脱胎于校企合作，但是无论从内涵还是形式上都高于校企合作。校企合作是学校为了实现人才培养目标接近企业，寻求与企业联合办学的教育策略；而产教融合是在校企合作的基础上，通过学校教育教学过程与企业生产过程的对接，是融教育教学、生产劳动、素质养成、技能提升、科技研发、经营管理和社会服务于一体的行为或过程。产教融合的本质是以对接产业发展为先导，以系统培养技术技能为基础，强化实践教育，打破藩篱分割，开展合作育人。产教融合是校企双向互动与整合的过程，校企交往由单向自发走向双向自觉，具有较高的交融性和稳定性特点。可见，产教融合不再是“点”上的接触和暴发，而是“链”的布局和融合，是在产业和教育渗透融合的格局与机制下，各类相关要素有序重组所形成的多主体、多层次、多维度的生态系统。①

从政策层面上看，《国务院办公厅关于深化产教融合的若干意见》对于产教融合的生态链部署非常系统。一是提出产业链、创新链、教育链、人才链“四链对接”的基本要求。二是明确了政府、企业、社会组织、行业“四位一体”的深化产教融合的体系，政府要统筹同步规划，落实“放、管、服”改革要求；企业是重要主体，提出了“引企入教”改革的系列举措；人才培养改革为突出主线，提升教育、教学和管理、服务质量；行业和社会组织发挥供需对接作用，促进中介组织和服务型企业催化。三是构建了“三维度”的协同推进机制。学校从实施产教融合工程、完善招考配套制度、加强学校治理结构、创新教育培训服务入手；企业注重拓宽企业参与途径，深化引企入教改革，开展生产实习实训，推进创新成果转化；社会组织着手强化行业协调，规范市场服务，打造信息平台，健全第三方评价，促进供需双向对接。

产业链、创新链、教育链、人才链——这四个纵向并行的链条如果仍然是平行的，无法产生融合协同的效应，其背后的主导者、组织者和实施者就难以作为。当链条开始交叉、融合、附着在一起的时候，产教融合才是一个完整的生态链，相辅相成，协同效应明显，发展的新动能才能产生，真正实现产教融合的本质功能。唯其如此，人才培养才能真正拥有一个各类要素齐全的综合性发展平台。人才是创新的根本驱动，而创新性人才也必须依赖于创新的教育形态才能实现。

三、产教融合建立“人才培养共同体”

山东青年政治学院作为一所新建本科院校，近年来坚持面向现代服务业办学，坚定不移地走应用型发展道路，积极探索产业链、创新链、教育链和人才链的有效对接，围绕山东省在新旧动能转换重大工程中布局的“医养健康、精品旅游和文化创意”等十强产业，不断拓展各类社会资源，大力推进产教融合，与省内外一系列相关行业的

① 参见曹丹：《从“校企合作”到“产教融合”——应用型本科高校推进产教深度融合的困惑与思考》，《天中学刊》2015 年第 1 期；李潭：《产业学院：校企合作新型路径》，《教育评论》2017 年第 11 期。

龙头企业合作进行人才培养、科研研究。但是，仔细分析当前的合作办学情况发现，这些探索还没有达到产教深度融合的理想状态，大部分专业发展仍远离行业需求，学科专业建设相互脱节、师资队伍实践教学能力和应用研究能力偏弱等，已成为制约高质量发展的突出问题。

《国家职业教育改革实施方案》（国发〔2019〕4号）中关于“具体指标”的描述中指出：“到2022年，职业院校教学条件基本达标，一大批普通本科高等学校向应用型转变，建设50所高水平高等职业学校和150个骨干专业（群）。”这已经强烈表明，国家支持鼓励甚至要求大量普通本科高校向应用型转变。顺应趋势可以解脱困局，我们必须在转型发展中切实破除思想观念上的桎梏和体制机制堵点，借助产教融合的政策和力量优势，加快转型发展的速度。对学校而言，要破除思想观念上的桎梏和体制机制堵点，在现阶段的一个重要选择就是创新教育组织形态，创建混合所有制的产业学院，促进供需对接和流程再造，构建校企合作的长效机制。

创建“产业学院”就是要以产业和区域经济社会发展需求为导向，共建专业、共组团队、共设基地、共享资源、共育人才、共创成果、共担责任、共享利益的创新模式，整合教学资源，打破学科专业壁垒，打造应用性交叉学科专业，建立健全需求导向的人才培养模式，构筑贴近产业趋势、契合行业标准、产学研深度融合的应用型人才培养共同体。①

对学生而言，产业学院坚持“以学生为中心”的理念，立足学生的素养和能力提升要求，把产教融合元素贯穿人才开发的全过程，把行业企业的真实需求和运营标准对接到专业规划、教材开发、教学设计、课程设置、实习实训等各个培养环节，构建更加科学、系统和管用的课程体系。建立面向企业真实生产环境的任务式培养模式，让学生在校学习期间不再是单纯的课堂理论学习，也可以随时参加企业行业论坛，看到业界最新的趋势，增强其全程实践教学，实现多岗位、多场景全真训练，确保学生知行合一，同时享受实习过程中合理报酬等合法收益。

对教师而言，产业学院以打造“双师双能型”教师团队为根本，支持企业技术和管理人才到学校任教，制定个性化的职称评聘办法和绩效分配办法，开辟教师实践假期，支持在职教师定期到企业实践锻炼和赴海外学习。通过产教融合，教师也不再单纯地面对课堂、文本文献的科研，而是基于现场的学习和引导，基于产业的研究和服务，既能及时将创新演化为技术、标准等成果又能充实教学内容，并依法取得相应的经济收益。

对企业而言，通过创建产业学院，打造一个共建、共享、共治的校企命运共同体，实现学校招生与企业招工相衔接，能够实现人力资源持续输入、推动产业技术研发、

① 参见朱为鸿、彭云飞：《新工科背景下地方本科院校产业学院建设研究》，《高校教育管理》2018年第2期；李宝银：《转型发展中应用型本科院校产业学院建设探究》，《教育评论》2017年第12期。

掌控行业运行标准的目标，最终占领产业发展高地。一是可以把生产服务一线的实际需求转换为科研选题和教学内容，用好教师和学生创新能力、管理能力，以研带产，以教促产，促进企业技术升级、产品创新和持续运营。二是企业全方位嵌入人才培养过程，将学生在校学习内容与企业的文化理念、技术标准、职业发展和岗位要求等内容相贯通，推动人才培养模式改革，保障符合企业发展要求的人力资源可持续、高质量供给。三是可以发挥入校办企的优势，用好学校、政府和行业各种资源，实现高层次职业化培训系统性、即时性开展，不断扩大企业视野和员工竞争力。四是利用产业学院平台作用，提升标准和能力，融入产业园区利用产业集群和消费的集聚效应，及时召开成果转化会、产品发布会，定期举办产业论坛，构建企业形象和产品展示窗口。

对于学校而言，依托行业企业，围绕产业关键技术、核心工艺和共性问题开展协同创新，推动人才培养流程再造，将企业生产一线实际需求作为创新研究选题的重要来源，把企业经营管理的过程要求直接转换为课程资源，丰富课程形态，人才培养特色鲜明。不断吸纳企业力量，共建教师工作室、实验室、创新基地、实践基地，催生一批富有学校特色的企业技术中心和产业创新平台，推动产业投资基金，支持学校创新成果和核心技术产业化，不断提高学校的科研服务能力和办学影响力。

深刻认识学生、教师、企业和社会的共同诉求和超值追求，进行深度组合，连接起行业和教育系统的资源，是产教融合建立“人才培养共同体”的客观要求。真正的“人才培养共同体”不是学校和企业的简单组合，不是教师和学生的身份转换，也不是资金和资源的一次性对接，是通过构建具体的生产服务和经营管理实体形态，引进消费者、企业进入学校，创造市场形态和产业原点，促进各类资源进入教育阵地，把原来分散、远离我们的产业形态和元素搬到学校，把教育教学的全流程嵌入生产经营的全过程，提高人才培养、科学研究与社会需求的契合度，推动学校转型和高质量发展，实现对师生、学校、企业主体的“超值回报”。

中华优秀传统文化教育中的“课程思政”与人才培养[*]

刘　涛[**]

摘　要　高校中华优秀传统文化课程中融入“课程思政”教育理念是落实立德树人根本任务的必然要求，是当代青年大学生培育和践行社会主义核心价值观的必然选择，也是当代青年大学生增强文化自信的必由之路。当前，在高校中华优秀传统文化课程中融入“课程思政”教育理念，要在三个方面下功夫：增强教师的“课程思政”理念，提升教师的思想政治理论素养是关键；深入挖掘中华优秀传统文化课程中的思政元素是核心；选择合适的教学方法是保障。

关键词　高校中华优秀传统文化课程　“课程思政”　必要性　实践路径

在2016年12月召开的全国高校思想政治工作会议上，习近平总书记指出：“用好课堂教学这个主渠道，思想政治理论课要坚持在改进中加强……其他各门课都要守好一段渠、种好责任田，使各类课程与思想政治理论课同向同行，形成协同效应。”[①] 教育部在2017年12月制定的《高校思想政治工作质量提升工程实施纲要》中提出，要“大力推动以‘课程思政’为目标的课堂教学改革……梳理各门专业课程所蕴含的思想政治教育元素和所承载的思想政治教育功能，融入课堂教学各环节，实现思想政治教育与知识体系教育的有机统一。”[②] 可见，在“课程思政”教育理念之下，高校所开设的各门专业课程应当深挖其中所蕴含的思想政治教育资源，并将其融入课堂教学，从而与思想政治理论课形成协同效应。此外，中共中央、国务院印发的《关于加强和改进新形势下高校思想政治工作的意见》和教育部制定的《高校思想政治工作质量提升工程实施纲要》都指出中华优秀传统文化教育教学在加强和改进高校思想政治工作中

---

* 基金项目：本文系德州学院2019年校级教学改革项目“新时代高校中华优秀传统文化课程BOPPPS课堂教学模式的探索与实践”的阶段性研究成果。

** 作者简介：刘涛（1982～　），山东庆云人，德州学院马克思主义学院副教授、马克思主义学院课程思政（中国传统文化）部主任，研究方向为先秦史、中国传统文化、高校课程思政建设。

① 《习近平谈治国理政》第2卷，外文出版社2017年版，第378页。

② 《高校思想政治工作质量提升工程实施纲要》，2017年12月4日，http://www.moe.gov.cn/srcsite/A12/s7060/201712/t20171206_320698.html。

具有重要意义。特别是教育部在2020年5月28日印发的《高等学校课程思政建设指导纲要》（教高〔2020〕3号）中，明确提出中华优秀传统文化是高校“课程思政”建设中的重要内容。因此，可以通过在高校中华优秀传统文化课程中融入“课程思政”教育理念，从而更好地发挥课程对在校青年大学生的价值引领作用。为此，笔者不揣浅陋，就高校中华优秀传统文化教育中的“课程思政”与人才培养，从“课程思政”的提出与要义以及高校中华优秀传统文化课程中融入“课程思政”教育理念的必要性、实践路径等三个方面展开探讨，不当之处，还请方家指正。

一、“课程思政”的提出及要义

早在2005年，上海就开始了旨在推进以“学科德育”为核心理念的课程改革，“就是把德育的核心内容有机分解到每一门课程，充分体现每一门课程的育人功能、每一位教师的育人责任”①。2017年3月，上海市教委又发出《关于推进上海高校课程思政教育教学改革试点工作的通知》，在上海市高校中开展了试点工作。2017年6月22日，教育部在上海召开“2017年高校思想政治理论课教学质量年上海调研年会暨高校‘课程思政’现场推进会”，充分肯定了上海在高校推进“课程思政”教育教学改革方面的经验做法。教育部于2017年12月正式制定了《高校思想政治工作质量提升工程实施纲要》（教党〔2017〕62号），提出要在全国高校进行以“课程思政”为目标的课堂教育教学改革等任务。此后，教育部在2020年5月28日正式印发了《高等学校课程思政建设指导纲要》，对全国高校开展“课程思政”建设提出了明确的要求。

经过前期的实践及研究，目前学界普遍认为，“课程思政”就是将高校思想政治教育融入课程教学的各个环节和方面，“围绕‘知识传授与价值引领相结合的课程目标’，强化显性思政，细化隐性思政，构建全课程育人格局”②。换言之，高校开设的所有课程都应该深入挖掘其所蕴含的思想政治教育资源，在实现知识传授和能力培养教育教学目标的同时，还应充分实现其价值引领方面的目标。

二、高校中华优秀传统文化课程中融入“课程思政”教育理念的必要性

中华民族在5000多年文明史中孕育了博大精深的优秀传统文化，其中蕴含着丰富的道德理念、哲学思想、教化观念和人文精神等，可以为高校对在校青年大学生开展思想政治教育、提升人才培养的能力和质量发挥一定的功效。因此，在高校中华优秀传统文化课程中融入“课程思政”教育理念，不但是可行的，而且也是十分必要的。

---

① 高德毅、宗爱东：《课程思政：有效发挥课堂育人主渠道作用的必然选择》，《思想理论教育导刊》2017年第1期。

② 高德毅、宗爱东：《从思政课程到课程思政：从战略高度构建高校思想政治教育课程体系》，《中国高等教育》2017年第1期。

（一）高校中华优秀传统文化课程中融入“课程思政”教育理念是落实立德树人根本任务的必然要求

习近平总书记在全国高校思想政治工作会议上强调，高校“要坚持把立德树人作为中心环节”①。为实现高校立德树人的根本任务，有必要在“课程思政”教育理念下，充分发挥中华优秀传统文化课程教学的作用，从根本上提升人才培养的能力和质量。

一方面，高校坚持“立德”优先，通过开设相关课程，加强对在校青年大学生的教育，使他们具备坚定的理想信念、高尚的道德修养和健康的人格品质。毋庸置疑，目前高校开设的思想政治理论课在这方面起到了关键作用，但也不能忽视其他课程的作用。在“课程思政”理念之下，高校中华优秀传统文化课程中蕴含的思政元素，有利于在校青年大学生厚植家国情怀，形成正确的伦理道德规范和世界观、人生观、价值观。例如，儒家经典著作《礼记·大学》中强调的格物、致知、诚意、正心、修身、齐家、治国、平天下思想以及中华优秀传统文化中的仁、义、礼、智、信、忠、孝、诚、宽、和等传统道德规范内容就能起到这方面的作用。同时，我们还可以在中华优秀传统文化课程教学中，对其中的部分内容进行创造性转化和创新性发展。比如，传统文化中的“忠”，我们可以将这种品格转化为党员忠于党组织、公仆忠于人民、国民忠于祖国等，使其在思想政治教育中发挥更大的作用。

另一方面，“树人”从根本上说就是培养人才，不仅要求高校培养出具备过硬专业知识和技能的人才，还要求这些人才具备较高的人文素养和审美情趣。于此，高校中华优秀传统文化课程具有得天独厚的优势。例如，可以通过对经典唐诗、宋词、歌赋和小说等文学作品的讲解，让青年大学生感受中国传统文学的独特魅力；通过带领青年大学生对中国古代书法、绘画、雕刻和篆刻等艺术作品的赏析，逐步提高他们的审美水平和艺术修养。总之，通过高校中华优秀传统文化课程教学，在激发青年大学生对传统艺术热爱之情的同时，也可以极大地提升他们的人文素养，起到以文化人、以文育人的作用，最终将青年大学生培养成为既具备专业知识和技能，又拥有较高人文素养和审美情趣的合格人才。

（二）高校中华优秀传统文化课程中融入“课程思政”教育理念是当代青年大学生培育和践行社会主义核心价值观的必然选择

习近平总书记在全国高校思想政治工作会议上强调：“要坚持不懈培育和弘扬社会主义核心价值观，引导广大师生做社会主义核心价值观的坚定信仰者、积极传播者、模范践行者。”② 可见，在青年大学生中培育和践行社会主义核心价值观是高校的一项重要工作。众所周知，社会主义核心价值观是对中华优秀传统文化的高度概括和凝练。同时，中华优秀传统文化又为社会主义核心价值观提供了源头活水和滋养土壤。因此，

① 《习近平谈治国理政》第2卷，外文出版社2017年版，第376页。

② 《习近平谈治国理政》第2卷，外文出版社2017年版，第377页。

在中华优秀传统文化课程中融入“课程思政”理念，推动广大青年大学生积极培育和践行社会主义核心价值观是十分必要的。

在中国5000多年文明史中孕育的中华优秀传统文化博大精深，犹如一座“富矿”，为我们提供了取之不尽、用之不竭的精神资源。孔子就曾提出“其养民也惠”的思想。孟子也说过：“民之为道也，有恒产者有恒心，无恒产者无恒心。苟无恒心，放辟邪侈，无不为已。”[①] 他们强调的“养民也惠”、使民“有恒产”等思想，与社会主义核心价值观中“富强”的国家价值目标高度契合。中国自古以来强调的“民为邦本”“得民心者得天下”的思想，则与社会主义核心价值观中“民主”的国家价值目标相类似。“（孔子）曰：‘既富矣，又何加焉？’曰：‘教之。’”[②] 这就充分说明要通过道德教化来实现国家“文明”的价值目标。董仲舒所说的“德莫大于和……和者，天之功也。举天地之道而美于和”[③]，更是为社会主义核心价值观中对国家“和谐”的强调提供了源头活水。如孔子强调的“有教无类”，《礼记·礼运》记载的“大道之行也，天下为公”，韩非子的“法与时转则治，治与世宜则有功”等，这些思想都与社会主义核心价值观中强调的“平等”“公正”“法治”等社会价值取向相一致。再如屈原的“上下而求索”“九死其犹未悔”的爱国精神，孔子所说的“执事敬”以及朱熹所说的“诚者，真实无妄之谓，天理之本然也”[④]，孟子所说的“君子莫大乎与人为善”等，这些论述都为社会主义核心价值观中“爱国”“敬业”“诚信”“友善”等要求提供了滋养土壤。

总之，由于中华优秀传统文化是社会主义核心价值观之根，所以融入了“课程思政”教育理念的高校中华优秀传统文化课程教学，能够更好地达到在广大青年大学生中培育和践行社会主义核心价值观的目的，取得事半功倍的效果，最终对于高校的人才培养产生推动作用。

（三）高校中华优秀传统文化课程中融入“课程思政”教育理念是当代青年大学生增强文化自信的必由之路

2016年12月召开的全国高校思想政治工作会议以及中共中央、国务院印发的《关于加强和改进新形势下高校思想政治工作的意见》都指出，要积极引导高校广大师生坚定“四个自信”。其中，文化自信具有极其重大的意义。习近平总书记指出：“中国有坚定的道路自信、理论自信、制度自信，其本质是建立在5000多年文明传承基础上的文化自信。”[⑤] “文化自信是更基本、更深沉、更持久的力量。”[⑥] 既然这样，那么高校青年大学生文化自信的底气从何而来呢？

---

① 万丽华、蓝旭译注：《孟子》，中华书局2007年版，第104页。

② 张燕婴译注：《论语》，中华书局2006年版，第191页。

③ （汉）董仲舒：《春秋繁露》，中华书局1992年版，第444～445页。

④ （宋）朱熹：《四书章句集注》，中华书局1983年版，第31页。

⑤ 《习近平谈文化自信》，《人民日报》（海外版）2016年7月13日。

⑥ 习近平：《在哲学社会科学工作座谈会上的讲话》，人民出版社2016年版，第17页。

其实，孕育于中国5000多年悠久文明史中的中华优秀传统文化，从根本上奠定了我们文化自信的强大底气。如春秋战国时代，思想文化界出现了老子、孔子、子思、墨子、孟子、庄子和屈原等思想家以及丰富的思想文化典籍，形成了百家争鸣的学术文化兴盛局面。这些学说和思想中的某些精华部分，使得中华优秀传统文化熠熠生辉，诸如"自强不息，厚德载物"的奋斗和包容精神，"如欲平治天下，当今之世，舍我其谁也？吾何为不豫哉"[①]的担当意识，"舍生取义"的牺牲精神，"苟日新，日日新，又日新"的创新思想，"扶危济困"的公德意识等，这些内容一直是中华民族奋发向上的精神动力来源，也足以增强当代青年大学生对中华优秀传统文化的自信心。因此，在"课程思政"教育理念之下，高校中华优秀传统文化课程教学不仅是增强在校大学生文化自信的必由之路，而且还是其义不容辞的责任。

三、高校中华优秀传统文化课程中融入"课程思政"教育理念的实践路径

目前学术界普遍认为，高校推动以"课程思政"为目标的课堂教学改革涉及多方面的因素，具体到高校中华优秀传统文化课程中融入"课程思政"教育理念，充分发挥其思想政治教育的功能，提升高校人才培养的能力，我们认为应重点在教师、教学内容及教学方法等三个方面下功夫。

（一）增强教师的"课程思政"理念，提升教师的思想政治理论素养是关键

一方面，要强化高校中华优秀传统文化课程教师的"课程思政"理念，让广大教师想这样做。长期以来，在部分高校教师中存在着"隔行如隔山"的想法，认为高校思想政治教育是思想政治理论课教师和学生工作者的职责，与专业课教师无关，在日常的教育教学中，只注重育才，而忽视了育人。这样的现象在高校中华优秀传统文化课教师中也是存在的。从本质上来讲，这就是没有树立"全员育人，全过程育人，全方位育人"的理念。态度决定一切，高校中华优秀传统文化课程教师要树立并强化"课程思政"理念，在日常教学中不但要讲授中华优秀传统文化的相关知识，而且还要主动发掘课程中蕴含的思想政治教育资源，以润物无声的方式将其传递给广大青年大学生，实现与思想政治理论课同向同行，同频共振，从而成为一名"课程思政"教育理念下合格的守渠人、种田人。

另一方面，要提升高校中华优秀传统文化课程教师的思想政治理论素养，让广大教师能这样做。以往，高校中华优秀传统文化课程教师可能比较注重业务学习，忽视思想政治理论水平的提升，从而导致他们的思想政治理论素养不高，挖掘课程中思政元素的能力不强。习近平总书记在全国高校思想政治工作会议上强调："高校教师要坚持教育者先受教育，努力成为先进思想文化的传播者、党执政的坚定支持者，更好担

① 万丽华、蓝旭译注：《孟子》，中华书局2007年版，第97页。

起学生健康成长指导者和引路人的责任。"[①] 因此，高校中华优秀传统文化课程教师要想将课程讲出"思政味"，就必须从各个方面不断提升自己的思想政治理论素养。

其一，要加强马克思列宁主义、毛泽东思想、邓小平理论、"三个代表"重要思想、科学发展观，特别是马克思主义中国化的最新成果——习近平新时代中国特色社会主义思想的学习，提升自己的政治理论素养。高校中华优秀传统文化课程教师只有自己先熟练掌握，弄懂弄通相关政治理论知识，才能在日常的教育教学中将其与中华优秀传统文化课程内容相结合，达到"课程承载思政"与"思政寓于课程"[②] 的目的。其二，要注重提升自己的家国情怀、道德修养、法治意识和文化素养，这样才能在日常的教学中"坚持价值性和知识性相统一，寓价值观引导于知识传授之中"[③]。这样既能给学生"授业""解惑"，又可以向学生"传道"，从而成为塑造学生品格、品行、品味的"大先生"。

（二）深入挖掘思政资源是核心

在"课程思政"的教育理念下深入挖掘高校中华优秀传统文化课程中蕴含的思政资源，实现高校中华优秀传统文化课程与思想政治理论课程同向同行，就必须以人才培养为核心，结合当前高校开设的各门思想政治理论课程的内容来具体分析，有的放矢。

第一，针对"马克思主义基本原理概论"的课程内容，中华优秀传统文化课程应该重点挖掘中华优秀传统文化与马克思主义原理具有内在契合性的内容。如中华优秀传统文化中"革故鼎新"的思想，就与马克思主义哲学原理中发展的观点相契合；再如中华优秀传统文化中对于"群策群力"的强调，则可与马克思主义原理中一定条件下整体的功能大于各部分功能之和的观点相呼应。讲授这些中华优秀传统文化与马克思主义基本原理相关内容的契合性，可以帮助在校青年大学生深入把握马克思主义的世界观和方法论，进而有利于他们将其运用于日常的学习和生活中。

第二，针对"毛泽东思想和中国特色社会主义理论体系概论"的课程内容，中华优秀传统文化课程应该重点挖掘这些马克思主义中国化理论成果在中华优秀传统文化中的"原始基因"。如毛泽东思想中"实事求是"思想路线的精神内涵，就可以溯源于中华优秀传统文化所强调的"实事求是"的求实思想。[④] 再如习近平新时代中国特色社会主义思想中，强调要"坚持人与自然和谐共生"，"人类只有遵循自然规律才能有效防止在开发利用自然上走弯路"[⑤]。这些论述与中华优秀传统文化中"道法自然""天人

① 《习近平谈治国理政》第2卷，外文出版社2017年版，第379页。

② 邱伟光：《课程思政的价值意蕴与生成路径》，《思想理论教育》2017年第7期。

③ 《习近平主持召开学校思想政治理论课教师座谈会强调：用新时代中国特色社会主义思想铸魂育人 贯彻党的教育方针落实立德树人根本任务》，《人民日报》2019年3月19日。

④ 参见《毛泽东文集》第8卷，人民出版社1999年版，第233～237页。

⑤ 中共中央宣传部编：《习近平新时代中国特色社会主义思想学习纲要》，学习出版社、人民出版社2019年版，第168页。

合一”等思想具有一脉相承的关系。在中华优秀传统文化课程中对这些内容相通性的强调，可以帮助在校青年大学生深入理解马克思主义中国化的基本规律、经验以及必然性。

第三，针对“中国近现代史纲要”的课程内容，中华优秀传统文化课程应该重点挖掘中华民族自古以来形成的“自强不息”“上下求索”“天下兴亡，匹夫有责”等思想和理念。在中华优秀传统文化课程中对这些内容进行讲解，激发在校青年大学生延续爱国情，弘扬强国志，实践报国行。

第四，针对“思想道德修养与法律基础”的课程内容，中华优秀传统文化课程应该重点挖掘中华民族几千年来形成的“修身、齐家、治国、平天下”的理想信念，崇德向善、见贤思齐的社会风尚，孝悌忠信、礼义廉耻的荣辱观念，求同存异、和而不同的处世方法，俭约自守、中和泰和的生活态度，以及“法令行则国治，法令弛则国乱”“立善法于天下，则天下治；立善法于一国，则一国治”的法律法治意识等内容。在中华优秀传统文化课程中对这些内容的讲解，将会使在校青年大学生既心怀道德律令，又具有如灿烂星空般的远大理想信念。

（三）选择合适教学方法是保障

高校中华优秀传统文化课程中融入“课程思政”教育理念，既要把中华优秀传统文化的知识传授给学生，又要给学生以隐性思想政治教育。对于后者而言，应该使学生能自然接受，引起他们情感上的共鸣。因此，选择合适的教学方法是开展“课程思政”建设、提升人才培养质量的保障。

其一，引申教学法。对于中华优秀传统文化课程中那些具备思政元素的知识点，可以先讲授基本内容，然后进一步引申出思想政治教育的内容，从而使学生顺理成章地品出“思政味”。例如，在讲解清明节的风俗时，就可以先介绍私人奉祀先人、国家公祭黄帝以及烈士陵园扫墓等风俗活动，然后进一步说明这三个活动分别表征生命与家风的传承、文明的传承以及革命先烈遗志的传承，自然而然地就引申出“家国情怀”的思想政治教育主题。

其二，迁移教学法。一方面，可以将具备思政元素的知识点与时事政治相联系，形成“知识点＋时事政治”迁移教学法。中华优秀传统文化中包含着丰富的“民贵君轻”“政在养民”的民本思想，如“凡治国之道，必先富民”“治国有常，而利民为本”“天地之大，黎元为先”等，在讲授这些内容时，就可以结合党的十九大提出的“确保到2020年我国现行标准下农村贫困人口实现脱贫，贫困县全部摘帽，解决区域性整体贫困，做到脱真贫、真脱贫”[①]的目标以及2020年3月6日召开的决战决胜脱贫攻坚座谈会等时政内容，从而说明新中国成立以来，特别是党的十八大以来，党中央始终

① 习近平：《决胜全面建成小康社会　夺取新时代中国特色社会主义伟大胜利——在中国共产党第十九次全国代表大会上的报告》，人民出版社2017年版，第48页。

坚持以人民为中心的根本立场，以及摆脱贫困、改善民生、增进人民福祉的民生理念。另一方面，可以将具备思政元素的知识点与社会热点相联系，形成“知识点＋社会热点”迁移教学法。如在讲授孔子“仁者爱人”的思想时，可以结合在抗击新冠肺炎疫情中全国各地的广大医护人员挺身而出，自愿请战，白衣执甲，逆行出征援助武汉的行动。他们医者仁心、大爱无疆、日夜奋战、舍生忘死的行为，是中华优秀传统文化中“仁爱”思想的集中体现。

其三，小组讨论法。高校中华优秀传统文化课程教师可以运用现代信息技术，如微信群、QQ群等组建学生讨论小组，并且以引导者、支持者的角色，鼓励学生在小组中将某些时事政治事件、社会热点问题，与所学中华优秀传统文化的相关知识点相联系，进行自主讨论、分析，彻底改变以往那种单向灌输的“填鸭式”教学方法，变学生的被动接受为主动探寻。这样既赋予了学生自我管理、自我教育的权利，真正做到了以学生为中心，又培养了他们运用所学知识分析问题的能力，真正使学生在实践中获得成长。

大数据时代高校创客人才培养路径探析

刘　佳*

摘　要　伴随着数据应用的日渐广泛，人类社会进入强调数据分析的时代。在大数据应用普及的今天，高校"创客"人才的培养成为当下关注的重点。为了培养具有创新热情、分享态度和实践精神的"创客"，高校需要借助打造众创空间、完善课程设置等手段，改变既有的教育理念和教学方式，结合政府和社会的力量，开创大众创新的局面。

关键词　大数据时代　创客教育　培养路径

随着计算机技术的发展与普及，网络应用越来越广泛，相应也出现了越来越多的网民，人、机、物三者的融合引发了数据规模爆炸式的增长，也带领着人类社会进入强调数据分析的时代，一个由网络、手机等新媒体技术构成的全媒体时代来临，世界进入了网络化的大数据时代。根据国际权威机构数据统计互联网公司 Statista 的统计和预测，全球数据量在 2019 年约达到 41ZB。谷歌（Google）公司通过大规模集群软件，每月处理的数据量超过 400PB；百度每天大约要处理几十 PB 数据；脸书（Facebook）注册用户超过 10 亿，每月上传的照片超过 10 亿张，每天生成 300TB 以上的日志数据；淘宝网会员超过 3.7 亿，在线商品超过 8.8 亿元，每天交易数千万笔，产生约 20TB 数据。[①] 同时，大数据产业也加速发展，2018 年中国大数据产业规模达 4384.5 亿元，同比增长 23.5%，预计 2021 年产业规模将超过 8000 亿元。[②]

所谓"大数据"，是指无法在可容忍的时间内用传统 IT 技术和软硬件工具对其进行感知、获取、管理、处理和服务的数据集合。我们认为，大数据拥有三个特征：规模性（volume）、多样性（variety）和高速性（velocity）。除此之外，也有人尝试在"3V"的基础上再加上一个"V"，但是并没有形成统一的说法。国际数据公司（Inter-

---

* **作者简介**：刘佳（1981～　），山东临沂人，中国海洋大学文学与新闻传播学院讲师，博士，研究方向为文化产业、人力资源管理。

① 参见李国杰、程学旗：《大数据研究：未来科技及经济社会发展的重大战略领域——大数据的研究现状与科学思考》，《中国科学院院刊》2012 年第 6 期。

② 参见大数据产业生态联盟：《2019 中国大数据产业发展白皮书》（上），《中国计算机报》2019 年 12 月 16 日。

national Data Corporation，IDC）认为大数据还应当具有价值性（value），强调大数据的价值呈现出稀疏性的特点；而 IBM 认为大数据必然具有真实性（veracity）。[①]

21 世纪是借助互联网和电子技术迅速发展的时代，国际化、网络化、数字化等都成为这一新时期的特点，而以“互联网＋”、大数据、开放性与创新行为特点的信息技术，更是成为引领时代发展的重要力量。作为信息技术发展的新产物，“创客”人才更成为当下关注的重点，大大推动了个体的创新创造。2015 年 1 月 28 日，李克强在国务院常务会议上，还特别提出：“健全创业辅导指导制度，支持举办创业训练营、创业创新大赛等活动，培育创客文化，让创业创新蔚然成风。”[②]

创客最早源自美国的实践，自 2011 年传入中国后得到不断推广，创客空间也在中国相继成立，创客人才的培养教育也成为中国教育者日益关注的话题。作为为中国社会发展培养人才的高等学校，应当如何应对创客教育的浪潮，培养符合时代需求的创客，就成为当下高等教育亟须解决的问题。

一、创客人才与创客空间

“创客”一词源自英语“maker”，是指以创新为理念，从事创造的人。而美国学者克里斯·安德森则在《创客：新工业革命》一文中这样界定“创客”：不以营利为目的，利用 3D 打印技术以及各种开源硬件，努力把各种创意转变为现实的人。[③] 百度百科则指出，创客是指出于兴趣与爱好，努力把各种创意转变为现实的人。创客以用户创新为核心理念，是创新 2.0 模式在设计制造领域的典型表现。[④]

在 2015 年两会会议上，全国政协委员曾如此评价创客：“创客有望给中国创新带来三种东西：潜力无穷的产品、致力创新的精神、开放共享的态度。”[⑤] 而这三种东西，恰恰是当下创客的三个特点。

第一，创造的热情。创客以创造和创新为核心理念，努力将创意转化为实践。因此，对于创客而言，必须有着创造的热情和持续的创新能力，构建以用户为中心的、融合创意、设计、制作的创新环境。

第二，分享的态度。只有知识的分享与传播，才能推动人类社会的每一次进步，互联网的开放、分享精神是其发展的原动力，是推动技术进步的关键力量。而在此基

---

① 参见孟晓峰、慈祥：《大数据管理：概念、技术与挑战》，《计算机研究与发展》2013 年第 1 期。

② 《李克强主持召开国务院常务会议（2015 年 1 月 28 日）》，2015 年 1 月 28 日，中国政府网，http://www.gov.cn/guowuyuan/2015-01/28/content_2811254.htm。

③ 参见李凌、王颉：《“创客”：柔软地改变教育》，《中国教育报》2014 年 9 月 23 日。

④ 参见百度百科词条，http://baike.baidu.com/link? url=Wp1MHh4i4tMmrxivDXxkelQU-_ZGAmjBqsz-KLeVvRpScypXkJ95qMFd3Y3IDTVxFfELi2i35PCLD3TFdlHKLHHODXYoHCB3dnzKw6xplxgK。

⑤ 《中国“创客”还要闯几关?》新华网，2015 年 3 月 9 日，http://news.xinhuanet.com/2015-03/09/c_127562182.htm。

础上形成的创客运动，也必须借助分享才能实现新的创造。创客鼓励创新各种分享盈利模式，在分享的同时，保护首创者的利益和积极性。

第三，实践的精神。创客的实践不仅要动脑，而且还要动手；不仅要用创新的理念，而且还要用实践的能力将理念转变成作品。创客借助设计和生产工具，通过技术创新，将理念生产成为新的产品，也推动了产品生产的个性化和多样化。

创客空间是承载创客运动的载体，其规模并不大，采用社区化运行的方式来聚集创客。通过这样一个实体空间，创客可以在一起分享经验和知识，共同创造出新的事物。

一个典型的创客空间通常采用 Arduino、Beagle Board 等开源硬件开发平台，同时配备有包括 3D 打印、激光切割、数控机床等新型的生产设备以及各种生产工具。凯拉（D. Kera）认为，定义一个创客空间的并不是某种正式的组织结构，而是一系列与开源软件、硬件和数据等要素相关的共享技术、治理过程和价值观。在创客文化中，核心的前提是共享的技术、工具与场所。① 旧金山创客空间 Noisebridge 的创始人米奇·奥尔特曼（Mitch Altman）认为："创客空间是人们可以通过黑客行为来探索他们热爱的东西，并且能得到社区成员支持的实体空间。黑客行为意味着最大程度上提升自己的能力并且愿意分享。"②

二、中国高校创客人才培养的相关实践

当创客精神与教育相遇，"创客教育"便诞生了。可以说，创客教育集创新教育、体验教育、项目学习等思想为一体，契合了学生富有好奇心和创造力的天性。创客教育主要以课程为载体，在创客空间的平台下，融合科学、数学、物理、化学、艺术等学科知识，培养学生的想象力、创造力以及解决问题的能力。

中国高校的创客教育起步较晚，于 2012 年才开始逐渐兴起，而在教育方式方法上，也以开设相关创客课程、创立创客联盟、举办创客大赛、召开创客教育研讨会等方式为主推动创客教育的发展。以清华大学的基础工业训练中心（i. Center）为例，该创客空间以奇思妙想、学科融合、动手实现、乐于分享为宗旨，创客教学活动主要有创客讲座、创客工作坊、创客教育引导项目等，营造出"动手造万物"的高校创客文化氛围。同时，i. Center 还建立在线平台，鼓励跨年级、跨领域学习，并引导学生获取全球创客资源。③ 2015 年 5 月，清华大学也在 i. Center 的基础上正式成立了创客教育基地联盟，召集社会机构和创客组织参与高校的创客教育，强调教育基地的建设与发

① D. Kera, "Nano Smano Lab in Ljubljana: Disruptive Proto-types and Experimental Governance of Nanotechnologies in the Hackerspaces", *Journal of Science Communication*, 2012 (4), pp. 37-49.

② Mitch Altman, "Whats Hackerspace" [EB/OL]. http://makezine.com/2011/09/07/whats-a-hackerspace-mitch-altman-explains-video, 2011.

③ 参见黄兆信、赵国靖、洪玉管：《高校创客教育发展模式探析》，《高等工程教育研究》2015 年第 4 期。

展、创科教育的研究与实践、创客活动的推广与实践等内容。

另一所高校——上海同济大学的创客教育则与 i. Center 有所不同，其主要的创客空间 Fab Lab 借助“开放夜”“创客马拉松”等形式展开活动。Fab Lab O-Shanghai 是建立在开源背景下的中国第一个开放创造实验室空间，用创始人丁俊峰自己的话说，这是一个基于教育，向外开放到社区的新型创客空间，其构成人员既有学心理学的大学生创客，也有退休后开始做自己喜欢的玩意的居民创客。自 2014 年 Fab Lab 成立以来，每周六的开放夜都会举行一系列以“跨学科、开放设计、3D 打印、创客创新”等为主题的跨界讨论。

温州大学创客教育以温大创客空间为依托，主要举办各种培训活动，如乐高机器人、Arduino、3D 打印机等，创办创客项目经验分享会，举办博士论坛等进行推广和普及。温州依托地域优势，在探索与实践的基础上，构建了“全校层面—专业层面—试点班层面”逐层递进的、以岗位创业为导向的创业教育新体，探索了创业教育与专业教育深度融合的新途径，建立了整合校内外资源的创业教育运行新机制。[①] 在此基础上，温州大学创业人才培养学院在创业园创建众创空间，开设创客学堂、创业创意大赛、创业面对面三大模块，定期开展主题沙龙、校友论坛、创业项目推荐会等，有效推动了创客教育与创业教育的融合。

三、大数据时代高校创客人才的培养路径

高等院校作为高级人才的培养机构，对创客的教育培养能有效地培育激励创新精神，更能为社会的发展培养中坚力量。在高校进行创客培养，应当整合各种力量，打造众创空间；转变原有的教育理念，完善教学方式；完善学校制度体系，保障创客文化的培育与完善。

（一）整合力量，打造众创空间

教育部于 2015 年 5 月 5 日召开党组会议，指出：“抓紧启用‘互联网＋’大学生创业大赛，加强高校众创空间和创客文化建设。”所谓“众创空间”，是指顺应当先创新趋势，为满足小微企业和个人的创新创造而设立的综合服务平台，通过市场化途径、资本投资渠道以及专业化的服务，构建低成本、便利化、全要素的开放式综合服务平台，是开放空间、硬件设施和社交活动的集合。通过高等院校的平台搭建众创空间，可以有效整合资源，为培养高校创客提供交流、分享和创造的场所。在高校打造众创空间，可以通过以下途径来实现：

第一，借助高校内部资源打造众创空间，为创客的培养提供平台。高等院校应充分利用自身的有利资源，借助先进的师资力量，打造众创空间。充分开发既有的实验

① 参见黄兆信等：《以岗位创业为导向的高校创业教育新模式》，《高等教育研究》2014 年第 8 期。

室、实训中心、实践教育基地等资源，建设集创客空间、创客实验室、创客图书馆等于一体的众创空间，打造为培养创客服务的平台。同时，各高校之间可以利用各自的有利条件成立创客培养联盟，整合高校的内部资源以结成创客空间联盟。例如，2014年由清华发起的高校创客联盟，打造一个公益性、开放性、服务性、研究性、国际性的合作组织，鼓励创客行为，培养创客文化。

第二，与社会其他力量合作，整合各种有利资源打造众创空间。高校可以与企业、政府等相关部门进行合作，借助各种力量共同打造创客空间，既能获得相应的政策和资金支持，又能更好地将科研成果运用到实际的工作之中，在完善科技成果处置和收益分配机制的基础上构建更加多元化的众创空间。2015年5月8日，北京科技大学机械工程学院与北京创客空间有限公司就创建全国大学生创客联盟达成一致意见，双方签署战略合作框架协议。

（二）转变教育理念，完善教学方式

在当下的新媒体环境中，创客的学习更倾向于自主式学习，强调创新性和创造能力的培养。高等院校也应该遵循创客培养的要求，改革培养模式，转变教育理念，完善教学方式，培养大学生创客的创新能力和分享精神，尤其是培养动手操作的实践能力。

第一，以学生为中心，转变教育理念，促进学生适应基于创造的自主学习方式。转变学生的学习方式是推动高校创客教育发展的重要途径，也是促进学生全面发展的需要。成为一名优秀的创客需要有一定的自主精神，能独立自主地进行决策并勇于承担后果。因此，高校的创客教育应以学生为中心，着重培养有着自主意识和独立思考能力的学生，注重培养其自主学习的能力。高校应立足于激发学生的创造热情，发展学生的创造力，推动跨学科的互动与交流，促进知识创新，转变学生的学习方式。

第二，完善教学方式，改进课程内容。高校创客的培养要注重课程内容的改进与完善。在课程设置上，要做到教育内容的专业化与连续性；在教学方式上，则强调开放性与创新性。同时，还要注重课程内容的可操作化，培养学生的实践能力。创客教育需要精心的专业化设计，开发专业技术课程，如智能科学与技术学科、STEM（科学、技术、工程、数学）学科、专业的软件操作等。同时，创客教育的内容需要保持内在的连续性，打造完整的课程体系，完善学生的知识体系和知识结构。在教学方式上，强调通过新颖的手段吸引学生的兴趣，激发学生创造的兴趣与激情，能针对学生的诉求激发其学习的积极性和主动性，形成开放创新的教学方式。创客教育最终还要落实到实践能力上，为了培养学生的创造能力，无论是课程设置还是教学方式都需要强调培养学生的动手操作能力，能有效地将学到的知识借助专业技能转化成新颖的产品。在这一过程中，还需要培养学生的协同性和互助分享意识，打造创客团队。

第三，利用“互联网+”，铺设交流平台。高校在进行创客培养时，可利用互联网技术，通过大数据分析，在充分了解学生需求的基础上，搭建各种交流平台，提高学生的创新创造意识，营造创客文化氛围。思想的交流与碰撞有助于形成新的创新思路和创造火花，借助互联网技术和数据分析，通过开设创客学堂、创客讲座、创客沙龙等交流平台，满足创客培养的交流需求。

第四，依照创客要求重塑教师角色，打造专业的教师团队。教师是教育活动开展的基本要素，是指导和推进创客学习的主体，是推进高校创客教育前进的关键因素。作为培养创客的教师，不能仅仅是知识的传授者，更应该是创客活动的引领者、设计者、组织者和学习者。这就需要教师开放心态，在掌握专业的知识素养以外，还要具备一定的技术操作能力和策略性技能，最大限度地激发学生的创造能力

具有创造能力和创新意识的大学生是推动我国经济发展和文化建设的主力军，在高校中培养具有创新意识和创造能力、开放共享的态度、动手操作的实践能力的创客，推广创客文化，打造创客空间，既是当前高校面临的一项重大课题，同时又具有深远的意义，需要高校、政府和企业的共同努力，最终形成大众创新。

基于实用主义的旅游人才培养体系研究[*]

单铭磊　张永超[**]

摘　要　在基于实用主义导向的旅游人才培养体系结构的形成过程中，对旅游人才培养外部发展环境与自身演化过程进行分析，厘清旅游人才培养特征和各层次之间的关系，从旅游人才培养目标、教学内容、专业课程、教学方式以及实习实践等不同方面梳理教学支撑和实践支撑的内在机理，以构建起旅游人才培养体系的框架，并对由此延伸的问题进行阐释。

关键词　实用主义　旅游人才培养　教学体系

实用主义是产生于19世纪70年代的现代哲学派别，在美国成为一种主流思潮，对社会、政治、教育、艺术的研究产生了很大的影响。实用主义认为，认识来源于经验，人们所能认识的只限于经验，至于经验的背后还有什么东西，那是不可知的，也不必问。[①] 我们通过对旅游人才培养发展历程的探寻与文献资料的梳理以及教学改革的尝试，正在形成一个基于实用主义导向的旅游人才培养体系结构。在这个过程中，对于旅游人才培养外部发展环境与自身演化过程进行不断剖析与分解，进而搭建旅游人才培养体系结构并厘清不同层面之间的关系，这是我们一直研究思考的重点。

一、旅游人才培养体系的内在层次

（一）旅游人才培养的特征

1. 系统性

系统论为分析旅游教学活动提供了一个较好的视角。旅游人才培养系统是由多个

---

* **基金项目**：山东省本科高校教学改革研究项目“全真实景综合实验：旅游实践教学新路径”（Z2016M102）、山东青年政治学院2019年度教学改革研究项目“应用型专业校外实习基地管理研究与实践——以酒店管理专业为例”（JG201924）；山东青年政治学院现代服务管理学院教改“星火培育”项目。

** **作者简介**：单铭磊（1974～　），男，山东青年政治学院教授，管理学博士生，研究方向为旅游管理、旅游实验教育等；张永超（1977～　），山东济南人，山东省统计局统计数据管理中心高级统计师，研究方向为统计数据汇总分析、大数据信息分析和综合数据研究。

① 参见宋朝凤：《杜威实用主义教育哲学在教学实践中的反思》，《教育观察》2020年第9期。

相互关联而又相互独立的子系统构成的，是一个相对稳定的整体。构成系统的各部分或子系统具有层次性，其存在特征与结构是有序结构，是具有相对稳定的有机体。旅游人才培养过程是一个动态的开放系统，其组织、环境、管理、评价等子系统相互作用，形成了一个具有层次性、多元化的结构。

2. 实践性

旅游人才培养是一种以旅游实践活动为导向的教学理论提升。当代旅游人才的一大特点就是要不断面对多变的旅游情景体验。旅游知识来自实践，如果将脱离实践的图文组合看作是旅游知识，那仅是一种毫无旅游意义的教学活动。因为旅游活动的实践性与情境性，学习者能够将图文知识与具体旅游情景相结合，帮助学习者构建一个旅游“学习情景”，提高学习效率。通过实践的旅游教学活动，让学生从现实层面体会、检视和反思理论知识与实践活动的差异，更有利于人才培养目标的实现。①

（二）旅游人才培养体系的层次分析

针对当前旅游教学的特点，应从从情景、体验的视角对旅游人才培养体系进行层面划分，并对不同层次旅游人才培养活动的侧重点进行分解，将人才培养系统的各个组成部分在各层次中进行重构，为搭建基于实用主义的旅游人才培养体系提供参照。

1. 旅游教学项目

体验作为旅游教学的最基本特性之一，源于学习者对各种旅游活动和旅游人才培养活动的认知。如旅游线路设计，往往被不断抽象、简化，成为图论知识的最基本形态；酒店餐饮服务过程，被不断细化成摆台、餐前布置、斟酒等细化项目。细化的项目重新构成整体旅游人才培养活动的一部分，众多的细化项目成为旅游教学过程的重要构件，也成为旅游人才培养体系的基础。

当前旅游教学过程中，虽然存在着大量的教学项目化的应用，但仅具有项目是无法实现培养对象对旅游活动深层次理解的。在旅游课程当中，学习者需要将旅游教学项目作为知识与实体旅游活动的转化载体，明白“项目为何”和“为何项目”。那么，旅游人才培养活动被确立的最基本前提便可以被理解为对项目的清楚界定与运用。这融合了对旅游人才培养的体验性与系统性，需要综合多种组成部分，共同完成人才培养过程。在教学项目层次当中，其要求在于对旅游人才培养活动的理论知识的准确应用，对实践活动的正确实施，对旅游活动的明确指向。旅游教学项目层面教学可能并非系统化的教学过程，但其要点与重点在于从旅游人才培养活动引发思索，形成概念，并最终形成相对独立而完整的项目群组合即课程。可见，旅游教学项目教学实施层面的关键在于对旅游活动以及对旅游体验效应的基本理解与探索过程。

① 参见肖妮等：《中国本土主题公园旅游体验质量评价及空间分异特征研究》，《地理科学》2019年第6期。

2. 旅游专业课程

旅游人才培养活动，可以被看作是对现有旅游知识的实践，也可看作是对即将形成旅游知识的实践活动的探索。为此，我国现有旅游人才培养体系中的教学项目往往在理论与实践、验证与探索之间徘徊。[①] 这体现了旅游教学项目在面对旅游综合知识的局限与不足，需要具有清晰功能性指向的旅游知识组合来实现。这样才能引入能够统合具有清晰逻辑结构、明确知识边界、准确功能指向的知识传授载体——旅游专业课程。

旅游专业课程具有综合性、功能性、实用性等特点。该课程会引入各种旅游活动的现实需要，并不断与理论进行结合，衍生出各式各样的课程内容。这些课程可帮助学生对旅游服务过程的熟悉掌握与融汇的提升，具有很强的现实实用性。实际上，旅游专业课程不仅仅满足于对旅游服务知识、基本操作的验证，而且指向对旅游活动新形式、新特征的探索。如近年来开设的旅游管理经营、旅游研究方法等，都从不同视角对旅游已有知识进行升华。

当然，旅游专业课程的功能指向并不只是以旅游生产活动为导向的课程观，还是以学习者发展为中心的课程观，主张以学生为主的课程建设理念。现有的旅游专业课程，往往充斥着大量的具体旅游生产实践过程，忽略了对学习者主体的关注与关怀。因此，我们所强调的旅游专业课程是一种从学生发展出发，从人才培养入手，带领学生探索旅游知识的一个过程。因此，课程往往依托某一种实践场景过程（如餐饮服务、导游讲解），但并非囿于具体生产过程，需要教师带领学生将知识升华，形成共性知识与理论回应。

3. 旅游生产实习

在很多的旅游院校中，可以看到越来越多的学生参与到旅游生产实践当中，通过长时间的实习来完成对旅游生产实践活动的理解以及加入到与顾客的具体互动过程中，这已经是旅游管理专业经常用到的教学手段。旅游生产实习包含了众多门类知识，需要参与的课程较多。从旅游人才培养来看，实习生参与到酒店、景区、旅行社、电子商务等各部门生产活动中，一方面体现了旅游生产实习的综合性和复杂性，另一方面也使得旅游人才培养活动具有针对性和社会性。

旅游人才培养不仅需要参与到课程学习中，而且还需要学习者参与到社会实践中，将学习实践植入广泛的旅游实践活动中，以实现人才培养与旅游生产实践的融合。在此过程中，学习者可以更加综合、全面地了解旅游生产活动，从真实活动中探寻旅游经营的各项具体事务，并从一个俯视角度看待旅游服务人员的工作职责。这种教学活动是单门课程无法实现的，更不可能在一个封闭教学空间内完成。因此，除去实验项

① 参见邢卫平：《以实验实训为基础的旅游酒店管理信息系统研究——评〈酒店管理信息系统实验实训教程〉》，《林产工业》2019年第12期。

目和实验课程层次，还需要从教学体系中补充一个层面，来解释现有的长时间的实践学习现象。我们将这种在旅游人才培养活动中表现出的实践参与生产过程，以综合性、全面性训练为导向的人才培养活动划分到旅游生产实习层面。

4. 三个层次的关系

旅游教学项目、旅游专业课程、旅游生产实习三层次的划分，基本可以覆盖当前我国旅游院校旅游人才培养的整个过程。这三个层面的不同的教学意义也在上述讨论中得以呈现：在旅游教学项目层面，主要是通过细化旅游生产实践活动过程来实现旅游实验教学的知识单元，体现旅游人才培养的实践性和系统性；在旅游专业课程层面，为满足旅游人才培养实用性指向，重新组合旅游教学项目，整合形成具有特定“功能”的课程；面对广泛的旅游生产实习教学实践，需要在众多旅游专业课程基础上组合形成更高层次的人才培养指导，以回答为何旅游人才培养需要实习的问题，使得旅游人才培养具有“社会性”。

二、旅游人才培养的教学支撑构建

（一）教学目标的确立

明确教学目标是旅游人才培养体系成败的一个首要和基本的问题。教学目标具有导向功能、控制功能、激励功能和评价功能。教学目标既是安排旅游人才培养的各个环节、步骤的直接依据，又是评价人才培养活动效果的标准。教学目标科学与否，直接关系到旅游人才培养体系建设的成效。因此，旅游人才培养体系的教学目标既是确立新教学理念的价值前提，也是明确教学方向、完成教学任务和提高教学效果的根本保障。

基于实用主义的旅游人才培养体系的教学目标，包括认知目标、能力目标、态度目标三大部分。

1. 认知目标是基础

所谓认知目标，是指通过旅游人才培养进一步巩固和拓展课堂理论教学，加深对旅游基本知识、基本理论和方法的正确认识、理解和把握。旅游人才培养除了对学生进行旅游服务基本知识之外，还要进一步拓展人才培养内容，以学生为中心，加强中级管理者层级的能力训练，拓展学生对旅游企业发展的认识，并且进一步拓展学生对我国作为旅游大国的基本认识，加强对旅游强国发展理念的深刻理解。

2. 能力目标是核心

所谓能力目标，是指旅游人才的培养，可以使学生实现从书本到现实、从理论到实践的飞跃，可以使学生从所学理论知识向掌握方法、提高能力和提升素质的转变。实践是一种改造和探索活动，能满足学生自觉、主动的求知诉求，还能充分激发学生的创造精神；实践是一个把理论学以致用的过程，也是一个不断发现新问题、解决新问题的过程。旅游人才培养要注重学生正确思维方式的形成和科学方法的培养，注重提高学生运用旅游基本理论分析和解决实际问题的能力，注重培养学生对旅游问题认识、组织、表达、观察、协调、沟通、实践等综合能力，注重提升学生做人、做事、求知、创新等多方面素质。

3. 态度目标是关键

所谓态度目标，是指通过人才培养活动激发学生情感，增强其职业道德，增加其社会责任心和社会责任感，培养科学的态度与精神，树立坚定的理想信念。旅游人才培养使学生能够增强旅游行业实际情感体验，促使“知、情、信、意、行”的相互转化。旅游人才培养是学生直接参与旅游人才培养过程的感性活动。通过人才培养活动，学生在亲身体验的基础上，能在态度上形成认同感，并能内化成自己的思想或品质，外化为良好的行为习惯或实际行动。

（二）教学内容与实际紧密联系

1. 来自旅游基础课程的旅游实验项目

旅游实验项目属于旅游人才培养体系第一层次的内容，是旅游理论课程实践化的结合部分。旅游实验项目一方面验证了旅游基础课程理论知识，另一方面拓展了旅游人才培养的内容体系。旅游实验项目作为旅游生产活动的细化部分，需要依据“逻辑清晰、知识明确、技能清楚”的原则，将旅游实验项目作为人才培养体系的基本单元。

由于旅游实验项目所涉及的知识点不牵扯到功能性，更多地侧重于验证性，所以旅游实验项目可以被灵活多样地加以组织，通过各种旅游实验和探索来激发学生对旅游人才培养的兴趣。可以考虑在旅游人才培养初期聚焦旅游实验项目知识点的基础教学中设计多组课程，将旅游活动的认知、组织、结构等通过体验、模拟、实践等教学知识点在不同基础课程的连贯设置中加以组织。这些有关联与延续性的课程将有助于学生逐步建立对旅游实践过程的理解，形成对旅游活动的基础认识。

2. 来自旅游实验项目的实验课程

旅游实验课程来自旅游人才培养体系的第二层次内容，依赖旅游实验项目的结构化组合和“功能”转化。从时间维度上看，旅游实验课程是旅游实验项目结构化形成的结果；从空间维度上看，旅游实验课程将教学空间极大地拓展，形成校内校外联合；从内容维度上看，旅游实验课程是旅游实验项目的有机组合。

与旅游生产实习层面中要求各知识点可以不具有关联性不同，旅游实验课程层面所涉及教授的旅游知识彼此之间要互相配合。① 独立的功能性结构和某种特定功能需求的知识要围绕一个针对旅游实验课程全层面的知识点展开，我们把这个点称为“教学主题”。而具体实验过程中所涉及实验、统计分析和问题解决等知识的复杂性和具体

① 参见单铭磊：《旅游应用型人才人文素质养成研究》，《中国成人教育》2014 年第 20 期。

性，也往往超过实验项目层面知识点的要求。学生在接触这类具有特定功能性需求的教学时，通常要具备一定的知识和能力储备，才能具有较强的驾驭性。

这种独立驾驭性的存在，使旅游实验课程层面多维度的教学可以和某一针对特定旅游实践主题结合起来进行。例如，在某些旅游专业课程开展的过程中，可以通过实验教学对旅游线路设计、旅游财务分析和导游模拟等展开多维度教学，通过学生实际的实践操作来实现对各种旅游企业管理知识及其技术的了解和掌握。另外，在旅游理论课程的教学中，涉及相关的知识点也可通过旅游实验课程层面的训练来巩固学习。例如，旅游景区管理中的旅游安全管理，可以通过旅游安全眼动实验、旅游安全逃离模拟仿真实验等，进一步强化知识具象，使管理知识不再只是局限在纸面上，从而强化综合能力的提升。

3. 来自旅游综合实践的旅游生产实习

旅游生产实习属于旅游人才培养体系的第三层次的内容，其综合性与复杂性远超旅游实验课程和旅游实验项目。从时间维度上看，旅游生产实习属于在具备一定理论知识和实践能力之后的人才培养内容，是旅游理论知识的重要练兵场；从空间维度上看，旅游生产实习极大地拓展了学习空间，延伸至旅游生产实践中；从内容维度上看，旅游生产实习与旅游生产实践紧密结合，需要旅游相关企业的积极配合，所学内容依赖旅游实习企业的积极参与。从参与主体的多元化、教学管理的复杂化、教学内容的广泛性等，都说明了旅游生产实习是旅游人才培养中的重点与难点。

与旅游实验项目和旅游实验课程不同的是，旅游生产实习具有强烈的生产实践属性，其情境就是真实生产过程，需要对学习者在此之前能够有真实的回应。在生产实习层面上，旅游人才培养可以把与旅游专业相关的知识点全部有机地组织起来。因此，生产实习层面发生的人才培养在各知识点的教学上具有整体性和综合性。

（三）教学方式符合旅游真实环境

旅游人才培养活动这一行为，可以使学生通过感知和体验旅游活动过程而获得最直接的学习经验。如杜威所说，这样获得的经验是原有的，是自身完备和毋庸置疑的。[①] 因此，旅游人才培养在其最基本层面上就在教学和学习经验之间建立起直接的联系。在旅游人才培养课程的特定旅游活动环境中，人才培养活动与学习行为所引发的一系列因果关系也将具有其本身特定的意义，更易于植入学习者的记忆中。

虽然在现有的很多旅游人才培养课程中，学生最终的学习成绩仍旧受限于教师的评定，但是，由于整个旅游人才培养活动的真实性造就了学生对实践行为的多方面经验反馈，分数并不像普通理论课程中那样成为学生对自己学习经验的主要反馈来源和进一步反思的基础。在旅游人才培养体系的三个层面中，学生有机会获得和传统教学

---

① 参见甘露等：《虚拟现实体验能替代实地旅游吗——基于威士伯峰虚拟现实体验的场景实验分析》，《旅游学刊》2019年第8期。

完全不同的经验和体验。在旅游实验项目层面，学生有机会获得导游服务的经验、餐饮服务的经验、解说的经验等专业基础技能的经验；在旅游实验课程层面，学生可以获得旅游设计与数学图论关联的经验、旅游规划与景区管理的经验、宴会活动组织的经验、高端服务接待安排的经验、对旅游产业的了解以及专业数据统计分析的经验；通过参与旅游生产实践进行的生产实习，学生可以获得对旅游企业真实情景与初级管理活动的经验、基层人力资源管理的经验、基础财务分析的经验、旅游企业法规与经营活动关联的经验、团队服务工作协作与组织的经验。也就是说，旅游专业生产实习可以帮助学生建立对旅游专业理论到初级管理者的完整经验。这些直接经验的获得是建立在教学方式符合旅游活动现实环境要求基础之上的。

在教学方式的选择上，基于旅游人才培养活动生成机制并结合使用实用主义理论，通过“体验”“参与”“实践”等多种教学方式相结合，在不同层面的旅游人才培养活动中，采用多种教学方式组合实践，可以实现对旅游人才培养活动组织的最优化。

三、旅游人才培养的实践支撑构建

在旅游人才培养体系中，学习者的实践方式并非一成不变的。相反，实践方式应是以学习者体验最优化为标准而呈动态变化的。从实用主义理论出发，可将旅游学习实践方式归纳为三种：“做中学”、研究性学习、反思性学习。三种实践方式与旅游人才培养三层次并非是一一对应的，而是贯穿其中，只是三大类方式存在着不同比重而已。

1.“做中学”

“做中学”是实用主义理论提倡的重要实践方式，是让学生在解决具体问题的过程中将“做”和“学”、“动手”和“动脑”结合起来的科学探究活动和科学学习方式。[①]“做中学”是探究性学习的一种表现形式，其提倡的理念面对全体学习者，直面真实的实践活动，以提高专业素养。从旅游人才培养活动来看，“做中学”首先是以探究学习为核心的人才培养过程，强调学习者通过体验、实践等方式习得知识、形成经验并建构价值。其次是强调学习者在旅游人才培养过程中，将内在的学习活动与外在的手、脚等肢体协调起来，在“做”中实践旅游理论知识。最后是强调学习活动的真实性与发展性，在旅游人才培养活动中，尤其注重旅游情境的真实性与嵌入性。“做中学”在旅游人才培养活动中的主要环节包括：提出问题→猜想与假设→设计实验→动手操作→实验记录→交流讨论。

2. 研究性学习

研究性学习的雏形来自杜威的“做中学”理念和问题教学法，后经不断完善与发

① 参见屠锦红等：《“做中学”教学法之百年演进述评》，《课程·教材·教法》2014年第4期。

展，逐渐形成了以问题（Problem-Based Learning）和项目（Project-Based Learning）为中心的两大研究性学习主要形态，重点是鼓励学生从问题中探寻解决问题的方法，强调学习的过程性和真实性体验。[①] 对于旅游人才培养活动而言，研究性学习有利于提升学生对实践问题的探索与思考，回归学生的生活世界重新思考旅游人才培养并提出问题，立足学生直接经验来整合实践课程资源，鼓励学生积极主动探究，重新审视旅游实践活动。

在旅游人才培养活动过程中，研究性学习在于提升旅游人才培养的“经验”，让“经验”与知识能够进行对话，其特点表现在学习内容的开放性、学习过程的探究性、学习活动的实践性。研究性学习的主要环节是：进入问题情境阶段（问题准备阶段和问题提出阶段）、实践体验阶段（搜集和分析资料、调查研究和初步交流）和表达交流阶段（结果资料汇总和展示、交流成果分享）。总之，研究性学习贯穿旅游人才培养体系的三个层面，旅游人才培养活动从体验活动上升为理论思考活动。

3. 反思性学习

反思性学习是经验学习的优化形式，促进学生智慧和品格的发展。[②] 在经验学习中，反思是学习过程的精华，因为它能从经验中提取有意义的东西。没有经过反思的学习常常停留在经验水平上，只有经过反思，经验方能上升到一定高度，并对后继行为产生影响。因此，真正有效的旅游实践学习活动必须以一定的反思作为基础，学习者更好地内化获得知识。

反思性学习对于旅游生产实习尤为重要。由于旅游生产实习与具体生产实践相结合，学习者在具体实践中往往容易迷失学习者身份，甚至引发对旅游专业的反感与逆反情绪。借助反思性学习，学习者可以重新审视旅游生产实习中的具体经验，并通过观察分析、信息收集和冷静判断，重新概括旅游生产实习体验，将经验内化到自身知识结构中，并提出具体验证策略，最后在旅游生产实习情景中再次进行验证。可见，反思性教学实践的过程，既是一个从旅游实践→经验反思→提升经验→实践检验→再检验经验的循环往复的过程，也是一个学生经验不断提升、内化的过程。[③]

由于旅游人才培养具有复杂性、综合性与情境性，其人才培养知识具有一定的默会知识特征。情境学习理论认为，知识具有情境性，所以学习者最好基于情境而习得知识。当学习者处于实地情境中时，其所获取的知识往往是一种默会的知识。同时，知识具有工具性。情境学习理论认为，知识是需要在具体情境中应用才能进一步内化为学习者知识。

---

① 参见张馨：《职业教育“做中学”教材结构研究》，河北科技师范学院硕士学位论文，2013年。

② 参见潘绵臻等：《反思性学习会议对ERP实施中用户参与的影响——基于心理授权的视角》，《管理科学学报》2013年第12期。

③ 参见吴秀娟等：《基于反思的深度学习：内涵与过程》，《电化教育研究》2014年第12期。

旅游知识特征说明旅游人才培养依赖于教学情境，选择合理的教学情境有利于旅游人才培养活动开展。从现有的旅游教学实际情况来看，旅游人才培养环境可分为校内旅游实验室、校内旅游实训室与校外旅游实习基地。校内实验室主要是用于实验教学的场所，开展验证性实验、综合性实验和设计性实验；实训室主要用于技能训练类人才培养，侧重于复合型动作训练；校外实习基地主要用于开展综合性生产实习活动。

综上，旅游人才教学体系的建构要以整体的教学观和实用的教学理念为指南，通过把教学支撑和实践支撑的各自特征和优势科学地统筹起来，兼顾旅游教学的本质内涵，以旅游专业自身特点为基础立体统摄旅游教学体系的框架，从教学内容的设计、教学方案的实施和教学效果的评价等方面彰显旅游人才的自身特点，遵循旅游教育教学规律和个体职业成长规律等，从而培养出能够更好地适应时代发展需要的旅游专业人才。

把抗击疫情实践融入大学生思想政治教育研究*

张 萌 迟梦辰 王韶鸿**

摘 要 新冠肺炎疫情的发生，对人民的生命安全、国家政治、经济发展及社会稳定造成严重影响。本文通过探讨疫情所带来的影响，挖掘抗击疫情实践背后所蕴含的价值，利用抗击疫情实践过程中所积淀的生动素材，将其融入大学生思想政治教育工作，拓宽思想政治教育的范围和领域，"因事而化，因时而进，因势而新"地展开思政教育工作，变危机为契机，在危机中育新机，为学生人格成长和信仰塑造培根筑基，这对高校推动人才培养、实现"立德树人"的任务具有重要的指导意义。

关键词 突发重大疫情 思想政治教育 价值蕴含

2020年，新型冠状病毒肺炎疫情在全国蔓延，感染人数大幅攀升。由于其具有突发性、传染性、严重性的特征，危及公众的身体健康乃至生命安全，疫情的防控显得尤为重要。中国针对疫情的发生展开了一场全民参与、卓有成效的防疫阻击战。面对突发的重大疫情，借力思想政治教育正向的导向及积极的激励作用，借助国家应对重大疫情中所涌现的感人的先进事迹，提炼和凝聚其中的德育元素，潜移默化地开展思政教育，讲述战"疫"过程中的中国故事，引领大学生理性应对疫情，牢固树立爱国心、责任心，合理有效地化解危机所带来的风险，这对拓宽思政教育工作的广度和挖掘思政教育工作的深度、培养新时代合格人才，都具有重要的理论意义和应用价值。

一、突发重大疫情事件的影响

新型冠状病毒肺炎疫情的发生恰逢春节前夕，其间人员流动性大，短期内确诊患者暴增，世界其他国家也出现了感染病例。为此，全国各地启动重大突发公共卫生事

* **基金项目**：本文系2019年山东省学校国防教育协会项目（19LGJ18）、中国陶行知研究会课题管理办项目（ZT2020205）、泰安市社会科学界联合会项目（20YB046）的阶段性成果。

** **作者简介**：张萌（1982～ ），山东泰安人，山东第一医科大学（山东省医学科学院）档案馆（校史馆）副馆长、讲师，研究方向为思想政治教育；迟梦辰（1999～ ），山东威海人，山东第一医科大学（山东省医学科学院）药学院2017级药学本科学生，研究方向大学生创新创业；王韶鸿（2000～ ），山东烟台人，山东第一医科大学（山东省医学科学院）药学院2018级药物制剂本科学生，研究方向大学生创新创业。

件一级响应。疫情防控工作是对国家、社会、个人的严峻考验，疫情的发生影响着经济发展和社会稳定，涉及国家、社会的各个层面。

（一）社会经济发展缓滞，生活成本增加

为控制传染源，切断传播途径，减缓疫情蔓延，各地实行企业停工停产和封闭管制措施，使正常的社会秩序被打乱，餐饮业、旅游业和交通运输业等第三产业严重受挫，对我国经济的发展产生一定冲击，导致经济的发展缓滞，家庭经济收入减少，公众日常生活受到影响，生活成本增加。

（二）考量国家治理体系和政府治理能力

处置突发重大疫情事件，考量着国家的治理体系的完善和政府治理能力的高低。疫情出现时，公众会反复关注和提及事态发展状况。媒体所发布的舆情是否可信？政府对疫情处理的结果如何？民众会对政府持有一定心理预期和基本诉求，政府在应对疫情过程中如果稍有延迟或处置不力，都会造成公众对政府的不信任与质疑，甚至对社会主义意识形态产生抵触情绪。这些冲突和矛盾易被激化、聚焦和放大，出现否定政府决策的“塔西佗陷阱”①。民众会对马克思主义理论产生疑惑甚至抵触，将负面情绪宣泄到政府层面，动摇政府的公信力、话语权和权威性，影响到社会意识形态领域的根基。②

（三）引发公众群体的心理危机

疫情发生后，由于对疫情流行病学研究和预防的知识不够，缺少能够有效预防和治疗的药物及对策，疫情拐点没有出现，对武汉实施的“封城”及各地社区“封闭”管制等措施也凸显出疫情防控形势的严峻。根据心理危机理论，面对突发疫情带来的危机，由于存在不可预知的风险，公众会产生潜在的自危意识和避害心理，心理上的变化会影响正常的思维，进而无法对事态的变化趋势作出正确判断，从而导致认知功能障碍。③ 同时，疫情之下，人们日常的生活起居、人际交往、工作状态都发生了显著改变，个体会更加敏感地关注外界环境的变化。面对这种矛盾和困惑，民众较难对外界突发事件迅速作出相应调整，往往产生迷茫无助、害怕恐慌、紧张焦虑等负面情绪。负面社会性心理的传播与蔓延往往比病毒的传染更可怕，如果不能及时地加以疏导，会加剧社会秩序的动荡和混乱，影响到国家的稳定与发展。

二、中国特色社会主义制度在战“疫”过程中的优势体现

“中国特色社会主义制度是当代中国发展进步的根本制度保障，是具有鲜明中国特

① 参见夏凌云：《危机信息传播中媒体舆论缓释效应研究》，湖南师范大学硕士学位论文，2013 年。

② 参见杨静娴：《网络负面情绪对马克思主义意识形态认同的消解及战略应对》，《毛泽东邓小平理论研究》2019 年第 6 期。

③ 参见秦启文、周永康：《公众在突发事件中的负面心理反应解构》，《西南师范大学学报》（人文社会科学版）2006 年第 1 期。

色、明显制度优势、强大自我完善能力的先进制度。”① 经过疫情的洗礼与锤炼，在应对疫情过程中，中国特色社会主义制度展现了诸多方面的优势。

（一）中国共产党集中统一领导的优势

中国特色社会主义最本质的特征是中国共产党领导，党是最高政治领导力量。自疫情暴发以来，习近平同志亲自部署、多次主持会议、听取汇报、作出重要指示，中央政治局召开常委会专题研究，各级各部门加强统一领导、统一指挥、坚定不移地把党中央的各项决策落到实处。党中央成立应对疫情工作领导小组，统一指挥全国抗击疫情工作，并向湖北严重疫区派驻指导组。各级党委政府把疫情防控作为当前的头等大事，党员干部坚守岗位，靠前指挥，团结带领广大人民群众抗击疫情。正是在中国共产党的统一领导下，我们才能临危不乱，步调协同，共同打赢抗“疫”的阻击战。

（二）集中力量、统筹部署的优势

在党的统一领导下，集全国之力，统筹部署各项事情，忙而不乱，有条不紊地推动疫情防控工作。党中央成立应对疫情工作领导小组，国务院建立联防联控机制，督导各部门各级政府做好各项工作，采取多项措施阻断病毒传播，全国各省启动重大疫情一级响应。中央专门将财政资金和军队医疗人员调配至湖北，短短几天时间内新建火神山、雷神山两家专门医院和多家方舱医院。“一方有难，八方支援。”各地医务人员组建多批次的医疗队驰援湖北，大批医疗和生活物资等源源不断地捐向疫情的重灾区，并以一省包一市的方式全力支持湖北的防控工作。这正是中国共产党的领导下“全局观念”和“整体观念”的具体体现。

（三）高效率、广泛的社会动员优势

自抗击新冠肺炎疫情以来，通过党中央部署、各级党委政府部门坚决落实，将防控力量下沉到社区，坚持“发动群众，依靠群众”的原则，建立防控网络，构建防控体系。“村口有‘红袖章’，社区有‘红马甲’，路口有执勤人员”，通过采集每个家庭、每个人和疫情有关的基本信息，掌握防护第一手资料。通过网络 App 构建疫情联防上报制度，实施有效的防控机制，使社区成为战“疫”的第一线，构建“人人有责，人人尽责，人人担责”的防疫共同体②，用果断的执行力开展一场动员全国人民的疫情防控战。

三、思想政治教育在抗击疫情中的价值与作用

思想政治教育是维护政治工作和经济工作的生命线。当疫情发生时，开展思政教育可以统一思想和提高认识，及时掌握国家政策及应对措施，化解社会矛盾，增强对国家的向心力和凝聚力，打造有利于疫情防控工作平稳有序开展的社会环境，有效地

① 习近平：《在庆祝中国共产党成立 95 周年大会上的讲话》，人民出版社 2016 年版，第 13 页。

② 参见姜晓萍：《使所有社区成为疫情防控的坚强堡垒》，《光明日报》2020 年 2 月 21 日。

缓解重大疫情所带来的影响。

（一）发挥思政教育激励和对舆论导向的作用，凝神聚力

当面临重大疫情时，公众会依照自己的社会阅历与价值取向展开思维，在合理化的平衡中去抉择自身的态度、观点和行为，动机和价值取向是促使人们进行社会活动的内在驱动力。同心同力，共克时艰，需要思政教育的激励和动员。思政教育能够统领整体观与全局观，充分发挥激励和导向的功能，引领并约束群体的思维模式及行为规范，使群体的思想和行为保持高度一致，使社会秩序和价值秩序稳定构建，实现处置疫情重大事件的最优化管理和配置。在疫情发生时，需要坚定地遵循党的领导，精准施策，具备全面掌控、综合协调的能力，维护经济秩序和政治秩序良好运行的社会环境。

公众舆论是反映和表达社会秩序和社会意识形态的同期声和平面镜，舆论是开展思政教育的媒介和工具。疫情来临时，整个国家面临着一场没有硝烟的战争，如果产生过多的负面情绪，会在一定程度上扰乱社会秩序，影响疫情防控大局。良好的舆论环境是战胜疫情的有力保障。通过主流意识形态树立话语的权威性，在整个社会舆论引导中发挥正向作用，公开、透明、及时地宣传党中央的重大决策部署和疫情防控工作成效，宣传疫情防控知识和相关法律知识，快速与准确地传递舆情，可以消除公众恐慌不安的心理危机，破解由自然性灾难疫情向社会性心理疫情转化的危机，维护社会秩序的稳定。

（二）发挥思政教育的引领作用，坚守制度自信

“经国序民，正其制度。”思政教育肩负着解决为谁培养人的问题，使大学生树立坚定的社会主义信念，形成正确的世界观、人生观、价值观的重任。① 面对疫情，通过思政教育的引领和导向作用，坚信只有在中国共产党的坚强领导下，充分发挥中国特色社会主义制度优势，紧紧依靠人民群众，才能有能力、有信心打赢这场疫情防控阻击战，才能作出全国一盘棋的整体部署与统筹安排，才能有条不紊、举全国之力作出如此迅速的响应；唯有在中国共产党的领导下才能够在如此短暂的时间内创造出世所罕见的“中国奇迹”，开启令世人瞩目的“中国之治”，坚守对社会主义制度的自信，增强自豪感和自信心。

（三）发挥思政教育的协调沟通作用，补充和提升政府治理能力

面对突然而至的疫情，无先进经验可以借鉴，无对应规律可以遵循，无破解政策可以实施，无充足物质加以调配，从政府到基层社区，从社会到个人，都陷入一种困惑、无序乃至混乱状态。此时，发挥思想政治的沟通、组织和协调能力，把握正确的政治方向，保持清醒的头脑，保证正向的舆论导向，通过有效的协调与沟通达成政治共识，实现思想和行动上的一致，为疫情防控工作打造平稳有序的社会环境，意义重大。政府是实行现代公共管理体系下的有限政府、责任政府和法治政府，有强烈的使

① 参见魏志奇：《高校思政工作面临的新形势新问题新任务》，《思想政治工作研究》2017 年第 10 期。

命感和政治责任感。疫情之下最能暴露社会转型期的某些治理短板，当疫情发生和蔓延时，需要政府及时采取应对措施，畅通信息渠道，完善重大疫情的防控体制机制，以有效地预防和化解危机，保障社会的秩序和正常运转，贯彻“以人为本”和“执政为民”的理念，才能汇聚公众的力量，共克时艰。

政府治理能力和治理水平没有固定不变的模式，而是遵循马克思主义的基本原理，随时代的发展呈螺旋式不断上升和提高。每一次风险和灾难的背后，都会伴随着制度的完善和政府治理能力水平的提高。此次疫情也让我们总结经验和吸取教训，针对所暴露出来的问题和不足补短板、堵漏洞、强弱项，用科学决策和科学调控去应对和处置公共突发重大疫情事件，促使政府治理能力水平的提高。

四、抗击疫情实践对人才培养的契机与价值

思想政治教育以马克思主义理论为基础，有效发挥积极的导向和激励作用。面对广泛的学生群体，可借助各种传媒平台加强思想引领，大力传播在战“疫”过程中所涌现的感人先进事迹，凝聚、提炼其中的德育元素，潜移默化地开展思政教育，及时向学生们传递具有正能量的中国故事及中国声音，引领学生理性应对疫情，牢固树立爱国心、责任心，不断深化世界观、人生观、价值观、道德观，合理有效地化解危机所带来的风险。这对拓宽思政教育工作的广度和挖掘思政教育工作的深度都具有重要的理论意义和应用价值。

（一）将“立德树人，以人为本”等思想纳入德育素材，拓宽思政教育领域

“多难兴邦”，一个聪明的民族从灾难和错误中学到的东西会比平时要多。[①] 思想政治理论课程在立德树人、铸魂育人方面发挥着重要作用，但思政教育工作的展开不应该局限于课堂教学环节。应对疫情的过程本身就是一堂鲜活生动的实践课，积极响应习近平总书记“把思想政治工作贯穿教育教学全过程，实现全程育人、全方位育人”[②] 的要求，担负“守渠”与“种田”的责任，及时总结凝练，将抗击疫情中忠于职守、勇于担当、无私奉献、同舟共济的精神转化为培育和践行社会主义核心价值观，内化成进行思政教育的生动感人的德育素材，拓宽思政教育的领域，为“因事而化，因时而进，因势而新”地展开思政教育工作创造有利契机。

1. 讲好爱国主义故事，塑造家国情怀

火神山、雷神山两所医院短期内的建成和投入使用，让世界见证了中国速度；各种救援物资调运武汉，军队和地方各级医护工作者驰援武汉，体现了军民齐心、众志成城的凝聚力，也展现了一个大国的实力担当与抗压韧性，让我们更深刻地体会到

① 参见张桂珍：《“非典”危机中的公民道德审视》，《南京医科大学学报》（社会科学版）2003年第4期。

② 《习近平在全国高校思想政治工作会议上强调：把思想政治工作贯穿教育教学全过程 开创我国高等教育事业发展新局面》，《人民日报》2016年12月9日。

“有国才有家”的温暖，让我们感受到中国的强大力量，使我们相信在以习近平同志为核心的党中央领导下，在全国疫情防控的大局与全局意识下，坚决打赢疫情防控战的信心。党领导人民抗击疫情的伟大实践，是一部生动鲜活的爱党和爱国主义教育实践教材，更是一个大爱无疆的现实教育课堂，也是牢记“四个意识”、坚定“四个自信”、践行“两个维护”的最直接的体现。

作为思想政治工作者，要充分把握和利用好这些素材，拓展思政教育的广度、深度，结合鲜活的具体案例和实践故事，通过多途径、多渠道进行学习与宣传，挖掘蕴含在这些抗击疫情实例中的德育元素与精神力量，给学生传递大局意识、政治意识和核心意识，鼓励学生结合自身的专业特长与优势，积极主动地传播正能量，增强对祖国、党和社会主义的情感认同，营造看齐意识，用家国情怀谱写新时代大学生的使命与担当，使我们坚定信心、同舟共济、科学防治、精准施策，有信心、有能力打赢这场疫情防控阻击战。①

2. 以人为本，实施健康教育与危机教育

习近平总书记指出，要始终把人民群众生命安全和身体健康放在第一位，这是坚持“以人为本”理念的体现。通过思政教育引领学生理解和感悟生命的真正意义与价值，使学生的思想、心理和行为积极、健康地发展，促进个体生命教育的价值转化，进一步增强责任意识和担当精神。

思想政治教育不应仅仅局限于提升人的“三观”方面的思想教育，还应涵盖生命观、生态观等多层面、多方向的综合教育体系。在这次疫情中，开展多种形式的健康教育与危机教育，为思政教育提供新的研究内容。了解疾病的本质，掌握病毒的传播途径，按照科学的方法阻断疫情的传播，学习疾病预防与治疗知识，养成良好的生活方式和卫生习惯。在心理健康教育方面，加强自我疏导和心理调适，克服迷茫、焦虑和恐慌的心理。疫情蔓延期间，学校推迟开学时间，延长假期，学生充分利用好时间也是尊重生命的体现。学校督促学生在家隔离期间认真学习专业知识，思考和规划自己未来的发展方向。将危机教育融入教学过程，发挥思政教育的预警作用，“居安思危，防患于未然”，保持平常从容的心态，做好应对突发事件的准备，增强自身危机意识以及分析、处理和解决问题的能力。

（二）塑造人生价值导向，培育社会责任感

“国家有难，匹夫有责。”社会责任感是大学生对社会责任自觉认知、情感认同的内心状态以及责任履行的心理趋向，也是社会主义核心价值观的体现。② 加强对学生的社会主义核心价值观的培育和引导，是高校立德树人的重要任务之一。我们看到：习近平总书记和李克强总理深入基层考察和指导防控工作，钟南山、李兰娟院士不顾高

① 参见鲁品越：《疫情防控阻击战锤炼和提升治理能力》，《光明日报》2020年2月11日。

② 参见王白丽：《大学生社会责任感培养探微》，《学校党建与思想教育》2016年第20期。

龄仍奔波在抗疫的第一线，临危受命的医务工作者化身“战士”义无反顾地用平凡之躯筑起道道“堡垒”，党员干部、社区工作者、志愿者等诸多平凡岗位上的工作者默默守护起城镇的每个角落……他们是中国故事、中国声音的鲜活生动案例，是蕴含隐性思想政治教育有深度、有内涵的德育实证素材。正是因为有了这些高度社会责任感的人，疫情才能迅速得以稳控，他们是新时代的楷模，是学习的榜样。思想政治工作者要宣传好这些先进感人的事迹，启迪学生无私奉献，塑造应有的社会责任感，以科学、积极和健康的价值观引导学生的发展。

（三）优化思政教学方法，注重实践引导

思政教育教学的目的是帮助学生树立正确的世界观和方法论，坚持党的领导，坚持正确的政治理念。但是，受传统思政教学方式的影响，教学过程中过于注重理论、轻实践，将授课重心放在对国家方针和重大思想的讲解上，教学内容侧重于我国社会主义政治、经济、社会、生态文明建设、精神文明建设，单一的内容往往难以激发学生兴趣。突发重大公共卫生疫情的应对过程可以作为思想政治教育的切入点，通过理论联系实际，引入学生关注的疫情案例，将应对突发重大公共卫生疫情的过程融入思想政治教育内容之中，拓宽思想政治教育的教学思路和教学方法，进一步加强对思想政治教育的理解。从此次疫情的发展传播所造成的经济损失、政府体制改革、公民自我保护意识的觉醒、民族精神的团结以及党的领导等方面，分析挖掘其背后所涵盖的思想政治教育的价值以及应对方案，调动学生的积极性，构建“大思政”的教育模式，实现立体化、多维度的教学体系。让思想政治教育工作既有“高、大、上”的理论指导，又有更接地气“真、善、美”的贴近生活的本质，从而提高思想政治教育的教学水平。

（四）抗击疫情实践对人格价值的塑造

抗击疫情的过程中蕴含着巨大的情感力量和深邃的思想内涵，将这些情感内化给学生，有利于学生精神世界的塑造，树立强烈的职业使命感和时代责任感，有助于学生学习主观能动性和综合素质能力的提升。

1. 加强规则与法治教育，突显思政教育的本色

“没有规矩，不成方圆。”规矩不是对个体的束缚，而是社会稳定、人民生活和谐发展的保障。如果没有规矩，社会便会陷入无序和混乱的状态。通过规则和法治教育，明规则，懂法理，突显思政教育的本色。疫情期间，大众心理多有恐慌，更需要强化规则意识与自律理性，用规矩去严格约束自己的行为，避免出现违法、违规的现象，维护社会的正常秩序。

疫情之下，有不顾大局隐瞒事实者，有无视风险任性聚集者，有心存侥幸不加防护者，有不听劝阻肆意妄为者……这些不和谐的音符体现了有些人规则意识的淡漠和法制观念的缺失。作为学生要做好自律，牢记规则意识的重要性，坚守规则的底线和

法律的红线，多些群体意识、规则意识、契约意识、法律意识。在社会关系领域，法治在一定程度上体现为对规则和制度的遵守。越是疫情防控紧张的时候，越需要遵守规则，坚持依法防控，把制度执行贯穿疫情防控的全过程，在法治轨道上统筹推进各项工作。坚持全面依法治国，实现法治与德治的结合，增强制度素养和法治意识，提升在危难锤炼中形成的以国家利益、集体利益为先的精神境界。

2. 增强参与意识，营造人类命运共同体的教育

“覆巢之下，安有完卵。”疫情面前，每个人可能既是疫情扩散的受害者，也是疫情防控的参与者，每个人都是疫情防控的主角，要积极主动参与到疫情防控的工作中来。积极主动地参与，有助于唤醒每个人的公共意识，提升公共责任感，意识到自己是社会和集体的一分子。自身利益与国家、社会和集体的利益息息相关，虽然个人的努力像是微弱的星光，但是所有个人的共同努力，就能汇聚形成巨大的能量。

人类命运共同体的思想是习近平新时代中国特色社会主义思想的重要组成部分，这在经济全球化、社会信息化、世界多极化的时代发展背景下提供了解答“世界怎么了”“我们怎么办”的中国方案。[①] 在地球村背景下，没有一个国家是孤岛。面对疫情，世界各国科学家努力攻关，破译病毒密码，寻求治疗方案；多个国家主动捐赠医疗物资，伸出援手，帮助中国抗击疫情。“山川异域，风月同天。”弘扬人类命运共同体的主题不仅是思政教育的重要议题，也给思政教育理论研究和实践发展带来的深厚的价值蕴含。

五、以抗击疫情为契机探索实施思想政治教育的途径

重大公共卫生疫情的发生与传播给社会的政治稳定和经济发展带来一些负面影响。然而，这也具有两面性，在认识到重大疫情带来危害的前提下，我们可以采取各种措施积极化解应对。此外，还要关注和发掘在应对重大疫情背后所存在的价值意蕴，以应对重大疫情为契机开展相关思想政治教育，拓展思想政治教育的内涵和外延。

（一）明确思想教育工作的方向

加强爱国主义教育。在抗击重大疫情过程中，以习近平同志为核心的党中央始终把人民群众的生命安全和身体健康放到第一位。党领导人民抗击疫情这部生动鲜活的爱党和爱国主义教育实践“教材”，是战胜疫情的根本保证。应了解群众的思想，进一步坚定群众战胜疫情的信心和勇气，进一步增强对党的情感认同，进一步坚定中国特色社会主义的“四个自信”。

（二）丰富思政教育研究体系，为思想政治教育提供新的研究方向

思想政治教育的主要研究内容是由马克思主义理论、毛泽东思想和中国特色社会

① 参见王春英：《浅析人类命运共同体思想对高校思想政治教育的价值意蕴》，《思想教育研究》2019年第9期。

主义理论体系构成，高校在加强传统思政教育的同时，还应融合发展观、生命观、安全观、生态观等方面的内容，以丰富思政教育体系。思想政治教育体系不是封闭的理论体系，而是符合马克思主义的发展观、与时俱进的理论体系。高校的思想政治教育者必须积极借鉴多元化的教育内容，吸取先进经验，将符合马克思主义理论发展的研究成果充实和融入思政教育内容和体系中。思想教育者应从中吸取经验和教训，转化为生态观的理论基础，为丰富思政教育输注崭新的内容，从而完善思政教育体系。

（三）为思想政治教育活动增添实践形式

思政教育的活动不能仅仅停留在单纯的理论灌输和说教的道德教化层面，还应该更重视实践环节的运用，将重大疫情处置过程中的实践所得转化为思政教育过程中的实践内容，在以课堂教学为主的基础上，佐以现实的、有形的实践活动，搭建多维的思政教学体系。要充分利用好抗击重大疫情这部实践“教材”，将对话式、讲演式、研讨式、案例式、体验式、参与式等多种课堂教学的模式纳入思政课堂，上好这堂实践大课。在校内通过多种实践形式，以危机教育为主题开展多样的实践活动，融入应时的抗击疫情的民生热点和中国故事，会同职能部门研讨开展危机教育主题宣传活动的有效方式，回归思政教育工作的本意和初心，实现理论与实践的统一。

（四）积极进行心理健康与危机干预教育，为思政教育拓宽应用范围

加强健康教育与危机干预教育，为思想政治教育拓宽应用范围。对学生群体进行心理调查问卷，充分了解疫情发展下他们的各种心理健康状态和对疫情的反应，分析原因并采取对应性措施，快速有效地展开教育引导。针对疫情中思想教育的突出问题，积极准备预案，通过多种实践形式应对疫情造成的思想问题，如通过心理热线或健康教育积极疏导学生心理，排忧解惑，并直面社会上的复杂形势，引领学生形成积极健康向上的思想。

（五）为思政教育工作提供研究课题

思想政治教育应该是与时俱进的、符合新时代特征的活动，应对疫情的过程是一场涵盖爱国情怀、责任意识、社会担当、无私奉献多方面价值的实践活动，所蕴含的精神价值与思政教育工作的主题具有同向而行的特征。思政教育工作者应以抗“疫”过程中的事件为案例和着力点，分析、整理和挖掘其中的内涵，将其转化为思政教育的研究课题，为思想政治教育改革提供新的创新点与增长点。

综上，通过挖掘应对重大疫情背后所存在的价值，融宣传教育和舆论引导于防控疫情的第一线，在强信心、聚民心、暖人心的思想战场上，“因事而化，因时而进，因势而新”地展开思政教育工作，化危机为契机，助推思政教育工作的展开。

审美经济时代审美融入文化产业人才培养模式与路径研究

韩东庆*

摘　要　文化产业本质是审美产业，当前文化产业并不“美”。本文探究文化产业审美匮乏的究竟，剖析文化产业人才审美教育存在的思维遮蔽性、短视价值观等突出问题，从学校、企业和个人三个方面构建文化产业人才审美的路径和模式，并以正午阳光坚持“审美”导向的制作理念以及“审美”导向的人才培养和传承模式为例，分析了优秀文化产品的发展模式。

关键词　审美经济　审美　文化产业　人才培养

当前我们已进入审美经济时代。审美经济时代最为显著的特征和标志是审美性，审美在经济中所占比例越来越大，重要性越来越凸显。从个人方面，人们对审美需求日益多样和审美功能日益生活化；从经济社会发展方面，审美在社会生活和经济发展过程中的角色和地位愈发重要，也是国与国之间竞争的一种软实力、巧实力和信心力。

2001 年，德国学者格尔诺特·伯梅提出了“审美经济”概念，审美经济引入了马克思的使用价值与交换价值之外的第三种价值即“审美价值”，从而呈现为一种新的经济形态。审美经济时代下文化产业的竞争力根本在于人才，而人才需要通过教育培养进行，因此，文化产业人才培养体系建设日益重要。

一、审美对于文化产业的重要性

审美有利于唤醒人的创新意识。文化产业的内核体现在其创意性上，最需要人的创新创意精神提供能量，而审美是最能唤醒人的创新意识、激发人的创新思维、启发和培养人的创新精神。文化产业本质是审美产业，文化产业不论其文化属性和

* **作者简介**：韩东庆（1989～　），安徽亳州人，中国海洋大学文化产业管理专业 2019 级博士研究生，研究方向为文化产业、人才资源开发与管理。

文化色彩，还是其产业属性和产业色彩都离不开审美，可以说正是审美赋予了文化产业的精神属性和价值属性，为文化产业实现价值增值。然而，就当前文化产业发展现状来看，文化产业并不“美”。在文化产业市场中，文化产品同质化、低俗化、粗滥化等比比皆是，这些不“美”拉低了人们的审美趣味，同时也制约了文化产业健康可持续发展。探究文化产业审美匮乏的究竟，与文化产业的主体，即人的审美匮乏有很大关系，正因为文化产业人才审美匮乏，文化产业的审美才变得匮乏。因此，探究审美和文化产业人才培养体系，尤其是审美融入文化产业人才培养过程具有十分重要的现实和理论意义。

二、审美缺位：制约文化产业发展

当前审美化已经成为文化产业发展的趋势之一。所谓“审美化”，是指文化产业应该具有美的意蕴。随着社会发展进步，各种美学已经广泛渗透到社会生活的各个领域，文化产业理所当然应该具有真善美的内涵。文化产业价值链是指文化产品或服务的创意—设计—生产—传播—销售—消费—衍生等环节的各项活动的集合。一个完整的文化产品或服务需要价值链的各个环节来完成，从文化创意到进入市场，价值链的各个环节缺一不可。然而，在文化产业价值链当中，创意环节缺少美的思维、设计环节缺少美的设计、生产环节缺少劳动美学、传播和销售环节缺少语言美和行为美等，已经制约文化产业的发展。

三、文化产业审美的核心：人才缺美

人是最重要的文化形态。人是一切价值的创造者、获取者和享受者，同时也是一切价值的传播者、分享者、评价者、维护者。在日常的审美活动中，人不仅是审美的主体、获取者和享受者，同时也是审美的创造者、传播者。文化产业审美离不开人，文化产业审美活动的创造、传播、消费、评价、维护等也离不开人的功能性和价值性作用的发挥。在文化产业审美活动的创造和传播等环节中集聚文化性和创意性等专业性素养和要求，因此文化产业审美活动不是一般人，而是具有文化产业相关知识底蕴的创意人才，这种人才集创意性、文化性、审美性于一体。只有这样的文化产品才能实现好看、好用、好玩的功能和价值，才会符合大众的审美需求，满足大众的审美趣味。不可否认的是，当前文化产业人才培养环节审美缺失很严重。

四、文化产业人才审美教育存在的问题

1. 思维固有的遮蔽性

在整个文化产业人才培养体系当中，管理者、教育者对审美教育思想认识不到位，对于审美、美学等在文化产品、文化产业人才培育和塑造方面的功能和价值缺乏长远

利益。未能看出审美对文化产业和文化产品的显性价值，思维固有的遮蔽性遮蔽了对审美的认识。一方面，从社会宏观视角来看，文化产业的经济性、现时性、娱乐性等属性遮蔽了审美性属性；另一方面，从个人微观视角来看，文化产业管理者、教育者和从业者固有的思维遮蔽了对文化产业审美的属性。殊不知，在我国台湾地区，美学经济已经成为一门显学和热的研究范畴，受到极大的追捧。这得益于美学经济和文化创意产业的融合。台湾地区文化创意产业近年来发展得如火如荼，受到国际社会的瞩目，创造了极大的经济效益和社会价值。

2. 短视价值观的局限

审美最重要的是深远的和长久的价值活动，并不是通过短期的培训、教育等活动就能取得立竿见影的效果。当前高校和市场中大规模、订单式的人才培养更多是以人才能快速满足市场化的需求和需要，以学生能够毕业后快速进入市场寻找到一份工作为目标，而不是采取专业性质和特点与市场需求提供最有力的人才培养模式。审美教育不是短时间内应该完成的，审美不是外在的一门技术，而是内在的个人的素质能力，因此，审美教育绝不是依靠简简单单的几门课程和技术实践就能完成的，而是一个长期的、深层次的、积极的教育过程，是一个不断耳濡目染和教化的过程。当前教育主管部门和学校虽已认识到审美教育的弱化问题，并提升了审美教育的地位，强化了美育的意识和功能，并有意识地在师资力量建设、课程建设和建材建设方面增加了美育课程和相关师资队伍建设。然而，审美赋能文化产业人才培养不是仅仅高校自身就能完成的，需要社会、企业和个人的共同协力作用。

3. 文化产业人才培养特殊性未能体现

文化产业人才培养具有特殊性。文化产业人才培养既具有一般的人才培养特点和模式，要符合一般的人才培养规律和特点，同时，也应当具有自身的专业属性和专业特性，文化产业人才培养有其自身的特殊性。文化产业在本质上是审美产业，文化产业人才培养不是能复制其他专业的培养模式就能成功，不能照搬照抄其他专业的人才培养模式，要合乎文化产业自身的逻辑发展规律和特点，需要以本专业的专业特点和专业目标为导向，以市场化和社会化的需求为目的。只有具备具有审美思维和审美能力，这样培养出来的人才才会有竞争力。

五、文化产业人才审美的路径和模式

在审美经济中，文化提供内容，创意提供思维，科技提供手段，人才是推动力，审美经济特性更加注重美学性、创意性、融合性和科技性。因此，在人才培养中应当培养具有审美文化内涵、创意思维和科技运用能力的复合型人才为主。

1. 学校层面——注重审美培养

传统教室里书本上的教育形成了一个封闭式的教育教学体系，不利于学生的审美素养的养成，再加上当前信息技术和互联网、新媒体等快速化的发展，使得学生的很多时间都被网络占据，学生对于知识内容和文化产品的感受和认知都局限于影像世界当中。因此，审美创新人才的培养和培育必须从书本和影像世界当中转向生活化的体验式和开放式的场景中，审美教育必须回归到生活中，在生活这个大千世界当中寻找审美创新的灵感和源泉。

2. 企业方面——注重审美培育

文化产业是智慧密集型、知识密集型的产业，人力资本是推动文化产业企业发展的基本动能和本质力量。“人”是人力资本的核心。人力资本是企业的一种特殊资源，是企业的第一战略资源，是企业的核心竞争力和竞争优势所在，对促进企业发展起着非常重要的作用。因此，对于文化企业来说，应当将人才看作是人力资本而不是资源，资源有用完的一天，而资本却是用之不尽的，企业要对人才进行审美投资，通过进修、开设讲座、现场感受审美作品等形式提升员工的审美素养和人力资本价值。在人力资本价值的提升过程中，通过多种手段促进企业人才审美的教育培训，从而提升企业人才的审美素养和审美能力。

3. 个人层面——注重自身培育

个人是审美价值的创造者、获取者，同时也是享受者。个人在审美活动中应当占有主体性的地位。第一，要多读书，通过阅读经典理论著作和美学、创意学、传统文化等方面的文章，提升自身的美学素养。第二，要多实践，积极参与审美实践活动，通过参观、参与优秀的审美艺术作品和文化内容的制作来提升自身的美学素养和水平。第三，要注重审美投资，审美投资是一项长期的的智力投资。

东阳正午阳光影视有限公司成立于2011年，在不到10年的时间已经成为文化产业领域尤其是电视剧行业中的一朵奇葩，正午阳光近年来连连推出备受市场欢迎和观众喜爱的精品电视剧，如《北平无战事》《琅琊榜》《温州两家人》《伪装者》《欢乐颂》《大江大河》《知否知否应是绿肥红瘦》《都挺好》等。正午阳光汇聚了一支以制片人侯鸿亮，导演孔笙、李雪等为创作主体的国内顶级制作团队，培养出了一大批优秀的电视剧创作人员。剖析正午阳光的成功之道，我们发现，正是坚持“审美”导向的制作理念以及“审美”导向的人才培养和传承模式，使得正午阳光不断创作出优秀的文化内容产品。正午阳光影视剧制作的成功，正是依靠了对以“审美优先”的创作理念和以人才为核心的竞争力，同时依靠历史的积淀和现实的机遇，再加上主创人员对艺术作品孜孜以求的审美追求和努力。

医学类专业开展“课程思政”教育的思考与实践

刘 杰 王文姮*

摘 要 高校开展“课程思政”教育是贯彻落实立德树人的根本任务、构建“大思政”教育体系的必然要求。医学类专业有其特殊的职业从业特点，目前我国医学生职业素养的培养还不能满足社会和学生的需要。通过开展“三步走”的“课程思政”教育，将思想政治内容嵌入教育内容、教学环节、教学方式，探索医学类专业开展“课程思政”教育的有效模式，是当前“课程思政”教育开展的关键。

关键词 “课程思政” 立德树人 医学生 职业素养 思想政治教育

一、开展“课程思政”是高校落实立德树人根本任务、构建“大思政”教育体系的要求

习近平同志在全国高校思想政治工作会议上指出：“高校要坚持把立德树人作为中心环节，把思想政治工作贯穿教育教学全过程，实现全程育人、全方位育人。”“要用好课堂教学这个主渠道，思想政治理论课要坚持在改进中加强，提升思想政治教育亲和力和针对性，满足学生成长发展需求和期待，其他各门课都要守好一段渠、种好责任田，使各类课程与思想政治理论课同向同行，形成协同效应。”① 习近平同志的讲话明确了高校思想政治教育要构建“三全”协同育人的“大思政”体系。高校不仅要发挥思想政治理论课的主渠道、主阵地作用，还要充分利用课程教学、实践活动、校园环境以及教育评价等多种途径，多措并举，协同育人。

立足当下高校教育现实，切实开展“课程思政”教育，使各类课程与思政课程同向同行，形成协同效应，是高校立德树人的重要环节，也是有效开展思想政治教育的有力武器。然而，在高校课堂上，思想政治教育教学尤其是“课程思政”的实效性还

---

* **作者简介**：刘杰（1986～ ），山东泰安人，山东中医药大学党委宣传部宣传科科长、讲师，研究方向为思想政治教育；王文姮（1973～ ），山东泰安人，山东中医药大学教授，研究方向为思想政治教育和中医药人才培养。

① 习近平：《把思想政治工作贯穿教育教学全过程 开创我国高等教育事业发展新局面》，《人民日报》2016年12月9日。

不够理想。一方面，在目前高校培养方案的设置中，专业课程的时间占比远大于思政课程；专业课多注重专业知识的传授，而对于专业课思政元素的开发还很不充分。另一方面，很多专业课教师未树立“课程思政”理念，深入落实的举措不足。事实上，思政教育既不是高校辅导员的专利，也非思想政治理论教师的专属。对于不同学科、不同专业的学生，发挥专业“课程思政”因子润物无声、潜移默化的作用更为重要。

二、医学类专业开展思政教育的必要性

（一）医学类专业未来从业特点

医学生毕业后多从事临床工作。与其他职业相比，医护人员职业的最显著特点就是工作责任重大。医疗服务直接关系生命健康，每个人都不会轻视生命健康。每一位医学生自从步入医学的神圣大门，就深知生命所托重于泰山的道理，所有的言行都可能关乎一个生命甚至一个家庭。医护人员的工作时间长，工作强度大。据《生命时报》进行的一份网络调查显示：将近80%的医生每天工作8～12小时，67%的医生曾连续工作超过36小时。在如此高时长、高强度的工作状态下，医生过劳致病甚至致死的案例并不鲜见。医护人员的职业风险性较高。近年来，各类辱医、伤医事件时常见于报端。在恶性事件中，医护人员的生命安全屡屡受到威胁。

由于医护人员上述的职业特点，从入学开始，医学类院校就注重加强医学生德、智、技、体等的全面培育。随着社会和医学专业大学生对于医生职业素养要求逐渐提高，医学生职业素养的培育模式和途径也需要进一步探索和优化。目前，医学生的抗压力和意志力教育远远不够，“课程思政”教育也日益需要引起重视。

（二）医学生的职业素养及培养现状

职业素养是职业的内在要求，是人类在从事职业活动中所表现出的综合行为规范。职业素养是医学生为适应医疗行业所需要具备的综合素质，一般分为技术层面的职业素养和非技术层面的素养，可概括为“医德信念坚定、医学知识和基本技能、强烈的敬业精神、严谨的科学精神、高尚的人文素质和有良好的医患沟通技巧”[①]。

实际上，目前医学生职业素养培养和教育的主要途径为专业理论课、实验课程、临床实践、报告讲座、专业实习及非医学类课程等。通过调研和座谈笔者所在医学院校的学生在校学习与实习中的实际感受，我们发现对于专业课程和各种临床实践，医学生表现得更为满意和认可；但对于各类讲座、非医学专业课程的学习认同度普遍较低，甚至有的学生认为“就是为了拿到必修学分”，对课程内容几乎不感兴趣甚至不理解。由此可知，对于医学生而言，无论是传统上就比较注重的专业技能、严谨的科学精神，还是医患沟通能力、医德医风及人文素养等，专业课程和专业实习实训都是极

① 秦美娇：《医学生职业素养认知及培养期望》，《解放军医院管理杂志》2013年第6期。

为重要的获得途径。在医学专业课堂上渗入人文素养和思政教育的内容，教育效果会更佳。

调研还发现，医学生普遍希望教师在平时的课堂中加入一些职业素养的熏陶，将未来职业中需要的人文素养融入专业课教学中去，增加课程的趣味性和人文化。思政内容进课堂也是教师对于学生需求的积极回应。对于医学生而言，在患者病情的告知和与患者家属的沟通方面，除了专业医学知识外，良好的沟通与感情的表达也尤为重要。

三、医学类专业开展“课程思政”教育的路径

为了充分提高学生的职业素养，适应将来的就业环境，必须将思政教育贯穿教育全过程，探索“课程思政”教育的有效路径。立足高校课程教育现状，开展“课程思政”教育大致可分“三步走”。第一步，树立“课程思政”的理念，梳理职业素养要求；第二步，积累思政素材，挖掘教学内容，寻找思政教育与专业课程的结合点；第三步，丰富教学手段，嵌入教育环节，无缝融合。具体说来，开展“课程思政”教育主要有以下几种方式：

（一）利用课件元素展示思政内容

现在绝大多数教师在课堂上采用多媒体教学的手段，利用制作精美的课件提高上课的效率和效果，同时也可拓宽学生在书本之外的视野。课件其实也是开展思想政治教育的可用媒介，可以在PPT的背景、图片中引入思政教育元素，对学生的教育达到提升促进的作用。例如，在讲运动人体科学专业课的《老年人的体育锻炼》一节时，可以加入老年人体育锻炼时运动不便的图片，逐步引导同学们通过联想自己的父母，将对父母的爱、感恩与专业课的学习深入结合等。

（二）利用课堂时间约束学生行为

“课程思政”的核心是课程，课程依托的是课堂。课堂是教师传道、授业、解惑的主阵地。教师不仅要教书传道，而且还要培根铸魂。任课教师要加强课堂管理，对于上课时间出现的睡觉、吃东西、玩手机等行为及时予以制止并批评指正。“青少年是祖国的未来、民族的希望。……青少年教育最重要的是教给他们正确的思想，引导他们走正路。”① 青年学生正处于行为养成的阶段，要随时随地地规范其行为，培养学生正确的行为准则。例如，学生上课迟到、早退，置之不理可能会导致其更加随意甚至会变本加厉，出现逃课等现象。对于这类情况，即使不能立刻予以指正，也应在课间或课后及时与学生交流，让学生明白这是一种没礼貌的行为，并且违反了学校的规章制度，督促其改正。

---

① 习近平：《思政课是落实立德树人根本任务的关键课程》，《求是》2020年第17期。

（三）结合教学内容嵌入思政元素

为了更好地在课程教学内容中融入思政元素，任课教师需要对照学生培养要求，精心设计教学方案。一是充分挖掘所授课程的思政因子，二是了解当今党和国家的最新理论、政策、方针，将其与课程内容有机结合，有的放矢地在课堂上开展思想政治教育。以中医药专业的学生为例，在讲授中医基础理论中有关阴阳的知识时，可联系马克思主义哲学原理中对立统一关系；在讲授中药的炮制时，为了告诫学生必须严格遵循药物炮制的原理与步骤，不得偷工减料，甚至掺假制假，课堂最后可以用行业古训“修合无人见，存心有天知”，起到点睛之用。又如，在讲授《青蒿素的发现》时，可以屠呦呦历经 191 次试验而成功提取青蒿素并获得 2015 年诺贝尔生理学或医学奖导入课程，激发学生弘扬中医药传统文化的豪情，进而启发学生做任何事情都要有不畏艰辛和坚忍不拔的精神。

（四）利用教学环节开展思政教育

笔者听过这样一堂解剖课：上课前任课教师先带领全班同学给教学所用遗体鞠躬默哀，并且讲述遗体捐献者的相关事迹。躺在这里的是一个伟大的人，生前为了党和国家的事业在岗位上奉献一生，逝世后又将遗体捐给医学事业，全体学生听后含泪致敬。整节课上得特别严肃认真。这是一个利用教学环节开展思政教育的典型实例，实际上，思想政治教育本就是润物无声的过程。将专业教学和思政教育有机地结合起来，才能真正达到两者相互融合、相互渗透的效果，才是知识传授与情感、态度、价值观受影响的统一进程。

四、开展“课程思政”教育的原则

（一）“课程思政”教育的内容要避免太过牵强

思政教育的内容包括职业道德规范、责任意识、诚信意识、合作意识、传统文化教育诸多方面。但一定要注意与课程内容的实际联系，不能牵强附会，为了教育而教育，将毫不相关的内容联系在一起，甚至错误联系。如果思政教育的内容牵强，不仅不会对学生学习思政起促进作用，反而会损害学生的积极性，使学生对思政教育更加不感兴趣甚至反感。所以，将课程内容与实际相结合就显得尤为重要，只有如此才能达到老师愿讲、学生爱听的状态，才能让学生更好地接受所学习的内容。

（二）教师要树立“课程思政”的理念

“课程思政”的开展需要教师转变观念，所有的教师都肩负有教书育人的责任，在课堂上不仅仅是将专业知识传授给学生，更需注重培养学生的素养与能力。同时，要明确教书与育人是同向而行、相互促进的。在单一的知识与原理中加入人文知识或者背景典故，可以增加课程的趣味性与吸引力。同时，通过思政教育案例又可以促进学生对知识的理解和掌握。只要用心，课程中都有相应的思政内容可以挖掘。

（三）教师要以身作则，身正为范

习近平同志指出："思政课是落实立德树人根本任务的关键课程，思政课作用不可替代，思政课教师队伍责任重大。""办好思想政治理论课关键在教师，关键在发挥教师的积极性、主动性、创造性。教师，要给学生心灵埋下真善美的种子，引导学生扣好人生第一粒扣子。"① 教师在教书育人的同时，更要为学生树立榜样，一个有人格魅力、有风度、有风骨的饱学之士，才会对学生的成长成才起到示范引领作用，才能起到"偶像"作用。

① 习近平：《思政课是落实立德树人根本任务的关键课程》，《求是》2020年第17期。

产教融合的建筑工程技术卓越人才培养方案研究*

张 宁**

摘 要 “深化产教融合、校企合作”，这是党的十九大报告提出的明确要求。山东科技职业学院在这方面也进行了大胆尝试，成立了建筑工程技术卓越班，与地方企业建立联系，与地方产业深度融合，根据企业和社会的需求制定人才培养方案，为产教融合的进一步实践奠定了基础，推进了产教融合背景下现代职业教育的发展，提高专业人才培养质量。

关键词 产教融合 校企合作 卓越人才 培养方案

一、研究背景

党的十九大报告中明确提出：“要完善职业教育和培训体系，深化产教融合、校企合作。”教育部出台的《高等职业教育创新发展行动计划（2015～2018）》也明确提出：“坚持产教融合、校企合作，推动高等职业教育与经济社会同步发展。”学者对产教融合的分析，让我们更深刻领会了产教融合的丰富内涵，帮助我们制定产教融合的高等职业教育专业人才培养方案，提高专业人才培养质量，为校企合作、产教融合奠定了基础。

校企合作、产教融合是提高人才培养质量，推动地方产业经济发展的内在要求，也是我国高等职业教育可持续发展的需要，是现代职业教育的必然趋势。只有通过“校企合作、产教融合”，使专业人才培养目标与地方产业发展密切相连，更好地为地方经济服务，才能从根本上解决学生就业难和企业招聘难的问题，提升专业人才培养质量，为社会培养更多能适应企业需求的技术技能型人才。产教如何相融，校企如何合作是摆在学校与企业面前的现实问题，山东科技职业学院与山东道远建筑工程有限

---

* **基金项目**：本文系2019年度山东省高等教育人才研究会课题“产教融合的建筑工程技术专业卓越人才培养方案研究”（RK19-30）结项成果。

** **作者简介**：张宁（1969～ ），山东诸城人，山东科技职业学院建筑工程系专任教师、副教授，研究方向为建筑工程项目管理。

公司合作并在这一方面做了一些探索，对产业与教育深度融合、培养适合产业需求的高素质高技能专业人才、提高高等职业院校专业人才培养质量具有一定的借鉴意义，也对学校与企业深度合作、推进双主体教学的体制和机制建设具有一定的现实意义。

二、建筑业转型升级对专业人才的需求

1. 建筑业高速发展需要较高素质的技术技能型专门人才

建设行业发展迅速，成为我国国民经济发展的支柱产业。第四次全国经济普查数据显示，2013 年以来，全国建筑业企业生产能力显著提升，生产规模快速增长，建筑业的平稳健康发展，为社会提供了源源不断的就业岗位。建筑业从业企业数量庞大，从业人员众多，大量农村富余劳动力从事建筑业，是拉动国民经济发展的重要产业，在国民经济中的支柱地位不断加强。但不可否认的是，建筑业的大量工人及农民工的学历普遍偏低，多数人员没有接受过正规的职业教育，基本上没有什么学历，没有接受过正规职业培训，也无职业资格；具有大专及以上学历的人员比例更低。人才现状不能适应社会主义市场经济的要求，建筑队伍组织结构也满足不了企业资质的需要，企业的竞争归根结底就是人才的竞争。因此，企业需要大量的具有较高素质的高层次专业技术人员，提高企业的管理能力和技术水平，增强企业的竞争力，适应现代市场经济的挑战。

2. 建筑工程技术专业主要职业岗位分析

通过到企业座谈、电话访问与问卷调查的形式，对建筑施工企业、房地产开发公司、项目管理公司等部门展开调查。调查表明，就建筑工程技术专业而言，其适应的主要岗位有施工员、监理员、质检员、材料员、测量员、预算员、技术员等。

施工员、技术员、预算员、质检员、资料员和监理员都属于非常紧缺的职业岗位人才，尤其是施工员和监理员。这些岗位既需要具有熟练的专业技能，又需要具有一定的专业理论知识，以满足今后可持续发展的要求。

为了更好地满足岗位群对于学生知识、能力和素质的要求，建筑专业需培养工作态度好、上手快、实践能力强、岗位责任心强、综合素质高的学生。建筑工程技术卓越人才培养方案应采取“实践技能＋教学”的教学方法。

三、建筑工程技术卓越人才的培养目标

建筑工程技术卓越班的人才培养目标是培养思想政治坚定、德技并修、全面发展，适应建筑业产业转型升级、建筑产业现代化调整改革需要，具有较好的思想道德素质、职业道德素质和身心人文素质，掌握现代建筑施工技术与组织管理等知识与技能，具有较强的实际工作能力，从事现场建筑工程施工技术与管理工作，面向建筑工程领域的高素质劳动者和杰出技术技能人才。

四、产教融合的建筑工程技术卓越人才培养模式

建筑工程技术卓越班人才培养模式为“538”贯通培养模式，具体体现为“五位一体”“三个贯通项目”“八种能力培养”（见图1）。

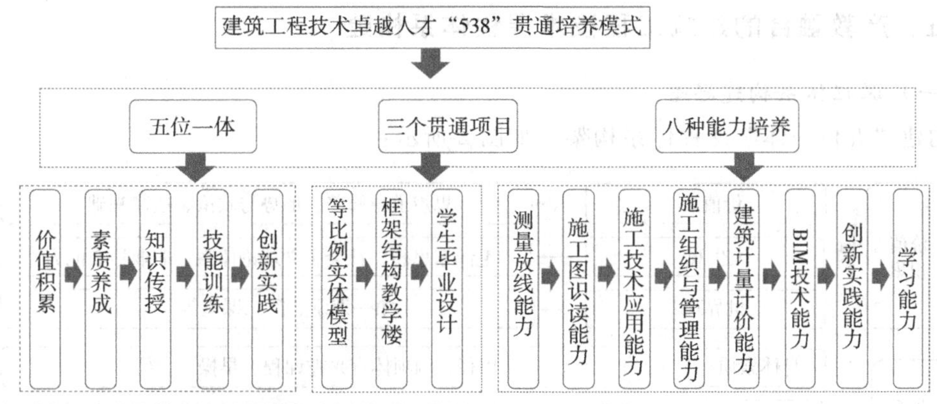

图1　建筑工程技术卓越人才培养模式

五位一体：“价值积累、素质养成、知识传授、技能训练、创新实践”五位一体的人才培养体系。培养具有较好的思想道德素质、职业道德素质和身心人文素质，掌握现代建筑施工技术与组织管理等知识和技术技能，具有较强的实际工作能力，从事一线建筑工程施工技术与管理工作，面向建筑工程领域的高素质劳动者和杰出技术技能人才。

三个贯通项目：等比例实体模型、框架结构教学楼（完整成套施工图）、学生毕业设计。学生通过这三个项目的学习，实现跟着学、探究学、自主学的转变。主要培养学生的自主学习能力，为将来的可持续发展创造条件。

八种能力培养：测量放线能力、施工图识读能力、施工技术应用能力、施工组织与管理能力、建筑计量计价能力、BIM技术能力、创新实践能力、学习能力。

在教学安排上，前两个学期开设全院通识课程、素质养成、价值积累及专业基础课程。全院通识课程遵照教育部新修订颁布的公共基础课程教学大纲要求，素质养成及价值积累课程注重培养学生的人生观、价值观和世界观，专业基础课程培养学生专业基础知识，读懂建筑施工图和结构施工图，满足其专业可持续发展要求。第三学期的1～12周进行双主体教学，学生到企业工学结合，校企深度融合，开设核心技能课程，课程标准与职业标准相对应，课程内容随市场需求动态随时调整补充。第13周以后回校进行课程设计，对学习内容进行总结和提高。第四学期学习专业技能课程，注

重学生专业素质培养。拓展课程贯穿前四个学期，包括岗前素质培训、考证培训，结合企业特色文化，培养学生基本素养到综合素质。第五学期侧重综合实训，学校与企业共同按企业职业岗位要求制定实训项目，熟悉职业岗位需求，适应职场。到第六学期，学生进入企业顶岗实习，能够“零距离”上岗。

五、产教融合的建筑工程技术课程体系构建

（一）课程体系构建思路

构建“五位一体”课程体系构架，如图 2 所示：

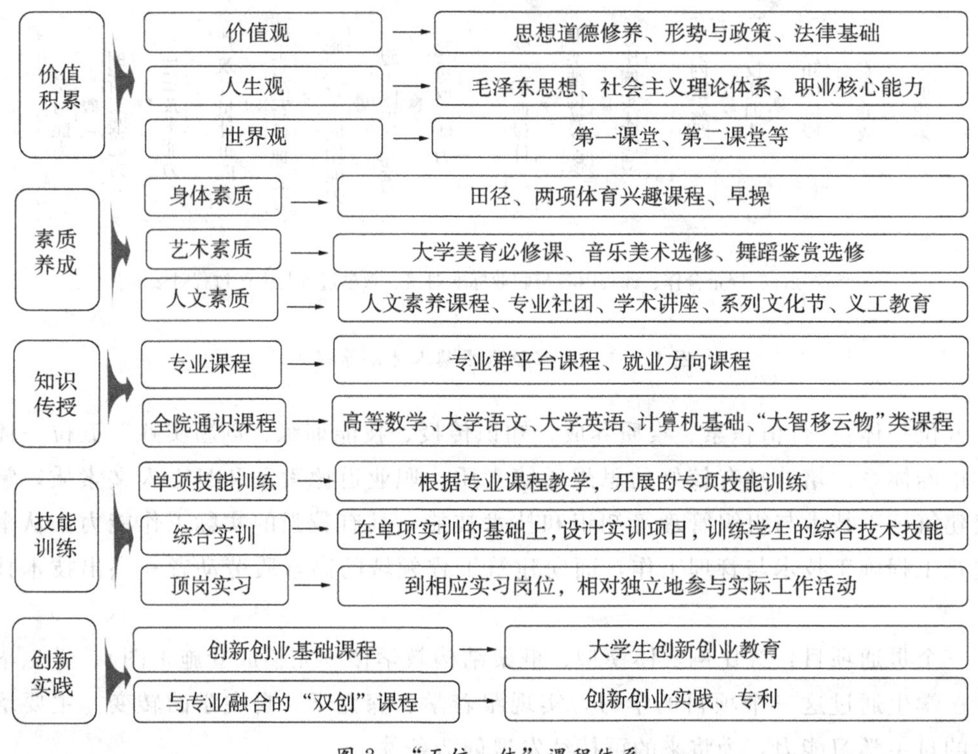

图 2 “五位一体”课程体系

（二）课程描述

1. 价值积累

坚持“大思政”基本工作理念，实施全人教育，促进学生全面发展，全力培养新时期合格公民。理论联系实际，着眼于学生的全面和长远发展，推行思政课体验式实践教学方式，打造学院思想政治课程实践教学特色。

主要开设课程有“思想道德修养与法律基础”“毛泽东思想和中国特色社会主义理论体系概论”“形势与政策”等，培养学生坚定的理想信念、高尚的爱国主义情操、深厚的中华民族文化和公民意识。

2. 素质养成

（1）身体素质。将“田径”作为基础必修课，依据大学生体质健康测试项目，针对性地开展身体素质提高练习；在第二学期、第三学期根据学生个人的兴趣，从篮球、足球、武术、形体礼仪、排球、气排球、乒乓球、田径、健美操、交谊舞、跆拳道等项目中选择学习项目，搭建全民健身平台，开展体育节、全院师生健身日等活动，增强学院学生体质，增进学生身心健康。

（2）艺术素养。美育教育体系主要由“大学美育”必修课、多门选修课和丰富多彩的美育活动构成。引领学生树立正确的人生观、价值观和世界观，培养高尚的道德情操，增加民族自豪感和创新意识，拥有宽广的胸怀，培养正确的审美理想，塑造健康的人格。

（3）人文素养。加强人文素质教育，坚持知识积累、技能训练与道德修养相统一，将职业素质教育作为人才培养的重要方面，加强人文艺术类课程的学习，培养学生高尚的人格和情操，追求美，创造美，促进学生的身心健康发展。

3. 知识传授

（1）全院通识课程

①加强公共基础课教育。培养学生的思维能力、学习能力和可持续发展能力，加强公共课与专业课间的相互配合和协调，发挥公共课支撑专业课程的重要作用。增强学生知识储备，培养学生人文素质、信息化素养，为学生职业能力和可持续发展能力培养打下坚实的基础，实现学生更高质量就业。落实全院通识课程贯穿人才培养全过程，为学生可持续发展能力提供保证。

②公共基础课程域。开设“大学语文”“计算机应用基础”“应用数学”等。公共基础课程要按照“基础＋提升”“合格＋卓越”策略进行改革，根据专业人才培养目标的要求，每门公共基础课程都要确定一个基础标准，使每名同学均能达到这一基础标准。

③信息化素养模块。本模块 4 学分，64 学时。采用“1＋X”，其中“1”是“计算机应用基础”课程，2 学分，32 学时；“X”指的是“大智移云物”类课程模块，2 学分，32 学时。

学生参加山东省教育厅组织的计算机等级考试或者通过学院测试，可获得学分。学生在学习“计算机应用基础”课程前通过考核测试的，可以免修本课程，直接获得 2 学分。本模块在第一或者第二学期开设。

“X”为“大智移云物”类课程，设计 3～5 个模块，学生选一个模块进行学习。本模块由信息工程系开发与承担，在第二或者第三学期开设。

④外语类课程域。开设“实用英语”“德语”“韩语”“日语”“俄语”课程，学生根据将来升学、国际交流、就业选择一门语言进行学习。卓越试点专业开设大学英语

课程，不选择小语种。

（2）专业课程

专业课程体系的构建。积极响应产业转型升级、技术革新对专业课程提出的新要求，紧跟产业技术进步，立足专业岗位的典型工作任务，设计典型的学习任务，从岗位和人的全面发展要求出发，按照技能方向及工作任务逻辑关系设计课程。根据确定的职业岗位群，先分析其典型工作任务（包括工作内容、工作对象、工作手段、工作组织、工作产品等），根据典型工作任务分析完成本工作应具备的职业能力。根据职业能力的要求，再结合学生的职业成长规律，设计学生所需要的知识点和技能点，根据学生所需的知识点和技能点转换为学习领域课程。

在课程体系中，课程内容与职业标准相对应，职业资格证书与学历证书相对应。职业资格证书必须对应本专业核心岗位，应以中高级资格为主，职业资格证书标准所要求的知识、技能、素质有相对应的课程，并在教学内容中体现本专业所对应的市级以上技能大赛项目，以赛促学。

在课程的前后续关系安排上，要根据课程知识体系的前后续关系，结合专业课程的生产工艺流程关系确定，在学习时间安排上应符合学生学习知识的认知规律和职业成长规律。

在课程内容的顺序安排上，应按照学生学习知识的认知规律进行，在学习任务的安排上体现出一定的梯度，由易到难。在课程内容的选择上考虑到难易适中，绝大多数学生能够顺利完成学习过程。在学习的广度上应基本涉及本职业的典型工作任务，学生的知识范围能够覆盖到典型工作岗位的需求。

4. 技能训练

实践教学体系设计遵循从单一实训到综合实训，从单一技能训练到综合技能训练，循序渐进地进行。实践教学要做到在学期间不断线，大一学年主要安排读图与识图的基本技能训练，使学生掌握本专业的基本操作技能；大二学年主要进行土方工程施工、钢筋混凝土工程施工、BIM 技术、工程计量与计价等专业技能训练，使学生熟练掌握本专业所要求的专业技能，获得相应的职业资格证书；毕业前主要进行综合技能训练，实行工学结合，让学生在实践中完成综合训练，深度产教融合、校企合作，完成综合实训和顶岗实习，完成对学生职业技能和职业素质的培养，零距离上岗。

5. 创新实践

创新创业教育体系构建如图 3 所示。

把深化创新创业教育改革作为推进学院教育教学改革的突破口，形成完备的课程教学、技能训练、学分转换为一体的创新创业教育体系，增强学生的创新创业能力，培养学生的创新精神和创业意识，促进学生全面发展。

在教学安排上，前两个学期开设全院通识课程，促进素质养成、价值积累，并设有专业基础课程。第三学期进行“双主体”教学，学生到企业实现工学结合，校企深度融合，开设核心技能课程，课程标准对接职业标准，并根据社会发展动态调整补充课程内容。第四学期学习专业技能课程，注重学生专业素质培养。第五学期进行岗前素质培训、考证培训，结合企业特色文化，培养学生基本素养和综合素质。到第六学期，学生进入合作企业顶岗实习，以尽早适应企业文化。

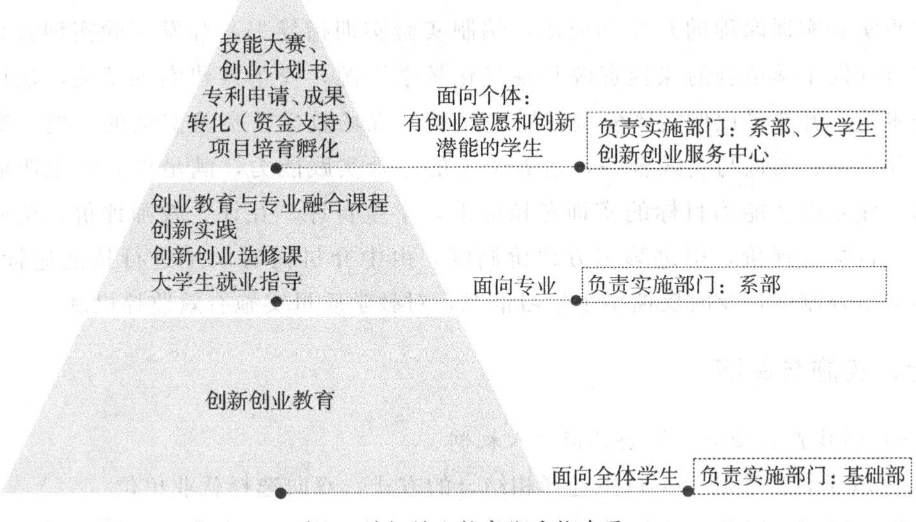

图 3　创新创业教育体系构建图

六、产教融合的建筑工程技术卓越人才考核评价

每门课程制定多元化考核评价方案，校企共同围绕工匠精神和职业素养设定职场化考核标准；将物化成果、项目业绩等作为重要评价内容，实施线上线下结合的学生互评、教师评价和企业评价；运用信息技术，实施企业专家远程评价，进行大数据分析和监测预警。

（一）公共通识课程考核评价

强调目标评价和过程评价相结合，加强实践性教学环节的考核，注重平时成绩记录。采用多元性评价，现代职教课程在线成绩占 50%，考试成绩占 50%。在线部分中在线测试成绩占 30%、在线学习时长占 10%、教学资料占 10%、在线作业 45%、课程论坛 5%。现代职教课程在线测试成绩和在线作业最后取平均值。

（二）专业理论课程考核评价

采用过程评价、目标评价、阶段性评价等理论与实践一体化评价模式。评价主体多元化，校企共同围绕工匠精神和职业素养设定职场化考核标准，将物化成果、项目业绩等作为重要评价内容，实施线上线下结合的学生互评、教师评价和企业评价。运用信息技术，实施企业专家远程评价，进行大数据分析和监测预警。评价内容多元化，结合课堂提问、线上作业、平时表现、平台上线情况、现场技能操作及成果、考试情况等，对学生进行综合评价。注重学生实操能力的考核以及针对工程实际分析和解决问题能力的考核，注重对学生创新能力的培养，对有创新实践的学生应予特别奖励，全面、客观、综合地评价学生能力。施工技术类课程、建筑CAD、建筑工程BIM技术课程要强调课证融合。

（三）专业技能实训课程考核评价

注重实验实训课程的开发和应用，编制实验实训指导书，开发实验实训教材。与企业联合开发工学结合的课程资源和现代化教学资源，校企共建实训基地，建设现代建筑技术馆，开放等比例实体模型，使之能满足现场教学、实验实训的需要，实现教学与工作合一、实训与实践合一，培养学生的综合实践能力，满足培养学生职业能力的要求。建立以技能为目标的实训考核标准，学生自评、互评，教师评价，企业评价相结合进行综合评价，引进第三方评价制度，由中介机构对学生进行技能达标考核。建立定期检查制度，及时反馈学生学习情况，对教学质量实施有效监控机制。

七、实施与保障

（一）创建产教融合的校企协同育人机制

1. 采取学校推荐和学生自主选择相结合的方式，双向选择就业单位

在学生顶岗实习前，让学生对就业岗位有充分的认识，尊重学生的意愿，充分利用学生家长的丰富资源，可以让学生在家长帮助下，联系实习单位。实行学校推荐与学生自主择业相结合，积极拓展实训基地，以学生为主体，学生自主选择实习单位，扩大实践教学基地规模，将学生学习和实践结合起来，解决学生顶岗实习基地资源不足的问题。

2. 创建“校企合作工作站”，产学研结合，建设顶岗实习管理网络

创建“校企合作工作站”，充分发挥校友的作用，开发学生实习基地，寻找科研技术开发项目，负责专业与合作企业间产学研合作项目“牵线搭桥”，负责区域内顶岗实习的过程管理工作协调。通过建立“校企合作工作站”，把区域内分散的实习基地集中起来，统一管理，并不断开发新的实训基地，建立起健康的顶岗实习管理网络。

3. 与专业对口的行业企业合作，签署实训基地协议

与专业对口的行业企业合作，加速重构工学结合、校企合作专业教学计划，签署实训基地协议书，明确双方的权利和责任，为学生的综合实训和顶岗实习创造条件，使学生能够毕业即就业。注重教材的开发和应用；注重投影仪、录像、视听光盘、实验设备、多媒体等教学资源的开发和利用，创设形象生动的学习情境，激发学生的学习兴趣，促进学生对知识的理解和应用。同时，加强课程资源的开发和应用，建设专

业课程教学资源库，努力实现校际同一专业教学资源的共享，提高教学资源利用率。

积极开发和建设网络课程资源。充分利用电子书籍、电子期刊、各种数据库、各种专业网站的数字资源等网上信息资源，促使教学从单一的课堂教学向多渠道获取知识的转变，教学活动从单纯的老师教、学生被动接受知识向课堂以学生为主体转变，加强自主学习，多渠道获取知识。同时，建设现代职教课程平台，创造条件扩大教学资源的交互空间，实现远程教学。

加强校企合作，充分利用本行业典型企业的资源，录制工程施工过程录像，提供多种实践案例的教学资源。与企业合作建立学生实习实训基地，既满足学生的实习实训要求，又满足企业生产要求，同时为学生就业创造条件。

（二）打造产教融合的双师型师资队伍

以高层次领军人才和专业带头人建设为重点，探索高水平师资培养模式。通过引进博士、教授等高层次人才，搭建大师、名师工作室，培养专业带头人和骨干教师，加强教师出国（境）培训，引进海外高端人才和师资，打造一支结构合理、素质优良、专项能力突出、具有较高视野的高水平师资团队。加强骨干教师的培养，全面提高教师队伍的整体素质。加强教师的实践能力培养，每年的寒暑假都安排教师到企业进行实践锻炼，教师每年专业实践的时间累计不少于一个半月。通过选派教师参加各级部门组织的培训、鼓励教师考取专业资格证书、参加国外访学等，将其培养成为双师型骨干教师，不断提高教师的专业技术水平。同时，鼓励教师提升学历层次，山东科技职业学院当前有两人在读博士，新进教师要求硕士以上学历，45 岁以下具有研究生学历或硕士以上学位的专任教师比例达到 80％以上，教师的学历水平逐年提升。鼓励教师加入行业协会组织，加强与行业的交流合作，依托“智慧建筑实训中心”，通过学习交流、企业锻炼、参加培训等方式，学习运用先进的仪器设备，学习先进的专业技术。激励骨干教师参加教师竞赛，指导学生参加技能大赛，承担课题研发，提升骨干教师的专业教学水平、实践教学科研创新能力。

（三）建设紧跟产业转型的职场化教学条件

紧跟产业转型升级，满足建筑工程技术专业职场化教学要求，本着立足教学、服务地方经济的原则，建设现代建筑技术馆，满足学生实习实训的需求。为满足学生课程实训的要求，建设等比例实体模型，把工地现场搬进校园，形象展示课程内容，加强学生对课程内容和职业标准的认识，为职场化教学创造了条件。

1. 校内实训基地建设

按照专业群课程体系的要求，新建集教学实训、产品研发、技术推广、技能培训、职业资格鉴定“五位一体”的装配式建筑一体化实训基地，校企共建全省共享型 BIM 技术研究中心和 VR 虚拟仿真实训中心，自建全省示范性智慧建筑实训中心。打造以“技能训练＋技术推广＋综合实训＋技能培训”四大中心为核心的建筑工程技术专业实习实训基地，采用信息化技术进行管理，实现教学、培训、生产、职业技能鉴定、技术研发与服务五大功能提升。

2. 校外实训基地建设

为保障建筑工程技术专业的学生迅速适应就业岗位，提高学生竞争能力，优选国内优质施工企业，山东科技职业学院新建4个校外实训基地，共同开展人才培养、社会培训、新技术研发推广与应用等方面合作；与山东天元建设集团、中国建筑第八工程局有限公司等企业合作，建设21个校外实训基地，构建基于工作过程的岗位实践中心，校企共同建设各岗位完整工作任务。

（四）深化“线上、线下，职场化”混合式教学模式

深化“线上、线下，职场化”混合式教学模式改革，将所有开设专业课程全部实施现代职教课程教学模式，重点培养学生的自主学习能力。充分利用学院网络教学平台，实现信息技术与教育教学的深度融合，将工程案例纳入课堂，开发“线上、线下，职场化”的现代职教课程。

线上利用网络课程平台学习，学生可根据自身需求和学习进度自主学习，满足个性化学习需求；线下授课以“项目引领、任务驱动”教学模式设计、组织和实施教学过程。

课堂教学以任务为导向，学习过程就是学生完成任务的过程。课堂以学生为主体，学生通过分组讨论，分工协作完成任务，在做任务的过程中学习相关知识，教师主要负责布置任务、答疑解惑，引导学生完成任务。对学生的评价采取过程和结果相结合的方式，学生展示成果并进行自我评价和互相评价，教师根据学生参与过程的表现和成果进行打分，记录学生过程考核成绩。

教学评价、考核方式改革。建立以教书育人为目标的实习实训职场化考核评价标准，采用线上、线下相结合的方法。线上记录学生在线考核、完成作业、学习线上资源情况；线下将学生自我评价、教师评价、企业评价相结合，由学校和企业共同对学生进行技能考核，建立定期检查和反馈等制度，实现对教学质量的有效监督。

（五）建立产学研结合的教学质量监控与评价体系

1. 教学管理

第一，专业设置要主动适应地方经济、社会发展和产业结构需要，适时进行调整，具有针对性、灵活性和适应性。第二，课程体系构建以职业能力培养为导向，合理设计课程结构。第三，在教学运行过程中，各种文件、资料齐全，各类课程考核标准规范，形式灵活。第四，建设良好的实践教学环境，实验实训仪器设备得到保障。第五，建立产学研结合的教学管理运行机制是专业建设和课程建设的基本途径。第六，建立一支既有理论又有实践技能、既有良好职业素质又有较高学术水平、数量稳定、梯队

合理、专兼职结合的双师型教师队伍。第七，培养学生主动学习的良好学习习惯，注重学生职业素质和职业能力的培养。学生的能力素质主要体现在职业能力和关键能力两个方面。第八，建立科学的跟踪调查系统，对毕业生的就业质量和岗位适应能力及时反馈信息，适时调整人才培养方案，主动适应用人单位对人才质量的要求。

2. 质量保障

建立教学质量监控与评价体系。质量监控体系以制度为抓手，以制度保障和惩戒措施来保证教学质量，惩戒的目的在于警示和防范，在于教书育人，也包括管理育人和服务育人，要体现其公平性和教育性。构建科学合理的教学质量评价体系，设立教学质量评价量化指标，评价的结果既要有激励，又要有惩戒，以确保教学质量评价体系的顺利实施。

（六）顶岗实习运行与管理

顶岗实习是高等职业院校三年制建筑工程技术卓越专业的一门专业技能课，是理论联系实际、巩固专业理论知识、学生毕业之前的重要实践性教学环节。通过顶岗实习，学生可以深刻理解专业岗位的需求，理解完成岗位职责所需要具备的知识和能力，完成岗位工作，解决工程实际问题，适应岗位需求，为顺利就业创造条件。

为做好顶岗实习工作，学校制定了顶岗实习的课程标准，编制顶岗实习计划、顶岗实习任务书和指导书，制定顶岗实习方案，明确顶岗实习的考核评价标准。在实习过程中，通过工学云平台实时监控学生的实习情况，并不定时到工地巡视检查，及时与企业沟通，了解学生实习情况。实习结束后，结合学校和企业对学生实习情况进行评价。

“全民阅读”背景下朗读类综艺节目创新人才素质培养研究[*]

孙艺真[**]

摘　要　倡导全民阅读，对于推进学习型社会建设、助推人才成长具有积极的推动作用。电视、报刊、出版、公共图书馆等社会文化传播机构，在推动全民阅读中具有绝对优势，是全民阅读推广的中坚力量，同时也是人才素质培养的重要形式。社会文化传播机构应及时创新阅读推广形式，满足阅读类综艺节目影响下的读者需求，通过喜闻乐见的方式，在潜移默化中提升国民的综合素质，培养人才优秀文化素养，增强文化自信建设。

关键词　全民阅读　朗读类综艺节目　大众传播

随着社会经济、政治、文化的发展，公民的学习能力和文化素养日益成为国家软实力的重要内容，受到国家的高度重视。2019 年 3 月 15 日第十三届全国人民代表大会第二次会议通过的关于政府工作报告的决议中指出：“倡导全民阅读，推进学习型社会建设。”全民阅读已成为国家发展的重要方面，成为社会发展的重要组成部分，同时也是提高公民素质，助推人才培养的重要方式。

在此大背景下，近年来朗读类综艺节目热播已成为中国特色社会主义文化大众传播领域引人注目的现象。该类节目也成为推广全民阅读、助推学习型社会建设和提高人才素养的重要创新途径之一。

一、“全民阅读”背景下文化类综艺节目对人才素质培养的重要性

随着我国综合国力的增强，文化软实力也被提到重要位置。习近平在多个场合提出要树立“文化自信”；政府工作报告中连续六年提到全民阅读。开展全民阅读工作，是我国完善公共文化服务体系的一项重要环节，有利于提升国民的综合素质，增强文

* **基金项目**：本文系山东省社会科学规划研究项目“‘全民阅读’背景下图书馆特殊群体推广服务研究”（20CTQJ09）研究成果。

** **作者简介**：孙艺真（1994～　），山东荣成人，山东中医药大学讲师，研究方向为影像传播研究。

化自信建设以及实现中华民族伟大复兴的中国梦。

阅读推广是一种文化推广，以满足目标群体精神需求为目的，以社会公益性为突出特征。在全民阅读的环境下，媒体责任重大，直接影响着大众接受什么信息，关注什么事情，甚至培养什么样的人才、形成怎样的社会氛围。以电视台为代表，包括报刊、出版、公共图书馆在内的社会文化传播机构，在推动全民阅读上具有绝对优势，是全民阅读推广的中坚力量，能够丰富人才素质培养的渠道，拓宽人才培养的新思路。

自2013年来，文化类综艺节目持续走红，《中国汉字听写大会》《中国诗词大会》《见字如面》《朗读者》《国家宝藏》《一本好书》等文化类电视综艺节目在取得不俗收视率的同时，也获得了良好的社会反响。文化类综艺节目将中国传统优秀文化与观众喜爱的传播形式结合，一方面聚焦于某一具体的文化元素，如文学作品、物质文化遗产、非物质文化遗产等，避免了泛泛地普及文化常识；另一方面通过朗读、实地探寻、沉浸式体验等形式，文化类综艺节目借此摆脱了枯燥、单调、严肃的刻板印象。这些娱乐性和互动性较强的文化类综艺节目尤其是朗读类综艺节目，使大众对于中国优秀传统文化的关注越来越多，了解越来越深入，引导受众养成良好的读书习惯和文化爱好，培养终身学习能力。这对于塑造人才价值观、提升人才软实力具有重要的推动意义。

二、国内阅读推广综艺类节目大众化传播状况

所谓朗读类综艺节目，是大众媒体以“朗读”这种利用有声语言对文字语言再创作的活动为主要表现形式，运用多样的视听语言和辅助表现形式，进行文化传播活动，从而激发受众情感共鸣、引领社会价值观的综艺节目类型。

朗读类综艺节目最早是2001年在中央电视台播出的《子午书简》。但由于各方面的原因，《子午书简》停播改版，朗读类综艺节目只此一例，并没有形成规模。2016年12月底，《见字如面》先后在腾讯视频和黑龙江卫视播出，节目采用“明星读信＋嘉宾轻解读”的模式带领观众感悟历史情状和社会风物。2017年初，中央电视台《朗读者》播出，节目关注朗读者的个人生活经历，通过“访谈＋朗读”的形式传播优秀文化，引领积极价值观。随后，《阅读阅美》《一路书香》《信·中国》《一本好书》等朗读类综艺节目相继推出。该类节目从内容和形式上不断创新，其内涵与外延也不断丰富，使得朗读类综艺节目持续火热。

作为“综艺节目中的一股清流”，朗读类节目在“娱乐狂欢”的大环境下，在众声喧哗的娱乐“霸屏”时代，通过自身深厚的人文底蕴和贴近大众的传播方式，坚定自身传播优秀文化的定位，不断地创新拓展“朗读＋”模式，将大众印象中严肃枯燥、小众的精英文化用轻松娱乐、大众易于接受的表现形式进行传播，从而促进人才培养，使大众在一种轻松的氛围中提升人文修养、培养综合素质。

三、通过朗读类综艺节目推广全民阅读，助推人才培养

（一）推荐优秀作品，培养阅读习惯，增强人才文化软实力

朗读类综艺节目通过“朗读＋解读”的形式，将更多优秀的文学作品通过电视荧屏分享给受众，引发受众对于阅读的关注，引导受众读好书，从而对全民阅读起到助推作用。朗读类综艺节目在进行内容生产时，会对朗读的文学作品进行严格把关，注重其文学、社会和精神价值。《见字如面》第一季一共选择了82封书信，在82封信件中既有能够反映重大历史事件、意义重大的书信，也有反映人们日常社会生活的书信。这些信件为观众呈现了不平常的人平常的一面，又体现了平常人不平常的故事，为观众展现了历史丰富的细节。《朗读者》节目中有高尔基、雨果、泰戈尔等西方文学大家的文学作品，也有李白、杜甫、曹雪芹、老舍、贾平凹等中国文学家的诗词、散文及小说等。再如《一本好书》选择诺贝尔得主马尔克斯的《霍乱时期的爱情》等12本兼具思想性和艺术性的书籍。

通过对网络商城图书销量数据的分析可以看出，朗读类节目确实带动了相关图书的消费。以《朗读者》第一季为例，在节目上明确出现过的图书，如《少年PI的奇幻漂流》等，共计20本，节目播出当月至少50%的图书在当当网上购物商城中销量排名大幅提升。此外，在《朗读者》节目官方微信等其他媒体端中出现的图书并在当当网上动销的版本共计91种。这91本书在节目播出当月，有25%的图书销量排名提升；播出后一个月，至少50%的图书销量排名有所提升。①

除了推荐好书，朗读类节目还通过节目引导受众养成良好的阅读习惯。尤其是《朗读者》节目，真正把朗读、阅读推向每一个人。《朗读者》节目从第一期就明确地提出：“每个人都是朗读者。”节目中的朗读者来自各行各业，有演员明星，有社会名人，也有普通人。节目消解了阅读这一实践活动的精英文化属性，赋予了阅读对每个人同等重要的价值与意义。

通过对优秀文学作品的深入解读与介绍以及多样的表现形式，朗读类综艺节目引导受众阅读优秀的书籍，帮助读者选择优秀的文学作品，带领读者发现浩瀚书海中的璀璨遗珠，提升了人才的艺术鉴赏能力，培养读者形成良好的学习能力和阅读习惯，助推人才成长，提高人才文化软实力。

（二）通过公共图书馆建构公共阅读服务空间，为人才培养提供物质支持

阅读推广以满足目标群众精神需求为目的。公共图书馆是社会文化传播的重要机构，丰富的馆藏资源，优越的文化氛围，设施优良的场地，为读者服务的中立性、公益性和客观性让它们在推广全民阅读、人才素质培养上具有绝对优势，理应成为全民

① 参见钟蕾、王涵：《文化类电视节目对图书销量的影响力测评——以〈朗读者〉为例》，《出版发行研究》2018年第7期。

阅读推广的主要力量。

近年来，在中国图书馆学会不遗余力地组织和号召下，各地图书馆积极开展各类型的阅读推广活动，同时很多地市政府和图书馆也在建构书吧、公园读书角等公共阅读空间。这些公共阅读空间在外观、内饰及功能设计上更具个性和创意，相较于传统图书馆，在开放时间和阅读环境上更加自由，因此更受年轻人的青睐。如荣成市图书馆就在市政府广场上搭建了文化活动公园读书角，读书角占地470平方米，外观设计简约现代，内部分为成人阅读区、儿童阅读区、阅读交流区，共上架图书1万余册，全年为市民免费开放。市民可自助通过刷脸、刷身份证、刷借书卡任一方式进入读书角阅读。读书角设有智能借还机、移动还书箱、自助借阅柜等现代化设备，方便读者自主借阅图书；还设有咖啡角，可供读者在阅读之余放松休闲。读书角统一招募了社会志愿者，协助读书角的日常运营与服务读者。图书馆部分这种公共阅读服务空间的建构，为全民阅读活动提供了完善的公共服务，为全民阅读的实现提供了客观条件。

通过创新公共服务形式、完善公共服务质量，公共图书馆为构建人才培养体系、加快培养人才队伍提供了坚实的物质基础支撑。

（三）通过“阅读＋”模式增强阅读体验，增强终身学习能力，助推人才培养

朗读类综艺节目不仅仅只有单纯的阅读，还可以有不断创新的“阅读＋”模式，创新活泼的形式使大众产生极强的代入感，在读者与作者之间、读者与文本之间、读者与读者之间架起沟通的桥梁，产生良好的互动性，提升大众的感官体验和认知体验，使大众能够深入阅读，产生情感体验和自我思考。这种“阅读＋”的模式越来越受到大众的喜爱。

《见字如面》采用的是“阅读＋解读”的模式，通过读信嘉宾朗读和拆信嘉宾对信件、相关人物作背景介绍与拓展，对其所反映的社会问题、价值观念进行解读，受众可以了解更多超出信件内容本身的含义与价值，增加对社会、对他人、对自己的认知能力，唤醒受众的集体记忆。《朗读者》节目采用“访谈＋阅读＋轻解读”模式，将嘉宾的情绪与情感表达转化为电视化的语言，以个人的情感与经历引发广泛的情感共鸣，从而传递中华民族优秀的文化道德精髓，构建起普世的价值观念，加强了节目在文化传播、情感认同、塑造社会价值观方面的意义。《一本好书》开创了“阅读＋舞台”的方式，将书籍中的片段用舞台戏剧、朗读的方式直观地展现在观众面前，使观众能够身临其境地感受书籍中蕴含的精神情感，引起读者对于经典读本的阅读兴趣。《一路书香》则将阅读和旅行相结合，嘉宾们跟随一本书、一篇文章踏上一段路程，通过实地体验作者的生活空间拉近读者与作者的距离，从而挖掘书籍经典背后的故事。

无论朗读类节目采用何种方式的创新，都避免了纯学术性的说教与解读，赋予经典书籍以新的活力，使精英化阅读向大众化阅读转变，通过沉浸式阅读体验拉近精英文化与普通受众的距离，使受众能够在相对轻松娱乐的氛围中感受优秀文化的熏陶，

为全民阅读的开展提供了借鉴思路。在进行全民阅读的推广活动时，不应拘泥于传统的阅读习惯，而是以创新形式使受众能够进行沉浸式阅读，从而在阅读过程中能够全身心投入，获得丰富的情感体验和认知体验，引起阅读兴趣，进而提高公民素质，养成终身学习的习惯。特别是科学技术的不断发展，VR技术、5G技术等都日趋成熟，图书馆也应利用好这些先进的技术，不仅为阅读活动注入时代活力，也进一步拓宽了人才培养的思路，创新人才培养模式。

四、结语

目前，国内朗读类综艺节目受到好评，正逐渐被民众认可，吸引越来越多的读者加入这种阅读方式的行列中。在全民阅读背景下，各种媒体、媒介、图书馆要联合起来，形成系统化的人才培养整体，把握主题、有机融合科技和人文以及阅读环境等方面，为大众创造学习条件，让经典文化在阅读活动中迸发出新的时代内涵，共同促进全民阅读的社会氛围。尽管以电视为代表的社会文化传播机构不能替代学校、教育机构等专业人才培养渠道，对相关专业知识技能进行系统化培养，但其在培养学习能力、助推人才成长、提升人才文化素质方面发挥的积极作用仍是一种重要的有益补充。朗读类综艺节目通过一种潜移默化的方式增强人才文化底蕴，塑造人才文化修养，创新与完善人才培养体系。

人才管理

企业女性管理人才"工作—家庭"冲突与平衡策略

宋欣欣　冯彩玲*

摘　要　随着女性地位的提升，企业女性管理人才的工作和家庭问题成为人力资源管理与组织行为研究领域的热点。本文在回顾相关理论的基础上，通过访谈法、文献法等针对企业女性管理人才"工作—家庭"冲突展开了研究，分析调查了现状，并提出了"工作一家庭"冲突的平衡策略。由此希望能帮助女性管理人才协调工作与家庭生活，提升家庭幸福感。

关键词　女性管理人才　"工作—家庭"冲突　平衡策略

一、引言

当今社会，家庭生活与工作活动之间关系紧密。工作既是个人发展的需要，又是家庭存在的需要，而家庭又是工作背后的有力援助和支持力量。随着经济技术的提高和社会的共同发展，更多的女性进入就业大军，《中国妇女报》在《世界女性就业趋势观察与问题探析》一文中指出，2010 年全世界女性的劳动参与率约为 52%。① 家庭活动与工作责任之间的平衡对于白领尤其是对职业女性来说尤为重要，这是因为女性工作者已经达到了所有就业人数的近一半，丈夫和妻子都要工作，使得双职工家庭的比例非常高，因此女性工作者尤其是身居高位的女性管理人才的压力越来越大。现在大部分人仍然受传统观念的影响，使得职业女性在得到高管这一职位时，还不得不面临家庭问题。对于女性管理人才来说，这绝对是具有挑战性的。

女性管理人才在公司管理及销售岗位的地位以及所担任的职位越来越重要，如果公司仍然采用旧的、过时的管理方式去对待女性，把公司目标当作最重要的目标，对女性工作者的家庭需要采取无视的态度，那么公司将会失去这些出色的女性管理人才以及极为优秀的专业人员，更严重的甚至会导致公司的业绩一落千丈。因此，研究女

---

* **作者简介**：宋欣欣（1997～　），山东聊城人，鲁东大学学生；冯彩玲（1981～　），山东青岛人，管理学博士，鲁东大学教授，研究方向为人力资源管理与组织行为。

① 参见陈卫民：《世界女性就业趋势观察与问题探析》，《中国妇女报》2013 年 5 月 7 日。

性管理人才“工作—家庭”冲突的因素和职业女性“工作—家庭”冲突对公司业绩的有利影响和不利影响，并对公司提出建议，从而使女性所面临的“工作—家庭”冲突问题得到快速有效解决，对公司维持甚至提高竞争优势有着重要的理论意义。

对于女性职员来说，“工作—家庭”冲突是必经之路。有可能影响到女性管理人才的工作与家庭并导致冲突的方面有：女性管理人才自身的角色价值观、公司的工作环境与工作安排、家庭的责任和丈夫的支持等，这些冲突在伤害女性工作者身体与心理健康的同时，也严重破坏了她们的生活质量和家庭关系。综上所述，实施对职业女性“工作—家庭”冲突的研究，帮助女性就业者减少“工作与家庭”冲突的有关问题，同时提高家庭生活质量，促进身体和心理健康，有着极为重大的实践意义。

二、相关研究综述

（一）“工作—家庭”冲突概念

“工作—家庭”冲突（Work-Family Conflict，WFC）指的是某人在工作和家庭两个非常重要的人生领域中感触到的角色间的冲突，是工作与家庭关系的一种两极分化的表达形式，这是大部分人在日常家庭或工作活动中经常体会到的压力源头之一。在以前的研究中，“工作—家庭”冲突这个研究术语有很多种表达方式。有的研究者用“work-nonwork interface”来代指“工作—家庭”冲突①，也有的研究者用“work-family interface”来表达“工作—家庭”冲突。大量文献研究仍然习惯采用“work-family conflict”来表达“工作—家庭”冲突，本文也采用这种表达方式。

我们将“工作—家庭”冲突称为角色交互冲突，这是由于工作和家庭两方面所产生的角色压力是因为某种原因在某些方面不能够充分协调而产生的。以上定义为许多研究者所采用。如果将“工作—家庭”冲突理解为：当个体面对有矛盾的角色期望时，工作—家庭冲突就出现了。这时，个人便会发现自己没有办法同时顺从两个角色的不同要求。此时，一个人如果无法同时满足所有标准，那么角色的冲突便产生了。②

杰弗里·H. 格林豪斯（Jeffrey H. Greenhaus）和尼古拉斯·J. 贝特尔（Nicholas J. Beutell）将“工作—家庭”冲突进一步分为三种重要的表现形式：基于行为的“工作—家庭”冲突（behaviour-based conflict）、基于时间的“工作—家庭”冲突（time-based conflict）和基于压力的“工作—家庭”冲突（strain-based conflict）。某些有效的行为可能不能同时作用于工作领域或者家庭领域，这主要是因为家庭（或工作）角色内部行径的规定形式与工作（或家庭）角色对于行为的预期不和谐，由此就出现了基于行为的“工作—家庭”冲突。由于工作和家庭在时间上不能够协调一致、同时进

---

① Jeffrey H. Greenhaus，Nicholas J. Betell，“Sources of Conflict between Work and Family Roles”，*Academy of Management Review*，1985（1），pp. 76-88.

② 参见吴谅谅、冯颖、范巍：《职业女性工作—家庭冲突的压力源研究》，《应用心理学报》2003 年第 1 期。

行，因而产生了基于时间的“工作—家庭”冲突。当工作或家庭角色的压力影响到了工作甚至家庭角色上的行为表现时，就出现了基于压力的工作家庭冲突。

（二）“工作—家庭”平衡概念

“工作—家庭”平衡是指工作和家庭的一种平衡状态，协调工作和家庭之间的矛盾。虽然近些年来对“工作—家庭”平衡的相关研究越来越深入，但是迄今仍没有明确统一的概念。总的来说，主要有以下三种情况：

1. 从“工作—家庭”促进和“工作—家庭”冲突的角度对“工作—家庭”平衡界说。认为“工作—家庭”平衡来自一个人的工作和家庭的需求是等量的一种均衡状态，并且“工作—家庭”冲突与“工作—家庭”平衡是一个统一体的相对立的两端，不能够正确地处理工作和家庭的冲突也就是说工作和家庭不平衡。

2. 从多种角色的卷入来对“工作—家庭”进行界说，是家庭和工作这两个范畴的卷入程度。认为“工作—家庭”平衡是人们不仅能公平地参加工作和家庭的角色活动，并且能够在各种各样的角色中得到相同的满足。只有在家庭和工作中都感到满意，并在工作和家庭中能够自如地履行责任，这样感受到的角色冲突将会最低。

（三）研究的理论基础

1. 角色理论

“角色”是一个普遍的概念，它无处不在，经常被认为是一种属性，有时也被说成是一种类型。角色与一般的原始类型概念有一定的差异①，通常具有十分强的前后依托性。例如，某个人在公司担任高管一职，而在家中扮演妻子的角色，对于同一个人来说，在前后不同的环境中，其有可能扮演着截然不同的角色，这种前后角色的差异在角色的定义中有着很重要的位置。通过查阅资料，笔者在这里给角色一个非标准的定义：角色是在前后某一环境中被某个实物扮演的人物。

角色与身价、地位紧密相连，表示人们在社会生活中因为有地位或有资格而被期望表达的一组行为方式。人们或许会为了各自的目的在不同的时间段扮演着多种角色，在研究者对角色理论的分析过程中，研究者对个人扮演多种角色的结果的看法是有很大差异的。角色累加（Role Accumulation）理论认为，对个人而言，同时扮演多个角色是有利的；角色冲突（Role Conflict）理论认为，对个人而言，同时扮演多种角色是有害的。

角色特点包括以下八个方面：（1）角色在前后某一环境中的特殊关系可能是不变的，也可能是不稳定的；（2）一个角色可以扮演与之不同的角色；（3）一个人可以扮演很多角色；（4）角色是一个动态的概念，可以扮演、被扮演和暂停扮演；（5）角色与定义它的前后某一环境有关；（6）一个人可以无数次饰演一个角色，如一个人可以多次扮爸爸的角色；（7）一个角色可以同时为多个人所扮演，同理，世界上很多男人

① R. Mizoguchi, E. Sunagawa, K. Kozaki, et al., “The Model of Roles Within an Ontology Development Tool: Hozo”, *Applied Ontology*, 2007 (2), pp. 159-179.

都正在扮演着爸爸的角色；（8）定义角色时需要参考外部的一些其他概念，角色本身没有明确的定义。[①]

2．“工作—家庭”冲突理论

美国的社会科学领域将“冲突”概括为：人们为了权力、资源和社会身份而破坏、毁灭其竞争对手的偏好或意图，这其中包含价值观的一种挣扎。通过研究进一步解释了冲突产生于两个不能同时发生的活动，并有五种不同的冲突形式：

（1）个体内在——个体本身

（2）人与人之间的——个体之间

（3）团体内部——在团体之内

（4）团体之间——在团体之间

（5）国际的——国与国之间

个体之间发生的人际冲突和某人自身存在的角色冲突是冲突最主要的两种形式，但是，不论是哪种形式或类型的冲突，它们都在其根源上有相同的特点：差异性、对立性或相容性。在组织调查分析中，组织间的冲突就是一种时常产生的人际冲突的具体表现形式。

3．“工作—家庭”边界理论

2000年，社会上出现了“工作—家庭”边界理论，由美国的学者克拉克（Sue Campbell Clark）在对以前的“工作—家庭”关系学说进行揭批的基础上提出的。“工作—家庭”边界理论试着解释为什么会出现冲突，解释边界逾越者以及他们的家庭生活与工作之间的关系。工作活动与家庭生活之间的主要纽带是人，而不是感情。人们每天都在工作和家庭这两个圈子内徘徊，人们建立这两个圈子和他们之间的界限，以此来影响边界跨越者与这个圈子、边界跨越者与圈内人之间的关系。

（1）边界的硬度特点

无论是要跨越哪种边界（包括物理边界、社会边界、时间边界、心理边界），都需要首先考虑边界的硬度状况。衡量硬度水平的三个指标有：渗透性、柔韧性和方向性。渗透性和柔韧性与边界之间为反方向的关系，个体跨过边界时需要承担很大的代价，并付出足够多的努力。此外，两个范畴之间的边界强度在方向上会有差异，因此有时不是对称的。

渗透性（permeability）指的是来自一个范畴内的因素可以不分场合地进入另一个范畴的水平。比如说，某人有时会在家里为自己准备一间办公室，办公室的大小由家里的墙壁和门窗的大小而定。然而，这种边界具有很强的渗透性，这是因为来自其他范围中的因素可以在该领域随时穿梭，并与其他因素产生互动。渗透性存在所有类型

① 参见熊晶：《海洋生态本体的建模方法研究及应用》，中国海洋大学博士学位论文，2010年。

的边界中。

柔韧性（flexibility）是边界理论的第二个特点，也就是根据某一范围的要求不同，边界可以自由收缩或者延伸。比如说，时间边界具有超强的柔韧性，是说人们的工作时间不受限制；物理边界的柔韧性是说人们的工作环境和地点不受限制；当人们的工作和家庭活动不受限制时，就是说个体心理边界具有柔韧性。

（2）边界跨越者：角色扮演和角色转换

个人依据社会角色要求所做的标准行为活动叫作“社会角色的饰演”，发生在角色之间的心理方面以及身体方面的转变通常叫作“角色的转换”。比如说，一个刚做母亲的职业女性在白天以白领的身份出现，而夜晚又会扮演着母亲的角色来喂孩子，为孩子换尿布。这种转变有时会很容易，有时却非常困难。影响力和角色认同是影响边界跨越者的角色扮演和角色转换的两个重要因素。

4. 分割/溢出/补偿理论

在研究早期，学者们对“工作—家庭”冲突的探索是从静态层面上开始的。斯泰恩斯（Staines）在1980年通过分析和概括学者们对工作和家庭之间联系的研究结果，划分出了分割（Segmentation）、溢出（Spillover）和补偿（Compensation）三种类型的“工作—家庭”关系。

（1）分割理论

分割是指工作和家庭在空间和时间上相互独立，并且它们具有功能上的差异而导致工作与家庭的分离。因此在最开始的时候，工作和家庭被看成是相互独立的两个层面。对工作与家庭的简单划分被认为是分割理论。可是，这种观点在随后不久就受到了许多研究者的挑战与质疑，他们认为工作和家庭是人们生活中两个紧密联系的圈子。因此，人们更倾向于将处理来自另一个层面的压力的主观办法叫作“分割”。

（2）溢出理论

溢出是指当人们从一个范围变换到另一个范围时，个人通过传达态度、情感和行为，从而使得两个范畴在这些方面非常相近。溢出可以是正向的，也可以是负向的。

（3）补偿理论

补偿是指由于个人在工作或家庭范畴中无法得到满足，就希望从其他方面得到满足，从而寻求安慰。研究者提出了两种不同的补偿形式：第一种形式的补偿被认为是时间、注意力从不满意层面到满意层面的重新分配。这种分配是指个体如果在工作或家庭其中一个满意的层面增加投入，在另一不满意的层面则会降低投入。第二种是个体为了弥补在另一领域感受到的不满意，因而在工作或者家庭范畴不断追求报酬。这种形式的补偿还可以进一步细分，即补充式补偿（Supplemental Compensation）和反应式补偿（Reactive Compensation）。补充式补偿是指当人们对在工作或者家庭领域获得的报酬不满足时，转而追求在另一范畴获得额外的报酬。例如，人们在工作领域中很少会有所谓的自己的时间和精力，因此，他们会在家庭领域中追求足够的自由来弥补这种不足。反应式补偿是指当人们在工作或者家庭范围因某种原因而导致财产的额外流失时，转身在另一范畴寻求相反的报酬，以此来弥补。例如，个人在结束一天疲劳的工作之后只想回家休息，或者全身心地投入工作以便避开思考家庭的烦心事。补充式补偿和反应式补偿的相同点是都包括在另一个领域中追求报酬；不同点是补充式补偿起因于不足的正报酬，而反应式补偿则是由于过度的负报酬而引起的。

三、当前女性管理人才“工作—家庭”冲突研究现状

（一）国内研究现状

在我国，“工作—家庭”冲突的研究到目前为止还只是停留在初级阶段。陆佳芳、时勘和约翰·J. 劳勒（John J. Lawler）的《工作家庭冲突的初步研究》一文通过研究金融行业、高新技术行业和科研单位的195个有效样本发现：员工感知到的“家庭—工作”冲突明显低于他们知觉到的“工作—家庭”冲突；与“家庭—工作”冲突相比，“工作—家庭”冲突更能够体现出对工作压力的预测作用；女性员工相对于男性员工来说，更容易体会到“工作—家庭”冲突对于工作压力的影响。[①] 李晔的《工作—家庭冲突的影响因素研究》一文对448名文教卫生系统员工的调查成效显示：与“家庭—工作”冲突相比，员工的“工作—家庭”冲突更为严重；影响“家庭—工作”冲突的因素有家庭支持与家庭卷入，主要与家庭有关；而影响“工作—家庭”冲突的因素包括加班轮班、单位支持、工作时间等，这些大都是与工作息息相关的；舒缓“工作—家庭”冲突的方法为获得来自家庭和公司的社会支持。[②] 陈兴华、凌文辁、方俐洛提出了与“工作—家庭”冲突相对应的平衡策略[③]，李超平等人则对医护人员的“工作—家庭”冲突与工作倦怠之间的联系进行了考察研究，其研究表明，“工作—家庭”冲突能够预测工作倦怠。[④] 以文献综述为基础，李淼等人探究讨论了“工作—家庭”冲突的干预策略和中介变量。[⑤]

（二）国外研究现状

“工作—家庭”冲突是一个很广泛的问题，很多领域范围内都提到过这一概念，包括信息学、哲学、心理学、妇女研究、家庭科学等方面。1980年以来，国外研究者对“工作—家庭”冲突展开了相当多的分析调查。但是这一时期的调查仅限于表面，随着女性地位的不断提高，女性同胞开始更多地追求职场生活，这使得工作与家庭关系不能协调发展。

---

① 参见陆佳芳、时勘、约翰·J. 劳勒：《工作家庭冲突的初步研究》，《应用心理学》2002年第2期。

② 参见李晔：《工作—家庭冲突的影响因素研究》，《人类工效学》2003年第4期。

③ 参见陈兴华、凌文辁、方俐洛：《工作—家庭冲突及其平衡策略》，《外国经济与管理》2004年第4期。

④ 参见李超平等：《医护人员工作—家庭冲突与工作倦怠的关系》，《中国心理卫生杂志》2003年第12期。

⑤ 参见李淼等：《工作—家庭冲突中介变量与干预策略的研究》，《中国科技产业》2003年第7期。

四、企业女性管理人才“工作—家庭”冲突案例

该案例利用访谈调查的方式采访了某企业财务总监，为保护个人隐私，受访者姓名用A代替。

（一）访谈调查法

1. 定义

访谈调查法是指通过与调查对象进行面对面的交流访问，以此来收集我们所需要的不存在偏见的、客观的资料，该调查方法又称访谈法、谈话法或访问法。

2. 访谈调查的过程

（1）选择访谈对象。

（2）提前准备访谈计划与提纲。

（3）开始正式访谈：

我：为什么不要孩子？

A：其实我非常想要孩子，我和我的家人非常喜欢孩子。每次在街上看到其他妈妈带着孩子，我都感触颇深，特别想体验做妈妈的感觉。可是我们工作那么忙，哪有时间考虑这事啊。

我：那您老公呢？他怎么想？

A：头一天晚上回家后还没来得及说话，第二天一大早我们又各自忙各自的。有的时候好几天见不到面，更别说静下心来说话了。这哪里是结婚5年的夫妻啊，有的时候甚至感觉我们如同陌生人。

我和老公每天都很晚才回家，偶尔老公会等我，大部分时间在我回家时老公都睡了，还有的时候一出差就好几个月。因为工作压力大，大家彼此身心疲惫，夫妻生活也逐渐没有了兴趣。

我：您的父母对此怎么说呢？

A：我的妈妈一直担心我们这样的生活，可是我也实在没有办法。我现在年纪也不小了，要孩子的事情已经不能再拖了，再拖就没机会了。但是，现在的发展机会难得，我怎么舍得放弃，这可是我多年努力的结果。况且现在的生活成本实在太高了，要还房贷、养车子，每月还要缴各种费用，我可不想让孩子一生下来就和我们一样紧张。婆婆家一直在催我要小孩，可是生小孩哪有这么简单，我要为此付出多大的代价啊。照顾小孩可能会使我失去经济来源，经济不独立多可怕呀。我想如果为了生孩子而离开公司，会失去好多机会，以后要想获得会更难。真是难办啊！再说，重新找工作哪那么容易啊，更别说有更大的晋升了。

（说到这，她眼眶都湿润了，我能感觉到她很痛苦）

我：你们曾经想过要孩子吗？

A：一想起这件事我就会头痛，所以我现在根本不敢要孩子，看着我们公司有的女同事和我年龄差不多，人家的小孩都已经上小学了，我真的非常羡慕她们！

由上可见，如今社会经济的高速发展，使得就业竞争更加激烈，每个家庭都担负着高昂的生活费用。在竞争激烈的社会中，面对晋升或发展机会，女性职工和男性职工面临同样的挑战，但是在生活中却要承担繁衍生育的责任。女性职工扮演的每一种角色都需要比男性付出更多的努力和精力。如果过多地关注家庭而忽视工作，那么自己的职业经历就会格外艰辛，晋升发展的机会也会与自己擦肩而过；如果专注于职业发展，家庭满意度则难以避免地下降。要踩好工作和家庭的平衡木，对女性来说是至关重要的。

五、企业女性管理人才“工作—家庭”冲突的平衡策略

“工作—家庭”冲突是影响公司业绩、竞争力，员工职业生涯前途、工作成效以及公司与职工关系乃至社会稳定的重要因素，要从公司和个人两个层面寻求平衡策略。

（一）公司应对策略

公司应采取的处理策略主要包括弹性策略和支持计划。其中，弹性策略主要包含三部分，即弹性操作、弹性边界和弹性时间；支持计划就是公司为职工提供信息、照顾孩子、照看老人和家庭生活的咨询与培训。

1. 弹性策略

公司面对“工作—家庭”冲突的弹性策略主要指公司内部为了调节员工个人工作和家庭活动所采用的灵活性措施，或者说这是增强员工自制力的一种鼓励方式，其内容包含弹性工作时间、弹性边界。职工能够合理地组织好工作时间是执行弹性工作时间的必要条件。企业职工可以自己组织时间，但是必须确保总的工作时间不发生变化。这样在一定程度上就可以有效避免基于时间的“工作—家庭”冲突。

职工能够独自完成工作上的活动及过程是实施弹性工作制的必要因素。公司只需要下达工作目标和框架，而具体的操作实施过程则由员工自己负责，同时，这一过程中出现的问题由员工自己解决。弹性边界有一个前提假设：家庭和工作是在一个范围内的，两者是一个整体，可以相互渗透。假设职工的工作和生活是在其边界模糊不清的基础上进行的，那么职工就能够明白任务的重要性，从而投入更多的精力。一个人可以在工作中承担家庭责任，也可以在家中进行工作活动。个人对目前的家庭和工作重要性的选择是决定先处理哪一项的先决条件。比如说，职工如果在家中觉得工作比较重要，就可以先工作，完成工作之后再进行家庭活动；相同地，职工在工作时如果家庭中有重要事情，也可以先回家处理家庭事务。

2. 支持计划

公司面对“工作—家庭”冲突的支持计划是为了减少“工作—家庭”冲突，希望

帮助职工承担家庭生活责任、克服挫折而实施的措施，支持计划包含托管福利计划、培训与咨询服务计划和信息提供计划。托管福利计划是指公司为了不使职工家庭生活负担影响工作绩效，帮助职工照看老人和小孩的福利计划。培训与咨询服务计划是指公司自主为职工拟定“工作—家庭”关系培训和咨询服务，并希望以此解决“工作—家庭”冲突的计划。尼尔森（Nielson）等学者经过研究发现，建立“工作—家庭”关系处理岗位能够使公司员工体会到的“工作—家庭”冲突减少。信息提供计划是指企业为了降低员工在工作过程中遇到的可变性，尽最大努力为员工提供更多的信息，以此希望能够降低职工压力的计划。公司组织为员工提供的信息主要包括：领导意图、角色职责、政策信息以及能够使家庭需要得到满足的社会信息。

（二）个人应对策略

个人面对“工作—家庭”冲突时，可以采取的方法或策略主要有四种：积极思维策略、回避/退让策略、直接行动策略和寻求帮助策略。积极思维策略和回避/退让策略通过调理和把控某个人的情感或品位来降低或彻底除掉这种“工作—家庭”冲突所带来的影响，在这一过程中并没有改变问题发生的环境，因而都叫作“情绪中心型”策略。积极思维策略是指个人为了降低“工作—家庭”冲突对自己身心健康所带来的影响，通过乐观的想法或活动来控制自己的感受和行为；回避/退让策略则相反，它是个体主动无视或不去在意冲突给自己带来的困扰，从而降低冲突的影响；直接行动策略是指个人为了减少冲突带来的影响，通过直接的行为活动来改变自己所处的环境，尤其是对自己不利的环境的一种策略；寻求帮助策略则是人们为了降低冲突带来的影响，寻找他人的帮助或者与他人合作的一种策略。由于直接行动策略和寻求帮助策略都是为了降低冲突而改变了问题产生的环境，因而被叫作“问题中心型策略”。

以上四种策略没有好坏之分，但是，要在生活中最大程度地发挥效力，则需要和公司面对“工作—家庭”冲突的策略相配合。“工作—家庭”平衡中最重要的一点就是要学会沟通，不仅要在公司与领导同事进行必要的沟通，回家之后更要与家人和平相处。对于女性管理人才来说，她们在公司管理着上百甚至更多的团队，她们做什么或者说什么都会受到别人的尊重，有时别人甚至不敢反驳。然而，回到家中就要学会转换角色，对父母、配偶、孩子要本着积极沟通的态度。另外一点就是要有积极的心态。当家庭或者公司突发紧急情况时，要做到虽然事情急但是人不急，人一急整个事情就有可能乱套，所以一定要有一个良好的心态。要知道世界上没有什么完美的人，我们要做的就是心态的平衡，要学会接受不足和缺憾，这样才会变得更好。

基于即兴力理论的创新型文化创业团队管理

——以中国海洋大学“文化市场营销学”课程为例

孟岗　随怡*

摘　要　在大众创业、万众创新的时代感召下，大量具有知识创造的小微企业蓬勃而生，而对知识密集型的文化企业来说，如何提升文化创意人才的社会适应度、应变能力成为重要命题。如何能在产品迭代和潮流趋势下紧紧把握机会，这就需要整个文化创业团队拥有较高的即兴力。团队即兴能帮助创业团队有效地同步处理降低项目风险，并增加团队的灵活性。通过对中国海洋大学文化产业管理专业的“文化市场营销学”课上创业团队的实践研究，我们发现即兴力对创新型文化创业团队尤为重要。

关键词　即兴力　文化创业　文化市场营销

目前，我国处于经济转型的关键时刻，市场环境激烈，大量文化产业蓬勃而生。生存环境的动态变化使企业的行为模式、运营管理不断失去适应性。作为知识密集型的文化企业，需要对市场的动态作出精准定位。管理者需要不断对外部信息进行有效收集，外部知识的搜索成为企业突破内部知识匮乏瓶颈与推动创新的有效途径。① 在时基竞争（time-based competition）背景下，即兴的非预期性与创造性在创新型企业中的运用尤其重要。②

一、即兴力理论分析

即兴力的概念来源于戏剧表演，强调的是演员在没有完整剧本的情况下，只能依据搭档的反馈作出回应，且遵循“YES AND”原则，必须接纳和认可并给予回馈和创

* **作者简介**：孟岗（1975～　），山东菏泽人，中国海洋大学讲师、“海创空间”创客实验室主任，研究方向为文化产业研究、文化创业人才培养；随怡（1999～　），新疆乌鲁木齐人，中国海洋大学文化产业管理专业2018级本科生。

①　参见阮爱君、陈劲：《正式/非正式知识搜索宽度对创新绩效的影响》，《科学学研究》2015年第10期。

②　D. Vera，M. Crossan，“Improvisation and Innovative Performance in Teams”，*Organization Science*，2005（3），pp. 203-224.

造。即兴能力是组织在面临非预期的外部环境条件下，协同相关主体，迅速反应，整合利用现有资源，以突破资源约束的瓶颈，创造性地解决所面临的威胁或把握稍纵即逝机会的能力。[①] 在传统企业运营管理模式中，如果遇到市场变化或者面对各种风险，企业会遵循系统的模式规避风险或按照以往的惯例稳妥地处理危机。而在即兴力的推动下，创意人才能够直接越过前期的考察、层层汇报、等待指令，直接使行动和决策同步执行。在不确定条件下，即兴能力能够重新部署现有资源和获取异质新资源，压缩反应时间，使多主体即时协同，整合资源。

但是，即兴力的运用并不是毫无根据或者是基于原有惯例模式而任意改编的。管理者要凭借对于市场的把控，分析公司内外部环境，对传统的战略模式作出细微的调整。即兴力体现了组织的随机应变能力，在一定程度上依赖于创意人才的直觉选择与判断。企业应对风险作出的调整或许依旧存在着失败的可能。

二、文化市场营销学课程实践

我国高校开设的文化市场营销学课程大多都是基于书本概念的课堂教学。面对着教学课件，老师会带领学生分析发展至今市场上某些成功企业的优秀营销案例，或者会要求学生策划出文创产品的营销策略。但在常规教学模式下，文化创业团队所作出的销售策略都是单方面的输出，没有触碰到真正的市场变化，并且总是在一定的模式下运行，就如同被各种制度约束的创新型企业，在固定的发展运营模式之下一般会选择循规蹈矩，在遭遇突变时更是措手不及，即兴频率明显较低。即使发现消费者喜好的偏转，销售渠道需要调整，但在短时间内无法将应对措施反馈给市场，因此，从总体上属于低效能感团队。

为了规避传统文化市场营销学课程的弊端，中国海洋大学文化产业管理专业老师以创客教学法为突破口，对文化市场营销课的教学法作出了全新的设计，带领学生完整参与到产品从前期调研到销售的全过程。[②] 依据创客教学法，文化产业管理专业的60 多名同学分成 10 多个团队，每个团队相当于一个小型的创新型文化企业，产品的前期调研，中期的设计、生产、包装，后期的销售，都由团队成员一同完成。创业团队的领导者由各位组员轮流担任。从组建团队的最后效果上看，组员各有所长，相互配合，完成整个产品流程。在此过程中，老师以“文化市场营销学”教程为基础，提供营销学原理上的支撑，并以行业中最新的公众号资讯作为辅助资料。每个创业团队的最终任务是开发设计针对大学校园的文创产品，并真正推向市场。在学期期末，教师将所有的文化创业团队组织起来，在学校举办创客市集并检验课程内容的学习效果。

① 参见王琳、陈志军：《价值共创如何影响创新型企业的即兴能力？——基于资源依赖理论的案例研究》，《管理世界》2020 年第 11 期。

② 参见温雯：《创客文化研究》，社会科学文献出版社 2019 年版，第 111～121 页。

根据创客教学法，教师要求学生创业团队通过对校园文化市场进行详细调查，并自主决定生产校园文创的品类，随时根据市场变化、用户喜好作出调整，充分发挥学生即兴力，在思考和行动的同时，自发地、有创造性地应对各种风险与挑战。

三、团队在即兴力影响下的具体分析

SEA U 海星团队以生产中国海洋大学原创手绘套装系列文件袋为学期产品，整理并创造物有所属、简单温暖的生活体验为团队愿景。在生产销售环节中，遇到如下问题：

（一）生产商未能如期发货

在距离创客市集仅剩两周时间时，团队只陆续收到了四款样品，其中还有印刷漏墨的残次品。由于没有签订任何的合同与规定，生产商严重影响了营销进度。

市场上一个体制健全的公司供应链中会有供应商开发管理、采购、跟单、品控质检、物流等部门或人员，所以各岗位对于这种某加工成品的某一部件的制作会有货期及质量控制。另外，会在付款方式如留尾款等保障措施。同时，跟单在制作环节需要了解部件生产加工的各个环节的情况，能够知晓各环节实际所需的制作时间，从而对是否影响货期作一个预判，对可能会延期的结果尽早预警。

但是，SEA U 海星团队在固有资金紧缺的条件下，面对的是处于垄断地位的供应商。如何及时跟上市场走向，在竞争对手（不同团队）中占据市场份额。这就需要整个团队对于即兴力的运用：整个团队放弃了先前计划的包装设计采购、场地布置、市集销售的推送等内容，及时作出了大幅度调整，将营销策略重心放在了线上预售。营销策略从市集售卖转变为微信群预售、价格调整、朋友圈点赞优惠等一系列挽救措施。

（二）公关危机

线上预售群里突然有人在发不良消息，而群主无法回复，由于没有提前设定管理员，预售群就被举报并终止了消息的发送。整个团队当时还在送货和销售阶段，群内有一大部分人没有付款，而是在犹豫或正在等货中。一时间，团队失去了和绝大部分消费者的沟通联系方式。

如果企业在运营中遇到以上问题：按法律处理，针恶意竞争给公司搜索引擎带来的负面信息、网络蓄意诬陷等负面信息，需要利用公关督促司法部门并通技术竭力配合网监进行网络取证获取赔偿。或者与专业网络公关公司合作，利用 SEO 优化技术使正面信息覆盖负面信息等方式妥善处理危机。

SEA U 海星团队立即组建新群，重新添加群里客户，并在新群中发致歉信，对每一客户发道歉消息。虽然补救及时，但是有一部分冲动消费进群而没付款的同学也同时拒绝了进群的邀请，从而流失了一部分消费者。但是通过这一环节，团队所有成员都真切体会到了真实市场环境的复杂性和残酷性。

从这里也可以看出，传统的市场营销课程所传授的营销技能大多是单方面的构想，当创业团队面向真实的市场挑战的时候，根本无法预测未来的突发事件。SEA U 海星团队从市场调研到产品开发再到市场推广，全部过程用了不到三个月的时间，遇到的风险和挑战使团队的营销方式发生了数次调整。通过一学期文化市场营销学的实践证明，即兴力可以让创新型文化创业团队及时应对市场的变化，不受制于体制程序的限制，充分发挥创意人才的最佳效能，整合团队资源，获得最大效率。

四、对创新型文化创业团队的启发

文化创业团队的持续创新形成独特的竞争力，更大程度上依赖于伺机行动而产生即兴力。组织即兴是企业应对突发事件的一种实时性学习行为，由于这种行为是思考与行动同时进行，因而具有很强的转瞬即逝性。不同于个体的即兴发挥能力，组织层面即兴能力的构建与提升需要协调组织成员对于环境的认知，保持组织一致行动的执行力的同时，发挥个体积极性和创造性。①

文化创业团队在进行即兴发挥时，往往没有足够的时间对记忆系统进行系统性审查，所以即兴战略成为团队增强自身的灵活性、应对环境不确定性的重要工具。② 即兴战略的核心是企业对随时变化的市场机遇或威胁作出快速反应，随时更新调整战略实施的细节，灵敏应对市场的变化，充分利用现有资源，在知识上进行合作，实现有机整合，组织产品和消费者进行互动。那么如何使创新型团队内部提升组织即兴力而不是消极应对市场挑战和风险呢?

对文化创业团队管理者来说，需要打破惯性思维，在战略计划实施过程中保持一定的灵活性，积极思考管理模式或组织模式中的新形式，及时纠正意外错误，并对市场反馈和技术变革进行战略上的细节调整。意外的成功也要分析其根源，努力挖掘潜在市场。具有开放心态的团队管理者更要主动去建立各种关系网络，为团队发展寻求更多的机会与前进方向。

文化创业团队负责人要引导团队中的创意人才进行批判性思考和判断，并给予团队个体进行自我决定的勇气和机会。通过作用于员工的工作激情，使其主动在工作中加大投入，并保持积极的情绪状态，继而在情感和行为的综合作用下，诱发临场的即兴表现。③ 对员工保留一定程度的自由裁量权，在面临非常规任务或意外情况时作出符合企业价值判断的选择。在团队运营偏离轨道时大胆地提出想法，不局限和束缚员工的创造力和想象力。

---

① 参见唐翌、周萍:《且行且思:动态环境下的企业即兴战略》,《清华管理评论》2017 年第 5 期。

② 参见王健、黄群慧:《遗忘还是即兴?一个有效克服组织惰性的交互模型》,《经济与管理研究》2019 年第 8 期。

③ 参见王影、苏涛永:《创业型领导对员工即兴的影响机制研究》,《软科学》2019 年第 11 期。

同时，文化创业团队负责人还应该鼓励员工分享隐性知识、优秀的经验、新型创意思维，由此可以助推形成企业内部坦诚开放的工作环境，增强不同部门之间的协同能力，使整个团队不断产生积极向上的活力，形成团队内部独有的思维共识。即兴的自发性、创造性和利用手边资源的特征均显示出对环境的高度依赖性。① 每一次即兴过程都是独特的和难以复制的，只有身处同样环境条件下的内部成员才可能相互理解并传递知识，降低对市场风险的错误判断率，促进企业走得更远。②

综上所述，面对当今市场竞争环境日渐复杂的大背景，文化市场营销学课程的即兴力运用只是一个简单的模拟案例。但是，创新型文化创业团队一定要摆脱内部烦琐的规章制度，根据团队的资源状况和基础能力，创造性地整合资源，探索如何使团队提高即兴力的运用，提高团队应对市场机遇和风险的能力，对危机和挑战作出及时应对，使整个团队在动态环境下的持续成长。

① Argotel Reny，"Transactive Memory Systems：A Micro-Foundation of Dynamic Capabilities"，*Journal of Management Studies*，2012（8），pp. 1375-1382.

② K. Kamochek，M. P. Cunham，"Improvisation and Knowledge：The Challenge of Appropriation"，*Management Research*，2008（2），pp. 93-106.

企业人力资源审计现状、问题与对策*

马双双　冯彩玲**

摘　要　人力资源作为企业生产力的第一要素，是一种重要的战略资源，任何企业的生存和发展都必须同时拥有非人力资源和人力资源。人力资源是企业创造价值的源泉，人力资源的开发和利用，直接影响着企业的发展前景，所以对人力资源的管理和使用就显得尤为重要。随着审计业务的发展，人力资源审计越来越受到企业界的广泛关注。本文在对人力资源审计的概念、发展历程、目标、必要性等描述的基础上，总结出了企业人力资源审计的现状以及其所存在的问题，并分析了问题产生的原因，针对各种问题提出了具体的解决对策。

关键词　人力资源　审计　人力资源审计　人力资源管理

一、引言

（一）研究背景

近年来，社会经济不断发展进步，社会生产力逐步提高，社会财富逐步增加，生产产品有所剩余并逐渐集中在少部分人手中。由于各方面的限制，生产资料的所有者往往不直接管理和经营自己所拥有的财富，这样就会聘请他人代为管理和经营。在这种情况下，生产资料所有权与经营权属于不同的人，两者产生了分离，财富的所有者是委托人，管理者是受托人。这样，委托人与受托人之间就构成了一种受托代理的经济关系，并需要承担一定的责任。也就是说，财富的所有者将生产资料的经营权赋予管理者，管理者代其经营公司，而所有者会担心管理者在经营过程中徇私舞弊或者不能负责任地从事管理和经营活动。于是，所有者为了保护其所拥有财富的安全性、完整性并提高财富的价值，就需要按期审查管理者的经营活动，来确定管理者是否按规

* **基金项目**：本文由国家自然科学基金青年项目（71402067）、教育部人文社科青年项目（19YJCZH029）、山东省自然科学基金面上项目（ZR2019MG002）和山东省社科规划项目（18CGLJ14）资助。

** **作者简介**：马双双（1994～　），山东财经大学硕士研究生；冯彩玲（1981～　），山东青岛人，管理学博士，鲁东大学教授，研究方向为人力资源管理与组织行为。

定进行管理，审计由此产生。

人力资源作为一种可再生资源，是决定一个企业生产力高低的重要因素，对企业发展有重要的作用。所以对企业来说，提高对人力资源管理的重视水平是必需的。人力资源审计可以帮助企业发现人力资源管理中经营者做得不好的地方，提高管理效率，所以越来越多的企业纷纷增加对人力资源的投入。本文通过对人力资源审计基础性问题的描述，总结出了企业人力资源审计的现状以及所存在的问题，分析了问题产生的原因，并针对各种问题提出了具体的解决对策。

（二）研究意义

在人力资源审计开始发展的时候，它是属于财务审计的一部分，与经济效益审计、经济责任也有一定的联系。但是，随着人力资源发挥的作用越来越重要，人们开始加深对人力资源的认识，尤其是在近年来，人力资源已成为一个企业必不可少的战略资源。因此，人力资源审计的基本理论和实务引起了广大审计学者和审计人员的关注，他们纷纷开始研究人力资源审计理论。这就使得人力资源审计从财务审计、经济效益审计、经济责任审计中分离出来，形成了一种独立的审计类别。人力资源审计是企业对人力资源管理进行监督和评价必不可少的工具，其通过审查企业制定的与人力资源管理相关的制度和政策，判断其是否完备、有效，是否遵守了国家法律法规以及规章制度，继而可以判断公司整体人力资源管理活动是否有效。①

二、相关研究文献综述

（一）人力资源审计的概念

人力资源审计，一般又叫作人力资本审计。针对两种不同的叫法，对应地形成了不同的解释。人力资源审计是审计机构开展的一种活动，审计人员运用特定的方法，监督和检查被审计有关单位人力资源的开发、利用和管理的活动，判断其是否符合法律法规以及企业相关政策的规定；审查人力资源信息，判断其公平性和真实性，使人力资源的运作更加高效。人力资本审计与人力资源审计的区别在于，前者对人力资本的配置进行监督，检查人力资本会计的状况，更加关注企业的投资效益。

在知识经济时代，人力资源审计受到越来越多的关注和重视。人力资源审计的概念涵盖面广泛，更能体现出人力资源审计的特点。

（二）人力资源审计的发展历程

人力资源审计的发展大致经历了以下三个阶段：一是人事审计阶段。这个阶段的人力资源审计处于开发的早期阶段，侧重于描述有关人力资源的基本信息，审查人力资源管理的过程是否符合国家法律法规。其主要作用是对企业人力资源的有关政策、

① 参见魏顺泽：《试论人力资源的审计》，《绵阳经济技术高等专科学校学报》2002年第2期。

相关的招聘信息以及实际执行情况等进行相应的分析以及评价。二是人力资源绩效审计阶段。人力资源逐步发展，人力资源审计也得到更多的重视，不再局限于人事审计，而开始关注人力资源绩效审计，审查对象也变为人力资源管理的效率性、绩效性、经济性及其对实现企业绩效目标的影响程度。三是战略人力资源审计和人力资本审计阶段。近年来，专家学者纷纷加强对战略性人力资源管理和人力资本理论的研究。因此，人力资源审计发生了重大的变化，即人力资源审计不再局限于人力资源，而开始关注企业的整体战略目标和人力资源投资。[①]

(三) 人力资源审计的目标

人力资源审计目标，是开展人力资源审计业务的前提，在制定人力资源审计规范之前，要先确定人力资源审计目标。人力资源审计的目标具有层次性和多样性，我们按照审计目标详细性和概括性的标准，将人力资源审计目标分为总体目标、具体目标和项目目标。

总体目标是人力资源审计所要达成的最终目的。人力资源审计的总体目标是对一个组织人力资源管理现存的政策和程序进行诊断和分析，对未来人力资源管理情况进行预测评价，促进组织整个社会人力资源管理活动和人力资源的可持续发展。具体目标是总体目标的细化，并规范和引领着项目目标，包括五个方面：(1) 确认企业所拥有的人力资源的存量，评价增量获得的合理性；(2) 诊断、分析和评估人力资源现行政策和程序的公平性、经济性和有效性；(3) 评价人力资源的保障制度及考核体系的健全性和效果性；(4) 评价和监督人力资源管理的合法性；(5) 评估企业人力资源管理的知识和技能水平。项目目标是具体目标的细化，依据具体的人力资源管理活动内容确定，对整个人力资源审计具体项目提供指导。其内容包括经济性、效率性、效果性、公平性、合法性。[②]

(四) 人力资源审计的必要性

在知识经济时代，人力资源团队已经取代物质资源，成为一个企业可持续发展能力的决定性因素，企业未来获利能力、现金流入量的多少也离不开人力资源。人力资源团队质量的高低取决于团队的专业素质，而且必须具有良好的团队精神。[③] 因此，人力资源审计比一般审计更具有重要性。人力资源审计的必要性主要体现在以下四个方面：第一，人力资源审计的实施是财富所有者对经营者是否按规定管理企业进行评价的需要；第二，人力资源审计的实施是建立行之有效的激励和约束机制的需要；第三，人力资源审计的实施是提高人力资本自身价值的需要；第四，人力资源审计的实施是企业加强人力资源管理、提高企业经济效益的需要。

---

① 参见周艺：《人力资源审计的现状及发展探析》，《赤峰学院学报》(自然科学版) 2015 年第 18 期。

② 参见段兴民主编：《人力资源管理审计》，科学出版社 2012 年版，第 37～38 页。

③ 参见杨伟国：《战略人力资源审计》，复旦大学出版社 2004 年版，第 34 页。

三、企业人力资源审计的现状

（一）人力资源审计的实施范围

随着经济的发展，近年来一些大中型企业和未来想长期发展和做大做强的中小企业纷纷开展人力资源审计。人力资源审计有内部审计和外部审计之分。人力资源内部审计主要是审查职能和相关信息，操作简单；企业人力资源外部审计一般要从审计工作的角度出发，重点关注企业的外部竞争状况，一般要广泛收集相关信息，范围比较广，不仅工作负荷较大，执行起来也相对麻烦，而且对企业的参与程度要求高。所以，在现阶段的大部分企业只开展内部审计业务，有的公司还只是停留在合规则性审计层面，对深层次的人力资源审计各项制度设计是否合理、绩效考核及薪酬激励是否有效还未关注。

（二）人力资源审计的内容

目前为止，人力资源内部审计主要是通过对人力资源的一整套规章制度进行审查和评价，审查其制定的政策是否合理、是否按规定执行、是否存在重大错报风险、是否存在管理控制上的漏洞等。现阶段，大部分企业的审计内容相对来说较单一，未关注员工结构与公司发展战略的需求和匹配度，也未关注员工对公司的满意度等。表 1 是大部分企业现行的人力资源审计项目及内容：

表 1　大部分企业现行人力资源审计项目及内容①

审计项目	审计内容
员工招募与选拔审计	①用人计划是否符合公司战略 ②招聘流程设定的合理性 ③招聘流程是否按规定执行
员工教育培训审计	①公司是否制定年度员工培训计划 ②培训内容是否符合公司战略 ③培训是否及时完成等
员工绩效管理审计	①审查公司是否根据不同岗位制定了不同的绩效考核体系 ②该考核体系是否得到有效执行 ③考核结果得到有效运用
员工薪酬福利管理审计	①薪酬发放是否得到内部审核、复审、审批 ②员工薪酬是否得到及时、足额发放
员工流动管理审计	①公司对升迁或离职的员工是按法律规定办理相关手续 ②检查公司员工工作交接是否完成
人事档案管理审计	①检查企业建立的人事档案数据是否齐全 ②人事档案的分类是否科学合理 ③人事档案信息更新是否及时 ④人事档案的保管是否安全

① 参见谌娟：《JXCY 公司人力资源审计模式优化研究》，江西财经大学硕士学位论文，2016 年。

（三）人力资源审计队伍

人力资源与物质资源不同，极易受到外部环境和内部环境的影响，这就决定了人力资源审计取证比一般审计难度大。加之审计证据的可靠性难以保证，这就要求企业审计人员能够通过表面的数据看到更深层次的东西，由此要求审计人员拥有专业的分析能力。我国在人力资源方面还有较大的欠缺，拥有较强业务能力的专业审计人员少，有些审计人员对审计工作的业务流程不熟悉，导致审计工作无法顺利进行。近年来，我国审计人员的队伍逐步得到发展，这也对审计人员提出了更高的要求，所考察范围也更加广泛。我国加强了对审计资源的重视，企业对审计人员的培训不再局限于财务方面，审计人员的专业素质也开始逐步提高。

（四）人力资源审计标准

众所周知，国家在各行各业都设置了一定的会计准则或会计制度，用来评价财务管理内部审计的开展情况，审计人员可以据此评价相关的会计政策是否恰当。而在人力资源领域，由于不同企业的情况不一样，目前还没有形成相应的规范。人力资源审计相对于常规审计较为复杂，也难以设置统一的人力资源管理衡量标准，这给人力资源审计带来更大的挑战，也就导致在有些方面只能客观地描述企业人力资源管理现状，或者对照上级要求检查企业是否按要求实施人力资源管理。在各个企业内部，大部分都编制了人力资源审计业务手册，确定了人力资源各个环节的审计标准与审计流程，建立了人力资源审计项目的实施方法和程序。人力资源审计不仅要审查企业的经营活动，还要评价其经营活动带来的影响是否与组织目标密切相关。或者说能否为企业带来经济效益，需要一定的标准来促进审计的实施。

（五）审计结果的运用

一般情况下，每个企业在审计项目结束后，均会出具书面的审计报告及审计意见交换书，该审计意见交换书需要由被审计单位填写对查出事项的意见、整改措施和整改时间等。审计结果会纳入企业高管的绩效考评，从而督促企业领导积极落实整改事项，改善人力资源管理活动。[①] 出具人力资源审计报告是审计业务的重点内容，需要包括人力基本情况以及审计中的发现。表 2 是人力资源审计需要包括的具体内容：

表 2　　人力资源审计的具体内容

项目	具体内容
人力基本情况	①企业拥有的部门及各部门员工人数 ②各员工的工种、籍贯、学历等信息 ③员工的离职率

① 参见郝振平、刘霄仑：《审计学》，北京大学出版社 2013 年版，第 297～302 页。

续表

项目	具体内容
审计发现	①岗位测评 ②企业文化建设 ③岗位设置 ④人事档案资料 ⑤人员招聘 ⑥教育培训 ⑦质量管理、安全措施

通过出具人力资源审计报告，企业可以发现在人力资源方面的不足之处，审计人员对此提出改进意见，从而促进企业的发展。

四、企业人力资源审计存在的问题及成因

（一）对人力资源审计的认识不够

在知识经济时代，越来越多的企业已将人力资源作为重要的战略资源来对待，这使得人力资源审计受到越来越多的重视。然而，人力资源的开发速度非常缓慢，还达不到企业发展的要求。由于目前我国还不能充分地规划和利用人力资源，达不到对人力资源相关法规、政策的执行力度，这造成了大量的人才流失和严重浪费。从企业人力资源审计的角度来看，企业组织战略的实施离不开人力资源审计，现在大多数企业管理者都意识到了这个问题。但由于无法准确衡量出人力资源管理对组织绩效的贡献，人力资源成本与价值创造二者相比，管理者更关注的是如何控制成本，而非是否真正实现人力资源管理的价值创造。也就是说，企业管理者更关注投入量而非投入的效率。这种情况下，人力资源审计没有得到足够的重视。

（二）审计证据的可靠性难以保证

审计证据是审计师评估企业人力资源的基础。因此，必须保证审计证据的充分性、可靠性和适用性。但是，大部分企业在实际的人力资源审计过程中，一般是以调查问卷的方式来获取有关组织的人力资源管理规划、员工招聘与选拔、约束与激励机制、绩效评价方法、员工培训等信息，从而对人力资源审计或者发展情况进行评估和审计。这样获得的证据比较单一，且大多是由企业的人力资源管理部门来获取这些信息，难以得到第三方的支持，所以难以保证人力资源相关证据的准确性。企业要想使人力资源的发展得到不断提高，必须增强人力资源审计的准确性和可靠性。①

（三）缺乏科学的审计评价标准与指标

众所周知，人力资源与物质资源有很大的区别，人力资源主要注重对人员知识的

① 参见许慎红：《我国人力资源审计问题初探》，《辽宁大学商学院学报》2012 年第 23 期。

考察，所以在确认和评估时，人力资源要比物质资源复杂很多。人力资源审计的关键就是正确分析和评价企业所拥有的人力资源，不仅要审查企业是否按国家有关规定执行有关人力资源管理政策，更重要的是通过人力资源审计给组织带来经济效益。因为人力资源审计的主体是人，不是事物，容易受到内外部环境中各种因素的影响，所以很难制定统一的标准。然而，如果没有人力资源审计的指标体系，人力资源审计的发展将是非常困难的。因此，企业必须建立有效的审计指标体系。一般来说，审计评价指标应该是定性指标与定量指标相结合，才能对企业的人力资源活动进行有效的衡量和评价。在我国的审计实践中，大多数企业都是仅采用定性研究的分析方法，缺乏具体的、可度量的评价考核指标体系和评价标准，这使得用准确的定量指标来检验人力资源管理状况无法实施，因而导致目前我国人力资源审计结果具有较强的主观性而缺乏精确性，难以发挥人力资源审计的价值。

（四）缺乏专业的审计人员

国外人力资源审计对我国产生了一定影响之后，我国的人力资源审计才开始发展。在发展早期，国家对其没有太高的关注度，而且大部分企业的审计人员掌握的知识都是关于财务会计的，有关审计的较少，且结构比较单一。审计人员一般都是从财务岗位调配至审计岗位，或者直接从应届财经会计类毕业生中选择，而真正懂得人力资源审计的人力资源极为匮乏，难以满足人力资源审计工作的要求，这就使人力资源审计工作的深度和范围难以很好地扩展。在对审计人员的培训与激励方面，对审计人员的继续学习与培训欠缺，专业性限制导致人力资源审计工作难以深入开展。此外，在人员数量上，一些企业人员数量配置不足，现行审计人员未能满足审计任务安排的需要，审计力量较薄弱，难以胜任繁重的审计任务，使得审计效果难以得到保证，所造成的结果是人力资源审计项目很难展开。

（五）审计结果的运用有待加强

人力资源审计仅仅是作为一个诊断性工具，其意义在于支持企业根据诊断结果采取相应措施，但具体到应该采取什么措施还需要进一步讨论与分析。公司虽然已经将审计的结果与子公司高管绩效相挂钩，对促进公司积极改善人力资源管理活动确实有效。但是，公司在审计报告中仅提出存在的问题并说明其存在的风险性，而对于如何整改的具体措施并未详细说明，整改后达到的效果也言之甚少，不利于将审计发现的问题进行有效解决。

审计结果的运用离不开公司的后续审计，即对原先查出问题的整改情况，公司会抽查性地进行后续审计，检查被审计单位的整改情况。但总体来说，公司的后续审计仍然相对薄弱，其原因是审计队伍人手有限，公司扩张速度较快，使得其不能对所有整改情况进行有效监督，确保整改真正落实到位。

五、企业人力资源审计问题的解决对策

（一）提高对人力资源审计的认识

由于我国人力资源审计相对于国外来说发展较晚，人们对人力资源审计没有足够的了解与认识，甚至有的人没有听说过有关人力资源审计的概念，更谈不上对人力资源审计的应用。所以只有采用一定的方法，加强对人力资源审计的宣传力度，让更多的人了解到人力资源审计，使企业将人力资源审计作为工作的重点内容，才能够加快其发展速度。首先，要提高企业各部门以及部门所有员工对于人力资源审计的意识，认识到人力资源审计的重要性；其次，要重点加强对企业高层管理人员的宣传，提高领导干部的意识，从而充分调动各方面人员的积极性。此外，国外的人力资源审计对我国的发展有一定的影响，要多向国外学习，对于不了解的地方加以研究，从各方面提高对人力资源审计的认识。

（二）加强人力资源审计方面的理论研究

我国的人力资源审计现在还处于发展的初期，理论界也没有与之相关的具体的理论，可以说是处于起步阶段。所以，在会计工作中，人力资源的识别、计量、记录和报告方面仍存在很大的不足。因此，基于会计的人力资源审计的发展更为困难。所以在人力资源审计的实务操作中，总是会出现各种各样的状况，这反映出人力资源审计理论的不足。目前，我国人力资源审计的重心是审查企业的报表，要将重心转向审查工作绩效，就需要有关于人力资源审计的理论来支持其转变，所以必须加强有关人力资源的理论研究，建立行之有效的理论体系，以使绩效审计能够开展。人力资源审计实践的推进离不开理论的发展和完善，进行人力资源审计方面的理论研究有利于不断突破人力资源审计实际操作面临的一些波折。当前人力资源审计实践过程中最大的问题就是没有找到一个使人力资源审计理论与实务相结合的点，从而使得人力资源审计实务没有相应的理论来指导实践过程。因此，不仅需要政府各部门和相关研究机构，而且需要高等院校以及审计从业人员加强研究、不断协作，促进人力资源审计理论的发展。

（三）建立有效的人力资源审计评价指标体系

人力资源审计评价指标体系是指导审计工作顺利进行的规范，一套科学的审计评价指标体系能够提高评价审计工作的效果，所以企业必须建立一套有效的评价指标。有效的评价指标分为两个层次：第一层次是各种强制性指标，审计结果必须符合强制性规定。第二层次是各种灵活性指标。各行业特点不同，指标评价体系可根据自身特点加以改动。在人力资源审计实务中，审计指标评价体系的确定不仅要考虑审计的目的和内容，而且要与被审计单位协商讨论。对于一些较主观的事物进行评价，如培训效果的评估审计、绩效考核标准审计，更多的则需要根据经验或是借鉴常用的一些判

断指标，便于计算操作及分析。表3是某公司关于用工需求的审计控制标准：

表3　　某公司关于用工需求的审计控制标准

流程活动简述	控制目标	风险类别	风险描述	风险程度	控制活动	控制标准
用工需求计划	1. 保证提出书面用工需求计划； 2. 保证用工需求的真实合理； 3. 保证用工需求得到相应授权人的审批	经营决策风险	1. 未提出书面用工需求； 2. 用工需求不真实、不合理； 3. 用工需求未得到相应授权人的审批	高	1. 明确用工需求的依据； 2. 提交书面的用工需求； 3. 用工需求为年度用工计划； 4. 相关授权人审批并签字确认	1. 制度应规定用工需求提出的依据、表单设计、审批程序等； 2. 企业应该制定有关的职位说明，明确所有职位的主要责任、工作年限、工作经验要求等，并按时分析企业内部各部门的工作岗位，确保各岗位配备服务的人员，避免因人设岗； 3. 该计划至少应包括以下内容：所需人员的职位、数量、专业能力、时间要求和其他注意事项； 4. 年度人力资源需求计划需经企业管理层审批后方可生效

（四）提高审计人员的专业技能

由于人力资源审计不仅要审查人力资源部门的员工，还要审查企业其他各部门的员工，包含了企业所有的人员，范围较大。针对不同的员工，要采取不同的标准与方法，需要审计人员具有灵活性。审计人员不仅要多学习专业知识，掌握一定的专业技能，对基本的经营活动进行审查，还要有良好的沟通交流能力，能机智地应对不同级别的人员。由于我国人力资源审计发展速度晚，具有专业技能的审计人员较少，不能满足我国企业对审计人员的需求。因此企业应定期开展对审计人员的培训考核，提高审计人员的专业技能。审计人员自身也应多学习理论知识，丰富自己的阅历，使理论知识能够更好地运用到实际工作中。要善于发现问题，认识到自己的不足之处，并从中总结经验，提高业务能力，使自己在各方面得到发展。国家应该加强对审计人员的重视，多开展一些审计试点工作，使审计人员有机会参与其中，并在工作中提升实践能力。一个企业，只有拥有了专业的审计人才，审计工作的效率才能更快地提高，企业才能得到更好的发展。

（五）强化对审计结果的运用

通过开展人力资源审计发现人力资源管理中存在的问题并加以改善，进而为公司的可持续发展打下坚实的基础。因此，审计的目的并不是在于报告的出具，其本质是为了让管理层发现问题，并对所存在的问题提出整改落实措施，目的是为了让审计结果得到更好地运用，这将有利于改进人力资源管理活动，促进企业人力资源的发展。如果审计活动出具了审计报告，但不对其结果加以分析运用，这样就无法发现审计结果中存在的问题，不利于提高企业的经营绩效。审计部门要好好分析审计结果，对审计中发现的问题，被审计单位要及时处理，落实好整改工作。

人力资源已成为一个企业重要的战略资源，人力资源审计在企业中发挥着越来越重要的作用。对人力资源审计的研究，在理论上丰富了人力资源审计的理论知识，在实践上对企业人力资源审计具有指导意义。本文尚有很多不足之处。由于知识水平有限，在某些问题的论述上还缺乏科学性，对某些问题的阐述上缺乏严谨的理论依据。因此，对人力资源审计的研究还应该深入企业的实务操作中，才能更好地理解企业人力资源审计的方方面面。

实践探索

产教融合视域下专业与产业的全时空对接研究*

吕利平**

摘　要　职业院校（包括技工院校）如何积极主动地融入地方产业经济发展，主动将学校专业与地方产业对接，专业群与地方产业群、产业链对接，是未来一个时期内全国职业教育工作者面临的一项重大实践课题。对此，本文从产教融合视域对专业与产业的全时空对接进行深入的理论研究，深刻分析了专业与产业的异同点、相互关系以及目前存在的突出问题，提出了专业与产业在空间、时间维度对接程度的衡量指标和计算公式，阐述了双方在主体、文化、资源、方法四方面的对接机制。

关键词　产教融合视域　专业建设　产业升级

为促进应用型人才高质量培养与国家经济高质量发展形成双循环的新发展格局，实现国家富强、民族复兴的伟大目标，我国职业教育界需要与产业界携起手来，砥砺奋进，协同前行，共同为经济发展与技术技能人才培养做出贡献。产教融合、校企合作的深度决定了技术技能人才培养的质量。

一、专业与产业的关系分析

（一）相同点与不同点

专业是指高中等学校根据我国经济建设及社会分工的需要设立的学业类别，各专业具有独立的人才培养方案，以实现专业的培养目标和要求。产业是社会分工的产物，是生产某种同类产品的企业的集合。两者有以下三个相同点：一是专业与产业都是基于社会分工而产生，并随着社会分工的变化而变化；二是处于同一个地域和时间段中，即同一个时空中；三是职业教育源于产业分工，产业分工变化是职业教育变革的缘由。专业既是学校进行教育的基本载体，又是社会产业需求的反映，是产业经济需求和学

* **基金项目**：本文系 2019 年度山东省高等教育人才研究会课题“深化高等职业教育产教融合培养人才研究”（RK19-12）结项成果。

** **作者简介**：吕利平（1964～　），河北元氏人，深圳技师学院教务处副教授，主要研究方向为职业教育、产业经济、技能人才。

校实际教学工作的结合点。

两者的不同点有以下四个方面：第一，专业因人才培养而设置，属于教育范畴；产业因商品劳务生产经营而产生，属于经济范畴；专业根据产业而设置，专业服务于产业。第二，由于专业与产业或教育与经济分属不同的政府部门管理，两者的管理政策措施不同。第三，专业有专业设置的规则，产业有产业的分布规律。办学成本低的专业是学校愿意设置的，但不一定是产业发展需要的。第四，专业与产业出现的时间不同。由于时滞的存在，一般是先有产业，职业教育工作者意识到了产业人才的需求，而后职业院校才设置与该产业相关的专业。

（二）存在的问题

我国的市场化改革始于经济领域，而教育领域长期坚持的仍是计划安排，技术进步、市场竞争催生出了许多新产业、新职业，而教育的计划性致使学校专业设置存在一定的滞后现象。结合有关广东省高职专业与产业对接现状研究来看，目前专业与产业关系存在以下突出问题：一是工科专业设置偏少；二是专业设置趋同化严重；三是技术技能人才规模可持续供给能力不足等[①]；四是我国职业院校专业布局与国家产业布局有一定程度的错位；五是职业院校专业调整相对迟缓，新专业开发、老专业整合重组与淘汰改造力度不够。要解决以上问题，需要对专业与产业的对接进行全面而深入的研究。

二、空间：专业与产业的立体对接

宇宙万物都是处于一定的时空中，只有同时明确了一事物所处的时间与空间，才能准确地指出该事物所处的方位。对接是指两个事物相互衔接、相互联系起来。[②] 空间的对接，是一个立体化的对接，可以分成宏观层面、中观层面与微观层面三个层次的对接。

（一）宏观层面：政府规划与政策

1. 专业布局与产业布局对接：提升吻合度，降低偏离度

布局主要从空间区域分布来考察。吻合度、偏离度是衡量专业布局与产业布局对接程度的两项指标。吻合度是指专业布局与产业布局相符合一致的比例大小，完全符合一致，即吻合度为100％；完全不符合，即吻合度为0％；一般情况下，吻合度多数处于0％～100％。偏离度与吻合度是相反的一个衡量指标，吻合度高，即偏离度低；吻合度低，即偏离度高；两者之和为100％。政府职业院校管理部门应深刻把握职业教育特征和产业发展趋势，依据经济社会发展规划，结合地方职业院校发展现状，做好地方职业教育顶层设计，明确职业院校发展规划及院校专业布局规划，确保院校专业

① 参见宁培淋等：《广东省高职院校专业结构与产业发展对接实证研究》，《职业技术教育》2020年第21期。

② 参见中国社会科学院语言研究所词典编辑室：《现代汉语词典》，商务印书馆2014年版，第329页。

发展方向与产业发展方向、院校专业布局与产业布局的一致性，不断提升院校专业布局与地方产业布局的吻合度，促使职业院校数量规模、专业布局与经济社会发展需求相对接，提高地方职业院校毕业生在当地的就业率。政府规划部门要同步规划高新区、经济技术开发区、自贸区以及重大建设项目与职业院校布点建设，通过相关政策引导职业院校向政府确定的产业方向和开发地区进行职业院校建设与相关专业设置，增强专业设置的针对性、人才培养的适应性，提高与地方产业布局的匹配度，形成与地方产业发展需求相契合的专业体系。

院校专业布局吻合度、偏离度可以用以下公式计算：

院校专业布局契合度＝∑各院校与本地产业对接的专业数/∑各院校专业数量

院校专业布局偏离度＝∑各院校未与本地产业对接的专业数/∑各院校专业数量

院校专业布局吻合度＋院校专业偏离度＝100％

2. 专业结构与产业结构对接：提升匹配度，降低分离度

专业结构是指在职业教育教学过程中，专业之间的教学、技术、师生数量比例关系，而产业结构是指在社会再生产过程中，国民经济各产业之间的生产、技术、经济联系和数量比例关系。[①] 产业结构决定专业结构，反过来，专业结构影响产业结构转型升级，其影响作用是通过毕业生就业结构来发挥中介传导作用。匹配度与分离度是两个相对应的衡量专业结构与产业结构对接程度的指标。匹配度是指专业结构与产业结构的配合程度；分离度是指专业结构与产业结构的非配合程度、分离程度。职业院校专业设置应以地方产业结构为导向，加强两者的协调与协同，建立科学有效的职业院校专业结构与产业结构对接机制，不断提高专业结构与产业结构的匹配度，降低两者的分离度。

（二）中观层面：职业院校专业群

职业院校专业群应对接地方产业群（产业链），职业院校专业群的设置与发展应有利于形成产业的集群优势，从而适应地方经济转型升级的需要。职业院校专业群建设以区域支柱产业、传统优势产业、新兴产业的产业群（产业链）为依据，通过嵌入产业群（产业链）服务地方经济发展，提高两者的融合度，降低非融合度，进而促进专业群与产业群（产业链）之间的协调创新发展。融合度是指职业院校专业群与地方产业群合成一体、合二为一，使其比独立存在或分离状态下更有价值或更具效能。

（三）微观层面：专业课程

1. 专业人才培养标准对接企业人才需求标准：提高适应度，降低无关度

专业与产业的立体对接，分为上下对接以及水平面上的左右、前后的对接。专业与产业在微观层面的对接，需要职业院校的高度自觉，需要有“自主导航系统”。自主

① 参见刘家顺等：《产业经济学》，中国社会科学出版社 2006 年版，第 176 页。

导航系统即职业院校课程设置反向探究系统，包括职业与岗位分析法、典型工作任务分析法以及职业能力结构分析法等。制定专业人才培养方案，要深入调研相关产业链有关企业对某岗位人才的需求标准。企业对人才的需求标准是不断变化的，这就需要专业人才培养方案主动适应企业对人才的需求变化，不断调整职业院校人才的培养目标、规格、课程，以培养企业所需要的合格人才。

2. 课程教学标准对接岗位能力规范：提高契合度，降低偏差度

契合度是课程教学标准与岗位能力规范的符合一致程度；偏差度是课程教学标准与岗位能力规范存在的非一致程度。职业院校课程标准与课程内容要结合本地区产业发展实际，针对企业的最新人才需求标准和最新企业岗位能力规范，及时增加最新专业知识、专业技术技能。企业技术的换代升级、新工艺新材料新设备的使用，都会对就业岗位胜任能力提出新要求，因此需要继续通过以上“自主导航系统”，增添课程教学新内容，加强课程内容的综合化，以培养学生综合职业能力和综合素质，提高学生对未来社会各种岗位与各种职业的适应能力，在三维空间内实现专业与产业的精准对接与无缝对接。

三、时间：专业与产业的动态实时对接

在时间维度上需要职业院校对产业变化有一个敏感的神经，实时捕捉产业变化信息，实现专业与产业的动态实时对接。

（一）优势专业对接地方优势产业：协调发展

产业是专业的基础，产业没有了，专业应及时撤销。在认真评价院校所有专业办学情况的基础上，对照地方经济淘汰的旧产业，应及时淘汰旧专业，保留办学实力较强的与本地区特色优势产业对接的专业。每个城市地区都有每个城市地区的特色优势产业，这就要求办学者熟知当地的传统优势产业。传统优势专业同样需要与传统优势产业一起转型升级，增强两者的耦合度，提升对地方经济的贡献率。

（二）优化调整专业对接转型升级产业：协同发展

产业转型升级是正在我国发生并将要持续较长一段时间影响我国政治经济生活的一件大事，产业转型升级包含产业升级和产业转型两个概念。产业转型升级了，相对应的专业也需要及时转型升级。政府应优化职业教育结构，统筹规划职业院校的专业设置，做好加法、减法与乘法。面向产能过剩产业的专业设置和招生人数实施减法，面向民生服务业增长明显的专业实施加法，面向战略性新兴产业与未来产业的要实施乘法。紧跟产业调整步伐调整专业结构，做好专业建设5年或10年规划，建立专业设置动态调整机制，加大地方重点支柱产业和战略性新兴产业对应专业的扶持力度。

（三）新专业对接新兴产业：协力发展

目前世界高新技术呈井喷式增长，新兴产业快速涌现。要紧跟新兴产业发展趋势，

职业院校应彻底根除人才培养的相对滞后性，具有世界的胸怀、战略的眼光，加强产业转型升级以及新兴产业增长的动态预测，超前研究、前瞻布局，与战略性新兴产业、未来产业相关的专业及专业群，根据产业发展趋势，适时设计、调整专业群数量和专业方向，实现职业教育专业布局与产业布局的动态平衡。

四、时空：构建自动实时实地对接机制

建立专业与产业对接的“自主导航系统”，实现实时实地全智能对接，需要深入探讨对接过程中的关键要素，利用大数据、云计算、物联网等高科技手段，提高传感器的灵敏度、信息传输的保真度及资源配置的高效率。

（一）文化：行业话语对接

专业与产业对接的实质是一部分人的需求与另一部分人的能力素质相匹配的问题，即人与人的对接。一个行业有一个行业的语言与文化，要想使教育界与产业界相通相知，类似两个异国人坐在一起工作，首先双方要明白对方的语言与文化，知道对方表达的真正含义是什么，如此才能进行下一步的交流对接工作。双方有了共同塑造的合作共赢的理念，有了利益共同体的文化，有了同一行业的共同术语，对接就会成为一件通畅便利的事情。

（二）主体：双向自动对接

建立政府协调机制、主体沟通交流机制及科学的运行制度对于双向自动对接至关重要。专业与产业的对接最终是人与人的对接，是通过教育组织（学校）的人与经济组织（企业）的人的对接实现的。人的对接，较为理想的对接姿态应该是“双方自动对接同步调姿”，即如果对接接头偏了、接头有缝隙，双方能够自动调整自己的对接姿态，从而实现无缝对接。“双方自动对接同步调姿”应成为多方共识及科学的运行制度。

（三）资源：实时实地对接

问题的解决最终要落实到资源的对接。双方资源的对接是自动对接系统的重要部分。企业为学校提供实训设备、实习岗位、真实项目、助学资金、实训教师等；学校为企业提供毕业生信息、技术研发成果、管理咨询、技术前沿讲座、职工培训等。双方需要建立劳动力（毕业生）供求的互动机制、劳动力（毕业生）培养质量保障机制、技术研发的联动机制、信息（数据）共建共享机制等，确保双方资源实现实时实地对接。

（四）方法：线上线下对接

专业与产业对接是一个复杂过程，具有不确定性、多样性、动态性、适应性和非线性等特点。[①] 类同钢结构构件之间的互相连接常用焊缝连接、螺栓连接或铆钉连接等方法，专业与产业的对接也有多种方法。比如，我国学者乔毅运用德国理论物理学家

---

① 参见乔毅：《专业与产业链对接的必要性及自组织管理研究》，《成人教育》2017 年第 7 期。

哈肯的“自组织”理论对专业与产业的对接方法进行深入研究。再如，蒙维洋等借鉴雷德斯多夫和埃茨科威茨“三螺旋理论”对专业结构优化与产业转型升级协调发展进行深入研究等。① 随着产业结构的演变引发人才需求结构变动成为新常态，专业要跟上产业变化的步伐，乃至超越产业变化实现教育的前瞻性，利用“互联网+”是当前最理想的办法，即利用互联网构建双方自动对接系统，建立专业对接产业微信群，实现线上线下对接，实现实时实地对接。

基于产教融合的视角，本文初步探讨了专业在与产业对接过程中的问题。总体而言，要实现专业与产业的全时空对接，职业院校应改变过去专业由学科体系而设置、几十年不变的旧习惯，深刻认识区域产业结构的演变引发人才需求结构变化的新常态；要依产业设置专业、依产业群设置专业群、依产业布局（结构）规划专业布局（结构），全面提升专业建设的前瞻性、规划性、设计性、主动性、敏感性；要加大与新兴产业对应的新专业设置，如需要加大先进制造业、智能制造业相关专业的设置，包括工业机器人专业、3D打印专业、新一代信息技术专业等，并注重运用行业新技术升级改造传统专业，建立专业（群）设置精准对接产业（链）发展机制，提升专业对产业经济的贡献度。同时，要时刻牢记培养综合素质优良的具有可持续发展能力的人是教育的核心目标。因为产业也是为满足人的需要服务的，最终也要为人的幸福与发展服务，专业与产业协调发展的实质是促进经济和人的和谐发展。概而言之，只有对接才能服务与引领。

① 参见蒙维洋、代绍庆、钟在明：《职业教育专业结构优化与产业转型升级协调发展对策探究》，《高教论坛》2015年第4期。

基于创新能力培养的高职教学方法改革与实践研究*

方振静**

摘　要　如何培养高职学生的创新和实践能力，造就大批适应我国社会主义建设事业需要的高等技术应用型人才，已经成为高职院校新的历史任务。本文对高职院校学生的创新能力现状进行评价分析，提出了一套完整的高职院校学生创新能力评价体系，并对如何加强大学生创新能力的培养进行了阐述，力求为提高高职院校大学生创新能力提供理论依据和科学参考。

关键词　创新能力　高职教学　方法改革

一、课题研究的背景及意义

（一）课题研究背景

创新型人才的竞争是当今国际竞争的关键。欧美国家对人的创新创业能力培养从20世纪40年代开始，目前已形成较为成熟的培养体系，培养了一大批优秀创新人才，根据数据资料，诺贝尔奖项中接近1/3的获奖者是美国籍的科学家。我国大学生创新教育起步比欧美国家晚60年左右，在理念、能力培养的体制机制等方面相对滞后，且部分创新创业体制和模式简单地照搬国外，与中国实际情况有所出入，出现“水土不服”的现象。因此需要调整改进，以提升我国创新的整体实力，适应国际化竞争的人才需要。创业界的数据表明，美国大学生的自主创新创业比例为28%左右，成功率约为20%，而我国大学生的比例不足3%，成功率不到1%，差距明显，我国创新型人才非常紧缺。1998年清华大学开始引进创新创业竞赛，并逐渐在全国形成了良好的发展势头，标志着我国大学生创新创业能力培养正式开启。党的十八大以来，国家大力实施创新驱动战略，在大环境的驱动下提出要“加快形成一支规模宏大、富有创新精神、

* **基金项目**：本文系2019年度山东省高等教育人才研究会课题“基于创新能力培养的高职教学方法改革与实践研究”（RK19-28）结项成果。

** **作者简介**：方振静（1975～　），山东寿光市人，山东科技职业学院高级会计师，研究方向为财务、会计、教育。

敢于承担风险的创新型人才队伍”，并陆续颁布了“大众创新，万众创业”的政策、“国创计划”等，致力于提升国民创新创业能力。同时，互联网、大数据、云计算等信息化、智能化技术的发展，为大学生培养创新创业能力提供了崭新的空间。充分创新利用职教20条里提到的“1+X证书”，以“三教”改革为切入点和战略支撑点，将课程训练技能有效对接“1+X证书”的业务技能，更好地实现职业教育的双元发展，做到既要保证学历教育质量的同时，又要加强对学生职业技能的培养，为我国产业结构转移，促进经济高质量发展，培养更多的“大国工匠”。此外，习近平同志在中共十九大报告中提出青年一代应当有理想、有本领、有担当，对大学生人才培养提出了新要求。除了培养与提升综合能力外，更加强调大学生的理想意志等方面的培养，提出大学生应自觉肩负起时代赋予的重责大任，树立为中国梦不断奋斗的远大理想。因此，要把握好时代机遇，培养创新型人才，助力国家发展。

（二）国内外研究现状

针对创新能力的培养，国内外已经开展了长期的研究，其教学方式呈现出国际化、多元化、理论化的特点。目前主要的教学方式有翻转课堂、基于问题的学习（Problem-Based Learning，PBL）、Seminar等，但是这些教学方式多源于西方国家，虽在国外取得了较好的应用，但在我国大规模的推广使用还有一定的障碍。从目前的研究来看，教学方法的运用多集中于理论层次，实践性较弱，培养学生的创新能力效果不理想。因此，构建一种本土化、通识化、实践化的教学方式显得尤为重要。

美国高职院校注重将教学模式和教学方法的改革与课程和教学内容的改革同步考虑，以提高教学效率和教学质量，激发学生的创新能力。澳大利亚高职教育确立了三个要点：第一，要有富有创造性的教师，能够把创造性的思维传递给学生；第二，要有良好的课程设计，而且要鼓励良好的教学实践；第三，要有良好的基础设施，使学生使用的学习设施以提高创造力的发挥。加拿大为了培养学生的创新能力，近年来高校在教学改革上进行了积极的探索，加强了分析批判能力、跨学科综合能力和知识创新能力的培养，主要体现为教育多样化、多元化和国际化；教学方式多样化，开设网上课程、利用网上信息进行教学；教学方法上主要采用引导启发、问题研讨、课堂互动的方式。

（三）课题研究的必要性

教学有法，但无定法。仅就高职学生创新能力的培养问题进行分析，十全十美的教学方式并不存在，培养学生独立思考解决问题的能力，使学生能够适应创新技术与知识，培养出社会与时代所需要的高技能创新型人才。在新的历史条件下，特别是在我国经济发展步入“新常态”的大背景下，培养高职学生的创新能力具有十分重要的意义。培养高职学生的创新能力，有利于提高学生的就业与发展能力。培养高职学生的创新能力，能够使高职学生更加适应社会发展的需要，特别是在“大众创新，万众创业”的新形势下，对高职学生未来的就业与发展具有十分深远的意义。培养高职学生的创新能力，有利于强化学生的社会适应力。创新是一个民族进步的灵魂，培养高职学生的创新能力，有利于推动高职教育改革。对于高职院校来说，必须从过去培养专业人才向培养复合型人才转变，而培养高职学生的创新能力则需要对教育方法、教育模式等进行改革，从而有利于推动高职院校教育改革的不断深化。

（四）研究路线与方法

课题利用“调研—质疑—构建—应用”这一手段，对当前国内外流行的 PBL 教学、Seminer 教学、翻转课堂等进行剖析归纳，找到培养学生创新能力的共同原理机制，对如何搭建有效的教学方式、激发学生发散思维、培养学生创造能力、提升实践操作能力、创新教学方式和手段等相关问题展开研究。课题采用质性研究法、综合分析法、分组对照的方法进行研究（见图 1）。

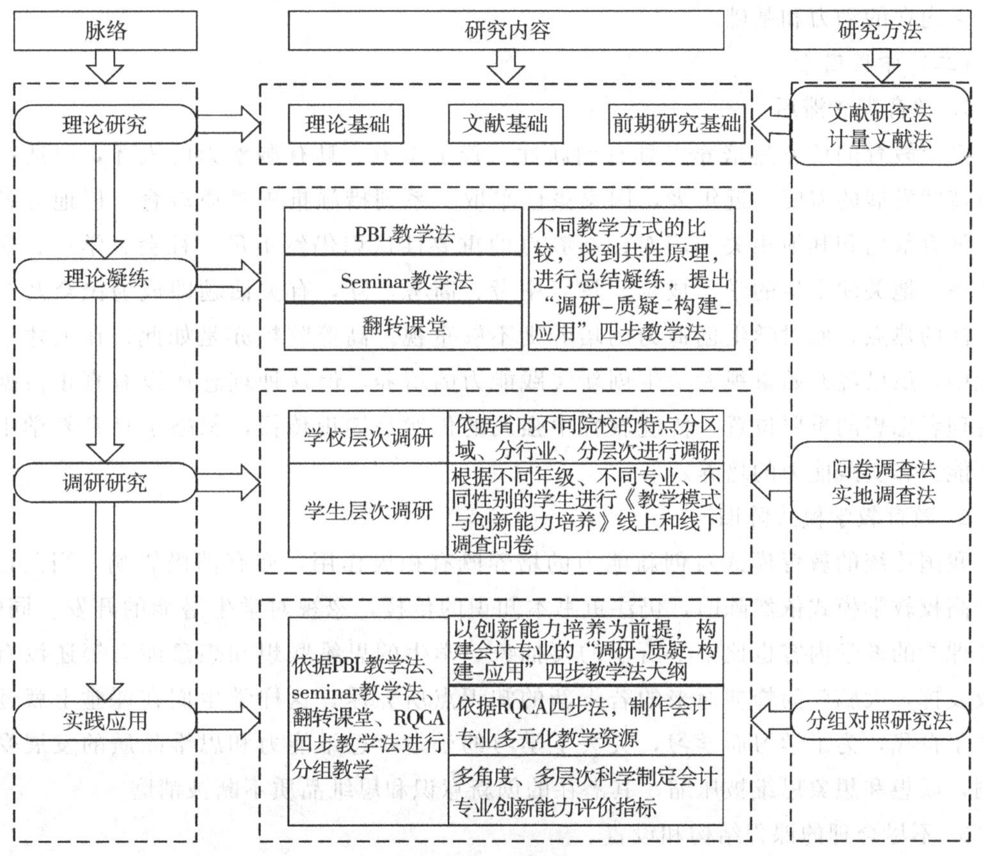

图 1 课题调研路线与方法

二、高职院校大学生创新能力培养的影响因素分析

中国要真正屹立于世界，就必须走自主创新之路。大学生创新能力培养是一个系统工程，在创新能力培养和提高过程中涉及多方面的因素，既包括创新能力培养主体的大学生自身的因素，也包括具有培养责任的教师、学校和社会等各方面的因素。如何科学而完整地阐述影响创新能力培养成效的各种因素，是创新能力培养研究中的基本问题。

（一）自身因素

大学生在创新能力培养方面存在的主要问题突出表现在：创新意识不强，主动参与和挑战意识缺乏，习惯于被动完成任务。特别是高职院校学生的知识基础较弱，在学习过程中缺乏学习兴趣，求知欲不强，自主学习能力差，课堂上只是单纯地接受，不能积极主动地发表自己的意见和见解，客观上没有参与的行动，使学生创新能力培养缺乏内在的动力和基础。

（二）学校因素

1. 教育观念滞后

高等教育的任务是培养出具有创新性、善于思考、具有洞察力的人才，以适应社会可持续发展的需要。近年来，国家虽已采取一系列措施推进素质教育，但地方各级政府教育部门和其他相关部门对创新教育的重要性认识仍然不足，社会、学校、家庭过于单一地关注学生的学习成绩。每当中考、高考之际，有关话题即成为民众乃至社会关注的热点，而对学生创造力的培养则不够重视。高等院校亦是如此，在人才培养过程中，虽已经开始重视大学生创新实践能力的培养，但这种理念还没有真正占据教育管理者思想的重要位置。传统教育中强调的仍然是知识传授，忽略了日常教学中对创新能力和实践能力的培养。

2. 教育教学模式陈旧

我国传统的教育模式对创新能力的培养既有积极作用，亦有消极影响。当前，大部分高校教学模式依然陈旧，仍注重书本知识的传授，忽视对学生潜能的开发。同时，大学课堂的教学内容也比中学所学的要抽象，学生的思维联想和想象能力等还没有来得及发挥，大脑就为蜂拥而来的若干新的知识点所充斥。这样学生们在课堂上就逐渐失去了自我，为了学习而学习，失去了学习的乐趣，思维能力和思维品质的发展受到抑制，联想和想象思维被压缩，其潜在的创新意识和思维品质不断被消磨。

3. 不尽合理的课程结构和设置

目前，高校教育内容体系较之过去已日趋合理，但在教学大纲、学制、课程安排和教学过程、学习成绩评定方式等方面仍存在不利于大学生创新能力培养的因素，如课程设置中偏重单一的学科知识，忽略综合知识的渗透；培养创造力的思维训练类、方法类等专门课程开设较少；部分课程不能及时适当地反映本学科的前沿动态、交叉

学科有关知识，教材更新周期过长等问题。

4. 单一的教学方法和手段

高校教师大多采用以讲授为主的教学方式，讲授中又侧重于单方面的灌输，学生参与较少。教师负责教，学生负责学，传统教学就是教师对学生单向的“培养”活动。“传授—接受”式的教学模式，难以调动学生学习的积极性，讲课方式缺乏讨论性、活动性、研究性和创造性，教学形式单一，不注重学生个性的培养，缺乏对创造过程的讲评和创造性思维的引导，缺乏从平凡到成功的过程实例的剖析和对学生的鼓励。

5. 实践教学环节薄弱，教材滞后，缺乏创造技法训练

实践教学是学生树立创新意识，培养实践能力和创新能力的关键环节。目前各级各类高校的实践教学环节形同虚设。学生在学习过程中会存在众多疑惑，在学生大三年级参加毕业顶岗实践时，常常会出现对实际问题无从下手解决的情况。在传统的线上授课方式下，很多实践相关的拓展性资源很难循序渐进地提供给学生进行学习讨论和交流，在有限的课时条件下，运用现代化的信息手段，将最新的政策和资源动态地传授给学生，培养学生的职业技能，同时关注学生综合职业素养及可持续学习和发展的能力。

6. 培养学生创新能力的校园环境和文化氛围不浓

高校校园文化所营造的氛围对大学生创新能力有着潜移默化的影响。目前高校提供给学生自主创新的场所、设施相对缺乏，学术研究与交流的气氛不浓，没有出台奖励学生创新的相关制度等因素制约着大学生创新个性的张扬和创新能力的自由发展。同时，目前高校校园文化以文体娱乐类活动居多，而培养学生创新意识和创新能力的科技学术类和专业实践类活动较少；少数人参与的活动多，群体能参与的活动少；学生自发组织的活动多，有组织、有经费、有场地、有具体指导老师的活动少；校园文化活动总是流于形式，浮在表面，学生的创新能力难以通过校园文化活动得到真正的锻炼。

（三）社会因素

大学生创新能力的培养是一个系统工程，学校、家庭、社会都有责任。一个良好的社会环境，充满创新生机与活力的社会氛围，理所当然的将有助于大学生创新能力的发展。当今社会的人才评价标准往往是学生在校时的考试成绩或证书，这对于高校对大学生进行创新能力养成是极为不利的。全社会应该转变思想观念，大力提倡以创新能力为标准的人才评价机制，树立起创新的思潮。创新作为全社会的行为向导，使创新精神深入人心，从而影响大学生创新能力的提高。另外，社会对大学生创新的支持力度不够，也是在社会层面上影响大学生创新能力的重要方面。

三、山东科技职业学院会计专业教学改革实践探索

学院创新实施了职场化育人模式，动态确定每级学生的培养目标和规格，开展职

场化教学，教学内容对接职业标准和生产实际，在教学过程中突出学生的主体地位。

针对教学创新能力培养，国内外已经开展了长期的研究，其教学创新方式呈现出国际化、多元化、理论化的特点，目前主要的教学创新方式有翻转课堂、PBL、Seminar等。从目前的研究来看，教学方法的运用多集中于理论层次，实践性较弱，培养学生的创新能力效果不理想。尤其是会计专业教学模式较为固定，手段单一。

教学方法是实现教学目的的手段之一，必须遵从学生实际，符合学生的认知规律，在教学上应该教无定法，大胆创新。因此，在会计教学方面，创新一种本土化、通识化、实践化的教学方式显得尤为重要。

（一）高职会计教学模式现状分析

目前会计教学模式偏重于会计专业理论知识传授，忽视了学生的应用能力、动手能力和创新能力的培养；教学模式多以教师为中心、以教科书为依据，缺乏师生平等、互动的教与学平台。会计人才培养与产业需求不相适应，学生存在“知行分离”等问题。会计课程设置一般有成本核算、财务管理、财务会计、纳税实务、审计实务等，近几年随着社会需求和企业需要增加了Excel在财务中的应用、管理会计等课程。从教学方法和模式来看，大多数课程采用独立的授课方式，理论教学和实践教学分别授课，课程考核也采用纸质版考试方式，其中涉及大量的计算题和表格。由于会计专业对业务知识要求较高，教师主要以授课为主，学生只有在实训中接触到模拟案例。这种传统的教学方式，学生以记忆为主，被动接受，缺少独立分析问题和思考的能力；课程之间分布在不同的学期，课程学习是孤立的，知识也是碎片化的，学生难以将会计专业知识和实际工作相结合，毕业进入工作单位后工作效率低，更难以应对复杂的工作需要，自身提升慢，阻碍职业生涯发展。比如，成本核算和财务管理、管理会计课程和Excel在财务中的应用课程不能结合讲解，使得学生会手工计算表格，却不会用Excel的公式简化工作量，提高工作效率和准确率，直接导致学生步入工作岗位后缺乏足够的职业判断力，难以适应高层次工作岗位，影响职业生涯发展。因此，改变原有的教学模式，重塑人才培养方案，优化课程设置，突出实践能力，培养创新能力，探索具有高职会计特色的教学方法和教学模式是目前会计课堂改革的关键。

（二）高职会计教学模式的创新措施

结合我国职业院校的现实情况，会计准则和新税制改革对高职会计教育模式创新提出新要求，本研究提出以学生为中心，以问题为导向，以创新为重点，以推广为关键的课堂四步法教学模式，应用于实践中，以激发学生学习兴趣、转变学习态度、推动课堂教学改革和教师角色转变为导向，通过实践进行教学方法的有效性评价。

1. 改变传统教学模式，创新课堂四步法

创新教学模式是改变教师教和学生学的传统教学模式的有效手段，以培养学生自主学习意识和创新能力。创新的教学模式是以学生为中心，以问题为导向，以创新为重点，以推广为关键的课堂四步法教学模式，旨在启发学生积极思维，培养学生自主分析问题、解决问题的实践创新能力，自我检查和自我反思的能力。教师设计出预期应当达到的能力指标，根据这些能力指标设计学生的专业培养方案及教学体系。同时，教师在教学过程中注重引导学生自主思考和学习，通过自主学习发现问题，提出质疑，解决问题，进而推广应用到其他课程中，四步法教学模式强调学生在教学活动中的主体地位，检验学生的最终学习成果。

2. 理论课程与实践课程的结合，发挥校企合作的育人功能

构建校企“双主体”全程融合的育人机制。突出以学生为中心，让学生体验上课即上班的真实情境。理论课程选择核心课程建立教学资源库，申报精品课程，建立数字资源教学平台，如泛雅（学习通）、蓝墨云班课、学堂在线、在线教考系统等，改变学生单一的学习途径，建立与专业和课程相适应的教学机制平台。

同时，要创新理论课堂，在理论课堂中事先设计各种有意义和特色的实践互动活动，让师生共同参与课堂教学的全过程，由此提高学生学习的积极性，挖掘学生自主学习的潜能。另外，在课堂上开展一些游戏环节，学生在游戏中积极讨论，共同配合完成任务，平时的理论知识在实操中更容易理解。实践课堂注重校企合作，引入社会企业账务数据，面向中小微企业提供财税核算、纳税申报、财务咨询等服务，让学生在校园里实现“真刀真枪”地演练会计业务。学校还可以考虑安排学生到合作企业的生产车间、展会、大型商场等开展实际观摩和体验课等。

3. 创新实践能力培养，构建“四阶递进”的实践教学体系

按照基本技能训练一职业能力训练一专项技能训练一综合技能训练的顺序，并将创新意识训练纳入其中，遵循学习规律，学生易于掌握，实践能力也同时得到大幅提升。

4. 专业课程与应用课程的融合，创新“Excel＋”的课程体系

课程设置要适应市场的需求，保证与时俱进。教材的建设，要适应社会产业发展的新技术和新趋势，结合新政策法规和新税制及时更新，保证学生学得的知识与就业工作无滞后性。要坚持以学生为主的教学方法，采用“质疑—探讨—解惑”的科学教学途径。比如，将成本会计和财务管理、管理会计等课程和Excel在财务中的应用课程结合讲解，让学生自己设计表格和公式，能更好地理解经济业务的逻辑关系和原理，加深对理论知识的理解，同时又能掌握Excel的应用，用Excel的公式简化工作量，提高效率和准确率。一门通用课程与会计专业课程的结合，让学生从单一的专业课程中发现职业兴趣，拓展思维。

5. 专职教师与实践教师的配合，组合“双师型”师资队伍

建立“双师型”骨干教师队伍，保障课程设置和教材建设的时效性。以学校专任教师为主，引进行业专家、技师兼职教学为辅，多元组合教师队伍。鼓励专任教师考

取会计师、高级会计师、注册会计师等证书，提升理论水平，定期到企业进行实践，通过实践及时调整课堂教学和人才培养方案。同时，学校教师和企业专家共同开展课程改革、专业建设、技能大赛、实训室建设、课程资源建设、课题研究等，参与企业一线实践等活动，加快技能知识的掌握，不断提升个人素质，迅速培养双师队伍，增强团队的核心竞争力。院校还应该促进青年教师的快速成长，缩短名师的培养周期，带动整个专业教师队伍的优化，打造高素质“双师型”团队。

6. 创新考核模式，构建多元嵌入式过程评价体系

从职业知识、能力、态度、自我评价四方面实施嵌入式过程评价，多措施全面发展。将考试与“表现性评价”“学习成长档案”“技能操作等级”“教学评价记录卡”等过程性评价相结合，改革传统的考试模式。构建多元嵌入式过程评价体系，激发学生的学习积极性与主动性。

四、基于创新能力培养的高职教学方法改革的措施及建议

（一）发挥第一课堂在大学生创新能力培养中的重要作用

1. 改变教育观念，树立职教创新教育理念

我们应把学习能力、科研能力、创造精神和创新能力的培养放在首位，不仅传授现成的知识和技能，更要引导高职院校学生探索未知领域；不仅要让高职院校学生接受、理解现成答案，更要鼓励他们寻找新的多种答案，让他们主动学习，独立思考，在继承的基础上不断创新，培养大量的创造性人才。同时，还要帮助学生树立对社会高度的责任感和良好的道德品质与心理素质，加强培养学生健全的人格。

2. 明确职业需求，激发学生学习的积极性和主动性

激发学习兴趣是培养学生能力的前提。对于课程学习，首先应该让学生认识到学好这门课程对自己产生的重要作用。只有意识到自己的需要，把需求变成学习的内在动力，才会变被动学习为主动学习，从而产生极大的热情。所以，要让学生清楚了解高职院校学生培养定位和要求，特别要组织学生走入社会进行市场调研，了解社会对本专业高职院校大学生的需求程度和未来发展前景，了解相关企业和单位对本专业高职学生的人文知识、专业知识、专业技能、职业技能等的需求水平，对将来所从事职业进行深入分析，从而坚定信心，合理规划大学生涯，明确自身奋斗目标，以饱满的热情投入到学习之中。

3. 改革课程体系，突出职教特色

课程体系改革是教学改革的重头戏，也是教学改革的难点和重点。高职院校要改变由来已久的以理论教学为主、实践教学为辅的教学体系，坚持理论教学与实践教学并重，并将二者有机地结合在一起；要优化课程体系结构，整合课程内容，开设综合性课程，加强基础课程，整合专业课程，增加实践课程；要在教学过程中将实验、专

业实习、毕业实习、课程设计、毕业设计等环节综合考虑，构建三年不断线的实践教学体系，充分训练和培养学生的基本实践能力和操作技能、专业技术应用能力与专业技能、综合实践能力；要改变原有课程中不适用的教学内容，修订课程教学大纲，突显高职院校的人才培养目标和特色，课程内容要能适应社会发展需求，追踪新工艺、新技术，适时增设新的课程。比如，以智能财税“1+X”证书制度和“三教”改革为切入点和战略支撑点，根据各学期学生的相关理论课程分别设计财税综合实训课程典型工作任务，根据职业能力的培养逻辑递进式推进财税综合实训课程的教学内容。

4. 运用“问题解决”教学法，培养学生创新意识和创新思维

“问题解决”教学法就是教师通过创设问题情境，让学生通过观察、猜想、分析、类比、综合、假设、验证等创新活动，经过发现问题、分析问题、解决问题的各个环节，深刻了解知识产生和获得的全过程，从而达到培养学生创造性思维和提出问题能力、解决问题能力和反思能力的一种教学方法。“问题解决”始于问题情境，教师要结合高职院校学生特点，从学生感兴趣的现实工作实际以及学生已有的知识基础入手，把需要解决的问题巧妙地寓于精心设计的富有趣味性、探索性、适应性和开放性的教学情境之中，激发学生的学习动机和主动参与意识，从而激发学生强烈的求知欲望，促进学生创新思维的迸发。“问题”的复杂性也促使学生采用合作学习的方式，结成优势团队，从而促进学生团结协作能力的提高。可见，“问题解决”教学法为学生充分参与和积极探索创造了广阔的思维空间，为学生主体作用的发挥营造了良好的学习氛围，培养了学生思维的灵活性、创造性和创新精神。

5. 改革考核方式，实施科学评价

创新教育的考试重点是考核学生收集信息及创造性加工信息的能力转换，特别是高职院校更应注重对学生实践能力的考核，构建多元嵌入式过程评价体系。考试形式灵活化，尝试开卷、半开卷考试；加大对学生发现问题、分析问题、解决问题的能力以及实践能力的考查；允许学生发表不同的见解，对有创见性观点的答卷给予加分奖励，把创新技能考核作为学生评价的重要内容，调动学生作为创新能力培养客体的能动性，强化培养的有效性。一方面，对学生的创新实践活动要给予学分上的认定，将会极大地调动学生的积极性，提升学生的创新能力；另一方面，对于学生参加多少创新活动，学校应该有一个最低的学分要求，从而对学生产生普遍的导向作用。

（二）发挥第二课堂在大学生创新能力培养中的重要作用

将课堂教学与第二课堂、企业实践“三线”有机结合。课堂教学抓专业能力培养，第二课堂抓创新能力增强，企业实践抓实践能力提升，实现“三线并举”，协同培养学生的综合素质。

1. 实行项目对接，搭建科技创新平台，丰富创新成果

大学生课外学术科技活动以科研、竞赛、展示、服务为内容，是培养大学生创新

能力的一条重要途径，得到各高校师生的广泛参与和高教研究者的普遍关注。目前，全国有多种适合大学生参与的课外科技竞赛活动，如“挑战杯”大学生课外学术科技创新（创业设计）大赛、全国“数学建模”竞赛、全国电子商务大赛、“用友杯”全国大学生创业设计暨沙盘模拟经营大赛、全国大学生电子设计竞赛、全国计算机软件设计大赛等。作为高职院校，要积极挖掘社会资源，寻求学生职业能力、创新能力的锻炼和发展平台，力求专业与竞赛项目的对接。通过活动组织，引导和鼓励学生参与其中，使学生的创新思维、创新意识在第一课堂知识的支撑下，通过实践转化为创新成果，从而进一步激发学生的学习自主性、创新勇气和探求兴趣。同时，作为项目化操作的竞赛活动是一种短效机制，管理部门易于操作，实施方法形式多样，并在一定激励机制的补充下，可以更好地调动教师和学生的积极性。

2. 发展自主创新组织，培养创新意识

高职院校要加强对学生自主创新组织的扶持力度，积极鼓励专业相近、兴趣相同、创新欲望强烈的同学成立相关协会或俱乐部，提供必要的活动场所，提供一定的实验设备以及实验室特殊开放时间，指派专任教师进行专业指导，引导学生听取前沿科学或边沿科学的讲座、报告，经常进行科技交流、科技发明创作等创新活动。多种活动的开展，促进学生创新意识、创新思维和创新技能的提高，并带动周围的同学积极参与到科技创新活动之中，形成崇尚科学、追求真知、创新创业的良好校园科技氛围。

3. 开展职业技能训练，考取职业资格证书，培养职业创新能力

高职院校重在培养学生的职业素质和职业技能，要在专业技能训练和专业实习的基础上积极开展课外职业技能训练和竞赛活动，把课外职业技能竞赛作为专业知识和专业技能水平的检验平台。要实行“多证书制”或“1＋X 证书制”，鼓励学生在所学专业基础上掌握一门或多门相关工种的操作技能，考取相关技能等级证书，在手持毕业证书的前提下又持有至少一本技能等级证书或职业资格证书。例如，旅游专业要开展导游培训和导游大赛，鼓励学生考取导游证；机械制造及其自动化专业要进行车工、钳工等技能训练，开展技能大比武等活动。职业资格证书的考取可以促进学生主动适应市场需求，培养职业能力和创新能力，提高学生的职业素质，从而提升学生的就业竞争力。

4. 搭建社会实践平台，培养实践创新能力

经济全球化时代是一个知识更新极为迅速的时代，重视和强调理论知识的实践性，大学生作为社会主义事业的接班人更要有适应社会变化和动脑、动手能力。高职院校要高度重视大学生社会实践活动，建立寒假、暑假和双休日“三位一体”的社会实践模式，鼓励学生根据所学专业进行项目选择和项目申报，使学生从中增长知识、提高才干，增强解决实际问题的能力，激发学生的创新意识、创新冲动与创新灵感。同时，还应注重把社会实践与科技创新活动有机地结合起来，加强对学生实践创新能力培养

规律性的系统研究，注意经验积累和推广，提高社会实践的科技含量。

另外，会计专业学生综合实践要基于企业实际生产工作过程开发的案例。学生利用假期的综合实践课程要进入企业，通过企业案例设计财务、税务业务，能真正融入企业实务工作流程和业务票据的传递流程，利用真实的票据来达到企业实践的目的。学生参与创新实践课程的开发设计，融合大数据、智能化、互联网、云计算、物联网现代技术对企业财务、税务领域的影响。通过系统、连续的财税综合实训模式，将学生所学的专业理论知识相串联，同时也把企业业务、财务和税务有机地联合在一起，形成“业务中融合财务，财务中融入税务”的嵌入式财税实训链条。

综上所述，随着人才强国战略的全面、深入实施，特别是在我国强调“大众创新，万众创业”的新形势下，学校主体从多方位采用创新与特色办学，构建校企全程融合、协同育人的培育模式，“内培外引，双聘双挂”多举措提升师资队伍整体水平。搭建多元化的合作育人平台，建立理实相融合的模块化课程体系，建立以培养专业实践能力为核心的层级式实践教学体系，构建“$n+2+1$”的过程性考核模式。这样才能使得人才培养质量显著提高，得到社会的高度认可，在教学中取得优秀教学成果，并且促进学校之间资源共享、优势互补。从学生角度来看，各级各类高职院校必须高度重视学生创新能力的培养，只有培养学生的创新能力，才能使其在未来的就业与发展过程中取得良好成效。尽管目前高职院校对学生创新能力给予很高的重视，但在教学方法方面仍然存在很多不足之处，需要引起高职院校的高度重视。同时，要在提高教学方法的针对性、多元化和激励性等方面下狠功夫，只有这样才能有利于培养高职学生的创新能力，为高职学生未来的就业与发展创造良好的条件，使高职学生走向社会之后能够有所作为。

高校音乐剧育人功能与应用实践探索

王丽响*

摘　要　音乐剧是一种具有高雅艺术涵养和丰富教育价值的文化作品，利用音乐剧开展教育活动是高校立德树人的有效路径之一。近年来，随着社会的发展和教育的进步，文化自信的理念已经逐步深入高校师生的内心之中。如何发掘音乐剧的育人价值，并通过各种实践活动去履行其价值是教师和相关人员必须思考和探究的重要课题。

关键词　音乐剧　高校　立德树人　教育价值

音乐剧（Musical Theater/Musicals），此前也被称为歌舞剧，相对于歌剧、舞剧等表演形式，其表达故事的张力更大，情感叙述的形式更为多元。在发展过程中，音乐剧逐步将表演、对白、舞蹈等融合吸收，自成一系。在讲述故事的时候，强调通过歌唱、歌曲、台词、音乐、肢体动作的有机融合，把情感和主题充分表达出来。音乐剧作为我国教育工作中重要的组成部分，有着悠久的历史和光荣的传统。早在中国共产党初建时期就开始利用音乐剧进行各种革命宣传活动，随着中国共产党的逐步壮大成熟，以抗日军政大学为代表的各类学校和机构开展了丰富多彩的文艺活动，而音乐剧则是其中不可或缺的构成要素。通过音乐剧的宣传教育活动，无数的仁人志士和热血青年走上了革命道路，为我国近代的解放和独立事业做出了不可磨灭的伟大贡献。

一、高校音乐剧育人功能价值分析

从宏观的角度分析，音乐剧的育人功能主要包括五个方面，分别是情感的陶冶、人格的塑造、道德的培养、认知的建构、行为的训练。深入挖掘音乐剧的教育价值，为大学生的全面发展提供直接有效的帮助，是一件非常有益的工作。随着文化的繁盛，近年来高校和社会涌现出一大批优秀的作品，包括清华大学音乐剧社的《芝加哥》、重庆邮电大学移通学院音乐剧A团的《错轨》、重庆邮电大学移通学院音乐剧B团的《青春的呼唤》以及大学生原创音乐剧《冰季·风季·木季》等都是非常成功的大学音乐

---

* **作者简介**：王丽响（1976～　），山东烟台人，山东英才学院教授，研究方向为音乐教育。

剧代表，这些音乐剧具有极强的育人功能和教育价值，将文化自信落到实处。

（一）有助于激发大学生的爱国意识

音乐剧本身就是一种文化表现形式，通过音乐剧的主题阐述可以将爱国主义以及家国情怀等积极的品质和思想认识投射到大学生的内心，引导其进一步加强国家认同感，从“小我”这个独立封闭的世界逐步过渡到“大我”这个开放联动的空间。每一个大学生都具有为国家做出贡献的潜力，他们的思想政治教育是指导其热爱祖国、为国献身的基本保障，而音乐剧则具有这种教育功能。音乐剧本身融合了多种艺术形式，将歌唱、念白、朗诵、舞蹈等艺术有机融合，可以给大学生带来强烈的感官刺激和心理影响，能够在思想、情感等方面推动大学生去认同作品的主题。选择适宜的题材，设计精彩的情节，通过细致的加工和用心的表演，一定会将主旋律的正能量传递给每个大学生。

（二）有助于激发大学生的责任感

音乐剧是一个虚拟而浓缩的社会生活片段，在这个生活片段中，大学生可以感受到各种激烈的冲突和矛盾，可以领悟到各种挑战和责任。通过音乐剧的启迪和感动，许多大学生的内心会发生微妙的“化学反应”，在某一个契机的导引之下，大学生的情感可能会发生升华，让责任感在内心深处迸发出来。剧中人物的光辉事迹和伟大情怀，可以让大学生找寻到自己的崇拜对象和榜样，明确自己的责任和义务，知道自己的肩膀上承载着个人、家庭、社会的希望和压力。欣赏音乐剧是分享一场艺术盛宴，更是经历一次思想洗礼。通过多种优秀音乐剧的观赏活动，大学生可以更加深刻地理解“天下兴亡，匹夫有责”的真谛。

（三）有助于促进大学生的道德升华

音乐剧中塑造了各种各样的人物角色，这些人物代表着社会生活中的不同群体，这些不同群体将仁慈、豁达、善良、爱国、正义等优秀道德品质和人格魅力展示得淋漓尽致，还有一部分群体则将狡诈、虚荣、阴险、狠毒、贪婪、欺骗等卑劣低俗的阴暗心理和无耻品行进行了露骨的展现和批判。在欣赏和剖析这些剧中人的过程中，每个大学生都可能会有所警醒和反思，发现人性中的闪光点，反思自己行为的不足，在思想层面开始“三省吾身，反求诸己”，从而逐步提升自己的道德修养。

（四）有助于规范大学生的行为举止

孔子云：“见贤思齐焉，见不贤而内自省也。”音乐剧对于许多大学生而言，犹如一面正衣冠的铜镜，可以发现自己的行为举止是否存在不足和问题，而后进行及时的纠正和改善，达到规范行为举止、逐步完善自我的目的。音乐剧中的许多优秀作品都将个人的行为举止作为重要的诠释主题，每个人物在故事中都代表着一种具有特征标签的“脸谱”，通过这种脸谱化的人物去昭示行为举止的正确和错误，告知每个大学生自身需要注意的事项。在未来的生活中，每个大学生都需要应对各种社会生活和职场要求，而行为举止的修养则是其中非常重要的一项基本素质，通过音乐剧的欣赏来促进个人的提升具有现实意义。

二、高校音乐剧创作与展示方法

作为社会文化的传承者和创造者，高校本身具有极为丰富的文化内涵和多元的表现形式。不同的院校可以根据自身的实际情况，开展各种类型的音乐剧创作和表现活动，以此来践行立德树人的工作目标，为大学生的健康发展提供有力的支持和帮助。创作和展示有效音乐剧可以从以下四方面入手：

（一）创作各种主旋律音乐剧

近年来，习近平总书记和党中央提出了“文化自信”的重要指示，各个高校应当积极响应工作要求，努力开发创作各种音乐剧，对大学生的文化表演活动给予更多的支持和帮助。文化的展示形式有很多种，可以是书籍，也可以是文章，还可以是戏曲，当然也可以是音乐剧。作为一种比较新颖的文化展示形式，音乐剧可以更好地调动大学生的各种积极的情感和正确的认知。高校需要充分认识到音乐剧的教育价值，然后开始进行各种创作活动。

首先，高校可以充分发掘具有主旋律基调的优秀作品。学校的党政机构应当鼓励全校师生踊跃提供各种具有正能量的精彩实例和文学作品，然后将这些素材作为音乐剧创作的主线，发动团委、社团、学生会等各种团体一起参与其中，群策群力，通过官方组织的形式产生一批代表性作品。比如，北京师范大学的相关机构可以将黄文秀作为宣传的优秀榜样，讴歌和宣传她的光辉事迹，制作相关主题的音乐剧来进行宣传教育活动。大庆师范学院则可以将张丽莉作为优秀代表进行艺术创作。这些优秀的人物和他们的光辉事迹都是音乐剧取之不尽、用之不竭的宝贵资源，一定要积极审慎地进行创作和宣传。

其次，高校还可以鼓励大学生群体自主进行各种创作活动。由于高校具有数以万计的大学生，其中包含着音乐、舞蹈、文学、戏曲等各种艺术的创作和表演人才，这些群体中蕴含着不可估量的潜能，将这些潜能正确导引并充分释放，将是一笔宝贵的教育资产。当前的大学生掌握着娴熟的信息技术应用技能，可以便捷地获取各种教育资源和正能量信息，并且还拥有进行艺术创作的精力、技术和兴趣。所以，将他们的创作热情和潜力激发出来，创作优秀音乐剧作品是未来音乐剧发展的一个重要参考思路。

（二）举办多种主题的教育活动

音乐剧在高校内应当有着比较自由宽泛的概念，不应拘泥于严苛的固定形式，只要遵循音乐剧的基本框架和理念就可以看作是音乐剧。为了充分发挥音乐剧的教育功能，高校可以利用各种资源和机会，开展多种主题的教育活动，将艺术专业潜力发掘出来，将思想政治教育与音乐剧有机融合。

首先，部分高校可以根据自身的实际情况举办具有特色品牌的音乐剧主题活动。比如，部分高校自身具有丰富的音乐教育资源，包括师资、设备、经验、生源等，这些构成了音乐剧的基本要素。在每年的“五四”青年节“七一”建党节、“八一”建军节、国庆节、消夏主题晚会等时间段，可以鼓励大学生和教师组织一年一度的定期音乐剧创作与展演活动。这些活动可以成为高校的文化宣传品牌，也可以是艺术人才培养的有效载体，还可以是思想政治教育的组织形式。经过数年的积累和创新，从事相关活动的高校应当逐步成长为音乐剧教育品牌的主流和领军群体，在艺术教育与思想教育的有机融合探索活动中占据优势地位。

其次，高校还可以尝试将思想政治教育与音乐剧相互融合。思想政治教育课程有时候在某些高校会被贴上“简单枯燥，生硬无味”的标签。这种论调虽然有着夸大调侃的色彩，但是也确实有其存在的理由和基础。实际上，部分高校的思想政治教育课程确实存在着教学方法和教学形式僵化单调，无法吸引学生兴趣的突出问题。将音乐剧与思想政治课程融合到一起，不失为一种有益的创新之路。将音乐剧作为思想政治课程的表现形式之一，可以给教师带来多元的启发，给学生带来高昂的兴致。比如，教师可以让学生将自己感兴趣的章节内容通过音乐剧的形式表现出来，并且可以考虑将这种形式作为学业成绩考核的参考方式之一。这种寓教于乐的创新活动有着存在的现实基础和操作的可能，高校的思想政治教育团队也可以考虑根据单位的实际情况，组织每年的一师一优课活动，将音乐剧作为创新元素。

（三）积极引领支持社会文化

大学生是未来社会的建设者和创造者，他们需要具有良好的文化修养和艺术品位。在此基础上，大学生还有责任引领未来社会的艺术走向和价值取向。高校可以考虑将高校音乐剧推向社会，连续开展系列主题教育活动。比如，部分高校可以将每年的志愿者服务活动作为一个突破口，用音乐剧来开展教育扶贫和智慧支持活动。尤其是许多艺术院校，更应当将自身的音乐教育资源充分发掘出来，用以支持地方的经济、文化、教育和社会发展。在农村开展各种“绿水青山就是金山银山”，“传承优良民俗风尚”，“拒绝封建迷信”，“重视并保护居住环境”，“好人好事榜样宣传”内容的宣传活动，通过音乐剧来突显教育的主题，移风易俗，更新文化。

（四）引导舆论丰富文化提升精神面貌

高校的音乐剧教育还需要遵循“从群众中来，到群众中去”的原则，在开展音乐教育活动的时候，引导社会舆论并提升民众的精神风貌。当前，由于信息技术的发展，部分直播平台、网络媒体为了获取利益，制作播放各种吸引民众眼球而走在“灰色”边缘地带的视频、音频作品，很容易导致社会的艺术审美走向低俗化倾向，通过制作优质音乐剧的方式来宣传主流文化和优秀文化将是高校的一份社会责任和义务。

习近平总书记在多个场合强调，要不忘初心，牢记使命。对于大学来说，初心和使命就是立德树人，立德树人是大学一切工作的出发点和落脚点，也是大学的“生命线”。建设中国特色世界一流大学，不忘初心，牢记使命，就是要牢牢把握培养德智体美劳全面发展的社会主义建设者和接班人这个根本任务，培养社会发展所需要的人才。根据这个需求，我们在高校中创作出一批优秀的音乐剧，用多种艺术表现形式，用广大观众特别是青少年观众乐于接受的形式进行演绎，富有浓郁的时代气息。传达出勇于奉献、敢于牺牲的精神，所传达的精神对普及党史知识，加强爱国主义教育具有重大意义，进一步激发大学生的爱国主义热情。

高校音乐剧蕴含着丰富的育人价值，也承担着沉重的社会教育责任。在信息传播飞速发展的时代背景下，发展各种平台和媒介，开展多元渠道的艺术创作与表现平台，引导社会艺术和审美价值取向，需要相关部门和高校一同努力，主动探索，积极创新，转变思想，深入研究。利用音乐剧自由灵活的表现形式和丰富多元的创作来源等优势去开展教育活动是一个不错的选择。各个高校可以根据因地制宜和因人而异的原则去构建自己的网络音乐剧创作和展示平台，通过这种形式将思想政治教育、文化艺术教育、社会舆论引导等多种工作融合到一起去，提升工作效率和质量。

技师学院校企合作模式下跨境电子商务工作室育人模式的实践与探究*

马晓聪**

摘　要　近些年来科技呈现出了良好的发展趋势，在某种程度上推动了跨境电商产业的兴起，这成为我国非常重要的战略新兴产业。在产业发展过程中人才的培养是至关重要的，是推动跨境电商产业发展的基本保障。培养复合型人才是高校重要的教学任务，是促使跨境电商更好发展的重要措施。高校需要与企业进行良性合作，积极探索实践教学模式，以促使跨境电商复合型人才的培养能够取得良好的效果，让学生的实践技能得到显著提升，实现精准的人才培养定位。

关键词　校企合作　跨境电子商务工作室　运营模式　人才培养模式

2014年相关数据表明，我国在未来三年中会有400多万的电商人才缺口。[①] 与之形成鲜明对比的是，2015年所公布的就业率相对不高的各专业里，电子商务便在其中。由此可知，电商专业的就业情况与市场的人才需求情况存在较大的反差，造成这种反差的最本质原因是跨境电商所需要的相关人才除了要求学生拥有坚实的基础知识外，还需要具备较强的网络操作技能，更需要具备较强的实战技能。在跨境电商人才培养的过程中，很少会涉及实战技能培养。所以，跨境电商人才很难达到企业对于人才的需求。要更好地解决上述问题，就应当把跨境电商企业引进校内，通过整合双方资源，完成校企培养的目标，以达到为市场培养应用型的跨境电商专业人才的目的。

伴随跨境电商的迅猛发展，与其相关的跨国支付、关税、物流等也得到发展。但在这一过程中也出现了一些问题，其中尤为关键的是目前相关跨境电商人才紧缺的问题，这表现在三个方面：其一，能够精通商务、外语及外贸知识与技能的综合型人才极为紧缺；其二，学校对于人才的培养大多无法满足市场的真实需求，存在

* **基金项目**：本文系2019年度山东省高等教育人才研究会课题“技师学院校企合作模式下跨境电子商务工作室育人模式的实践与探究”（RK19-23）结项成果。

** **作者简介**：马晓聪（1986～　），山东潍坊人，山东化工技师学院讲师，研究方向为电子商务。

① 参见《电商行业人才缺口超400万》，《北京晨报》2014年9月17日。

理论和实践脱离的问题；其三，由于跨境电商行业刚刚兴起，所以其人才培养未能及时跟上脚步，导致市场对人才的需求存在整体性不足的问题。所以，基于跨境电商的真实需求，培养市场紧缺的综合性人才是不断推动跨境电商发展的关键环节。

一、跨境电子商务工作室开展情况

山东化工技师学院是经山东省政府批准建立、省人力资源和社会保障厅直属管理，以培养技师和高级技工为主要任务，同时承担企业在职职工高技能人才培训和技能鉴定的国办全日制职业院校。学院是石油和化工行业职业教育与培训全国示范性实训基地、国家级高技能人才培训基地、山东省化工行业“金蓝领”培训基地、山东省就业创业培训省级定点机构、山东省级示范专业群建设单位。学院占地1000亩，在校生8000余人，教职工350人，其中专职教师239人，具有高级职称的教师占教师总人数的45%，形成了一支结构合理的高素质教师团队。学院设有技师、高级技工、中级技工三个培训层次，开设电子商务、智能制造、化工分析与检测、化学工程等50多个特色专业。毕业生就业率始终保持98%以上，累计为社会培养高技能人才10万余人。

学院先后多次被授予“全国职业核心能力优秀单位”“中国石油和化学工业院校文化建设先进单位”“全省职业技术教育先进单位”“教学质量优秀单位”“全省职业技能培训先进单位”“全省职业技能鉴定先进单位”等荣誉称号，2016年获评为山东省跨境电商实训基地。

2017年，山东省财政厅对学院拨款50万元专项资金用于跨境电商实训基地的建设，该款项资金已全部用于基地建设并于2018年投入使用。

学院跨境电商工作室是以集教学、培训、职业技能大赛、服务于一体的综合性高技能人才培训基地，实现专业建设与行业发展无缝对接；以校企合作为平台构建校企合作、社会参与、多方联合的工学结合人才培养模式。近年来，为适应经济全球化背景下企业对复合型国际化人才的需求，同时也是拓展办学方向、提高办学层次的一个尝试，在学校和有关部门的关心和指导下，学院选择经济贸易系电子商务专业进行了校企合作跨境电子商务人才培养的探索，培养跨境电商专业毕业生350余人，他们大都进入企业外贸部门，并很快发挥作用，在鲁西南地区获得了良好的反响。本专业招生形势良好，为学院的多元办学打开了新局面。

（一）抓住机遇加强电商专业建设

学院电子商务专业现拥有专职教师14名，其中90%为硕士研究生学历，同时聘请跨境电商企业外贸专员作为兼职教师。学院每年编制充足的经费预算用于电子商务专业建设，近年来投入360多万元用于电商实训室建设。建有电子商务综合实训室、跨境电商实训室、视觉营销＋文案创意实验室、商务谈判实训室、摄影实训室等。制定电子商务专业人才培养方案，并遵照教学培训大纲、岗位能力模型和实训考核要求进行教学和培训。开设电子商务、市场营销、国际贸易、平面图形处理、淘宝网店、淘宝美工、淘宝运营、微信营销、微信商城、微商、ERP等教学和实训课程，组织学生积极参与省市级各类电子商务大赛，曾在山东省电子商务技能大赛中取得技师类院校第一名的好成绩。

（二）加强校企合作夯实基地建设基础

学院与江苏京东信息技术有限公司、滕州市骏驰纺织有限公司、枣庄声谷电子商务有限公司、郓城晶驰国际贸易有限公司等企业开展校企合作，共同培养跨境电商实训人才，自2015年开始已累计培养跨境电商毕业生350余人，为本地企业开展跨境电商业务提供实训基地和人才建设支撑。2016年，学院经贸系又与阿里巴巴（中国）教育科技有限公司签订“百城千校，百万英才”电商人才培训协议，由阿里巴巴选派3名教师来学院对经贸系与汽车系学生进行培训，参加培训的学生共有260名，其中有243名学生全部通过考核，顺利拿到阿里巴巴初级人才资格证书，达到了培训的预期目标。

（三）积极组织开展跨境电商培训活动

近年来，学院充分发挥实训基地作用，探索跨境电商人才培养新模式、新做法，提升相关专业的社会服务能力，助推全市跨境电商发展，年均组织各类跨境电商培训活动10余次。举办了电商能力分析解读和P4P操作培训、山东化工技师学院电商讲堂之滕州市企业家跨境电商橙功训练营活动、海外市场营销的大数据时代讲座活动、农村青年电商培训班，邀请阿里巴巴讲师于渭清开展了关于跨境电商的讲座，参与举办全市跨境电商生态峰会、“村播”计划培训等。为锻炼学生关于跨境电商的实际操作能力，将滕州市骏驰纺织有限公司、郓城晶驰国际贸易有限公司的真实电商项目引入课堂，实景演练跨境电商业务的各个经营流程。培训活动的开展为学生提供更广阔的创业就业平台和更全面的创业就业指导服务，也为中小企业培养本地电商人才创造条件，实现“工学合一”。

在学院电子商务专业跨境电子商务人才培养模式取得显著成效的基础上，要继续积极实施电子商务专业群建设计划。总体目标为：将电子商务专业群建设成为特色鲜明，集教学、培训、职业技能竞赛、服务于一体的综合性高技能人才培养基地，实现专业群建设与行业发展无缝对接。以合作企业为依托，以落实工学结合课程体系改革和学生顶岗实习为目的，进一步稳定和扩展校企合作跨境电商实训基地；定期举办技能竞赛，实现培训与职业技能鉴定相结合，提高专业群的示范和引领作用。努力培养具有较强实践动手能力，具备必需的专业基础知识、电商基本理论和从事跨境电子商务操作、平台运营、技术管理等能力的跨境电商高技能人才。

二、学院跨境电商工作室教学工作开展情况

随着跨境电子商务行业的快速发展，行业人才紧缺也成为一个重要的现实问题。在高职院校中，越来越多的学校开始创建跨境电子商务工作室，给学生提供跨境平台实操机会，作为人才培养新模式，其受到了广泛的社会关注。但基于校企合作的跨境电子商务工作室在实际运营中还是存在不少问题，完善工作室的运行和管理模式，成为当下一项重要的工作。基于跨境电子商务人才培养的实践考虑，本文试图结合我国跨境电商的人才培养和研究现状，探索出一套基于工作室的跨境电商应用型创新人才培养模式，从而为职业院校在培养基于工作室的跨境电子商务人才的教育实践中总结经验。为此，2017 年山东省财政厅对学院拨款 50 万元专项资金用于跨境电商实训基地的建设，该款项资金已全部用于基地建设并于 2018 年投入使用。学院跨境电商工作室成立以来，分别在国际网站运营、系部教育教学活动、校企合作、人才培训等项目中展开工作。

（一）召集优秀电子商务教师开展国际网站运营工作

山东化工技师学院电子商务专业教师负责工作室在电子商务、市场营销、国际贸易、平面图形处理、淘宝网店、淘宝美工、淘宝运营、微信营销、微信商城、微商、ERP 等专业的教育教学工作，并将专业知识运用到网站运营之中。在阿里巴巴国际站（https://alibaba.com/）中运营山东化工技师学院电商网站（https://ycjcglass.en.alibaba.com）。目前，网站中包含 415 款产品，产品的拍摄，图片处理及上传，网站运营等工作都是教师独立操作并运用到日常教育教学工作中。

在国际网站运营过程中，也存在不少问题。比如，产品的推广和运营迟迟不见效果，网站曝光度不够高。在产品的图片处理和上传工作中，结合电商专业课程设置结构，联合学生参与到这项工作当中，但图片效果达不到要求。然而，在教师们的不懈努力下，借助在各种培训中总结的经验，网站顺利开展和运营。店铺首页设计布局较为精美，师生都从中学到更多视觉设计，同时也获得网站运营推广的知识和经验。

（二）将跨境电商工作室运营渗透在教育教学活动中

跨境电商工作室是学校经济贸易系电子商务专业校内生产性实训基地的组成部分，为电商专学生提供产品拍摄、图片处理、店铺运营等所需设备和场地。校内老师和合作企业共同指导工作室的日常业务，在教学中开展国际贸易、网站开设、网站运营和推广、图片处理、摄影等课程，教学效果显著。然而，在课程的开展中也遇到不少问题。通过对跨境电商相关专业的调查与分析发现，虽然目前对跨境电商关注度高，但高校极少开设跨境电商专业，仅有少部分学校在跨境电商相关专业下设置 1 门与跨境电商相关的课程。课程体系设置不够合理，导致跨境电商从业人员难以满足企业需求。高校缺少专业的跨境电商实践环境，导致学生在视觉图像处理、网店运营和推广等方面缺乏实践经验。另外，由于跨境电商技术及平台规则更新快，涉及面广，市场上大

部分的跨境电商教材内容都没有统一的教学大纲和核心教学点，内容五花八门，适合高校教育教学的跨境电商教材及课程资源相对较少，给学校跨境电商教学带来了一定的困难。跨境电商课程主要针对即将毕业的学生开设，无论是在理论学习和实践操作中，由于学习时间较短、内容掌握不够扎实，对于学生的就业指导性作用不大。

（四）在电子商务人才培养模式上，更新人才培养的观念

以“互联网＋”的理念引领人才培养工作，以高校为主导的供给驱动，转为以跨境电子商务企业为主导的需求驱动，培养合格的跨境电子商务人才。戴明华的《校企合作跨境电商人才培养模式创新研究》指出，企业参与跨境电商人才培养的途径、方式、共赢模式是解决问题的关键。范新民的《高等教育国际化与跨境电商人才培养：跨界融合角度》指出，要结合国家区域经济和学科发展的社会需要，构建以企业为主体、市场为导向、产学研相结合的跨界融合式人才培养方案，打造应用型、技能型、复合型跨境电商人才，提高学生自主创业就业的综合竞争力。因此，笔者认为建立和运行跨境电商实战工作室是跨境电商高技能人才培养的新模式和新探索。

学院跨境电商工作室的开展，总体来说为职业教育的发展起到了一定的推动作用。跨境电商工作室的开展和运营还需要长久不懈的努力和决不放弃的坚持，要吸取失败教训，总结更多经验，在教育教学工作中深入开展，将专业知识和实践操练紧密结合起来，以期培养更多的跨境电商人才。只有这样，职业教育的道路才会走得更远。

本次调查中问卷样本的筛选是在学院人力资源部门和学生管理部门的大力支持下开展的，样本调查自 2019 年 1 月起，前后历时 1 个多月，主要以学院和同行技师类院校的电商专业学生和教师为调查对象，采用了问卷调查为主，人员访谈为辅的方法对技师类学院的跨境电子商务工作室的开展情况和学生实际进行了抽样调查工作。

针对学生的跨境电商问卷共收到问卷 372 份。问卷调查对象的基本信息如表 1 所示。

表 1　调查样本基本信息统计

		频数	有效百分比（%）	累计百分比（%）
性别	男	223	59.9	59.9
	女	149	40.1	100.0
年龄	15 岁及以下	12	3.2	3.2
	16～18 岁	317	85.2	88.4
	18 岁及以上	43	11.6	100.0
学制	2 年	6	1.6	1.6
	3 年	146	39.2	40.8
	4 年	86	23.1	63.9
	其他	134	36	99.9

续表

		频数	有效百分比（%）	累计百分比（%）
是否使用过跨境电商购物	是	265	71.2	71.2
	否	107	28.8	100.0
每次使用跨境电商时产生的花销	100元以下	162	43.5	43.5
	100～500元	161	43.2	86.7
	500～2000元	29	7.8	94.5
	2000～5000元	6	1.6	96.1
	5000～20000元	2	0.5	96.6
	20000元以上	12	3.2	99.8
购买后多久能收到商品	3～5天	267	71.8	71.8
	5～10天	72	19.4	91.2
	10～15天	12	3.2	94.4
	15～30天	11	3.0	97.4
	30天以上	10	2.7	100.0

在回收的有效问卷中，男、女性问卷比例分别是59.9%、40.1%，较为均衡。在年龄方面，占比最大的是16～18岁的技校生，达到了85.2%，这与技工院校学生的年龄相一致。从学制上来看，3年、4年、5年的学生分别占39.2%、23.1%、36%，与学校学制正相关。在每次使用跨境电商时产生的花销方面，100元以下、100～500元的学生分别占到了43.5%、43.2%，与学生的日常开销相符合。从购买后收到商品的时间来看，3～5天占71.8%，与跨境电商的时间不太吻合，这说明大部分学生对跨境电商的实际情况了解不到位。从上述几个方面来看，此次问卷调查样本较全面且具有一定的代表性，涵盖了绝大多数电商专业学生，为得出结果的效度和信度提供了较为准确的实例支持。

三、制定电子商务（跨境电商方向）专业人才培养方案

根据跨境电子商务工作室的运营情况，制定电子商务（跨境电商方向）专业人才培养方案，已在学院试点运行。学院将以修订完成的人才培养方案为蓝本，培养符合社会和企业需求的跨境电子商务人才，方案如下：

（一）专业名称：电子商务（跨境电商方向）

（二）基本学制及招生对象

学制：五年（全日制）

招生对象：初中毕业生及同等学力者

（三）职业描述及就业方向

在电子商务（跨境电商方向）行业，在网站推广、在线客服、电商创业、电商平台运营等岗位，从商务信息管理、电子商务运营、客户服务与管理、网络维护与管理、图片美工、市场开发、营销策划、业务洽谈、商品（服务）推销、市场调研、店铺经营、客户服务、网络营销等工作。

就业方向：学生毕业后从事电商企业网站内容的维护和网络营销（含国际贸易）、企业商品和服务的营销策划等专业工作，或客户关系管理、网上交易运营、电子商务活动的策划与运行等工作。

（四）就业岗位：网页编辑与美化员、客户服务与开发专员、网上交易运营专员等相关工作岗位：网页设计、营销策划。

未来发展岗位：电子商务运营经理、网络销售部门主管、企业销售部门主管、电商企业家。

（五）专业人才培养规格

1. 基本素质（社会能力）要求

(1) 热爱祖国，拥护中国共产党的领导，坚持党的路线、方针、政策，具有爱国主义、集体主义、社会主义思想和良好的思想品德；

(2) 具有吃苦耐劳、踏实肯干、爱岗敬业的品质，勇于创新的学习作风和态度；

(3) 具有精雕细琢，追求完美和极致，对精品有着执着的坚持和追求，精益求精等工匠精神；

(4) 遵守“爱国守法、明礼诚信、团结友善、勤俭自强、敬业奉献”的公民基本道德规范；

(5) 具有良好的职业道德，遵纪守法；掌握基本的礼仪规范，具有良好的人际交流沟通能力和交往能力；具有良好的团队合作精神；

(6) 具有健康的体魄和良好的心理素质，能够正确面对困难、压力和挫折，具有积极进取、乐观向上的阳光心态，以便形成良好的社会适应能力。

2. 职业岗位知识要求

(1) 掌握计算机应用基础知识；

(2) 掌握跨境电子商务基础知识；

(3) 掌握跨境电子商务物流配送相关知识；

(4) 掌握外贸网络营销相关知识；

(5) 熟练掌握图片软件 PhotoShop 的使用方法；

(6) 掌握跨境客户服务与管理的基本知识与专业知识；

(7) 掌握阿里巴巴、亚马逊、速卖通和 e-bay 等网站维护与管理的基本知识。

3. 职业岗位能力要求

(1) 能使用计算机常用工具软件（包括网络工具软件）处理日常工作文档，满足工作需要，能在阿里巴巴国际站、亚马逊、速卖通和 e-bay 等开店；

(2) 能完成商品打包、订单处理、配送等环节的重要工作，符合企业规范；能进行网店宣传、推广和经营管理；

(3) 能利用第三方电子商务平台进行业务运作；

(4) 能根据需求操作站内和站外推广媒介，达到网络营销目的；

(5) 能按照服务规范与流程，服务客户，提出顾客接受的解决方案；

(6) 能拍摄商品图片；

(7) 能使用 PhotoShop 等软件美化图片；

(8) 能利用图像、动画设计美化网页；

(9) 能使用标准的普通话与客户交流，沟通顺畅；

(10) 能理解客户需求，正确录入信息，汉字录入速度达到 80 字/分钟；

(11) 能按照客户关系管理流程与规范，使用 CRM 客户关系管理系统，实施大客户关系管理。

（六）专业人才培养模式

根据学生的特点，推进一体化教学改革，强调学生在校学习与实际工作的一致性，有针对性地采取工学交替、顶岗实习等一体化教学模式。依托学校跨境电商实训室、京东校园实训中心、电子商务实训室、校园电子商务模拟公司及滕州众多的中小型企业，构建“学训交替 422”人才培养模式。

电子商务（跨境电商方向）“学训交替 422”人才培养模式中的“4”是指拿出四个学期的时间集中进行校内综合实训，加强学生技能训练；人才培养模式中的第一个“2”是指通过两个学期的时间在上学期集中进行校内仿真模拟实训的基础上发现问题和不足并加以解决，并进行理论延伸、技能强化训练与职业资格证书培训，以适应下一步的社会顶岗实习；人才培养模式中的第二个“2”是指进行两个学期的顶岗实习和毕业设计，为学生就业实现零距离接轨。

积极心理学视域下大学生心理素质提升路径

宋婧杰　王文姮　谭 梦　赵丹丹*

摘　要　青年大学生是宝贵的人才资源。良好的心理素质是大学生全面发展必不可少的核心要素，是他们成长、成才，成为社会主义建设者和接班人的重要保证。受当前社会环境变化、既往心理状态和病史、生活和学习环境改变、突发事件等因素影响，大学生的心理素质总体不高。本文从积极心理学视域来探索大学生心理素质提升的有效路径，激发大学生内在积极体验和资源，挖掘其内在积极力量，培养其积极人格特质，切实提升大学生心理素质。

关键词　大学生　心理素质　积极心理学

青年大学生是宝贵的人才资源，是民族的希望，是祖国的未来。心理素质作为综合素质的重要组成部分，关系着大学生的成长成才，关系着社会主义的发展步伐，关系着党和国家的前途命运。目前，大学生的心理健康状况不容忽视。世界卫生组织公布数据显示，20%的大学生存在心理问题，自杀率是同龄人的2～4倍，心理素质不高是总体态势。[①] 积极心理学改变了传统心理学关注问题和矫正问题的思维范式，聚焦人的优秀品质、美好心灵、潜力等特质，提倡用积极的信念、开放性的视角来解读人的心理现象，从而激发人的内在积极体验和积极特质，获得资源和力量，为当今大学生心理素质提升提供新的视角和启示。

一、大学生心理素质提升的必要性与重要性

（一）是学习贯彻习近平新时代中国特色社会主义思想的需要

习近平同志高度重视心理健康及相关工作。在全国高校思想政治工作会上，他强

---

* **作者简介**：宋婧杰（1986～　），山东烟台人，山东中医药大学学生心理健康教育中心主任、副教授，研究方向为大学生心理健康教育；王文姮（1973～　），山东泰安人，山东中医药大学宣传部部长、教授，研究方向为思想政治教育；谭梦（1989～　），山东潍坊人，山东中医药大学辅导员，研究方向为大学生心理健康教育；赵丹丹（1988～　），山东济南人，山东中医药大学辅导员，研究方向为大学生心理健康教育。

① 参见浦昆华、安丹丹，《“五位一体”心理育人视域下大学生心理素质提升的有效路径》，《公关世界》2020年第4期。

调要“培育理性平和的健康心态，加强人文关怀和心理疏导，把高校建设成为安定团结的模范之地”①。在党的十九大报告中，他明确提出要“加强社会心理服务体系建设，培育自尊自信、理性平和、积极向上的社会心态”②。2020年新冠肺炎疫情席卷全球，在严重威胁人们身体健康的同时，其产生的心理影响亦不可小觑，习近平同志更是多次强调，要做好心理干预和疏导，加强人文关怀。大学生是社会主义的建设者和接班人，是极其重要的社会群体，运用积极心理学理论和方法，培养大学生坚韧、乐观等积极的人格品质，提高大学生心理素质，是学习贯彻落实习近平新时代中国特色社会主义思想的重要举措。

（二）是推动相关文件精神落地生根、切实加强高校思想政治工作体系建设的需要

2016年12月，原国家卫生计生委、教育部等22部门联合印发了《关于加强心理健康服务的指导意见》，对高校学生心理健康教育提出任务要求。2017年12月，中共教育部党组发布《高校思想政治工作质量提升工程实施纲要》，将“心理育人”纳入高校“十大育人体系”。《国家中长期教育改革和发展规划纲要（2010～2020年）》明确提出：增强校园心理健康教育的针对性、实效性，注重培养学生的心理素质，提高学生心理健康水平，开发学生心理健康潜能，净化影响学生心理健康的环境。2018年7月，教育部印发了《高等学校心理健康教育指导纲要》，要求高等学校坚持育心与育德相统一，加强人文关怀和心理疏导，规范发展心理健康教育与咨询服务，更好地适应和满足学生心理健康教育服务需求，引导学生正确认识义和利、群和己、成和败、得和失，培育学生自尊自信、理性平和、积极向上的健康心态，促进学生心理健康素质与思想道德素质、科学文化素质协调发展。总之，党和国家高度重视大学生心理健康教育工作，提升大学生心理素质是推动相关文件精神落地生根、落实高校立德树人根本任务的重要举措。

（三）加强新时代高校学生心理健康教育工作的需要

新时代大学生的心理特征和需求发生了巨大的变化，他们在信息泛滥中寻找核心内容，在思维爆炸中追求出类拔萃，诸如此类的问题给身心带来了压力和困扰，加之正处于自我同一性建立的关键期，比较关注自我，对他人的评价较为敏感。③ 如若缺少有力的社会支持和健康的宣泄途径，不良情绪便会积攒甚至爆发，出现厌学、抑郁、焦虑、人际关系紧张等问题。调查研究表明，大学生心理问题的发生率逐年增加。以山东某高校为例，2018年新生心理健康测评结果显示，一级心理问题占总人数的5.76%，二级心理问题占总人数的9.04%，三级心理问题占总人数的18.01%。2019年普

① 《习近平谈治国理政》第2卷，外文出版社2017年版，第377页。

② 习近平：《决胜全面建成小康社会　夺取新时代中国特色社会主义伟大胜利——在中国共产党第十九次全国代表大会上的报告》，人民出版社2017年版，第49页。

③ 参见浦昆华、安丹丹：《“五位一体”心理育人视域下大学生心理素质提升的有效路径》，《公关世界》2020年第4期。

查结果显示：一级心理问题占总数的8.59%，二级心理问题占总数的10.06%，三级心理问题占总数的18.61%。此外，面对重大突发社会事件时，学生的心理问题亦不容忽视，山东中医药大学疫情防控常态化阶段的学生心理健康普查结果显示，高风险学生100人，占总数的0.46%；中风险学生403人，占总数的1.87%；低风险学生1336人，占总数的6.20%。综上，学生整体呈现出心理健康状态，正处于“拔节孕穗期”的青年大学生，最需要精心栽培，心理素质亦亟须积极的、普适性的心理健康教育的引导。为了提高心理健康教育工作的时效性，各大高校都开始转变观念、创新理念，寻求多种途径开展心理健康教育。以积极心理学为指导，以学生外显和潜在的积极力量、积极品质为出发点，帮助学生更好地感受快乐和成长的幸福，培养积极向上的人格，是加强新时代高校学生心理健康教育工作的重要举措。

二、影响大学生心理素质的主要因素

1. 社会环境的变化

首先是社会文化环境的影响。我国正处在高速发展期，西方文化思潮和价值观念通过网络媒介得到广泛传播，对我国传统文化价值观产生了巨大冲击，重竞争、重个体、重效率的西方文化价值观与求和、求稳、重集体的中国传统文化价值观之间的交融与碰撞，促使我国社会呈现出价值多元化的现象。2020级新生均为“00后”，在成长过程中充分体验到这种社会文化环境变化带来的心理压力和焦虑感。他们崇尚科学，但又缺乏辩证思维，更易陷入紧张、困惑、混乱的状态。[①] 其次，随着社会主义市场经济的发展和社会竞争压力的加剧，这一方面增强了学生的学习动力，另一方面也给他们带来巨大的心理压力，各项工作高效化、高科技化，使得就业门槛变高，大学生“天之骄子”的优越感受到冲击。这种失落感、受挫感也是学生心理素质受到影响的原因。[②] 加之“00后”学生大多从小娇生惯养，一方面生活适应能力较差，另一方面面临首次离开家庭的心理断乳期，这无疑增加了心理问题的发生率。

2. 既往心理状态和病史

在实践工作中发现，一部分学生在初中、高中就出现了抑郁、焦虑、强迫等情绪问题，但在重成绩、拼高考的教育背景下，学生的情绪状态长期得不到重视。在卸下重担、步入大学后，这些积压的情绪喷涌而出。有些学生甚至在进入大学前就已经被诊断有心理疾病，但是因心理疾病“羞耻感”的影响，没有进行规范治疗，而只是通过请假、休学等方式“挨”到高考。这种既往心理状态不良或者有心理疾病病史的学生人数逐年在增加，近年来随着高考政策改革，这种情况显得尤为突出。

---

① 参见张小艳：《大学生心理素质研究》，《中国管理信息化》2016年第12期。

② 参见宋军丽：《大学生心理素质影响因素研究》，《河南机电高等专科学校学报》2016年第3期。

3. 大学新的生活、学习环境变化

首先，大学生面临着校园独立生活的压力。集体生活是对大学新生的一个考验。当前，大学生以独生子女居多，依赖性较强，心理承受能力较差，与人分享、合作的能力也相对较弱，且由于每个人的生活习惯、生活方式、性格特点等不尽相同，因而在相处过程中就会出现摩擦与冲突，产生人际交往问题。其次，很多学生在进入大学后，容易产生松懈心理，没有及时树立进一步学习的目标，也不能适应新的学习模式，容易产生迷茫、焦虑等情绪。另外，对大学期望过高，不能协调现实大学生活与理想大学生活的差距以及过早担心毕业后的状况并且带着消极的心理去预测结果，均可导致大学生心理问题的产生。

4. 突发事件

大学生生理和心理正处于发展的关键阶段，对重大突发事件缺乏应对经验。如2020年新型冠状病毒肺炎重大疫情，便是对他们的抗压能力和心理素质的巨大考验。作为社会热点问题和全新信息的敏感易受群体，新时代的大学生面对未知和一时无法把握的疫情走势极易出现心理应激反应，从而产生心理、生理平衡的失调。① 如果消极反应未及时发现和引导，并采取相应的应对措施，极易引发一系列的心理问题。

三、积极心理视域下大学生心理素质提升的有效路径

1. 充分发挥课堂教学的主导作用

教学活动是学校教育最基本、最重要的组织形式。开展有针对性的积极心理学教育是普及积极心理学知识与技能，增强心理健康意识，提升心理素质的重要举措。积极心理视域下的课堂教学应充分发挥学生的主体作用，调动学生学习的自觉性和主动性，协助学生潜能的开发，促进学生成长、成才。② 首先，教学理念和内容应积极向上、关注发展，引导学生提高主观幸福感，激发学生心理潜能，培养大学生积极的心理素质和人格特质，对未来生活充满希望和力量。③ 其次，应不断改革、创新课程形式和手段，注重体验式和参与式、自助式和互助式交叉的教学形式。④ 采用情景教学、案例教学等生动形式，走近学生，让学生在教育实践后获得更多正面的、积极的感悟，使其在快乐学习中掌握和领悟更多的知识，培养创造力、好奇心、头脑开明、热爱学习、洞察力、勇敢、恒心、真实性、热忱、爱、友善、社会智力、团队合作、公平、领导力、宽恕和仁慈、谦虚、谨慎、自我调适、欣赏美丽和卓越、感恩、希望、幽默、

① 参见李洁：《大学生在重大疫情应对中的特征分析及其引导》，《扬州大学学报》（高教研究版）2020年第6期。

② 参见王卉卉：《积极心理学视域下"95后"大学生就业心理素质的提升路径研究》，《智库时代》2018年第41期。

③ 参见何倩：《积极心理学视角下大学生心理健康教育课程优化探究》，《教育观察》2019年第23期。

④ 参见王卉卉：《积极心理学视域下"95后"大学生就业心理素质的提升路径研究》，《智库时代》2018年第41期。

灵性等积极人格品质，提升自身心理素质。

2. 充分发挥校园文化的育人功能

校园文化具有重要的育人功能。在积极心理视域下提升大学生心理素质，要注重以文化人、以文育人，形成积极向上、充满正能量的校风、教风和学风。首先，线上线下相结合，通过讲座、宣传册、“三微一端”等形式普及积极心理学知识，传播“自己是心理健康第一责任人”的理念，提高学生的自我调节能力。积极心理学强调在教育的过程中要善于发现把握自我优势潜能，进行自我激励、自我教育、自我疏导和自我调控，同时结合外部环境构建等，达到共同进步、互相补充的作用。其次，开展丰富多彩的校园活动。如开展如知识竞赛、技能大赛、情节模拟、体育比赛等，提高学生的积极性、主动性，使学生在活动中获得积极的情绪体验，体味团队合作的精神、乐观向上的心态、持之以恒的信念等优秀的人格品格。① 此外，还可以以班级为单位开展积极心理素质拓展项目。通过制定详细方案，以竞争促落实，强化积极心理素质拓展的成效；通过举办“朋辈心理辅导技能大赛”、十佳班级心理健康教育创新活动评选等激发学生的积极性，切实提升学生的心理素质。

3. 加强心理健康教育队伍建设

心理健康教育队伍是提升大学生心理素质的组织保证。高校要不断完善“学校—学院—班级—宿舍”四级网络保障体系，注重发挥心理健康教育工作基层力量的作用，努力形成教育合力，为学生健康成长保驾护航。首先，开展积极心理学视角下的辅导员心理素质提升项目，不断提升辅导员的心理素质和心理工作能力。“教育者先受教育”，培养和提升辅导员的积极心理品质，以“积极的人格”来感染学生、影响学生，引领日常的心理健康教育工作。其次，提升心理委员和宿舍心情联络员的自助与他助能力，开展积极心理学视角下的朋辈心理健康教育队伍培育项目。如通过“阳光校园”心理健康大讲堂、“阳光使者”心理委员培训班等活动，对心理委员和宿舍心情联络员进行专业培训，形成全覆盖、全方位、多角度的心理健康教育合力，让积极、向上、健康的理念渗透到每一个角落，更好地开展心理互助、自助以及心理危机预警等工作。

当代大学生成长于社会环境变革的时代浪潮中，肩负着国家富强、民族振兴、人民幸福的历史重任。积极心理学改变了以往学生心理健康教育中注重矫正问题而忽视发展成长的模式，更加关注学生内在积极的力量和资源，为大学生心理素质的提升提供了切实可行的思路和举措。

---

① 参见王卉卉：《积极心理学视域下“95后”大学生就业心理素质的提升路径研究》，《智库时代》2018年第41期。

以校企合作提升农科大学生就业能力的探索与实践*

毕建杰　张明忠　王树芸**

摘　要　当前，高校面临着扩招后大学生就业压力大的问题，就业优先成为重要的发展需求，而提高大学生就业能力的重要途径是开展校企合作。本文在分析农业高校校企合作和存在问题的基础上，结合山东农业大学的实际，着重讨论了校企合作，提升农科大学生就业能力的做法，包括转变思想观念，提高政治站位；加强大学生毕业设计环节，以企业为主导的校企合作培养模式；政府为校企合作双方搭建平台，制定必要的法律、法规保障。实践证明，校企合作切实可行，旨在为农业高校的校企合作，为提升大学生的就业能力提供新思路。

关键词　农业院校　就业能力　校企合作平台

自1998年我国高校扩招以来，随着招生规模的扩大，高等教育已经从过去的精英制教育转变为现在的大众化教育阶段。① 问题也随之出现：尽管高校毕业生的数量越来越多，但是高校培养的人才与社会经济发展所需要的人才之间的供求关系失调，大学生综合能力差、就业能力不足，这导致大学生就业形势严峻。培养适合经济社会需要的人才，始终是地方本科院校人才培养定位的首要任务。深化校企合作，产教融合是高校进一步可持续发展的必由之路，中国共产党十八届三中全会对高等教育提出的深化产教融合，校企合作不仅是高等职业教育的需要，而且为省属农业高校的可持续发展指明了方向，更是实现高等农业可持续发展与经济升级转型协同发展的关键。② 尤其在当前，中美贸易摩擦对我国农业的影响，进一步涉及农业高校的人才需求。“校企合

---

* **基金项目**：山东省高等教育人才研究会课题“以人为本，因材施教的实验教学改革理论研究与实践”（RK19-17）；山东农业大学“十三五”第一批教改立项项目“创新创业教育与专业教育融合研究”（X2017047）。

** **作者简介**：毕建杰（1966～　），山东荣成人，山东农业大学农学院高级实验师，研究方向为实验教学研究；张明忠（1964～　），山东海阳人，山东农业大学林学院农艺师；王树芸（1981～　），山东烟台人，山东农业大学实验师。

①　参见蔡文芳、郭翔、程苗：《基于校企合作模式下的本科应用型人才培养探索》，《齐齐哈尔大学学报》（哲学社会科学版）2015年第7期。

②　参见苏超杰、罗志华：《高等职业教育校企合作创新机制研究》，《创新科技》2015年第11期。

作”的概念最早是由美国人提出来的，随着时间的推移和形势的发展，校企合作的概念、内涵、外延被不断丰富，但其核心不变，仍然是学校与用人单位合作培养学生的教育模式。①

在世界范围内，校企合作能实现校企双方利益最大化，因而校企合作在世界各国发展迅速。随着科学技术创新复杂性的增强，协同创新已替代传统模式，成为创新型国家提升自主创新能力的全新模式，越来越受到世界各国的普遍重视。②

在协同创新环境下，我国高校校企合作在一定程度上取得了较好的进展。在产教融合、校企合作的大背景下，高校怎样才能培养出适合经济社会和企业所需的人才，成为高校必须认真思考的问题。③ 人才培养模式是支撑专业的基础，人才培养模式关系到高校教育能否办出特色。目前在高校的工厂化人才培养模式下，培养的学生缺乏层次化、多样化，这是存在的主要问题，究其原因主要是沿袭或者在很大程度上没有摆脱以往的学科系统化的课程模式。这种模式可以为学生提供较好的学科理论基础，但是其学习内容与就业实践的关系是间接的、脱节的。④ 这是导致农业高校人才培养的实际效果与市场需求之间的偏差，造成了农科大学生就业问题日趋严重，也在一定程度上制约了农业高校教育的发展。职业院校早就开始了以“服务为宗旨，就业为导向，能力为本位，质量为中心”的办学宗旨⑤，结合社会需求灵活调整专业设置和人才培养方案，依托产业办专业，办好专业促产业，校企合作“订单式”人才培养模式，对农业高校人才培养模式具有启发意义。教育是培养国家所需要的人才，所以教育培养的人才就应该满足社会所需，与市场接轨。目前我国大多数普通高等教育的模式是重理论知识传授，轻视大学生实践动手能力的培养⑥，这样的人才到了企业，企业还要花时间和资金进行再培训，无法适应当下社会的快速发展。有的高校采用以企业为主导的校企合作大学本科毕业设计培养模式，保证学生的实践能力，通过综合运用专业知识，让学生掌握专业设计工作的流程和办法，提高学生的动手能力和创新能力。⑦ 有的高校将 CDIO 教育模式引入专业教学中，让学生以主动的、实践的、课程之间有机联系的方式开展专业课程的学习，使培养的人才和使用形成无缝连接。⑧ 有的高校提出了全程式校企合作的实践教学模式，“学校和企业双赢，学校师生和企业共受益”是校企合作

① 参见肖仲杰等：《开展校企合作的必要性及相关对策的探讨》，《佳木斯大学社会科学报》2013 年第 4 期。

② 参见朱红萍、支海波：《校企协同育人机制下〈塑料模具设计项目教材〉的开发》，《教育现代化》2016 年第 22 期。

③ 参见吕一丹：《“校企合作，顶岗实习”人才培养模式实证研究》，《价值工程》2010 年第 23 期。

④ 参见谭慧：《校企合作“订单式”人才培养模式探索和实践》，《价值工程》2012 年第 7 期。

⑤ 参见刘靖：《校企合作模式的分析与研究》，《科技视界》2016 年第 23 期。

⑥ 参见张凌峰等：《以企业为主导的校企合作大学本科毕业设计培养模式》，《中国现代教育装备》2011 年第 19 期。

⑦ 参见蓉长安、杨浩：《基于 CDIO 的校企合作应用型人才培养模式研究》，《实验室科学》2015 年第 6 期。

⑧ 参见袁爱群等：《校企合作，探索化学化工全程式校内外实践教学模式》，《大众科技》2012 年第 12 期。

可持续发展的根本。[①] 由于缺乏系统的机制保障，在一定程度上影响校企合作的深度和广度，因而探索校企合作，用以提升农科大学生就业能力方面的理论与实践是非常迫切的。

一、农业高校校企合作的现状和存在的问题

（一）校企合作缺乏政府层面的政策、法规制度保障

2015年6月，教育部为了进一步推进校企合作、协同育人，启动了2015年校企合作专业综合改革项目。但是，在校企合作运行过程中，高等学校存在着许多自身无法解决的困难。其中主要是缺少一个校企合作的标准和校企合作双方利益平衡的法律依据，结果就会导致在校企双方合作过程中，许多事情流于形式，很难进入实质性的合作，对双方的约束力不强。如果在校企合作过程中一方出现变化，如企业的法人变更、高校的负责人变换，就会导致校企合作搁置，过去已有的投资打了水漂。教育部和各省、市、自治区教育厅对高校的校企合作一直很重视，启动了大量的专项项目，但是高校缺乏配套的经费支持，没有针对性和约束力；企业又不属于教育部门管辖范围，也没有相应的经费支持，又缺乏部门间的协调和推进。因此，尽管有红头文件，对农业企业来讲，农科大学生要走进田间地头，与行业、企业、科研院所、生产经营者形成紧密性的连接，政府和高校不出经费，农业企业就很难愿意让大学生来实习、实践、练习技能。因为他们承担培训过程中的费用，而获益的却不是自己。

（二）企业和高校的利益平衡问题突出，缺乏合作的长效保障机制

高校主要任务是培养经济社会所需要的人才，其四大主要职责是：培养人才、科学研究、服务社会、传承文化。其中，人才培养质量是高校生存和发展的前提。企业在促进经济发展的过程中承担着重要角色，接纳高校培养的人才，从而使高校和企业有了联系。如果没有一个校企双方共同遵守的准则，就会出现一种状况：学校和企业在校企合作过程中，双方都只过度关注在合作过程中的获利分成，而不情愿有更多的付出，认为付出也得不到应有的回报。这就出现了校企合作的问题，企业只关注高校的具有自主知识产权的高新技术、新成果、新品种以及大学毕业生资源；企业期望短期收益，缺少长远打算。高校特别是地方普通高校由于办学经费紧张，仪器设备更新换代较慢，更迫切希望大企业的最新设备、最新技术、理论和实践能力强的管理人员、技术人员等为其人才培养提供无偿服务，弥补自身教学实践资源的不足，转嫁本应自己承担的人才培养成本，减轻办学困难。另外，一些经济不发达地区的官本位思想严重，企业投入精力过大，而收获较慢等心态，最终使校企合作中的高校和企业难以把彼此的需求作为双方真诚合作的动力，利益平衡问题矛盾较多，校企双方合作浮于表

---

① 参见杨俊：《校企合作、产教融合在高职教育中的探索与实践》，《晋城职业技术学院学报》2015年第6期。

面，缺乏长期合作的保障机制。

（三）高校教育重理论、轻实践，导致培养的人才不适应经济社会的需求

由于招生规模的扩大，我国高校在学生能力培养方面的实训实习场所等相对不足，导致学生的动手能力、创新能力、实践能力等方面存在诸多问题。究其原因，主要是我国农业高校教育大多还沿袭或很大程度上还没有摆脱以往的学科系统化的课程模式。虽然这种课程模式在一定程度上可以为学生提供较好的学科理论基础，但是其存在着学习内容与农业生产实践的关系是间接甚至是脱节的，表现为有的农科大学生考试分数很高，到了农田具体指导农业生产时就心虚了，连最基本的整地、播种、田间管理都不会，怎么能会指导生产。这其中遇到存在问题就现翻教科书找答案的人大有人在。结果就是高校的人才培养的实际效果和社会市场需求之间的偏差，造成现阶段农科大学生就业问题日趋严重，也在一定程度上制约了地方农业院校的可持续发展。

四、校企合作，提升农科大学生就业能力

（一）转变思想观念，提高政治站位，切实把创新型人才培养作为工作重点来抓

2012年教育部颁布的《关于全面提高高等教育质量的若干意见》提出，要“推进协同创新”，探索建立校企协同的人才培养模式。《国家中长期教育改革和发展规划纲要（2010～2020年）》中也明确要求：“加强实验室、校内外实习基地、课程教材等基本建设。”现在的企业也充分认识到，只有加强企业员工的理论技术培训，才能在激烈的市场中不被淘汰，才能实现可持续发展，不断提升企业科研实力的重要性。大多数企业负责人认识到与高校的合作是双赢关系，要积极与高校对接，自愿接受高校学生来企业实习、实训。高校也正确认识到，只有关注合作企业生产存在的困难和问题，认清当前人才市场的需求变化，主动调整本科人才培养方案、专业设置，才能提高人才培养质量。高校根据农业生产的新变化和新形势，每个学期规定每周二的下午为教师集中讨论人才培养问题的教学研究活动时间，科学合理地制定农科大学生教育方案，有效地选择实践育人新模式，培养出大批适应当前经济社会发展需要的就业能力强的专业人才，从而提升农业高校整体办学的实力和社会知名度。

（二）加强本科生毕业设计环节培养，探索以企业为主导的校企合作培养模式

众所周知，在校企合作过程中，高校主要面临的问题是教学实习、毕业实习的基地不足，而且短时间内难以很好地解决。以前高校存在着重视平时的教学环节，而在毕业实习（毕业设计）环节则是能省就省，保证学生毕业即可。本科生毕业实习、毕业设计是大学培养方案中相当重要和关键的环节，是保证学生实践能力的决定性环节。当前，山东农业大学的做法是由学院制定一个制度和办法，学生必须带着问题去实习单位，在毕业实习前1～2周提交开题报告，查阅30篇以上近5年的科研论文，由指导教师签字；到企业顶岗实习时间不少于4个月，由企业管理人员和技术人员作为校外

导师，具体指导学生日常实习工作；校内指导教师定期去企业协调，通过综合运用专业知识，让学生掌握专业设计工作的流程和方法，从而有效提高学生的动手能力和创新能力。例如：学院植科系2014级的学生就被安排到德州市临邑县德平农场实习，实践能力培养的效果就十分显著。

（三）政府为校企合作双方搭建平台，制定必要的法律、法规保障

教育是培养国家事业接班人的大事，是一个良性循环的过程。高校存在着在中国共产党领导下的属地管理问题。因此，在校企合作中，所在地的各级政府有责任、有义务按照属地管理的原则，尽最大可能为校企双方提供政策方面的支持，不能漠不关心，不能有短视行为，或从中获取利益。一个明智的政府应当从校企双方的实际出发，最大限度地给予校企合作双方支持和帮助，这样做也是为了促进地方经济的可持续性和长远发展。对于高校而言，高校的去行政化已在路上，其重要任务是想方设法提高人才培养质量，主动与地方经济发展融合，提升办学自主权；对政府而言，主动牵头协调相关部门，成立校企合作指导机构，从宏观上引导本地企业与本地高校或外地高校甚至国外高校的校企合作工作有序开展。例如，山东省泰安市泰山区人民政府牵头辖区内160多家企业远赴乌克兰，与12所高校合作，在航空发动机、新材料等方面深入校企合作，2018年为本区增加税收30多亿元，与山东农业大学建立了校地战略合作，共同为辖区内的涉农企业发展助力。

校企合作要求高校立足市场需求和企业需求来动态调整人才培养方案、课程设置，不断地推进教育教学改革，让大学生既在课堂上学习理论知识，又到企业参与生产实践，提高动手能力、创新能力，做到理论与实践结合，使自己能够成长为经济社会所需要的人才。企业与高校的紧密结合，是促进人力资本最大化的有效途径，要利用高校的科研团队、条件、成果转化为现实生产力，助推企业产业升级，实现长远发展。

动物科学专业实践创新能力培养*

李显耀　陈月季　王亚南　潘广臣**

摘　要　动物科学专业是一门实践性极强的应用型专业，与实践性和应用性具有紧密关系，因此，在动物科学专业学生的培养过程中，实践创新能力的培养极为重要，对社会以及国家的发展有着重要的现实意义。本文主要论述动物科学专业实践创新能力培养的途径和方法。

关键词　动物科学　实践创新　能力培养

目前，我国经济社会已进入一个新的发展时期，建设创新型国家这一战略目标进入执行阶段，而建设创新型国家的关键是培养创新型人才。在全球化发展的今天，创新型人才已经成为最重要的战略资源，各行各业对于创新型人才的需求也与日俱增。创新创业是推动社会进步和繁荣发展的不竭动力。动物科学专业应用型本科人才培养具有鲜明的时代特点，只有在人才培养工作开展中融入时代内涵，才能使所培养的人才满足社会经济发展需求。

一、实践创新能力培养的重要性

大学生实践创新能力的高低是衡量高校人才质量的关键指标，也是评价高校实践教学成果的重要手段。2018 年 8 月 27 日，教育部发布的《关于狠抓新时代全国高等学校本科教育工作会议精神落实的通知》提出“加快振兴本科教育，构建高水平人才培养体系，全面提高高校人才培养能力”的具体要求，坚持以人为本，认真查找本科教育中存在的问题，制定措施，积极整改，通过加强课程教学管理来提高教学质量，为国家发展培养具有实践能力和创新能力的高水平人才。现如今，我国动物科学产业发

* **基金项目**：本文系 2019 年度山东省高等教育人才研究会课题“动科专业本科生三位一体实践创新能力培养的研究”（RK19-35）结项成果。

** **作者简介**：李显耀（1979～　），山东郓城人，山东农业大学教授，研究方向为动物科学；陈月季（1995～　），江苏新沂人，山东农业大学硕士研究生，研究方向为畜牧专业；王亚南（1991～　），山东微山人，山东农业大学讲师，研究方向为大学生思想政治教育；潘广臣（1990～　），山东莱州人，山东农业大学讲师，研究方向为大学生思想政治教育。

展迅速，对专业型人才的实践操作及创新能力提出了更高的要求。其中，畜牧业也是关系民生大计的重要支柱产业，畜牧业的快速发展对建设现代农业、增加农民收入、助力乡村振兴、促进国民经济和社会发展等起着十分重要的作用。[①] 动物科学专业是一门实践性极强的应用型专业，因此，在动物科学专业学生的培养过程中，实践创新能力培养极为重要，对于学生个人、学校、社会乃至国家都有着重要的现实意义。

二、动物科学专业实践创新能力需求

21 世纪的人才需要具备的四个学习技能是批判性思维与解决问题的能力、沟通能力、创造与创新能力以及团队合作能力。[②] 动物科学专业学生创新创业型人才的基本素质要求，综合来讲就是毕业生既要有市场观念，又要有创业意识和潜质，同时还要有勇于冒险的精神。围绕这一目标要求，创业教育必须在综合知识教育、活动组织、实战训练和个别指导等方面开展专门指导；课程设置应在创业意识、心理素质、能力训练等方面增加内容[③]；实践实习环节要构建创业锻炼平台，让学生在实践中体验，在体验中创新。培养学生能做事、会做人，成为知识、能力、人格俱佳的人，成为事业心和创业能力俱佳的人。[④] 这也是实施科教兴国和人才强国战略的重要内容，是高校素质教育的深化和具体化。为紧跟畜牧业发展态势，山东农业大学动物科学专业按照《普通高等学校本科专业类教学质量国家标准》积极调整培养方案，优化课程体系，在每门专业核心课都设置有实验课程，搭建实习模块，实验学分和实践环节学分占总学分的 30%以上。学校邀请企业管理人员和技术人员进校园、进课堂，为学生讲授企业创新创业历程。

三、动物科学专业实践创新能力培养途径

（一）实施人才培养模式改革，培养具有创新精神和创业能力的复合应用型人才

首先，学校在大学期间对学生实施阶段式培养。为提高动物科学专业学生的动手实践和创新创业能力，切实改变重理论轻实践、重知识传授轻能力培养的观念，学校实施“3+1”型创新创业人才培养方案，注重培养学生的学思结合、知行统一能力，培养具有创新精神和创业能力的复合应用型人才。[⑤] 在大学 4 年的学习生涯中，先进行 3 年的课堂理论知识的学习、实验技能的培养以及相关课程的实习，然后在第四年进行专业实习和毕业实习。

---

① 参见孙宝丽等：《动物生产类课程教学模式的创新与实践》，《安徽农学通报》2020 年第 15 期。

② 参见张焕生等：《基于大数据的应用型人才培养模式创新路径研究》，《创新创业理论研究与实践》2020 年第 18 期。

③ 参见张项民：《创业型人才的培养模式选择》，《中国人才》2008 年第 19 期。

④ 参见魏丽红、陈忠卫：《创业教育模式比较及创业型人才培养》，《教学研究》2009 年第 2 期。

⑤ 参见唐文娟：《法学“三位一体”多维实践教学模式的探索与建构》，《教书育人（高教论坛）》2020 年第 27 期。

其次，将实验和实践与课堂教学充分融合，所有专业基础课和专业核心课都设置有相应的实验课时，理论与实践准时对接。同时，在专业核心课开设之前的第四至第五学期开始为期两个月左右的实践小学期，由教师带队到企业进行定点实习，了解生产，发现问题，激发专业课程学习的兴趣，能在课堂教学中回顾生产中的问题，巩固课堂教学效果。

再次，从根本上推进教学方法的改革，坚持以学生为主体，理论与实践相结合，对学生采取启发式、互动式、参与式、讨论式教学，包括让学生参观大型养殖企业，激发学生的好奇心和专业兴趣等。[①]

最后，实行线上线下混合教学模式，增加了学生的学习积极性。利用雨课堂等平台采用线上线下混合教学模式，让学生充分利用智能手机和互联网搜索相关内容，及时反馈课堂教学中的难点和疑点等。开设课程讨论专区，每门课建有微信群，供师生开展学习交流，答疑解惑，拓展了教学的物理课堂。同时，注重教学内容的改革。教师以教学方式多元化，实施趣味教学，增强学生的主观能动性，把本专业国际前沿学术发展、最新研究成果和实践经验融入课堂教学，从根本上给予学生一个良好的学术氛围。

（二）开展校企合作、校校合作、国际合作等，为学生构建实践和培养创新创业能力平台

学校采取了校校合作、校企合作、国际合作等方式，强化校外人才培养基地建设力度，通过共享资源，着力提高学生的创新精神、创业意识和实践动手能力，这在一定程度上实现了多元化人才的培养目标，也给各高校与各大企业间构建了互相交流的平台，实现了双赢甚至多赢的愿望。山东农业大学动物科技学院（动物医学院）时刻紧跟时代的潮流，响应国家对多元化人才培养的号召，充分保障动物科学专业学生的实验与实践教学需求。通过对动物科学专业学生以交流生身份交流学习一年的方式实现校校合作，与台湾中兴大学和安徽农业大学开展学生交流培养，近 5 年有 5 名动物科学专业学生到中兴大学交流与学习，到安徽农业大学的交流生有 2 人。同时通过国际交流，拓宽学生的国际化视野[②]，学院与美国肯塔基大学、加州大学戴维斯分校建立合作关系，选派优秀学生进行国际访学和线上会议活动。

山东农业大学动物科技学院（动物医学院）充分利用校企合作平台，积极联系合作企业与学院共建教学科研实践育人基地，支持学生在基地中完成企业调研、专业实践、行业认知和创新创业成果转化等内容。基于校企合作建设教学科研育人基地时，综合考量地理位置、专业对口情况、企业资质及发展前景后，以协议形式确定下来，在 2019 年度新建 4 家教学科研实践基地。2019 年暑期“三下乡”社会实践工作开展中，共有 20 多支由本科生组建的调研服务队在基地中完成企业调研、行业认知和专业实践，均取得预期效果；学院组队成立的“大鸡大益”和“犇犇牛”等学生创业团队在项目论证、市场

---

① 参见牟玉荣：《动科、动医专业大学生创新创业能力培养的实践探索》，《教育教学论坛》2017 年第 25 期。

② 参见王雷等：《“双创”升级战略下高职院校创新创业教育“项目化”实践与探索》，《中国商论》2020 年第 20 期。

调研、成果转化和“双创”赛事中优异成绩的取得，也得益于基地给予的人力、物力和财力支持。每个自然班与一个行业企业建立校企合作班机制，由专业教师担任校内班主任，由企业资深人力资源管理或企业高层骨干担任校外班主任，校内班主任协助辅导员开展思想引领、专业教育、组织建设和日常管理；校外班主任负责行业认知、实践拓展和就业指导。通过充分挖掘、有机整合校企资源，学院为学生提供素养拓展、专业实践、就业指导和定岗实习四个方面的优质服务，以《校企班合作协议》作为制度保障，确保校企协同育人有工作抓手和制度兜底。通过校企协同、产教融合，将创新创业项目与校企合作嫁接，真正推动创新人才培养，保证创业项目的可实施性和可持续性。

（三）针对学生的多元化发展开设第二堂课，培养学生竞赛能力以及学习主动性

山东农业大学动物科技学院（动物医学院）注重抓好学科竞赛载体，培养学生的创新意识，针对相关专业，积极组织学生参加专业知识技能培养大赛，使学生在活动中锤炼专业素质，锻炼其独立分析和解决问题的能力，培养其严谨的科学态度和创新思维，使科学研究与人才培养有机地结合在一起，为学生创造浓厚的学术交流氛围。学院每年组织动物科学技能比赛，同时参加全国动物科学专业技能大赛，2019 年在动物科学专业技能大赛中获得团体特等奖。创新创业大赛的开展激发了学生的创业热情，培养学生的组织能力，将所学专业知识应用到理论实践中，培养学生的责任感和实践能力，真正做到知行合一。①

四、加强思政教育，做好人才保障

高校肩负着人才培养、科学研究、社会服务、文化传承创新、国际交流合作的重要使命。② 不断加强高校思政教育工作是一项重大的政治任务，我们党历来重视高校思政教育工作。我们要引导学生树立正确的世界观、人生观和价值观，在学生心中树立家国情怀，坚定理想信念。高校要将学生思想政治教育工作放在更加突出的位置，将各项工作落到实处，从而培养出合格的社会主义建设者和接班人。因此，必须把大学生思想政治教育工作放在人才培养的首要位置。将习近平新时代中国特色社会主义思想作为新时代加强大学生思想政治教育工作的重要内容。③ 做好思政教育不仅是人才培养的需要，同时也是思政宣传的需要。在动物科学专业学生培养过程中，坚持开展思政进专业课堂，每门专业基础课和专业核心课都设置思政案例，每个学分设置两个以上思政案例，拓宽了思政教育途径，保障了思政教育成效，使本专业的学生能够用思政看专业，从专业理解思政，做好专业知识和思想政治的双重宣传。

总之，通过构建课堂、试验基地、企业相结合的“三位一体”培养体系，增强了动物科学专业学生的创新实践能力，适应了社会需求。

---

① 参见李双：《创新创业背景下环境地球化学课程教学改革探讨》，《科教导刊》2020 年第 27 期。

② 参见梁月倩：《用通识教育理念促进国际交流合作》，《黑龙江教育（高教研究与评估）》2019 年第 3 期。

③ 参见杨垦胜：《构建高校习近平新时代中国特色社会主义思想教育机制研究》，《长江丛刊》2020 年第 27 期。

古今人物研究

中国早期人性观念视域下的管仲治国思想

张 杰*

摘 要 管仲的人性思想并非是真正意义上的人性理论，而是属于中国早期人性观念。管仲的人性观念以个体或某些阶层的生而即有欲望或禀赋为内容，其指称对象方面具有特殊性，即既有阶级之别，又有地域之差，其最明显的表现莫过于华夷之辨。在人性观念的指导下，管仲的治国思想内以满足君主、百姓的欲望为主要内容，外以尊王攘夷、安定诸夏为宗旨。正因为管仲辅佐齐桓公改革中的内政思想符合齐人好生恶死的人性观念，其内政改革措施才能够得到国内百姓的拥护，这是齐国能够富国强兵的重要原因所在；正因为管仲辅佐齐桓公称霸中原的外交政策符合华夷之辨的理念，其攘夷、狄而安诸夏等行为才得到齐国百姓和中原诸国的大力支持，这是齐桓公能够成就中原霸业的重要原因。

关键词 人性观念 管仲 治国思想 富国安民 尊王攘夷

《管子》是一部以“富国安民”为主体的鸿篇巨制①，其中包含着丰富的治国思想。这些治国思想中既有作为齐相管仲的治国思想，又有崇尚管仲功业的管仲后学的治国思想。学者对《管子》尤其是管仲的治国思想无论是从政治、经济、军事，还是从科技、哲学、思想文化等方面都进行了较全面的论述。然而在这些治国思想中，从哲学方面尤其是从人性的角度论述得相对较少。在为数不多的有关人性方面的论著中，对《管子》四篇中的人性论关注得较多②，对《管子》的人性论的关注且产生一定影响的论著较少③，而对管仲治国思想中的人性思想关注得尤其少见。

---

* **作者简介**：张杰（1972～ ），山东荣成人，山东理工大学齐文化研究院《管子学刊》副编审，研究方向为先秦哲学、齐鲁文化。

① 参见石一参：《管子今诠·旧序》，中国书店1988年版，第2页。

② 郭梨华：《儒家佚籍、〈孟子〉及〈管子〉四篇心性学之系谱》，《哲学与文化》第394期，2007年；匡钊、张学智：《〈管子〉“四篇”中的“心论”与“心术”》，《文史哲》2012年第3期；陈志雄：《〈管子〉四篇道气关系辨正》，《中国社会科学院研究生院学报》2019年第1期。

③ 陈世放：《〈管子〉人性论思想初探》，《社会科学辑刊》1997年第4期；张艳丽：《管子思想研究概要》，齐鲁书社2019年版，第123页。

我们知道，人性是春秋战国时期政治家、哲学家关注的热点问题，是治国思想的重要组成部分。当今学者对战国时期的人性论尤其是孟子、荀子的人性论研究得较多，而对春秋时期人性研究得较少。管仲作为春秋时期辅佐齐桓公称霸中原的著名的政治家，非常有必要从人性的角度对其治国思想进行审视。本人认为管仲的人性思想并非是真正意义上的人性论，而是属于中国早期人性观念；管仲的人性观念以个体或某些阶层的生而即有的欲望或情感为内容，其指称对象方面具有特殊性，其人性观念规定上具有不分善恶的特点；其治国思想以满足君主、百姓的自然禀赋为主要内容。本文欲从春秋时期生性互用与人性观念的流行，以性情为人性观念内容与管仲辅佐齐桓公改革内政思想，华夷之辨与攘夷、狄而安诸夏三个方面来论述中国早期人性观念视域下的管仲治国思想。

一、春秋时期生性互用与人性观念的流行

先秦时期，尤其是春秋时期，“生”与“性”相通假。《说文解字注笺》载：“生性古字通。”[①] 其实“生”“性”通假这一现象不但出现在《国语》《左传》《战国策》《荀子》等先秦典籍中，而且也出现在《大戴礼记》《史记》等西汉典籍中。对此，王念孙总结说：“性之言生也。《乐记》：‘方以类聚，物以君分，则性命不同矣。’郑注：‘性之言生也，命，生之长短也。’昭公八年《左传》：‘今宫室崇侈，民力凋尽，怨讟并作，莫保其性。’谓莫保其生也。……《荀子·礼论》篇：‘天地者，生之本也。’《大戴礼·礼三本篇》‘生’作‘性’。《秦策》‘生命寿长’、《史记·范雎传》‘生’作‘性’。”[②] 由王念孙的注释可知，“生”“性”互通的情况在先秦两汉的典籍中都有出现，但以《国语》《左传》中最多，这在下文中将详细说明。

虽然先秦及秦汉时期存在着“生”“性”互通这一现象，那么在这漫长先秦及秦汉历史时期间内“生”“性”二字的字义有没有发生变化呢？对此，傅斯年先生总结说：“独立之性字为先秦遗文所无，先秦遗文中皆用性字为之。至于生字之含义，在金文及《诗》《书》中并无后人所谓‘性’之一义，而皆属于生之本义。后人所谓性者，其字义自《论语》始有之，然犹去生之本义为近。至孟子，此一新义始充分发展。”[③] 傅斯年先生较早地注意到了孔子之前的性（或生）字的含义多为生之本义[④]，孔子的性（或生）字的含义与孟子的性比较接近，是一种新义。然而，傅先生对孔子、孟子“性”中的“天生”或“生来”即有的本义强调得多，对“性”的新义关注得不够。后来，徐复观、牟宗三先生又对这一问题进行了比较深入的研究。他们注意到春秋时期生性

---

① （清）徐灏：《说文解字注笺》（二），《续修四库全书》第226册，上海古籍出版社2002年版，第353页。

② 徐元诰撰，王树民、沈长云点校：《国语集解》，中华书局2002年版，第2～3页。

③ 傅斯年：《性命古训辨证》，欧阳哲生主编：《傅斯年全集》第2卷，湖南教育出版社2000年版，第510页。

④ “生”字在甲骨文即已存在，它在甲骨文中像“草木生出地上之形”（徐中舒主编：《甲骨文字典》，四川辞书出版社1989年版，第687页）。可见，“生”的本义是生出、生长。

互用这一现象并与以孔子、孟子等为代表的人性思想进行了区分，称之为“性字之流行及向人性论的进展”① 或“孔子之前性字之流行及生性二字之互用与不互用”②。他们都同意孔子之前的人性思想不能称为人性论，并且牟宗三先生把以孔子、孟子、《中庸》、《易传》等为代表的儒家人性论的本质内容总结为“自理或德而言性，是超越之性”③，这比较突出了孔子之后“性”字的新义。现代学者同样注意到这一问题，并且对孟子之后人性论的基本内涵进行了归纳，如沈顺福教授将儒家早期人性论的基本内涵归结为三个方面：初生性、类的普遍性和类的规定性。初生性是指每个人生而即有的材质；“类的普遍性是对人的类的规定性，所有人都分享了这种性质”；类的规定性是指对人性的本质内容的规定性，它具体规定了“性或者为好的气（孟子），或者为坏的气（荀子），或者为好坏兼备之气（汉儒）”④。这说明至少在孟子以后，中国早期的人性论已经形成。

在孟子之前，尤其是孔子之前的春秋时期，虽然存在着反映人性论的基本内涵的某些内容，但却没有普遍性，因此可称之为人性观念。人性观念的基本内容包括以下三个方面：

其一，人性观念虽然具有初生性的某些内容，但却是反映了某个阶层的自然禀赋或从生而即有的欲望或能力。《国语·晋语四》载：晋文公回到晋国，“懋穑劝分，省用足财。利器明德，以厚民性”。“性”，王远孙注曰：“性读为生。”⑤《左传·襄公十四年》载：“天生民而立之君，使司牧之，勿使失性。有君而为之贰，使师保之，勿使过度。”“失性”与“过度”对应。“过度”指君主的过度欲望，“失性”则指百姓常常不能满足起码的生存下来的欲望。据《左传·昭公十九年》载，楚国大臣沈尹戌说：“吾闻抚民者，节用于内，而树德于外，民乐其性，而无寇仇。”“乐其性”即乐其生，意为满足百姓基本的生存欲望。可见，春秋时期的人性观念多指百姓生存的基本欲望。

其二，人性观念虽然具有指称对象，但却没有类的普遍性人性观念。春秋时期人性的对象大都指某部分人或某个阶层的人们。《左传·襄公二十六年》载：“夫小人之性，衅于勇、啬于祸，以足其性、而求名焉者……”“足其性”的对象明显是指“小人之性”，而“小人自指郑人欲御楚者，子产以为无远见，昧于大局”⑥。据《左传·昭公八年》载，师旷对晋侯（晋平公）说：“今宫室崇侈，民力凋尽，怨讟并作，莫保其性。”“莫保其性”的对象很显然是晋国百姓。春秋时期的人性观念没有普遍性，还表现在华夷之辨的观念中，这在下文详细论述。可见，至少在春秋早中期以前还没有形

---

① 徐复观：《中国人性论史》，华东师范大学出版社 2005 年版，第 36 页。

② 牟宗三：《心性与本体》上册，上海古籍出版社 1999 年版，第 168 页。

③ 牟宗三：《心性与本体》上册，上海古籍出版社 1999 年版，第 185 页。

④ 沈顺福：《试论中国早期儒家的人性内涵——兼评“性朴论”》，《社会科学》2015 年第 8 期。

⑤ 徐元诰撰，王树民、沈长云点校：《国语集解》，中华书局 2002 年版，第 350 页。

⑥ 杨伯峻编著：《春秋左传注》，中华书局 1990 年版，第 1123 页。

成普遍意义的人性。

其三，人性观念虽然具有性善论、性恶论的萌芽，但却没有类的规定性。战国中期以前，没有出现人性的类的规定性。也就是说，人性观念具有性善论、性恶论的某些方面的内容，如把性情、爱民等作为人性观念的内容。这在《左传》《国语》中都有一定的反映。《左传·襄公十四年》载："天生民而立之君……勿使失性。天之爱民甚矣。岂其使一人肆于民上，以从其淫，而弃天地之性？"这是把爱民作为天地之性。《左传·昭公二十五》年载："夫礼，天之经也，地之义也，民之行也。天地之经，而民实则之。则天之明，因地之性，生其六气，用其五行。气为五味，发为五色，章为五声，淫则昏乱，民失其性。是故为礼以奉之……哀乐不失，乃能协于天地之性，是以长久。"天地之性与人性相连。天地之性爱民，人性当然爱民，这便含有性善论的萌芽。[①]《国语》《左传》中又常把性情作为人性观念的内容。《国语·周语上》载："先王之于民也，懋正其德而厚其性……""性"，韦昭注曰"性情也"[②]。《左传·昭公二十五年》载："淫则昏乱，民失其性。""民失其性"，杜注："滋味声色，过则伤性。"[③] 可见，以滋味声色为主要内容的性情是人性观念的内容之一。管仲作为春秋时期著名的政治家，其治国思想中包含着一定人性观念方面的内容。

二、以个别人或某些阶层的性情为人性观念内容与管仲辅佐齐桓公改革内政思想

春秋时期由于生性流行，尤其是人性观念的流行，满足统治者或某个被统治阶层的性情成为统治者人性观念的重要内容。在管仲辅佐齐桓公称霸中原过程中，满足齐国百姓基本生活需要和齐国统治者安定齐国社稷就成为指导齐桓公改革内政的两条主线。

（一）以满足齐国百姓基本生活需要为指导的经济改革

春秋时期，各诸侯国统治者都意识到应该满足百姓的性情，这也是《国语》《左传》多次出现"厚其性""厚民性""乐其性""保其性"等与满足百姓性情相关的词语的重要原因。但怎样满足百姓的情性，史书的记载并不多。比较详细的要数《国语·晋语四》记载的晋文公改革时的"厚民性"，其内容是"懋穑劝分，省用足财""利器明德"等。然而，满足百姓性情记载最详细的则体现在管仲辅佐齐桓公改革内政的措施与制度之中，这以四民分业定居制度及其奖罚措施最具代表性。

春秋时期，士、农、工、商是支撑齐国社会的四大阶层，被称为"国之石民"[④]。

---

① 参见徐复观：《中国人性论史》，华东师范大学出版社 2005 年版，第 38 页。

② 上海师范大学古籍整理研究所校点：《国语》，上海古籍出版社 1988 年版，第 2 页。

③ 杨伯峻编著：《春秋左传注》，中华书局 1990 年版，第 1457 页。

④ 黎翔凤撰：《管子校注》，中华书局 2004 年版，第 400 页。

然而，生产力的发展、生产工具的改进、阶层的自然分化、政权的更迭、战乱的频繁等众多原因，造成了士、农、工、商四大阶层不能安心地从事各自的职业。齐国社会上出现了大量的“不服于公田”的农民、“不为君臣”的士人、“不为官贾”的商人和“不为官工”的手工业者[①]。他们不但严重影响了四大阶层的正常生产、生活，而且影响了社会的稳定。为了稳定这四大阶层，管仲建议齐桓公先采取四民分业定居的制度以成民之事。

所谓四民分业定居的制度就是把齐国的士、农、工、商四大阶层分别聚集在一起居住，即安排士人聚居于闲静之地，安排农民聚居于田野附近，安排工匠聚居于官府附近，安排商人聚居于市场附近。四民分业定居制度使士、农、工、商四大阶层无论忙闲都从事于与本职相关的职业，并且让他们的子弟世袭各自的职业。如《国语·齐语》记载齐国统治者“令夫士，群萃而州处，闲燕则父与父言义，子与子言孝，其事君者言敬，其幼者言弟。少而习焉，其心安焉，不见异物而迁焉。是故其父兄之教不肃而成，其子弟之学不劳而能。夫是，故士之恒为士。”齐国之士聚居在一起，闲暇时谈论义、孝、敬、爱、悌等道德礼仪，战争时“执干戈以卫社稷”[②]，这样能够保证士这个阶层世代为齐国服务。同样，齐国的工匠聚居在一起，“申其四时，辩其功苦，权节其用，论比协材”，并以此教导子弟，以保证工匠不见异思迁；齐国的商人聚焦在一起，“察其四时，而监其乡之资，以知其市之贾，负、任、担，荷，服牛、轺马，以周四方，以其所有，易其所无，市贱鬻贵”[③]，他们日夜从事经商活动，互相谈论生财之道、营销手段，并以此教育后代，以保证商人这一阶层不见异思迁；同样，齐国的农民闲在暇时具备农具、铲除杂草、修整土地，农忙时春耕、夏耘、秋收、冬藏，积极在田野里劳作，他们的子弟从小受农业的熏陶，也可以保证农民世代务农。

齐国统治者不但以四民分业定居制度保证了士、农、工、商四大阶层的基本生活之需，而且采取赏罚措施使他们安居乐业。据《管子·大匡》记载，齐桓公命令晏子、高子分别考察士、农、工、商中表现好和不好的人。“士处靖，敬老与贵，交不失礼，行此三者，为上举，得二为次，得一为下。耕者农农用力，应于父兄，事贤多，行此三者，为上举，得二为次，得一为下。令高子进工贾，应于父兄，事长养老，承事敬，行此三者，为上举，得二者为次，得一者为下。”表现好的标准各有三条，满足三条的为上等，满足两条为次等，满足一条为下等。“士出入无常，不敬老而营富，行此三者，有罪无赦。耕者出入不应于父兄，用力不农，不事贤，行此三者，有罪无赦。”“工贾出入不应父兄，承事不敬，而违老治危，行此三者，有罪无赦。”表现不好的标准各自也有三条，满足三条的其罪行不可赦免。

---

① 黎翔凤撰：《管子校注》，中华书局2004年版，第91页。

② 杨伯峻编著：《春秋左传注》，中华书局1990年版，第1661页。

③ 徐元诰撰，王树民、沈长云点校：《国语集解》，中华书局2002年版，第220页。

四民分业定居制度、对于四民善恶的考察及奖罚措施不但保证了士、农、工、商四大阶层及其后代安心进行生产和生活，而且也保证了他们生产的积极性。这对于四大阶层来说，无疑是从制度上保证了长久地满足他们基本的生产和生活。《左传·昭公二十五年》记载："民有好恶、喜怒、哀乐……哀有哭泣，乐有歌舞，喜有施舍，怒有战斗；喜生于好，怒生于恶。是故审行信令，祸福赏罚，以制死生。生，好物也；死，恶物也。好物，乐也；恶物，哀也。哀乐不失，乃能协于天地之性，是以长久。"民有好恶、喜怒、哀乐，而生存无疑是人们的喜好之事。四民分业定居制度无疑在最大程度上是从人性观念出发保证了齐国社会绝大多数百姓基本的生存利益，这是管仲的改革措施能够得到百姓拥护的关键所在。

（二）以满足齐桓公治理齐国、称霸中原的性情需要的政治改革

管仲辅佐齐桓公改革内政满足百姓基本生活所需并非最终目的，而是满足最终目的的手段。管仲治国的最终目标是使齐国富国强兵，以满足齐桓公的性情需要，这在齐桓公、鲍叔牙、管仲等君臣身上都有所体现。

据《国语·齐语》记载，齐桓公初登君位之时，本想委任鲍叔牙为宰相。鲍叔牙却力荐管仲代替自己为相，其理由就是管仲是难得的治理国家的能臣。"桓公自莒反于齐，使鲍叔为宰，辞曰：'臣，君之庸臣也。君加惠于臣，使不冻馁，则是君之赐也。若必治国家者，则非臣之所能也。若必治国家者，则其管夷吾乎。'"可见鲍叔牙认为，若要治理好齐国，非管仲不可。而管仲之所以接受齐相之职，也是以齐国最终得以治理为目标。《管子·大匡》记载："桓公二年，践位召管仲。管仲至，公问曰：'社稷可定乎？'管仲对曰：'君霸王，社稷定；君不霸王，社稷不定。'公曰：'吾不敢至于此其大也，定社稷而已。'管仲又请，君曰：'不能。'管仲辞于君曰：'君免臣于死，臣之幸也；然臣之不死纠也，为欲定社稷也。社稷不定，臣禄齐国之政而不死纠也，臣不敢。'乃走出。至门，公召管仲。管仲反，公汗出曰：'勿已，其勉霸乎。'管仲再拜稽首而起曰：'今日君成霸，臣贪承命，趋立于相位。'"管仲在辅佐公子纠失败后被从鲁国救回齐国，也就是齐桓公继位之初，他就提出称霸中原的目标，其目的同样是为了"定社稷"。然而，齐桓公继位之后更是担忧齐国社会的安危。据《国语·齐语》载，齐桓公继位后对刚从鲁国救回来的管仲说："昔吾先君襄公筑台以为高位，田、狩、毕、弋，不听国政，卑圣侮士，而唯女是崇。九妃、六嫔，陈妾数百，食必粱肉，衣必文绣。戎士冻馁，戎车待游车之裂，戎士待陈妾之余。优笑在前，贤材在后。是以国家不日引，不月长。恐宗庙之不扫除，社稷之不血食，敢问为此若何？"齐桓公继位后并没有争取君权后的兴高采烈，而是对齐襄公治理齐国时留下的隐患有深沉担忧。由引可见，无论是齐桓公还是鲍叔牙、管仲，他们治理齐国的最终目标是齐国的长治久安。这是作为君臣的共同的性情。

为了满足这一性情，管仲建议齐桓公采取了种种制度，如宰相制度、参国五鄙制

度、三选制度等，以治理国家、巩固政权，其中以宰相制度、三选制度最有代表性。

齐国的宰相制度始建于齐桓公。齐桓公之时，君主的权力受到了国内天子命卿国氏、高氏的严重威胁，乃至他们在内乱之时对国君的确立起到了决定作用。《史记·齐太公世家》载："鲁闻无知死，亦发兵送公子纠，而使管仲别将兵遮莒道，射中小白带钩。小白佯死，管仲使人驰报鲁。鲁送纠者行益迟，六日至齐，则小白已入，高傒立之，是为桓公。"国、高二氏本是天子命卿，在齐国拥有崇高的身份和巨大的权力。这些权力甚至可以在齐国无君的情况下代替君主治理天下，并且他们的态度直接影响国君的确立。齐桓公之所以能够登上君位，与天子命卿尤其是高傒的支持密不可分。齐桓公继位之后，任命管仲为相。但管仲所任的齐相与以前的齐相不同，这一点在《韩非子》《说苑》等典籍中都有记载。《韩非子·外储说左下》载："管仲相齐，曰：'臣贵矣，然而臣贫。'桓公曰：'使子有三归之家。'曰：'臣富矣，然而臣卑。'桓公使立于高、国之上。曰：'臣尊矣，然而臣疏。'乃立为仲父。"《史记·管晏列传》"正义"[①]以及《说苑·尊贤》都有相似记载。正如左言东所言："齐桓公任用了出身低贱且有一箭之仇的管仲为相，总理国政，权力在高子、国子之上。这是一项有重大意义的政治制度的变革，是中国宰相制度的开始。"[②] 这说明管仲所任之相具有高于天子命卿的权力，这无疑对于提高齐桓公的权力、巩固其统治非常有利。

如果说建立宰相制度是管仲建议齐桓公采取的针对上层统治者的巩固政权之举，那么三选制度则是选拔中下层统治者的重要举措。"春秋以降，天子失官，众多贤能之士退出周王室走向天下民间。这既是官学垄断的终结，又是才智频出、知识四散的开始。管仲敏锐地注意到这一社会发展态势，在传统'大人世及'的任官用人之外，果断地制定三选用人制。三选制的制定与执行，使废弃已久的选贤任能又一次凭借国家制度重登历史舞台并迅速兴盛起来。"[③] 人才的培养、选拔与使用关系到国家的兴衰，正如习近平同志所说："当今世界的综合国力竞争，说到底是人才竞争。""'两个一百年'奋斗目标的实现、中华民族伟大复兴中国梦的实现，归根到底靠人才、靠教育。"[④]而早在2600多年前的管仲与齐桓公都意识到选拔与任用人才对于国家兴衰的重要作用。《国语·齐语》记载：齐国基层的人才由乡长每年定期向上进贤，长官书伐考评，桓公亲自策问，称为"三选"。地方官吏如果埋没压制人才，治以"蔽贤""蔽明"罪。三选制度选拔人才的基本标准有二：一是道德，即"有居处好学、慈孝于父母、聪慧质仁"；二是勇力，即"有拳勇股肱之力秀出于众者"。符合这两条的人才需要经过地方长官的选拔、基层政府部门的试用并由长官写出书面报告，即"桓公令官长期而书

① （汉）司马迁：《史记》，中华书局1959年版，第2134页。

② 左言东编著：《中国政治制度史》，浙江大学出版社2009年版，第73页。

③ 耿振东：《〈管子〉学史》，商务印书馆2018年版，第19页。

④ 《习近平同北京师范大学师生代表座谈时的讲话》，人民网，2014年9月10日，http://politics.people.com.cn/n/2014/0910/c70731-25629093.html。

伐，以告且选，选其官之贤者而复用之”，然后经过齐桓公本人的面试才能委以重任，即“桓公召而与之语，訾相其质，足以比成事，诚可立而授之。设之以国家之患而不疚，退问之其乡，以观其所能而无大厉，升以为上卿之赞”。三选制度不但满足了基层百姓追求富贵的性情，同时也满足了以齐桓公为代表的统治者治理齐国的要求。也就是说，三选制度开辟了下层人士参加政治的渠道，对于充实齐国的统治阶层乃至富国强兵、称霸中原都非常有利。

三、华夷之辨与攘夷、狄而安诸夏

如果说满足君臣性情是管仲辅佐齐桓公改革内政富国强兵的理论基础，那么华夷之辨则是管仲辅佐齐桓公攘夷、狄而安诸夏的理论指导。在华夷之辨的观念指导下，时人将夷、狄视为禽兽，面对他们的入侵，齐桓公率领中原盟国共同抵御；与此相反，时人将中原诸国视为可教化的人，更有甚者视他们为兄弟或亲戚之国。因此，当中原诸侯国出现内乱时，齐桓公则率领中原盟国共同加以安定。

（一）华夷之辨与攘夷、狄

华夷之辨的观念在西周尤其是春秋时期非常流行。《国语·郑语》载：“当成周者，南有荆、蛮、申、吕、应、邓、陈、蔡、随、唐；北有卫、燕、狄、鲜虞、潞、洛、泉、徐、蒲；西有虞、虢、晋、隗、霍、杨、魏、芮；东有齐、鲁、曹、宋、滕、薛、邹、莒；是非王之支子母弟甥舅也，则皆蛮、荆、戎、狄之人也。”成周四周非是同姓或异姓联姻之国，即是少数民族建立之国。其中，荆、潞、洛、泉、徐、蒲、莒等都是少数民族建立之国。由于四方少数民族生产、生活方式以及文化习俗都不相同，中原人称少数民族为夷，而自称为华或华夏，华夷言语不通，生产生活方式也不同。《左传·襄公十四年》载：“我诸戎饮食衣服不与华同，贽币不通，言语不达……”可见，夷狄等少数民族与华夏衣服、语言不通，也很少与华夏诸侯国往来，夷狄等少数民族在性格、战争观等方面与华夏诸国有很大的不同。《国语·周语中》载：“夫戎、狄，冒没轻儳，贪而不让。其血气不治，若禽兽焉。”《左传·襄公四年》也载：“戎狄无亲而贪”“戎，禽兽也”。这说明至少在春秋早中期，中原统治者认为戎狄等少数民族具有贪婪而不知谦让的性格，这在战争观方面也有明显的表现。《左传·隐公九年》载，郑公子说：“戎轻而不整，贪而无亲，胜不相让，败不相救。”戎人在战争时将贪婪而不知谦让的性格表现得淋漓尽致。正因为戎、狄等少数民族虽然在长相上与中原百姓无异，但他们贪婪成性、不知谦让，其行为与禽兽无异，因此称他们为禽兽，而中原诸国则是可以懂得礼仪、可以教化的文明之人。华夷之辨正是管仲辅佐齐桓公采取尊王攘夷诸行动的理论基础。

在华夷之辨观念的影响下，当野蛮的夷狄入侵中原之时，齐桓公及中原诸侯国采取了攘夷的策略，这以存邢救卫最具代表性。《左传·闵公元年》载：“狄人伐邢。管敬仲言于齐侯曰：‘戎狄豺狼，不可厌也。诸夏亲昵，不可弃也。宴安鸩毒，不可怀也。《诗》云：‘岂不怀归？畏此简书。’简书，同恶相恤之谓也。请救邢以从简书。’齐人救邢。”闵公元年即齐桓公二十五年，当时狄人入侵邢国。邢是姬姓诸侯国，《左传·僖公二十四年》载：“凡、蒋、邢、茅、胙、祭，周公之胤也。”可见邢国乃是周公的后代建立的诸侯国，属于华夏中原之国，而狄人则属于少数民族之国。当狄人入侵邢国时，管仲劝谏齐桓公的理由就是“戎狄豺狼，不可厌也。诸夏亲昵，不可弃也”，这明显是受华夷之辨观念的影响。正是在这种观念的指导下，齐桓公才出兵救邢。正由于当时夷夏之辨深入人心，齐桓公攘夷之举得到了中原诸侯国的响应。《春秋经·僖公元年》载：“夏六月，邢迁于夷仪。齐师、宋师、曹师城邢。”《左传·僖公元年》释曰：“诸侯救邢。邢人溃，出奔师。师遂逐狄人，具邢器用而迁之，师无私焉。夏，邢迁夷仪，诸侯城之，救患也。”齐桓公救邢之举得到宋、曹两国的支持，并且当邢迁移至夷仪时，他们共同在夷仪为邢修筑城墙。

齐人救卫及伐戎救燕之举都是受华夷之辨观念的影响。狄人伐卫之时，卫懿公无道。《左传·闵公二年》载：“冬十二月，狄人伐卫。卫懿公好鹤，鹤有乘轩者。将战，国人受甲者皆曰：‘使鹤，鹤实有禄位，余焉能战！’……渠孔御戎，子伯为右，黄夷前驱，孔婴齐殿。及狄人战于荧泽，卫师败绩，遂灭卫。”卫懿公好鹤甚于国人，因此当狄人攻打卫国时，卫国百姓不为卫君抗击狄人，这导致卫国为狄人所灭。《左传·闵公二年》载：“卫之遗民男女七百有三十人，益之以共、滕之民为五千人，立戴公以庐于曹。许穆夫人赋《载驰》。齐侯使公子无亏帅车三百乘、甲士三千人以戍曹。归公乘马，祭服五称，牛、羊、豕、鸡、狗皆三百与门材。归夫人鱼轩，重锦三十两。”卫懿公无道导致卫国为伐所灭，但却得到了宋、齐两国的帮助，乃至齐率诸侯为卫国遗民筑楚丘并城之，此即《左传·僖公二年》所载的“二年春，诸侯城楚丘而封卫焉”。齐桓公率领中原盟国迁邢救卫，“邢迁如归，卫国忘亡”[①]。齐桓公存邢救卫之举之所以得到齐国百姓乃至中原盟国的支持，这与当时流行的华夷之辨密不可分。

（二）华夷之辨与安诸夏

春秋时期，在华夷之辨观念的影响下，以周天子为代表的统治者认为与他们有亲戚关系的中原诸国是与少数民族相区别的文明之人。根据《国语·周语中》记载，天子以“全烝”招待戎狄，以“肴烝”来招待晋国的使者随会。这是因为戎狄等野蛮之人“冒没轻儳，贪而不让。其血气不治，若禽兽焉。其适来班贡，不俟馨香嘉味，故坐诸门外，而使舌人体委与之”。也就是说，他们心若“禽兽”，只配享用没有精心烹煮的全牲肉；而作为周天子的兄弟之国的使者，周天子“择其柔嘉，选其馨香，洁其酒醴，品其百笾，修其簠簋，奉其牺象，出其樽彝，陈其鼎俎，净其巾幂，敬其祓除，

① 杨伯峻编著：《春秋左传注》，中华书局1990年版，第273页。

体解节折而共饮食之”。周天子用文明的方式，即适宜的典礼、精心烹制并切好的牲肉，来隆重招待文明之人。不但如此，贤明的周朝统治者坚决反对用戎狄之兵讨伐同姓之国。公元前664年，周襄王欲向狄人借兵讨伐不从王命的郑国时，周大夫富辰坚决反对，其理由就是：“古人有言曰：‘兄弟谗阋、侮人百里。’周文公之诗曰：‘兄弟阋于墙，外御其侮。’若是则阋乃内侮，而虽阋不败亲也。郑在天子，兄弟也。……弃亲即狄，不祥……”郑君与周天子有兄弟之亲，而狄人则是外人，为小利而“弃亲即狄，不祥”。也同样基于华夷之辨，周礼规定献捷礼只适用于讨伐戎狄等少数民族，而不适用于亲戚之国。对此，《左传·成公二年》载：“晋侯使巩朔献齐捷于周。王弗见，使单襄公辞焉，曰：‘蛮夷戎狄，不式王命，淫湎毁常，王命伐之，则有献捷。王亲受而劳之，所以惩不敬，劝有功也。兄弟甥舅，侵败王略，王命伐之，告事而已，不献其功，所以敬亲昵、禁淫慝也。’”周天子之所以不接受晋侯所献给他的齐捷，是因为“齐，甥舅之国也”，而晋国与周天子同为姬姓的诸侯国，周天子当然不接受对待蛮夷戎狄的献捷之礼。这些都是春秋时期以周天子为代表的统治者基于华夷之辨而对夷狄与同姓诸侯国和异姓诸侯国在礼节方面所作出的明确区别，其中贯穿的主线是夷狄心若禽兽，而同姓、异姓诸侯国则为兄弟甥舅等亲戚之国。而作为春秋霸主的齐桓公正是在华夷之辨这种观念的指导下，对于中原盟国的内乱采取了安定的政策，并且得到了中原盟国的一致认可。这可从平定宋国内乱和庆父之乱中得到证明。

公元前682年秋，也就是齐桓公四年，宋国发生内乱。宋将南宫长万弑其君宋闵公，并杀宋大夫仇、太宰华督，拥立公子游为宋君。宋国群公子奔萧，公子御说奔亳邑。当年冬天，宋国群公子在萧邑大夫萧叔大心以及曹国军队的支持下反攻南宫长万，杀公子游，并立公子御说为宋君，是为宋桓公，南宫长万先被迫逃奔至陈国，后又被陈国归还，并被宋人杀死。次年，齐桓公会诸侯以平定宋国叛乱，《春秋经·庄公十三年》载：“十有三年春，齐侯、宋人、陈人、蔡人、邾人会于北杏。”《左传·庄公十三年》释曰：“十三年春，会于北杏，以平宋乱。”齐桓公能召集宋、陈、蔡、邾等四盟国共同平定宋国之乱，这本身说明齐桓公平宋乱之举比较顺民心。因此，《穀梁传·庄公十三年》释曰：“是齐侯宋公也，其曰人何也？始疑之。何疑焉？桓公非受命之伯也，将以事授之者也。曰可矣乎？未乎？举人，众之辞也。”“举人，众之辞”说明齐桓公此举受到中原众诸侯国的推举与认可。

齐桓公平定鲁国的庆父之乱则是安诸夏的另一典型代表。公元前662年，即齐桓公二十四年，鲁国国君鲁庄公病死，鲁庄公的同父公子季友立公子般即位。公子庆父与鲁庄公夫子哀姜私通，并派人弑杀公子般，季友奔孙，庆父立年幼的鲁庄公之子启即位，是为鲁闵公。公元前660年，公子庆父又弑杀鲁闵公，哀姜欲立庆父为鲁君。鲁人又立鲁庄公之子申为鲁君，是为鲁僖公。公子庆父被迫奔莒，后被逼自杀。然而，庆父之乱并未停止。哀姜奔邾。面对鲁国的内乱，齐桓公并未趁火打劫，而是在庆父弑子般、季友出奔陈后，即开始帮助鲁国稳定局势。《左传·闵公元年》载："秋八月，公及齐侯盟于落姑，请复季友也。齐侯许之，使召诸陈，公次于郎以待之。"齐桓公不但帮助季友从陈国回到鲁国，而且派大夫仲孙湫到鲁国，对鲁国内乱表示慰问。次年，当哀姜迫于国内压力逃至邾国后，"齐人取而杀之于夷，以其尸归，僖公请而葬之"。齐桓公又派高子帮助鲁国进一步平定内乱。对此，《春秋经·闵公二年》载："冬，高子来盟。"《公羊传·闵公二年》释曰："高子者何？齐大夫也。何以不称使？我无君也。然而何不名？喜之也。何喜尔？正我也。其正我奈何？庄公死，子般弑，闵公弑，此三君死。旷年无君，设以齐取鲁，曾不与师，徒以言而已矣。桓公使高子将南阳之甲，立僖公而城鲁。……鲁人至今以为美谈，曰：犹望高子也。"

齐桓公率领盟国平定宋、鲁等中原诸国的内乱，固然有称霸中原的功利色彩，但与攘夷狄相比较，其安诸夏的系列举动当然受到了华夷之辨的影响。也就是说，在以齐桓公为代表的统治者看来，齐国与鲁宋既是华夏之国，又是联姻之国。《左传·僖公十七年》载："齐侯之夫人三：王姬、徐嬴、蔡姬，皆无子。齐侯好内，多内宠，内嬖如夫人者六人：长卫姬，生武孟；少卫姬，生惠公；郑姬，生孝公；葛嬴，生昭公；密姬，生懿公；宋华子，生公子雍。"齐桓公曾娶宋国的华子为如夫人，并生公子雍。《左传·成公十六年》载："齐声孟子通侨如。""声孟子"，杨伯峻注曰："齐灵公之母，宋国女。"[①]《列女传·仁智传》也载："齐灵仲子者，宋侯之女，齐灵公之夫人也。"可见，齐宋两国是联姻之国。齐鲁为近邻，更是联姻之国。据统计，春秋时期齐鲁联姻共有12次，齐桓公在位时，鲁庄公便娶哀姜为妻，并生鲁闵公，鲁僖公娶齐桓公女声姜，并生鲁文公。[②] 齐与鲁、宋亲上加亲的关系，更是促使齐桓公把鲁、宋看作自己的同盟，因此当两国发生内乱时，齐桓公才率其他中原盟国加以平定，这是齐桓公称霸中原时安诸夏诸行为的深层理论指导。

由此可见，管仲生活在中国早期人性观念盛行的时期。当时的人性观念内容，尤其是以生为性以及华夷之辨等观念对管仲的内政外交思想产生了重大的影响。正因为管仲辅佐齐桓公改革中的内政思想符合齐人好生恶死的人性观念，其内政改革措施才能够得到齐国百姓的拥护，这是齐国实现富国强兵的重要原因所在；正因为管仲辅佐齐桓公称霸中原的外交政策符合华夷之辨的理念，其攘夷、狄而安诸夏等行为才得到齐国百姓和中原诸国的大力支持，这是齐桓公能够成就中原霸业的直接原因所在。

---

① 杨伯峻编著：《春秋左传注》，中华书局1990年版，第894页。

② 参见张杰、邱文山、张艳丽：《齐国兴衰论》，中国海洋大学出版社2007年版，第166页。

《史记》中管子人物形象和思想评说*

张艳丽**

摘　要　管子是春秋时期齐国历史上重要的政治人物，曾辅佐齐桓公改革齐国内政外交，尊王攘夷，一匡天下。司马迁所撰《史记》以传记和其他篇章记载的方式，对管子进行全面而多元的定位和评价，并结合儒家的道德规范，客观而公允地辨析管子“器小”“三归”等的劣评，显示出司马迁不以德性、成败论人及进步的尚贤思想。

关键词　《史记》　管子　传记

管仲，世人尊称管子，是春秋时期齐国著名的政治家、思想家、军事家，他辅佐齐桓公改革齐国的内政外交，取得令人瞩目的治国效绩，实现“九合诸侯，一匡天下”。后世人们对作为治世能臣的管子的思想和功勋津津乐道，对之进行高度评价。[①]西汉史学家司马迁在史学论著《史记》中，对管子的事迹和思想进行记载与评说，成为后世学者和文人评析管子的重要的、不可绕开的原典资料。司马迁在《史记》中除了为管子专门立传外，在其他篇章中也对管子思想进行关注和类比，展示出自身的人才评价标准，对后世影响深远。

一、《管晏列传》对管仲事功的记载

在《史记·管晏列传》[②]中，司马迁系统地记述了管子和鲍叔牙之间深厚的友谊、管子的生平和治国方略及《管子》一书的内容和流传情况。在《管晏列传》中，司马迁用不足千字的篇幅，描述了管子对内实施法治、富国强兵，对外尊王攘夷及霸术倾向，并对这两个方面进行评价。

---

* **基金项目**：教育部哲学社会科学研究重大课题攻关项目“稷下学派文献整理与数据库建设研究”（19JZD011）；山东社科规划项目“管子治国理政思想的传承与发展研究”（17CLSJ03）。

** **作者简介**：张艳丽（1978～　），山东金乡人，山东理工大学齐文化研究院《管子学刊》编辑部副编审，硕士生导师，研究方向为齐文化与地域文化。

① 参见耿振东：《〈管子〉学史》，商务印书馆2018年版；陈书仪：《管子大传》，齐鲁书社2008年版；张杰：《粮食安全视域下的〈管子〉农业管理思想》，《东岳论丛》2020年第11期；等等。

② 本文所引《史记》资料均为中华书局1959年版，下文不再赘引。

内政方面，司马迁分析说："管仲既任政相齐，以区区之齐在海滨，通货积财，富国强兵，与俗同好恶。故其称曰：仓廪实而知礼节，衣食足而知荣辱，上服度则六亲固。四维不张，国乃灭亡。下令如流水之原，令顺民心。故论卑而易行。俗之所欲，因而予之；俗之所否，因而去之。"司马迁认为，"通货积财，富国强兵，与俗同好恶"是管子治理齐国、内政改革的主要措施和原则。他指出，务本求实、以民为本是管子为政才能的核心体现。

对外方面，司马迁评述说："其为政也，善因祸而为福，转败而为功。贵轻重，慎权衡。桓公实怒少姬，南袭蔡，管仲因而伐楚，责包茅不入贡于周室。桓公实北征山戎，而管仲因而令燕修召公之政。于柯之会，桓公欲背曹沫之约，管仲因而信之，诸侯由是归齐。故曰：知与之为取，政之宝也。"司马迁指出，管子的外交政策的重心在于"知与之为取，政之宝"，特点则是"善因祸而为福，转败而为功。贵轻重，慎权衡"。管桓时期的重要外交事件，如桓公袭蔡伐楚、北征山戎令燕修召公之政、守曹沫之约取信诸侯等外交事宜，都极好地体现了管子的这种外交思想，这也展示出管子因势利导、转败为功的政治家谋略。

在《管晏列传》中，司马迁还介绍了《管子》典籍的流传形况，其曰："吾读管氏《牧民》《山高》《乘马》《轻重》《九府》及《晏子春秋》，详哉其言之也。既见其著书，欲观其行事，故次其传。至其书，世多有之，是以不论，论其轶事。"司马迁指明，在他生活的西汉时期，《管子》一书流传度很广，世间民众多能看到，并十分熟悉，以至于不需要再多作介绍，自己感兴趣的是"管鲍之交"这样的逸闻趣事。司马迁对于《管子》一书印象比较深刻的是《牧民》《山高》《乘马》《轻重》《九府》等篇章，这些篇章在目前的《管子》版本中多数依旧能够见到。

传记的结尾处，司马迁在孔子评价管子的基础上谈到自己对管子的整体评价："管仲世所谓贤臣，然孔子小之。岂以为，周道衰微，桓公既贤，而不勉之至王，乃称霸哉？语曰：将顺其美，匡救其恶，故上下能相亲也。岂管仲之谓乎？"在《论语》中，孔子曾对管子作出"器小"的评价结论，司马迁揣测是因为"周道衰微，桓公既贤，而不勉之至王，乃称霸哉！"此处，司马迁把"王"和"霸"作为两个好的等次看待，他综合评价管子，不是贬低，而是称颂，依旧引用孔子的言论来佐证："将顺其美，匡救其恶，故上下能相亲也。"这句话引自《孝经·事君》，意思是说：孔子认为，君子侍奉国君，在朝廷上时，要想着怎样为国君竭尽忠心；退朝回家时，要想着怎样补救君王的过失。对于君王正确有益的政令，要坚决服从；对于君王的过失行为，要加以匡正补救，这样君臣关系才能够相互亲敬。在提及君臣关系的和谐亲近时，司马迁指出，这正是管子已经达到的标准。

关于司马迁在《管晏列传》中对管子的记载笔法和特点，后代有学者进行关注和分析。如明代馆师学士沈一贯评价说："此传凡三段，俱有缴结。首叙管仲之出处，而以致君之功结之；次言受鲍叔之知，而以天下多其知人结之；又次言其致伯之相略，而以所以为谋者结之，而一传毕矣。亦传之一体。”[①] 沈一贯指出：司马迁为管子立传包括三方面的内容，即管子身世、管鲍之交、管子治国谋略，这三个方面的内容与所表达的主旨思想密切联系，即突出管子辅佐国君的功勋、与鲍叔牙的深厚友情、春秋首霸的谋略。这可看作是传记体裁的一种类型。

清代学人李晚芳分析《管晏列传》说：“《传》首于管仲，则轻轻叙其出处大意，后又概写其为相才略，疏疏落落，不脱不粘；于晏子，亦虚虚首括其立身行事之概，末则纪荐御一事，见其不遗片长。于其所著霸君显君之书，在《赞》中开手，即一笔提全，点滴不漏，寥寥轶事，遂令两人全身，活见于尺幅间。虽不详其平生言行，而平生言行无不毕见，是变仍不失其正者也。唐荆川所谓神化者欤！”[②] 李晚芳认为，司马迁为管子撰写传记，概括写出管子任职齐相的雄才大略，虽然没有详细记载管子的生平和言行事迹，但是管子一生的事功展现无遗，这显示出司马迁传记写作的高超水平。

司马迁为管子立传，当代学者有做学术分析和研究。沈素珍的《司马迁论管仲之解读》[③] 指出，司马迁根据《管子》一书撰写管子的传记，主要是管子的“轶事”，首先述评了管子与鲍叔牙终生的莫逆之交，管子体认到“鲍叔知其贤”；其次述评了齐桓公称霸，用了“管仲之谋也”。司马迁概括为：一是发展生产，繁荣经济，加强道德建设；二是“以民为本”，“俗之所欲，因而予之；俗之所否，因而去之”；三是述评了管子善于化祸为福、转败为胜的“轶事”。司马迁对管子是高度评价的：“管仲世所谓贤臣。”

至于司马迁所受管子的思想影响，池万兴的《论管仲对司马迁的影响》[④] 指出，司马迁不仅在《史记》中创作了《管晏列传》，而且对管子充满敬仰与赞颂之情。司马迁的人生观、生死观与义利观显然受到管子的深刻影响，他们二人分别走的是“立功”“立言”的道路，都具有“不羞小节而耻功名不显于天下”的个性特征和奋发有为、建功立业的时代精神。

二、《史记》其他篇章对管子形象和思想的记载

在《史记》中，除了专门为管子立传外，司马迁在其他的篇章中也对管子的事迹和功绩进行介绍和评述，是《管晏列传》部分的必要和有益的补充。如《太史公自序》中提及为管子做传的主要内容和原因，司马迁说：“晏子俭矣，夷吾则奢；齐桓以霸，

① 朱子蕃：《百大家评注史记》卷三，朱一清主编：《古文观止鉴赏集评》（上），安徽文艺出版社 2010 年版，第 224 页。

② （汉）司马迁原著，李晚芳编纂，赵前明、凌朝栋整理：《读史管见》，商务印书馆 2016 年版，第 95 页。

③ 沈素珍：《司马迁论管仲之解读》，《阜阳师范学院学报》（社会科学版）2012 年第 5 期。

④ 池万兴：《论管仲对司马迁的影响》，《管子学刊》2009 年第 2 期。

景公以治。作《管晏列传》第二。”司马迁指出，虽然在生活中管子的奢华与晏婴的节俭形成鲜明对比，但二人同为齐国杰出的政治家，管子辅佐齐桓公成就霸业，勋业彪炳；晏婴协助齐景公成就治世，政绩显赫。管子和晏婴一霸一治，泽被当代，垂范后世。二人虽隔百余年，但他们都是齐人，都是名相，都为齐国做出了卓越的贡献，将二人合传编著而成《管晏列传》甚为恰当。

在记载春秋时期齐国历史的《齐太公世家》中，管子作为齐国重要的一位政治家、思想家，其事迹有更多的记述。关涉的字数近两千字，比《管晏列传》中记载的管子生平的字数多一倍有余。《齐太公世家》中以齐国历史发展为经，以关键性的历史人物为纬，把管子的人生经历、所作所为与齐国跌宕起伏的国家发展密切联系起来，里面涉及管子辅佐公子纠，管子对公子小白的一箭之仇，管子在齐国的改革，管子辅佐齐桓公伐蔡、伐楚，葵丘会盟中尊王，拥护周王室攘夷，临终前对齐桓公的谆谆劝谏等。此中管子虽然不是齐国国君的身份，但在司马迁的笔触下，管子的形象塑造远大于其国君齐桓公的影响。

提到管子治理齐国的重要经济政策“轻重论”时，在《平准书》中，司马迁说：“齐桓公用管仲之谋，通轻重之权，徼山海之业，以朝诸侯，用区区之齐显成霸名。”在《货殖列传》中，司马迁亦说：“其后齐中衰，管子修之，设轻重九府，则桓公以霸，九合诸侯，一匡天下；而管氏亦有三归，位在陪臣，富于列国之君。是以齐富强至于威、宣也。”司马迁对管子推行“轻重论”的经济政策大加赞扬，指出这是促使齐国富强的直接原因。

对于管子奉行以周王室为尊的政策，司马迁在《周本纪》中记载：“齐桓公使管仲平戎于周，使隰朋平戎于晋。王以上卿礼管仲。管仲辞曰：‘臣贱有司也，有天子之二守国、高在。若节春秋来承王命，何以礼焉。陪臣敢辞。’王曰：‘舅氏，余嘉乃勋，毋逆朕命。’管仲卒受下卿之礼而还。”这是发生在齐国历史上的大事件，司马迁参阅其他历史文献，认可事情的真实性，把此事详细地记载在周朝历史发展的历程中。

齐国与鲁国邻近，两国多有交往和接触，这涉及管子由囚徒到国相的转折性的人生经历。《鲁周公世家》记载，管子辅佐公子纠失败，被齐国施计从鲁国救走：“（庄公）八年，齐公子纠来奔。九年，鲁欲内子纠于齐，后桓公，桓公发兵击鲁，鲁急，杀子纠。召忽死。齐告鲁，生致管仲。鲁人施伯曰：‘齐欲得管仲，非杀之也，将用之，用之则为鲁患。不如杀，以其尸与之。’庄公不听，遂囚管仲与齐。齐人相管仲。”自此之后，管子辅佐齐桓公在齐国进行大刀阔斧的改革，民富国强。

柯之盟是齐、鲁交往史上的重要事件，也是管子为齐桓公树立威信的关键时刻。《鲁周公世家》记载：“十三年，鲁庄公与曹沫会齐桓公于柯，曹沫劫齐桓公，求鲁侵地，已盟而释桓公。桓公欲背约，管仲谏，卒归鲁侵地。十五年，齐桓公始霸。”《刺客列传》中司马迁再次对此事进行生动的描述：“齐桓公许与鲁会于柯而盟。桓公与庄公既盟于坛上，曹沫执匕首劫齐桓公，桓公左右莫敢动，而问曰：‘子将何欲?”曹沫曰：‘齐强鲁弱，而大国侵鲁亦甚矣。今鲁城坏即压齐境，君其图之。’桓公乃许尽归鲁之侵地。既已言，曹沫投其匕首，下坛，北面就群臣之位，颜色不变，辞令如故。桓公怒，欲倍其约。管仲曰：‘不可。夫贪小利以自快，弃信于诸侯，失天下之援，不如与之。’于是桓公乃遂割鲁侵地，曹沫三战所亡地尽复予鲁。”在这次事件中，管子的劝谏发挥了至关重要的作用，为齐桓公称霸诸侯提供了重要的前提条件。

在《史记》其他篇章中，涉及齐国历史和春秋时期政治、经济、外交等方面的记载，也包括管子治国的原则和谋略，对全面了解与掌握管子治国理政思想是有益的补充。值得注意的是，《史记》在对管子人物进行描述的时候，继承了《左传》的部分史料。《左传》对管子本人着墨较少，重在颂扬齐桓公的霸业。由于时代环境的不同，人才观态度的偏差以及管仲人格精神对司马迁的影响，司马迁《管晏列传》在继承《左传》部分史料的基础上，进一步完成了对《左传》的超越，重在突出管子的治世之能，肯定管子辅佐齐桓公称霸的历史功绩。这种变化和提升，显示出司马迁站在客观现实的角度，给予管子公允的评判。[①]

三、《史记》对管子的多维评价和定位

就管子的其他评价和历史影响而言，司马迁也屡有提及。如提到管子的“三归”奢侈生活，《史记·礼书》说：“周衰，礼废乐坏，大小相逾，管仲之家，兼备三归。循法守正者见侮于世，奢溢僭差者谓之显荣。”周代末期礼崩乐坏，守法循规之人被世人轻侮，奢侈僭越之人反而威风神气。其中，管子富有“三归”即为代表性的例证。《平津侯主父列传》中，有人认为宰相公孙弘以用度穷困来欺诈皇帝，公孙弘以管子、晏婴奢俭事例进行辩解，说：“臣闻管仲相齐，有三归，侈拟于君，桓公以霸，亦上僭于君。晏婴相景公，食不重肉，妾不衣丝，齐国亦治，此下比于民。”汉武帝时的太皇太后崇尚节俭，在诏令中也批评管子说：“昔者管仲相齐桓，霸诸侯，有九合一匡之功，而仲尼谓之不知礼，以其奢泰侈拟于君故也。”

对于管子不为公子纠殉身尽忠的做法，司马迁记载了鲁仲连和蔡泽两位后世士人的评价和观点。战国末期燕将攻克聊城，有人在燕王面前谗言，燕将害怕被诛就占据聊城不敢回国。齐将田单攻打聊城一年有余，都没攻下。《史记·鲁仲连邹阳列传》记载鲁仲连劝告占据齐国的燕军，说：“乡使管子幽囚而不出，身死而不反于齐，则亦名不免为辱人贱行矣。臧获且羞与之同名矣，况世俗乎？故管子不耻身在缧绁之中，而耻天下之不治；不耻不死公子纠，而耻威之不信于诸侯。故兼三行之过而为五霸首，名高天下而光烛邻国。”鲁仲连指出，谋求小节的人不会名声大震，以小耻为耻的人不

① 参见李宁宁：《从〈左传〉〈史记〉所载管仲行实之异同看司马迁的尚贤思想》，《渭南师范学院学报》2017年第17期。

会建功立业，并以管子不死子纠的事例来证明这一点。管子不因投身牢笼感到羞耻，而以天下混乱感到羞耻；不以未随公子纠死感到耻辱，而以未在诸侯中威名显扬感到耻辱。管子可谓兼有犯上、怕死、受辱等三重过失，却辅佐齐桓公建立五霸之首功业，声名远扬。齐人鲁仲连对于管子取得的功勋，评价相当之高。

《史记·范雎蔡泽列传》中，燕人蔡泽向秦国应侯范雎陈述自己的观点，也说："夫待死而后可以立忠成名，是微子不足仁，孔子不足圣，管仲不足大也。夫人之立功，岂不期于成全邪？身与名俱全者，上也；名可法而身死者，其次也；名在僇辱而身全者，下也。"蔡泽指出，世人建功立业都希望功成人在。建功立业可分为三个层次：身家性命与功业名声俱保全的，属上等；功名让后世效法而性命不保的，属次等；名声被世人辱诟而性命保全的，属下等。蔡泽认为管子应属于上等的层次。可见，战国时代的鲁仲连、蔡泽都认为管子不死公子纠的做法理由充分。

封禅历史的追溯，也绕不开管子的认知。《史记·封禅书》记载说："秦缪公即位九年，齐桓公既霸，会诸侯于葵丘，而欲封禅。管仲曰：'古者封泰山禅梁父者七十二家，而夷吾所记者十有二焉。昔无怀氏封泰山，禅云云；虑羲封泰山，禅云云；神农封泰山，禅云云；炎帝封泰山，禅云云；黄帝封泰山，禅亭亭；颛顼封泰山，禅云云；帝喾封泰山，禅云云；尧封泰山，禅云云；舜封泰山，禅云云；禹封泰山，禅会稽；汤封泰山，禅云云；周成王封泰山，禅社首：皆受命然后得封禅。'"管子劝阻封禅的建议遭到齐桓公的拒绝，继续劝谏说："古之封禅，鄗上之黍，北里之禾，所以为盛；江淮之间，一茅三脊，所以为藉也。东海致比目之鱼，西海致比翼之鸟，然后物有不召而自至者十有五焉。今凤皇麒麟不来，嘉谷不生，而蓬蒿藜莠茂，鸱枭数至，而欲封禅，毋乃不可乎？"最终，管子以时机未到、祥瑞未降为由，把齐桓公劝服而停止封禅。

此外，管子还是历经艰辛终获成就的典范。《史记·游侠列传》中记载："太史公曰：昔者虞舜窘于井廪，伊尹负于鼎俎，傅说匿于傅险，吕尚困于棘津，夷吾桎梏，百里饭牛，仲尼畏匡，菜色陈、蔡。此皆学士所谓有道仁人也，犹然遭此灾，况以中材而涉乱世之末流乎？其遇害何可胜道哉！"管子深陷囹圄及坎坷多折的人生经历证明，但凡要取得不凡的成就，必须经历各种磨砺和考验，这也是在很多历史人物身上证明得出的结论。连管子这样的能臣，都会遇到多番磨难，世上能力不如管子且出于乱世之中的士人遇到的挫折可谓更多。

清代诗人缪钟澔曾撰写长诗为《读〈史记·管晏列传〉》，其云："戴我者高天，履我者厚地。生我者父母，信我者知己。父母同天地，知己与之比。深情发恺论，奇言含至理。相齐者管仲，荐仲者鲍氏。未矜管仲功，先高鲍氏义。龙门之史笔，千古谁敢拟？何世无管仲？何人似鲍子？独令管鲍名，垂辉映万祼。厥后有晏婴，高风亦相似。史迁下蚕室，营救众默止。越石遇夷维，一旦脱缧絷。故云婴尚在，执鞭亦欣喜。

岂独史公言，吾亦欲云尔。呜呼在高位，进贤固其职。一士或失所，子阳岂知耻？臧氏未荐贤，窃位孔所诋。断断古大臣，风度见秦誓。彦圣实能容，心好口无啻。有技欣赏之，与己若无二。娼嫉之小人，厥心乃反是。何以保我邦，又岂子孙利？昌黎有奇语，呼空欲荐士。为子言天扉，芳菲出腑肺。吾闻生才难，用才亦不易。溯自三季来，世道日交弃。秀禀生民人，过半沈泥滓。秋月吟萝薜，春风采兰芷。登高望大云，不雨空逶迤。但见少微星，照耀江海里。岩穴藏明珠，廊庙失杞梓。喔咿与嚅唲，煌煌被朱紫。以苕为梁栋，涂之以丹垩。风雨一朝至，伤哉终倾圮。尚贤本太公，墨家犹此旨。颍上与夷维，昔为太公履。泱泱之雄风，海邦犹未坠。鲍晏生其间，克踵前人轨。吁嗟今则亡，风流长已矣。徒令怀古人，高谈鲍晏事。"[①] 诗中对于《管晏列传》中记载的管子与鲍叔牙之友情及在此基础上反映的司马迁追慕的人才标准等进行分析，抚今追昔，万千感慨。

要之，在司马迁的《史记》中，其所塑造的管子形象鲜活而生动，清晰而多元，令人印象深刻。司马迁对管子的客观记述与一生的勾勒、对管子治理齐国取得重大贡献的肯定、对管子尊王攘夷策略的颂扬、对管子富有"三归"僭礼的指责等，为后世学人深入研究管子的思想奠定了坚实的基础，也展示出自身的人才衡量标准。司马迁对管子的史书记载，在管子思想研究史上具有标杆性的作用。

① （清）孙雄辑：《道咸同光四朝诗史》甲集卷六，清宣统二年（1910）刻本。

论郭沫若的史学思想及其当代价值

郭希娟　卜祥伟*

摘　要　郭沫若作为中国史学巨匠，留下了诸多史学论著，创造了不朽的史学成就。特殊的时代背景与人生经历，使得郭沫若的史学思想带有明显的时代性、与时俱进性与社会性。其史学思想来源除马克思主义唯物史观外，同时还受到中国传统文化与西方文化的多重影响，因此郭沫若史学思想带有多元色彩。郭沫若史学成就与史学思想受到世人瞩目，他开创了中国马克思主义史学的先河，激励着一代代后学者，时至今日，仍具有一定的价值与借鉴意义。

关键词　郭沫若　史学思想　当代价值

列宁说："判断历史的功绩，不是根据历史活动家没有提供现代所要求的东西，而是根据他们比他们的前辈提供了新的东西。"① 这句话的评价同样适用于著名史学家郭沫若先生。郭沫若先生一生留下了许多史学鸿著，并把马克思主义唯物史观引入中国传统史学领域，掀起了20世纪初期史学革命的序幕，奠定了中国马克思主义史学的新方向，具有划时代意义。今天我们再次学习郭沫若的史学著述，探究其史学思想，主要是总结郭沫若的史学研究方法，寻根究源，探讨郭沫若史学的当代价值，指导中国史学研究与社会文化发展。

一、郭沫若的史学成就

郭沫若在史学领域著述颇多，史学成就卓著。其著作中影响力较大的当首推《中国古代社会研究》。此书完成于1929年前后，该时期正值中国社会动荡、变革转型的特殊历史阶段，也正是中国处于迷茫的滥觞期，郭沫若与时俱进地把较为先进的唯物

---

* **作者简介**：郭希娟（1984～　），山东临沂人，山东理工大学马克思主义学院教师，研究方向为马克思主义中国化研究；卜祥伟（1981～　），山东临沂人，山东理工大学齐文化研究院副教授、硕士生导师，研究方向为中国古代思想史、齐文化与地域文化。

① 列宁：《评经济浪漫主义》，《列宁全集》第2卷，人民出版社1984年版，第154页。

史观引入中国社会中，并指出了中国社会发展的方向问题，以至于该书自问世就被烙上了里程碑的印迹，具有划时代意义。此书的出版在当时社会中产生了强烈的反响，著名历史学家嵇文甫在书评中写道："鉴于中国社会之科学的研究，是三年以来中国思想界的一个潮点。其在历史方面，郭沫若先生的《中国古代社会研究》要算是震动一世的名著。就大体看，他那独创的精神，崭新的见解，扫除旧史学的乌烟瘴气，而为新史学开其先路的功绩，自值得我们的敬仰。"[①]《中国古代社会研究》被公认为是开辟了中国马克思主义史学的新局面，早期从事革命文学运动的李初黎认为，郭沫若"是首先用马列主义的眼光来研究中国古代史的一个，他天才地一个一个地解开了那些古代的神秘的谜，为我们的理性开辟了一条通到古代人类社会的大道，不管它或许包括一些缺点，甚至个别的错误，然而他的成果，毫无疑义地成为一切后来者研究的出发点"[②]。尹达也比较客观地评价了该书，写道："这大批的青年真正能了解郭先生这本著作吗？我想，他们是不能够完全了解的。但是，在那里明确指出，中国存在过氏族社会和奴隶社会，证明中国社会的发展，并不曾逃脱一般社会发展的规律，同时指出了未来的方向，且以锋利的文学手法，把枯燥的中国古代社会写得那样生动，那样富有力量，对当时的青年知识分子，正像打了针强心剂。"[③] 侯外庐先生读《中国古代社会研究》后，谈了自己的体会，他深切地讲道："我在读完他的这本书以后，怀着衷心的敬意向他写信求教。如果说，大革命时期，李大钊同志曾经是指引我学习马克思主义理论的老师，那么，从三十年代开始，我已经把郭沫若同志看作是指引我学习和研究中国历史的老师。"[④] 侯外庐先生语味深长、情真意切地道出了对郭沫若的敬意，对《中国古代社会研究》的认可。从以上评论可以看出，《中国古代社会研究》的确是一部继往开来、承前启后的著作，其观点及反映的思想具有一定的开创性与方向性，对当时社会的发展具有一定的指导意义。

郭沫若的史学研究领域较广，既有古文字方面的，也有先秦诸子、文献整理，还有中国近代史的论述，从古至今，涉及史学研究的方方面面，可谓是中国史学百科全书式人物。郭沫若对古文字的研究主要集中在甲骨文与金文上，甲骨文研究的成果有《甲骨文字研究》《卜辞通纂》《殷契萃编》等。金文研究成果也较多，其中学术价值较大的为《两周金文辞大系图录考释》，这是我国研究青铜器铭文的较早著述，此书确定了青铜器研究分期与三代的时间顺序与划定，他的研究方法为后世所接受，此著作也成为青铜器研究的教科书。对于郭沫若的金文研究，古文字学家商承祚评价道："以金

① 嵇文甫：《评郭沫若〈中国古代社会研究〉》，李霖主编：《郭沫若评传》，现代书局1932年版。

② 李初黎：《我对郭沫若先生的认识》，《解放日报》（延安）1941年11月18日。

③ 尹达：《郭沫若与古代社会研究》，《尹达史学论著选集》，人民出版社1989年版，第413页。

④ 侯外庐：《韧的追求》，三联书店1985年版，第224页。

文而论，自宋代以来，学者们长于编图录，释文字，著录的铜器及铭文数以千计；与他同时的另一些学者，也多以主要精力用于收集拓本，编撰图录上，很少注意将图录、铭文融会沟通，作综合性的分析研究。郭老能于数千件铜器中选出若干有代表性的、能断定时代的器作为标准器，研究其花纹、形制，而后加以扩大，联系在一起，把几百年间的几百件青铜器，按其时代与国别，编为两周金文辞大系，并加以考释。这部书的出版，标志着我国关于铜器铭文研究已开始了新阶段，进入了新的时期；标志着马克思主义的研究方法已开始运用于金文研究的领域。”① 郭沫若对先秦诸子的研究也非人云亦云，多有自己的主张与建树。如对百家争鸣研究，他认为“自春秋末年以来中国的思想得到一个极大的开放，呈现出一个百家争鸣的局面。这是因为奴隶制度解纽了，知识下移，民权上涨，大家正想求得一条新的韧带，以作为新社会的纲领。儒、墨先起，黄老继之，更进而有名、法、纵横、阴阳、兵、农，各执一端，各持一术，欲竞售于世，因而互相斗争，人主出奴，是丹非素。”② 郭沫若以史实为依据，注重历史的时代性研究。他在论述诸子时，不是把简单的个案加以罗列分析，而是把研究客体放入特殊的社会历史背景中加以考量，追究其内在的社会属性。在对几个重要思想学派的研究上，他认为：“孔、孟之徒是以人民为本位的，墨子之徒是以帝王为本位的，老、庄之徒是以个人为本位的。”③ 从表面上看，郭沫若对儒墨道的认识太过于苛刻，很少有学者进行这么直露的论述，似乎有不妥之意，但仔细推敲会发现，这是郭沫若对几家思想的高度概括与凝练，是对其社会性的直陈，是郭沫若历史敏锐性的表现。从这些论著中可以看出，郭沫若史学思想带有浓厚的社会思维，其研究方法由点到面、寻根究源，这种宏观运幄的治学方法值得我们学习。

古典文献整理是史学研究的基础性工作，对原始史料的把握与运用也恰是考量史学研究者基本功的重要标尺。《管子集校》《盐铁论读本》是郭沫若文献整理校订的代表性成果，其在科学整理的过程中，加以自身独特的见解与释义，构成了著作的亮点。如《管子集校》，经过郭沫若的释义与校改，最终定稿规模达 130 万字之盛，受到学者们的高度评价。有些学者认为“此书体例严密，规模宏大，所见版本之多，参考历来校勘书籍之广，不仅是以前学者所未曾有，而且也是解放以来第一部博大精深批判继承祖国文化遗产的巨大著作，对学术界的贡献实在不小。”④《盐铁论读本》不仅仅是对

① 商承祚：《缅怀郭沫若同志》，《悼念郭老》，三联书店 1979 年版，第 371～372 页。

② 郭沫若：《十批判书·吕不韦与秦王政的评判》，《郭沫若全集·历史编》第 2 卷，人民出版社 1982 年版，第 402 页。

③ 郭沫若：《青铜时代·后记》，《郭沫若全集·历史编》第 1 卷，人民出版社 1982 年版，第 615 页。

④ 马非百：《对〈管子集校〉及所引各家注释中有关〈轻重〉诸篇若干问题之商榷》，《郑州大学学报》（哲学社会科学版）1979 年第 2 期。

原典的整理，更主要的是反映郭沫若史学思想的论著。郭沫若作为一代史学巨匠，其史学成就较多，田居俭先生在《郭沫若史学成就举要》① 一文中，从郭沫若关于古文字研究、先秦诸子研究、中国古代史分期研究、历史人物研究、古籍整理与校订、中国近代史研究等方面，对其史学成就加以论述，这里就不再一一赘述。

二、郭沫若史学思想的来源

上述我们谈到郭沫若的史学成就，从中我们可以简要总结一下他的史学思想特点。郭沫若生活的特殊时代与传奇经历决定了他的史学思想带有明显的时代性；紧随时代步伐，引领史学发展潮流，这也折射出郭沫若史学思想的与时俱进性；在史学研究中坚持追根溯源，努力探寻历史事件、人物、理论学说、历史载体等的社会背景，注重历史本身的真实，这也恰恰体现了郭沫若史学思想的社会性。一个学者的思想形成与其社会经历是分不开的，也可以说思想的形成是人生经历与研究过程的结合体。但在这一过程中，强大的外在影响与内部吸收也构成了思想来源的基础，郭沫若的史学思想来源同样是时代性与社会性综合的产物，其思想也不可避免地受其影响。在论及郭沫若史学思想来源时，学者黄烈说道："郭沫若在史学上的巨大成就，来源于马克思主义，中国传统文化和西方的结合。唯物史观给他以方向、原则和方法的指导；中国传统文化作为他研究的对象，给他提供了丰富的史料，知识和经验。"② 也可以说，郭沫若史学思想的形成受到了当时社会思潮的影响，是本土文化与外来文化激烈碰撞、融合的结果。

学术界一致认为，郭沫若是中国马克思主义史学的开拓者与引导者，即郭沫若史学思想的一个重要来源则为马克思主义。郭沫若如何与马克思主义结缘，这还要追溯到 20 世纪初期，在思想上那是一个较为迷茫的时期，诸多思想学说中充斥使人难以辨别和区分哪种思想能够拯救动乱的中国。1924 年李大钊出版了《史学要论》一书，把马克思主义学说引入中国，第一次系统地介绍了马克思主义。此时的郭沫若也认识到只有马克思主义才能救中国，才能解决中国道路与方向问题。作为一位肩负着历史责任的史学家来说，接受马克思主义成为他的不二选择，其代表作《中国古代社会研究》就是很好的例子，此为利用马克思主义唯物史观探讨中国社会问题的巨著。对于马克思主义唯物史观，郭沫若认为"唯物史观的见解，我相信是解决世局的唯一的针路"③，他为中国史学的发展找到了方向。《中国古代社会研究》一书的日文译者藤枝大夫评价

① 田居俭：《郭沫若史学成就举要》，《史学史研究》1992 年第 2 期。

② 黄烈：《郭沫若史学思想与西方文化的影响》，《历史研究》1992 年第 2 期。

③ 郭沫若：《太戈儿来华的我见》，《沫若文集》第 10 卷，人民文学出版社 1959 年版，第 145 页。

郭沫若先生："以新史学的方法再整理一番，对古代社会给了一幅鲜明的图画。郭先生也说过这一次新尝试，只是一条羊肠小径，只是在丛林中砍了第一次的刀斧。结果并不是一些缺点也没有。然而对于这个一向未开垦的、被人遗忘了的中国社会，尽过一脚一拳的，不论如何也应归于郭先生。将来在郭沫若的批判和反批判中，一定可以使问题更加透彻。"[1] 这里所提到的"新史学的方法"指的就是马克思主义唯物史观。他的史学观影响了一代代史学家，使得马克思主义唯物史观得以延续，如范文澜在《关于上古历史阶段的商榷》中称赞郭沫若道："郭氏是世界著名的考证家和历史学家，他用唯物史观的方法来研究中国古代历史，其功甚伟，其影响亦甚大"[2]，他对郭沫若的马克思史学研究方法表示认同。当然，郭沫若认同马克思主义观点，其中有该学说本身的价值，同时郭沫若本人所具有的敏锐的眼光、洞察力及与时俱进的历史责任感，促使着马克思主义史学的发展，这也成为郭沫若史学思想的重要来源。

郭沫若史学研究的对象主要是中国的问题，自然中国传统文化也就成为其研究的重要客体与思想来源。郭沫若史学研究颇广，涉及中国文化的方方面面，并且涌现出了诸多独到的见解，留下了不朽的著述，故何干之先生称其为天才的史家，他认为郭沫若的"《中国古代社会研究》及其他著作，是以《易经》《书经》《诗经》、甲骨文字、金石文字等史料，来追寻中国历史的开端，他的新史料和新见解，的确使无成见的人们叹服，确为中国古史的研究，开了一个新纪元"[3]。法国著名汉学家马伯乐也认为郭沫若是"第一个想起在《易经》中寻找那时代的生活与社会组织的材料"，"书中最有意义的是据卜辞以研究殷代社会的一长篇"。他肯定该书是一本"有价值的书"，认为它体现出了作者"强毅的精神，鲜明的思想和广博的学力"，"对于人们认识殷代的知识及古中国的历史与文化，已有很大的贡献"。[4] 马伯乐的论述体现了郭沫若对中国传统文化的重视与热爱，正是汲取了传统文化思想的精髓与养分，从而成就了一代史学家。

除了马克思主义与中国传统文化，郭沫若史学思想的另一来源则为西方文化。郭沫若史学思想受马克思主义与中国本土文化的影响不难看出，而受西方文化的影响怎样理解呢？其实，我们从郭沫若所处的时代及他早年的生活环境与阅历可以找到答案。20 世纪初期的中西文化交流碰撞、西方思潮的阶段性涌入及新文化运动的兴起等，致使西方文化快速地冲进国门，社会思潮中出现了短暂的崇洋媚外现象，这些郭沫若自

---

① ［日］藤枝大夫：《现代中国的根本问题》，何干之：《中国社会史问题论战》，生活书店 1937 年版，第 100～101页。

② 范文澜：《关于上古历史阶段的商榷》，《范文澜历史论文选集》，中国社会科学出版社 1979 年版，第 82 页。

③ 何干之：《何干之文集》，中国人民大学出版社 1989 年版，第 220 页。

④ 参见［法］马伯乐：《评郭沫若近著两种》，《文学年报》1936 年第 2 期。

然不能置身事外。再者，郭沫若自身也有几次与西方文化有着近距离的接触，他曾两次东游日本（当时的日本已开展明治维新长达半个世纪，西化程度较高，西方文化占有重要地位）且在日本有较长时间的定居生活，受西方文化影响较多。况且在此期间他研习了泰戈尔、雪莱、莎士比亚、海涅、歌德、席勒等西方文学作品，他还曾翻译过席勒的《渔歌》、尼采的《查那图斯屈拉》等作品，对西方文化了解较多。在一些著述中也可以找到一些端倪，如郭沫若还把孔子与西方哲人进行比较，认为孔子是“兼有康德与歌德那样的伟大的天才，圆满的人格，永远有生命的巨人”[①]，对中西方文化的比较研究，也看出了郭沫若对西方文化的熟知。在郭沫若的史论中经常能够看到，他利用一些西方的理论学说等加以论证或者印证某些历史问题，或者进行中西方文化比较，如论述中国早期文明时，借助早期希腊文明来印证，即“我们纵疑伏羲、神农等之存在，而我们有这样的一个时代，这时代的思想为一些断片散见于诸子百家，我们怎么也不能否定，我们研究希腊哲学而认 Thales（泰勒斯）、Pvthagoras（毕达哥拉斯）、Heraeitos（赫拉克利特）等之存在，然而这些学者的完全的著述早已经莫由寻觅了。关于他们，我们所能知道的，亦不过一些后人的传说与断片的学说而已。像不能因为没有完全的著述，便把这些希腊学者抹杀了一般，我们怎么也不能由中国思想史上把三代以前的这一时代的存在轻轻看过了”[②]。郭沫若在研究先秦思想史时，还拿西方的文艺复兴与先秦的百家争鸣相比较，他认为：“我们在老子的时代发见中国思想史上的一个 Renaissance（文艺复兴），一个反抗宗教的、迷信的、他律的三代思想，解放个性，唤醒沉潜着的民族精神而复归于三代以前的自由思想，更使发展起来的再生运动。”[③] 郭沫若受西方文化的影响的另一个表现就是，他积极吸收借鉴西方较为先进的研究成果和研究方法。如兴起于西方的田野考古方法就得到了郭沫若的认可，并加以运用。他曾在一本译著中提道：“我的关于殷墟卜辞和青铜器铭文的研究，主要是这部书（郭沫若译著《美术考古一世纪》）把方法告诉我，因而我关于古代社会的研究，如果多少有些成绩的话也多是本书赐给我的。假如我没有译读这本书，我一定没有本领把殷墟卜辞和殷周青铜器整理出一个头绪来，因而我的古代的研究也就会成为沙上楼台的。”[④] 郭沫若在研究中国史学时，时常把一些西方的理论方法等带入自己的研究视野中，并进行适当的运用、消化、比较，以窥探中西文化的相通性，这也说明了郭沫若史学思想中的西方文化成分。

---

① 郭沫若：《中国文化之传统精神》，《郭沫若全集·历史编》第 3 卷，人民出版社 1984 年版，第 259 页。

② 郭沫若：《中国文化之传统精神》，《郭沫若全集·历史编》第 3 卷，人民出版社 1984 年版，第 255 页。

③ 郭沫若：《中国文化之传统精神》，《郭沫若全集·历史编》第 3 卷，人民出版社 1984 年版，第 257 页。

④ ［德］米海里司：《美术考古一世纪》，郭沫若译，新文艺出版社 1954 年版，“前言”。

三、郭沫若史学思想的当代价值

史学研究的主要目的是探寻历史发展的规律，汲取历史中的经验、教训，服务于社会发展。史学家的责任不仅仅是完成史学研究，更重要的是把一些优秀研究成果、理论方法、治学思想等传递给后人，以实现史学研究的接力传承，让后人能够了解前人的研究成就，总结前人的史学思想，挖掘其史学价值，凝练传统史学精神。郭沫若作为一代史学大师，给我们留下了诸多鸿篇巨制，从中我们可以深入探究其史学思想，了解其中的当代价值。

（一）与时俱进，大力弘扬马克思主义史学观

上文已讲到，郭沫若是在马克思主义传入中国后，较早运用马克思主义唯物史观研究中国历史的学者，其行为具有历史开创性，其眼界具有历史前瞻性。他的价值主要体现在把先进的马克思主义引入史学领域，并科学地指导史学研究，使得马克思主义在中国史学研究中生根发芽，遍地开花，出现了马克思主义史学热，这一现象的出现与郭沫若的历史功绩不无关系。

20 世纪初期，马克思主义刚传入中国，此时还没有受到多数人的认可，作为一个外来的思想理论，郭沫若以敏锐的眼光认识到该学说的科学性与指导性，义无反顾地加入马克思主义阵营，极力推广马克思主义，并应用于自己的史学研究中。郭沫若认为："研究历史和研究任何学问一样，是不允许轻率从事的。掌握正确的科学的历史观点非常必要，这是先决问题。"① 郭沫若的马克思主义史学研究开创了 20 世纪中国史学研究的新局面，"在郭沫若的引导和带动下，从 20 世纪 20 年代到中华人民共和国成立，中国形成了以郭沫若、吕振羽、范文澜、翦伯赞、侯外庐为核心的马克思主义史学家群体，是马克思主义史学在中国取得了主导地位和发展优势"②。郭沫若作为史学家，大力弘扬马克思主义，开辟了马克思主义史学的新天地，并一代代地影响着后学者。刘大年先生认为，"由于他（郭沫若）是我国马克思主义历史科学的创始人、引导者，过去我们总是学习他。现在纪念他，表达我们的追怀和崇敬，最重要的还是学习他"③，肯定了郭沫若的历史功绩。白寿彝先生也有类似的评价，他说："史学界的同志们，无论是否同意郭老是观点，无论是否有独到的创获，但没有例外，都是随着郭老开辟的道路，随着郭老首先在史学领域里举起的马克思主义旗帜前进。"④ 当代社会，

① 郭沫若：《郭沫若全集·历史编》第 1 卷，人民出版社 1982 年版，第 4 页。

② 田居俭：《中国马克思主义史学的开拓者和引导者——纪念郭沫若诞辰 120 周年》，《史学理论与史学史学刊》，社会科学文献出版社 2012 年版，第 41 页。

③ 刘大年：《学习郭沫若》，《刘大年史学论文选集》，人民出版社 1987 年版，第 569 页。

④ 白寿彝：《深切悼念开辟新史学的伟大旗手》，《光明日报》1978 年 6 月 29 日。

马克思主义已经成为中国史学研究的重要指导思想，并且出现了百花齐放的史学盛况，马克思主义唯物史观也成为史学研究的方法论，这些成就或者现象的出现，与郭沫若等老一辈史学家的倡导与坚持有着必然的联系。

（二）理论联系实际，彰显史学的社会性

“究天人之际，通古今之变”，这是司马迁对史学的一些认识，他告诉我们史学研究不仅要看到“古”的东西，更多的是要联系“今”，要做到古为今用，要求史学研究服务于社会。郭沫若的史学研究注重理论联系实际，研究一些社会亟须或者能够为某些社会提供借鉴、参考性的课题。郭沫若的代表作《中国古代社会研究》就是在狼烟四起、社会纷争的局面下，通过对古代社会的研判，总结社会经验下完成的，用以指引社会发展方向。郭沫若在此书自序开篇中写道：“对于未来社会的待望逼迫着我们不能不生出清算过往社会的要求。古人说：‘前事不忘后事之师。’认清楚过往的来程也正好决定我们未来的去向。”郭沫若通过研究中国古代社会，寻找中国“未来的去向”。具体做法是“把中国实际的社会清算出来，把中国的文化，中国的思想，加以严密的批判，让你们看看中国的国情，中国的传统，究竟是否两样！”[①] 郭沫若在《十批判书》书中对中国的社会分期、生产力与生产关系以及历史人物的评价等问题论述中，大都从社会性的角度入手，这也反映了郭沫若的史学思想模式——社会性至上原则。当今史学研究也需要“以史为鉴，面向未来”，充分捕捉历史的规律，追根溯源，寻求历史的真实性，这一切都需要深入社会本身。郭沫若史学思想是丰富的，需要我们不断地总结和挖掘，以期能够更多地指导当代史学研究。

四、结语

郭沫若是杰出的马克思主义史学家，在史学领域取得了举世瞩目的成就。今天我们再次学习、了解郭沫若史学成就与思想，或许会有不一样的认识，至于如何评价，其实他在论著中已经给出了评价标准。他认为：“历史是发展的，我们评定一个历史人物，应该以他所处的历史时代为背景，以他对历史发展所起的作用为标准，来加以全面的分析。这样就比较易于正确地看清他们在历史上所应处的地位。”[②] 郭沫若对评价历史人物的认识还是比较客观的，我们认识郭沫若及其史学思想也应该联系当时社会背景，如研究早期的郭沫若，我们必须正确认识到20世纪初期那段特殊的历史，在那种相对艰难的环境下，能够揭起马克思史学的大旗，单凭这一首创的胆识与精神，就

---

① 郭沫若：《中国古代社会研究·自序》，《郭沫若全集·历史编》第1卷，人民出版社1982年版，第6、9～10页。

② 郭沫若：《关于目前历史研究中国几个问题》，《郭沫若全集·历史编》第3卷，人民出版社1984年版，第486页。

值得我们称赞、尊重。至于其他历史成就，我们都可以联系当时的时代背景，一一对应、评价，都可以找到郭沫若作为一代杰出史学家的证据，这种认识应该是唯物的、客观的。

郭沫若先生已经离开我们许多年了，但是其史学思想与精神至今激励着我们，其留下诸多宝贵的史学遗产仍润泽着后人。今天，国内外诸多学者欢聚一堂，纪念伟大的马克思主义史学家郭沫若同志是很有必要的，我们要不断学习郭沫若开创新史学的首创精神，学习郭沫若理论联系实际、心系国家、民族的社会责任感，学习郭沫若与时俱进、引领史学时代潮流的气魄。